JN007782

行きたい学校、
自分で発見。

　中学生のみなさん。みなさんは、やがてくる進学先の高校選びをどんな基準で行いますか？　もうその準備は始めていますか？

　「公立高校に行きたいんだけれど、私立高校に比べると学校の様子がよく見えなくて、結局勉強の成績だけで学校を選んでしまいそう。」といった声をよく耳にします。でも、今、公立高校が変わろうとしています。それも大きく変わろうとしています。多種多様な学科を設けたり、学校が独自にカリキュラムを工夫したりと、「画一的な教育」というイメージから、生徒の個性や特技を生かす柔軟な教育体制に整えようとしています。

　本書は、変わりゆく公立高校の姿を、入試システムの視点から、そして学校単位での視点からとらえ、わかりやすくご案内します。

　高校の３年間。それはたったの３年間かもしれませんが、皆さんの将来を方向づける大切な期間となるのです。どの高校で充実した３年間を送るかは、本書でじっくり研究してください。

東京学参

公立高校入試完全ガイド　2025年

埼玉県

 目次

この本の 使い方

＜使用上のご注意＞

★学校や学科の再編・統合などの計画により、本ガイドの内容に変更が生じる場合があります。再編・統合に関する最新の情報は、埼玉県教育委員会のホームページなどでご確認ください。

　埼玉県教育委員会ホームページ　https://www.pref.saitama.lg.jp/kyoiku/

★入学時におけるカリキュラムには変更が生じている場合があります。各校の最新の案内資料やホームページなどでご確認ください。

★通信制課程の入試実施方法については、教育委員会や学校へお問い合わせいただくか、教育委員会や学校のホームページなどでご確認ください。

＜知りたい学校の探し方＞

★各学校を紹介したページは、それぞれの課程に応じ、「全日制」と「定時制・通信制」に大きく分かれます。そしてどちらのグループも、学校はすべて旧学区別に配列しています。

★各学校を紹介したページを探す場合には、p.6 〜の総合インデックスもしくは p.198 〜の総索引をご覧ください。

＜ガイドページの見方＞

各学校を紹介したページは、次のようにご覧ください。

ホームページ
学校のホームページのアドレスです。(アドレスは移動している場合があります。ご注意ください。)

所在地、アクセス方法
所在地、電話番号が記されています。また、学校の最寄り駅もわかります。

カリキュラム
設置されている学科やコースごとの内容などを紹介。

行事
文化祭や体育祭など、生徒に人気の高い行事、伝統となっている行事について紹介。

部活動
設置されている部・同好会の名称や活動の様子などを紹介。

学校名

単位制・課程

単位制	＝単位制高校の場合に表示
単位制あり	＝単位制とそれ以外を併置した場合に表示
定時制	＝定時制の場合に表示
通信制	＝通信制の場合に表示

※定時制・通信制のページのみに記載

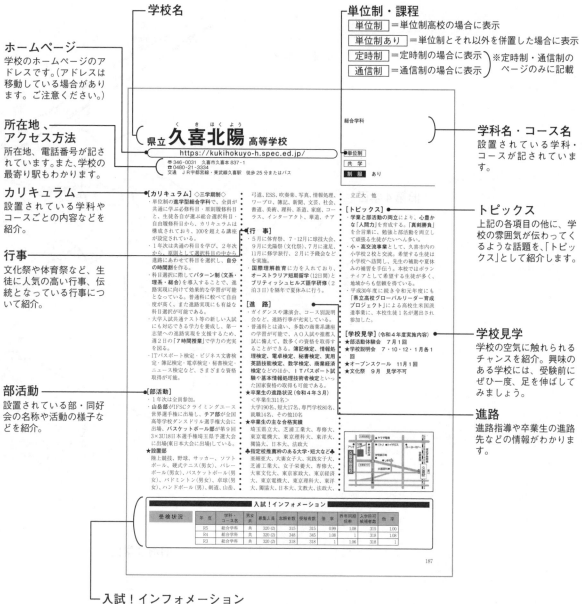

学科名・コース名
設置されている学科・コースが記されています。

トピックス
上記の各項目の他に、学校の雰囲気が伝わってくるような話題を、「トピックス」として紹介します。

学校見学
学校の空気に触れられるチャンスを紹介。興味のある学校には、受験前にぜひ一度、足を伸ばしてみましょう。

進路
進路指導や卒業生の進路先などの情報がわかります。

入試！インフォメーション

＜受検状況＞
入試の選抜状況が数字でわかります。(単一学科設置校を中心に最大過去３年分を掲載。)なお、枠内の数字はそれぞれ次の内容を示します。

・「募集人員」は転編入学者の募集数を含んだもの。
・「受検者数」は入試当日の受検者数。
・「受検者数」右隣の「倍率」は入学許可予定者数(転編入学者の募集数を除いたもの)に対する受検者数。
・「昨年同期倍率」は前年度入試における、実受検者数を入学許可予定者数で割ったもの。
・右端の「倍率」は実受検者数(前掲の受検者数とは数が異なる場合がある)を入学許可候補者数で割ったもの。

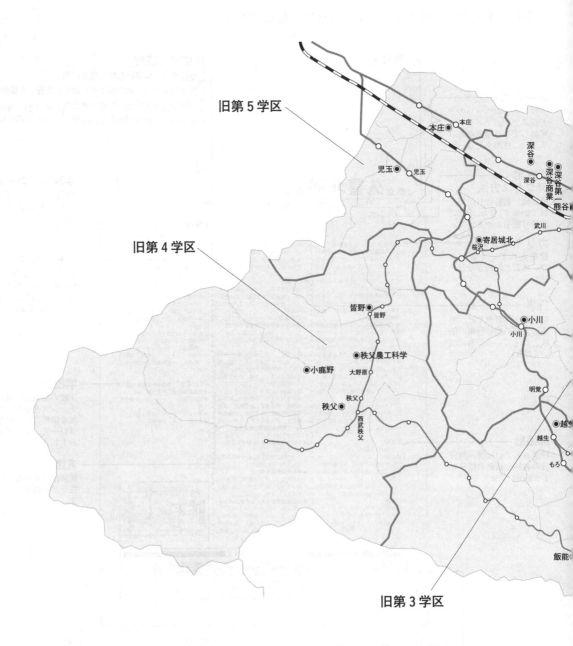

旧第5学区

旧第4学区

旧第3学区

本庄● 本庄

深谷●
深谷第一
深谷商業● 熊谷
深谷

児玉● 児玉

武川

寄居城北
桜沢

皆野● 皆野

小川
小川

秩父農工科学

明覚

大野原

小鹿野

越●

秩父

秩父

西武秩父

越生

もろ

飯能●

埼玉県公立高校マップ

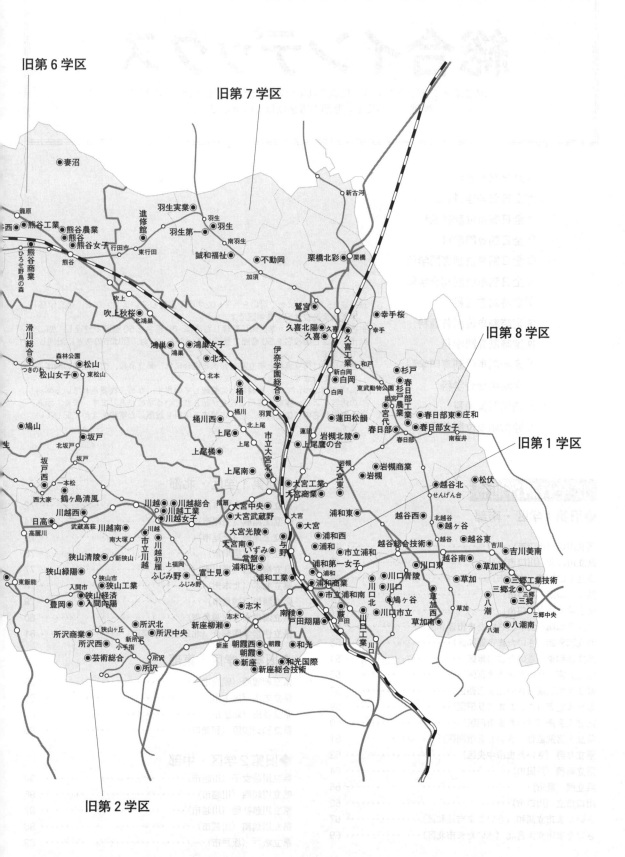

旧第6学区

旧第7学区

旧第8学区

旧第1学区

旧第2学区

妻沼

籠原
熊谷工業
熊谷農業
熊谷
熊谷女子
ひろせ野鳥の森
熊谷商業
熊谷

吹上
北鴻巣
吹上秋桜

滑川総合

森林公園
松山
つきのわ
松山女子
東松山

鳩山

坂戸
北坂戸
坂戸
坂戸西

一本松
西大家
鶴ヶ島清風
川越西
日高
武蔵高萩
川越南
高麗川
南大塚

狭山清陵
新狭山
狭山緑陽
狭山市
狭山ヶ丘
狭山工業
入間市
狭山経済
入間向陽
豊岡

東飯能

所沢北
所沢商業
所沢中央
所沢西
新所沢
小手指
芸術総合
所沢

進修館
羽生実業
羽生第一
羽生
南羽生
行田市
東行田
誠和福祉
不動岡
加須

鴻巣
鴻巣
鴻巣女子
北本
北本

桶川
桶川
桶川西
上尾
北上尾
上尾橘
上尾
上尾南

川越
川越総合
川越工業
川越女子
扇屋
川越初雁
市立川越
上福岡
ふじみ野
ふじみ野
富士見
志木
志木
新座柳瀬
新座
朝霞西
朝霞
新座総合技術

新古河

鷲宮

久喜北陽
久喜
久喜工業

栗橋北彩
栗橋

幸手桜
幸手

和戸
杉戸
春日部東
杉戸農業
宮代
越谷
春日部
春日部農工
春日部
南桜井

岩槻北陵
上尾鷹の台
蓮田松韻
蓮田

伊奈学園総合

新白岡
白岡
東武動物公園

大宮工業
大宮商業

大宮中央
大宮武蔵野
大宮光陵
大宮南
いずみ
常盤
浦和北
浦和工業

与野
大宮
浦和東
浦和西
浦和
市立浦和
浦和第一女子
浦和
浦和商業
市立浦和南
藤
戸田翔陽
南稜
藤田
和光
和光国際

岩槻
岩槻東
岩槻商業

越谷北
せんげん台
越谷西
北越谷
越谷
越谷
越谷総合技術
越谷南
越谷東

松伏

吉川
吉川美南

川口青陵
川口
鳩ヶ谷
川口市立
川口北
草加
草加
草加
草加東
草加南
八潮
八潮
八潮南

三郷北
三郷工業技術
三郷
三郷
三郷中央

総合インデックス

この総合インデックスでは、掲載されている学校名を、課程や学科ごとに
整理しています。整理の方法は以下の通りです。

①全日制普通科

②全日制普通科(コース)

③全日制単位制普通科

④全日制専門学科

⑤全日制単位制専門学科

⑥全日制単位制総合学科

⑦定時制普通科

⑧定時制単位制普通科

⑨定時制専門学科

⑩定時制単位制専門学科

⑪定時制総合学科

⑫通信制普通科

⑬通信制単位制普通科

※平成15年度入試まで用いられていた学区で整理しています。なお、県立伊奈
学園総合高校は旧全県学区です。
※各項目内の配列は、学区順に整理した後に、市・郡名を50音順で整理し、次に、
市・郡ごとの校名を50音順で整理しています。なお、郡は市のあとに配列し
ています。
※各項目内に県立高校と市立高校がある場合には、県立高校、市立高校の順序で
整理しています。
※専門学科については、学科ごとに整理しています。なお、設置されている学科
の内容により、複数の箇所に校名が記されている学校があります。また、示さ
れた学科名の各箇所には、それに類する学科を設置した学校も含めて記してい
ます。

① 全日制普通科

④ 全日制専門学科

⑤ 全日制単位制専門学科

＜映像芸術科＞

埼玉県公立高校難易度一覧

ランク		目安となる偏差値	公立高校名
AA		75 ～ 73	浦和, 大宮(理数)
		72 ～ 70	浦和第一女子
			大宮, 🏠さいたま市立浦和
			春日部
A	1	69 ～ 67	川越
	2		川越女子, 越谷北(理数)
			所沢北(理数), 蕨
	3	66 ～ 64	浦和西, 越谷北, 所沢北, 不動岡
			熊谷, 越ヶ谷, 松山(理数)
B	1	63 ～ 61	川口北, 🏠さいたま市立大宮北(理数), 蕨(外国語)
			熊谷女子, 熊谷西(理数), 和光国際
	2		🏠川口市立(理数), 和光国際(外国語)
			春日部女子(外国語), 熊谷西, 🏠さいたま市立浦和南, 🏠さいたま市立大宮北
	3	60 ～ 58	川越南, 越谷南, 所沢
			伊奈学園総合, 松山
			上尾, 春日部女子, 春日部東(普／人文), 坂戸(普／外国語)
C	1	57 ～ 55	浦和北, 大宮光陵(普／外国語), 越谷南(外国語), 常盤(看護), 与野
			伊奈学園総合(芸術系), 🏠川口市立, 🏠川越市立川越
			上尾(商業), 伊奈学園総合(スポーツ科学系), 🏠川越市立川越(情報処理), 杉戸, 本庄, 松山女子
	2	54 ～ 51	朝霞, 大宮光陵(音楽), 川口, 🏠川越市立川越(国際経済), 越谷総合技術(情報技術), 越谷西, 草加, 秩父, 所沢西, 南稜
			大宮光陵(美術), 久喜, 越谷総合技術(食物調理), 南稜(外国語), 深谷第一
	3		浦和商業(情報処理), 大宮南, 久喜北陽(総合), 芸術総合(映像芸術／舞台芸術), 越谷総合技術(情報処理)
			入間向陽, 芸術総合(美術), 越谷総合技術(電子機械), 草加南(普／外国語), 豊岡
D	1	50 ～ 47	朝霞西, 岩槻, 浦和商業(商業), 大宮光陵(書道), 桶川, 🏠川口市立(スポーツ科学), 芸術総合(音楽), 坂戸西, 新座総合技術(食物調理), 羽生第一, 深谷商業(情報処理)
			岩槻(国際文化), 川越西, 鴻巣, 越谷総合技術(服飾デザイン), 草加東, 新座総合技術(服飾デザイン), 深谷商業(商業／会計)
			浦和東, 川越総合(総合), 鴻巣女子(保育), 越谷総合技術(流通経済), 滑川総合(総合), 新座総合技術(電子機械／情報技術／デザイン), 鳩ケ谷
			小川, 川越工業(デザイン／建築／機械／電気／化学), 越谷東, 狭山経済(流通経済／会計／情報処理), 志木
	2	46 ～ 43	大宮東, 大宮武蔵野, 春日部工業(機械／建築／電気), 熊谷工業(電気／建築／機械／情報技術), 熊谷商業(総合ビジネス), 鴻巣女子(家政科学), 庄和, 進修館(総合), 所沢中央, 新座総合技術(総合ビジネス), 鳩ケ谷(情報処理), 鷲宮
			上尾鷹の台, 大宮工業(機械), 大宮商業(商業), 川口東, 久喜工業(情報技術), 熊谷工業(土木), 鴻巣(商業), 狭山清陵, 松伏(音楽), 三郷北
	3		岩槻商業(商業／情報処理), 大宮工業(電気／建築／電子機械), 越生(美術), 久喜工業(電気／工業化学／機械／環境科学), 進修館(電気システム／情報メディア／ものづくり), 草加西, 飯能, 深谷, 松伏(普／情報ビジネス)
			上尾南, いずみ(生物), 大宮東(体育), 川口青陵, 杉戸農業(生物生産技術／園芸／造園／食品流通／生活技術／生物生産工学), 秩父農工科学(ライフデザイン), 所沢商業(情報処理／国際流通／ビジネス会計), 新座柳瀬, 鳩ケ谷(園芸デザイン), 三郷工業技術(機械／電子機械／電気／情報技術／情報電子)
E	1	42 ～ 38	いずみ(環境), 北本, 熊谷農業(食品科学／生物生産工学／生活技術／生物生産技術), 白岡, 誠和福祉(福祉／総合), 秩父農工科学(農業／食品化学／森林科学／電気システム／機械システム／フードデザイン), 羽生実業(情報処理), 宮代, 寄居城北(総合)
			鴻巣女子, 児玉, 狭山工業(機械／電気／電子機械), 鶴ヶ島清風, 羽生実業(商業), 飯能, 八潮南(普／商業／情報処理), 吉川美南(総合)
			川口工業(機械／電気／情報通信), 川越初雁, 栗橋北彩, 幸手桜(総合), 蓮田松韻, 羽生実業(園芸／農業経済), 日高, 富士見, ふじみ野(普／スポーツサイエンス)
	2		桶川西, 越生, 児玉(生物資源／環境デザイン／機械／電子機械), 新座, 日高(情報), 三郷
			上尾橘, 小鹿野(総合), 妻沼
		37 ～	

＊（ ）内は学科・コースを示します。🏠は市立を意味します。

＊データが不足している高校，または学科・コースなどにつきましては掲載していない場合があります。

＊公立高校の入学者は，「学力検査の得点」のほかに，「調査書点」や「面接点」などが大きく加味されて選抜されます。上記の内容は想定した目安ですので，ご注意ください。

＊公立高校入学者の選抜方法や制度は変更される場合があります。また，統廃合による閉校や学校名の変更，学科の変更などが行われる場合もあります。教育委員会などの関係機関が発表する最新の情報を確認してください。

入学時、そして入学後の誰もが気になるお金の話

公立高校で「かかるお金」を考える

　古くから、私立高校は公立高校と比較して、費用がかかると言われてきました。実際に、高校の進学先を選ぶ際に、そうした経済的な負担の比較から、公立高校を希望先として選択する人がたいへん多くいたことは事実と言えましょう。

　しかしながら、「公立高校は費用がかからない」と言っても、かかるお金がそれなりにあることは察しがつきます。そして、たとえ授業料無償化が進んでも、かかるお金がすべてなくなるわけではありません。

　それでは実際に、どういうものに、どれくらいの費用がかかるのでしょうか。意外にもこんなことにお金がかかるのかといったことから、もしもの場合のお金のやりくりや工夫まで、高校入学時やその後の学校生活のお金にまつわる話をご紹介します。

「公立高校」への進学……かかるお金の実際は

近年、私立高校における授業料の補助制度の拡充が進み、経済的負担が少なくなってきました。（下記参照）

公立高校と私立高校
年間の授業料補助の比較（全日制）

● 公立高校

11万8,800円（月額9,900円）＜全額＞

▲世帯の年収910万円未満が対象

● 私立高校

39万6,000円（月額33,300円）

＜支援上限＞

▲世帯の年収590万円未満が対象

※令和2年4月から、私立高校授業料実質
　無償化がスタート

（参考：文部科学省HP公表リーフレット）

それでも、公立高校は私立高校に比べると、入学後にかかる費用が比較的抑えられ

る、そんなイメージを持っている方が少なくないかもしれません。実際には、入学時、そして入学後に、どのような費用がかかるのかを見てみることにしましょう。

まず、受検料や入学料を簡単にみておきます。東京都、神奈川県、埼玉県、千葉県の全日制各校とも共通です（呼称は都県により異なります）。

受検料 ¥2,200　入学料 ¥5,650

さて、気になるのは、入学後のさまざまな出費です。文部科学省では「子供の学習費調査」というものを隔年で発表しています。これは、学校に子どもを通学させている保護者が、学校教育や学校外活動のために使った1年間の費用の実態をとらえたものです。この中から「学校教育費」を取り上げてみます。

公立高校の場合では約28万円。私立と比較すると一見、安く感じられます。しかし、

「子供の学習費調査の結果について」（平成30年度・文部科学省）

内容	公立高校	私立高校
授業料	25,378円（9.0%）	230,026円（32.0%）
修学旅行・遠足・見学費	35,579円（12.7%）	53,999円（7.5%）
学校納付金等	55,360円（19.7%）	215,999円（30.0%）
図書・学用品・実習材料費等	41,258円（14.7%）	42,675円（5.9%）
教科外活動費	40,427円（14.4%）	56,224円（7.8%）
通学関係費	79,432円（28.3%）	114,043円（15.9%）
その他	3,053円（1.1%）	6,085円（0.8%）
合計	280,487円	719,051円

表にはありませんが、同じ調査における公立中学校の約13万円（給食費は含まず）と比較すると、授業料を除いても中学のおよそ2倍の金額になります。

何にそんなにかかるのでしょうか。首都圏のある公立高校に通う高校生（女子）の実例（下表）を紹介します。

総額ではおよそ24万円。購入するものは学校、学年によって変わりますので、例えば制服のない学校では、当然、制服の費用がかからないことになります。（その分、洋服代がかかるかもしれませんが。）

修学旅行は、下記例の積立金が繰り越され、費用は2年次でさらに追加されます。総額では約13万円。これは沖縄が目的地の場合の例ですので、海外へとなると、かかる費用はさらに大きくなります。

公立中学との大きな違いということでは、学校への交通手段や距離によっては通学定期の購入に費用が生じることも大事なポイントです。

このように、中学と比較すると、たとえ公立と言っても何かと費用がかさむことが伺えます。そこで、単純に節約というだけではなく、何か工夫できることがないか調べてみることもお勧めです。（COLUMN1参照）

公立高校入学初年度にかかる費用

内容		金額	備考
学校生活	制服　女子・夏・一式	13,000円▷	スカート（スラックス選択可）、Yシャツ、リボン、送料
	制服　女子・冬・一式	34,000円▷	ブレザー、スカート（スラックス選択可）、Yシャツ、リボン、送料
	体育用品	21,000円▷	ジャージ上下、ハーフパンツ、シャツ、体育館シューズ
	体育祭のTシャツ	1,000円▷	クラスごとに作成
学習・校外活動	教科書	37,000円▷	コースにより異なる
	補助教材	1,000円▷	コースにより必要
	芸術鑑賞費	2,000円	
	宿泊研修・遠足	16,000円	
	模試・英検	8,000円	
積立金・諸会費	積立金	50,000円▷	¥25,000を前期・後期の2回に分けて納入
	生徒会費	5,000円▷	コースにより必要
	ＰＴＡ会費	6,000円▷	総合補償保険料を含む
	修学旅行（積立）	46,000円	

費用は概算。上記の他、選択科目での材料費、手帳代、写真代、健康センター掛金など。
この学校の2、3年生では、予備校の衛星通信講座約4千円（実施全3科を受講の場合）、
模擬試験約2万5千円（計5回、一部任意）などが、進路関連の費用としてかかる。

進学・通学のためのお金の工面

≫国の教育ローンの活用

国の教育ローンの一つに教育一般貸付というものがあります。これは家庭の教育費負担を軽減し、子どもの進学・在学を応援する公的な融資制度です。融資対象は、保護者世帯の年間収入が、原則として、右記の表の額以下の場合とされています。(緩和措置あり)

子供の数	年間収入
子供が1人	790万円
子供が2人	890万円
子供が3人	990万円
子供が4人	1090万円
子供が5人	1190万円

入学金、授業料、教科書代などの費用に充てるため、学生一人につき最大350万円(外国の教育施設に3ヵ月以上在籍する資金なら最大450万円)を借りることができます。利率は、年1,66%(母子家庭等は年1,26%)〈※令和2年3月17日現在〉。

返済期間は15年以内(母子家庭等の場合は18年以内)とされており、子供が在学中は利子のみの返済にすることも可能です。日本政策金融公庫のHPに返済シミュレーションのコーナーがあり、各月の返済額や返済総額を試算してくれます。

「国の教育ローン」は1年中いつでも申し込むことができ、また、日本政策金融公庫のHPから申し込むことも可能です。

≫奨学金事業の活用

独立行政法人日本学生支援機構が、奨学金事業を実施しています。これは経済的理由で修学が困難な優れた学生に学資の貸与を行い、また、経済・社会情勢等を踏まえ、学生等が安心して学べるよう、「貸与」または「給付」を行う制度です。なお、奨学金は「国の教育ローン」と重複して利用することも可能です。奨学金の申し込み基準や申し込み方法等は、独立行政法人日本学生支援機構のHPで確認できます。

≫年金担保貸付事業国の教育ローンの活用

独立行政法人福祉医療機構が、年金担保貸付事業を実施しています。厚生年金保険、国民年金、労災保険など様々な公的制度がありますが、これらの制度から年金を受けている人(例えば夫が亡くなって遺族年金を受けているとか、事故で障害が残り障害年金を受けているなど)は、年金を受ける権利を担保にして、最大で200万円を借りることができます。これを入学金や授業料などの教育資金に充てるという方法があります。

この制度でお金を借りると、借入の申し込みの際に指定した額が、年金額から天引きされ、返済に充てられていきます。直接、福祉医療機構へ返済金の支払いを行うものではありません。連帯保証人が必要となりますが、信用保証機関を利用し保証料を支払うことで、個人の連帯保証人が不要になります。「独立行政法人福祉医療機構代理店」の表示がある金融機関等で相談や申し込みができます。

※年金担保貸付事業の申込受付は令和4年3月末で終了とされていますが、これは申込受付を終了するだけであり、令和4年3月末までに申し込みが受け付けられた年金担保貸付については、その返済期間や返済方法は、これまで通りの取扱いとなります。

≫遺族補償年金前払一時金の活用

労災保険の遺族(補償)年金を受ける場合については、前払一時金制度を利用するという選択肢があります。遺族(補償)年金を受けることになった遺族は、まとまったお金を必要とすることが多いので、年金の前払として、一時金(最大で死亡した人の賃金日額の1000日分相当額)を請求することができます。この前払一時金制度を利用して、入学金や授業料を工面するという方法もあります。

コラム〈COLUMN1.2〉：特定社会保険労務士　梅本達司

ティースリー社会保険労務士事務所　所長／一般社団法人日本ホワイト企業審査協会　理事／
社労士試験受験対策講座シャロッシータゼミナール　主任講師／「サザエさん一家の公的保険」など、著書多数

部活動の費用も中学とはケタ違い

　昨今、大学に入学するときに、ノートパソコンの用意が必要になり、大きな出費の一つと言えます。高校入学後にかかる大きな費用というと、部活動への参加があげられます。もちろん、参加する部活動によって差はありますが、運動部か文化部かでの差はなく、それなりにお金の準備が必要です。かかる費用を実例でみてみましょう。

部活動での年間費用（吹奏楽部の例）

内容	金額
部費	36,000円
合宿費用	33,000円
定期演奏会費	5,000円
Tシャツ・トレーナー	5,000円
楽譜	1,000円
合計	80,000円

費用は概算。他に、楽器メンテナンス、教則本などの費用、大会や演奏会、野球部の試合応援への交通費など。内容により複数回費用がかかるものも。

　中学と比べると何かと活動の規模や範囲が大きくなり、成長とともに費用も大きくなることを実感させられます。

　さらに、部活動によっては道具の購入に思わぬ費用がかかることもあります。高価なものに目が向けば思わぬ出費となります。

　かかる費用を自分自身でまかなおうと、アルバイトを考えるケースがあるかもしれません。たとえ学校が認める場合でも、高校生のアルバイトには潜む危険は多く、十分に注意が必要です。（COLUMN2上段参照）

　部活動に参加しない場合でも、趣味や活動にお金をかけたい人も少なからずいることでしょう。また、時間的な余裕があると、安易にアルバイトを考えることがあるかもしれません。しかし、高校生活を送る中であくまでも優先されるものが学業であることは、大前提と言えます。

　ところで、トラブルに直面するケースは、何もアルバイトばかりではありません。親にも思わぬ形で予想外の事態が生じることがあります。それでも、そうした場合に対処できる知識があるのとないのとでは大違いです。（COLUMN2下段参照）

部活動の種類によっては、大会参加のための交通費や道具の購入など、意外に大きな出費となる。

COLUMN 2

アルバイトで遭遇するトラブルと対処法

≫学生アルバイトでも労災認定は受けられる

学生アルバイトでも、通勤途中の事故や仕事が原因で負傷等をした場合は、労災保険制度の適用があり、ちゃんと保険給付を受けることができます。

健康保険制度の医療給付の場合は、原則として医療費の3割を自己負担しなければなりませんが、労災保険の医療給付を受ける場合には、自己負担がなく、原則として医療費の全額について労災保険制度がカバーしてくれます。また、労災保険には、休業（補償）給付・休業特別支給金という給付があり、労働基準監督署に請求し、ケガで働けない状態であることの認定を受けると、賃金日額の8割相当額の所得保障が行われます。仮に、負傷した直後にアルバイトを辞めた（退職した）としても、労災保険の保険給付を受ける権利は退職によって変更されませんので、この休業補償給付・休業特別給付金の支給は引き続き行われます。

アルバイト先の会社に知識がなく、アルバイトだからという理由で労災保険に関する手続きを行ってくれないようであれば、直接、労働基準監督署の労災保険課に相談してみましょう。

≫アルバイト先がいわゆるブラック企業だったら

労働基準法では、親権者もしくは後見人または行政官庁は、労働契約が未成年者に不利であると認める場合においては、将来に向かってこれを解除することができるとしています。

不利であるかどうかは親権者等が判断すればよく、未成年者の意に反する解除も認められます。ですから、親からみて、不利な働き方をさせられていると判断したのであれば、たとえ子供がその会社で働き続けたいという意向であっても、労働契約の解除をすることができます。もちろん、その会社が退職を認めないなどと言っても、退職させることができます。そして、このような場合でも、会社は、退職するまでに働いた分の賃金を支払う義務があります。もし、この支払を会社が拒否した場合は、労働基準法の賃金全額払いの原則違反になりますので、その旨を会社側に伝え、それでも支払いをしないのであれば、労働基準監督署へ相談または違反についての申告をすることをお勧めします。

こんな「もしも」と対処法

≫子育て中にリストラされた場合の保険加入！

リストラされ無職となってしまった場合は、年金制度の加入は、国民年金の第1号被保険者となります。しかし、失業状態であれば、この保険料を支払っていくのも大変です。

国民年金の場合、失業・倒産などにより保険料を納付することが困難と認められる者については、保険料の免除を受けることができます。ただし、黙って待っていても免除は行われません。本人が市区町村へ免除申請を行う必要があります。

医療保険の加入については、原則として、国民健康保険の被保険者になります。国民健康保険には被扶養者という扱いはありませんので、扶養家族も国民健康保険の被保険者になります。ただし、健康保険には任意継続被保険者という制度があり、所定の条件を満たしている場合には、退職後も引き続き健康保険への加入が認められます。その条件とは、次の①と②の2つになります。

①退職日までに継続して2か月以上健康保険の被保険者であったこと

②退職後20日以内に、任意継続被保険者となることの申請をすること

任意継続被保険者になれば、その扶養家族についても、引き続き健康保険の被扶養者とされます。

任意継続被保険者と国民健康保険の被保険者のどちらを選択した方が得かは、一概には言えません。通常は、どちらを選択すれば、保険料負担が軽くなるのかを確認して選ぶことになります。

ただし、失業などの特別の事情で収入が著しく減少している場合には、国民健康保険の保険料が減額・免除されることがあるのでその点も確認して選ぶ必要があります。

なお、任意継続被保険者となった日から2年を経過すると、任意継続被保険者ではなくなってしまいます。つまり、任意継続被保険者でいることができるのは、最長でも2年間となります。

これが
埼玉県公立高校の
入試システムだ!!

　埼玉県では、教育委員会が中心となり特色ある公立高校づくりを進めています。この流れの中で、入試制度をはじめとするさまざまな点において毎年のように変化が生じており、今後もこうした改革は変化の大小を問わず続いていくことでしょう。入試における選抜方法・学力検査の内容はもちろんのこと、授業展開や履修科目の選び方など、さまざまなニーズに対応できるようなしくみが生まれています。学校の存在意義すら変わってきているといっても過言ではないでしょう。こうした改革は、個々人が自分にあった学校選びができることを目標としています。

　公立高校を志望する皆さんは、その変化の内容や学校の特色をしっかりと理解し、適切な戦略を立てなければなりません。この章では、改革が進む公立高校入試の変化の内容を、詳しく紹介します。是非、参考にして来るべき受験に備えてください。

1 埼玉県の公立高校改革と入試の変更点

　埼玉県では，多様化する教育ニーズや高校中途退学などの課題に対応し，県立高校の活性化・特色化を図るため，「21世紀いきいきハイスクール構想（平成１１年度～平成２５年度）」に基づき，5年ごとに前期，中期，後期の「推進計画」を定め，総合学科高校や多部制定時制高校など様々なタイプの特色ある県立高校を設置してきました。その後，平成28年3月に特別支援学校も含めた県立学校のより一層の活性化・特色化を図ることを目的に，「魅力ある県立学校づくりの方針」を策定しました。魅力ある県立学校づくり第1期実施方策として，令和5年度に児玉白楊高校と児玉高校が統合し，新校として開校（設置場所は児玉白楊），飯能高校と飯能南高校が統合し，新校として開校（設置場所は飯能高校）しました。また，第2期実施方策として，令和8年度に和光国際高校と和光高校が統合し，新校として開校（設置場所は和光国際高校），岩槻高校と岩槻北陵高校が統合し，新校として開校（設置場所は岩槻高校），秩父高校と皆野高校が統合し，新校として開校（設置場所は秩父高校），越生高校と鳩山高校が統合し，新校として開校（設置場所は越生高校），八潮南高校と八潮高校を統合し，新校として開校（設置場所は八潮南高校），大宮工業高校と浦和工業高校を統合し，新校として開校（設置場所は大宮工業高校）する予定です。

　こうした高校の再編整備の他にも，一部の高校では二学期制が導入されたり，通常1時限あたり50分の授業時間が弾力化されたりするなど，多くの面で改革が進みました。

　これらの公立高校改革に伴い，平成16年度入試からは，それまで公立高校の普通科に導入されていた「学区制」が廃止され，県内どこからでもすべての公立高校が受験できるようになるなど，入学者選抜制度も大きく変化しました。

　入試制度改革の流れとしては，平成17年度入試から，「推薦入学による募集」が「前期募集」に，「一般募集」が「後期募集」に変更されました。平成22年度からは，入学者選抜の日程，募集人員の割合，選抜方法，学力検査の実施方法，調査書の扱い方，実技検査・面接の実施方法など，入試方法のいくつかの点が改善された他，選抜基準が学校ごとに示されることになったのも，大きな変更点の一つでした。また，平成24年度入試からは，前期・後期の2回に分けられていた募集が，全学科で1回という形へ改められました。なお，平成27年度入試からは,志願先変更期間がそれまでの2回から1回へと変わりました。

　今後も，時代の変化や生徒の多様化に対応し，新しい時代に対応する魅力ある学校づくりを進めるべく，総合学科高校や単位制高校，パレットスクールの拡大など，高校の再編整備が行われるかもしれません。それにともない，選抜方法の見直し，改善が図られていくことも考えられますので，今後も高校の内容ならびに入試制度の変更点・しくみはしっかりチェックしておくことが必要です。

2 入試制度の改革

　埼玉県公立高校の入試制度は，平成15年度入試からの「調査書への絶対評価の導入」，平成16年度入試からの「学区制廃止」，平成17年度入試からの「中学校長の推薦を必要としない自己推薦型の選抜方式への転換」，平成22年度入試からの「前期募集における学力検査の実施」と「後期募集の学力検査の３科目化」，そして平成24年度入試から「全学科1回の募集」というように，これまでに様々な改革が進められました。中でも，平成15年度から平成17年度にかけての変化には大きなものがあったといえます。ここでは，そんな変更点のいくつかについて，簡単に見ておきます。

① 通学区域（学区）制の完全撤廃
　埼玉県の県立高等学校において，総合学科や専門学科などの高校は，以前から通学区の規制がありませんでしたが，普通科は平成15年度入試まで８つの通学区に分かれていました。したがって，受験生は原則として，自分の住んでいる地域の通学区または隣接する通学区の高校しか，受験することができませんでした（伊奈学園総合を除く）。
　しかし，受験生本人の能力，適性，進路希望などを基に，「自らの意思と責任において，自由な学校選択を行うことを保障すべきである」という観点から，全日制普通科においても，通学区域を設けない形となりました。通学区域を廃止することは，各県立高校がお互いに切磋琢磨し，個性化・活性化を推進していくことにもつながっています。受験生はどこの県立高校でも，自由に出願・受験することが可能です。交通機関が最も充実し，人気校の多いさいたま市を中心とするエリアの高校にも，現在ではどの地域からも受験できることになっています。

② 調査書の中身
　中学校生徒指導要録の各教科の評定は，現在，「目標に準拠した評価」すなわち「絶対評価」になったことなどの改善点を踏まえたものになっています。
　平成15年度までの入試では，中３の２学期の成績を中心に中１・２も加味して，９教科５段階で記入されていた「各教科の学習の記録」が，中１・中２・中３各学年の成績が併記されるようになりました。さらに，各学年の評定の合計をもとに内申点を出すときの扱いは，各高等学校が学科・コースごとに，独自に決定されることになっています。
　つまり，かつての入試では，「中３でがんばれば，内申点は上がる」と考えればよかったのですが，「中１・中２の内申点が低ければ，入試結果に響いてしまうので，中１からがんばろう」と考えなければいけなくなったのです。
　その他に，現在の調査書では，教科の評定中心の内容となりました。しかし，特別活動や部活動，その他ボランティア活動などの活動状況や特技などについては，具体的な事項があれば，その状況に応じて，「その他」の欄に記入され，入学者選抜の際に考慮されます。

③ 学力検査の成績と，学習の記録の評定の取り扱い
　平成16年度入試までの一般募集では，第１次選考における学力検査の成績と学習の記録の評定の取り扱いの比率が，「４：６」「５：５」「６：４」の３通りでした。その後，一般募集が後期募集へと形を変えた平成17年度入試からは，さらに比率の範囲が広がり，学校・学科・

コースなどの特色に応じて，３：７～７：３の範囲内で，学校・学科・コースごとに選択できるようになりました。

　平成22年度入試からは，合格者を決定していく選抜の過程において段階を設け，それぞれに比率が決定されるようになりました。

　志望校選びにあたっては，早めに志望校の比率をチェックし，自分の内申点を十分に考慮した上で，学力検査点の高い学校にするのか，内申点の比率が高い学校にするのか，を慎重に見極められれば，受験に向けた準備が有利に進められるでしょう。

３　募集・選抜方法について

　平成22・23年度に行われていた「前期募集・後期募集」という入試制度は，平成24年度より大きく形を変えました。

　最大の変更点は，前期・後期の２回の募集が１回となり，日程が「前期募集」よりも１～２週間程度遅くなったことです（多くの専門学科では平成22年度の入試からすでに１回の募集でした）。選抜は定時制も全日制と同じ日程・内容で行われ，欠員補充の日程・内容は実施校で定められます。また，他に，帰国生徒特別選抜がすべての全日制の課程で，外国人特別選抜が令和６年度は岩槻・川口東・川越西・栗橋北彩・草加南・南稜・新座柳瀬・深谷第一・三郷北・妻沼・和光国際・蕨の12校で，不登校の生徒などを対象とした特別な選抜が原則として一般募集において全日制および定時制のすべての高校で，それぞれ実施されています。

　以下で，平成24年度からの主な変更点や継続点を見ていきましょう。

①　入学者選抜日程

　平成23年度までの前期募集の日程と比べると１～２週間ほど遅くなり，３月の募集１回のみとなりました。募集が１回となって以降，志願変更の機会が２回設けられていましたが，平成27年度からは２日間の変更期間に１回だけ変更が可能となりました。１度行った変更を再び行うことができませんので，十分注意が必要です。

	前期募集		後期募集	
	学力検査	合格発表	学力検査	合格発表
平成23年度	2/16	2/24	3/4	3/10

	学力検査	合格発表
現在：令和６年度	2/21	3/1

※欠員補充の日程・内容は実施校による。

②　募集人員

　平成23年度入試までは，前後期で募集人員を分けていましたが，すべての募集人員について選抜が行われます。ちなみに，多くの専門学科では平成22年度の入試からすでに１回の募集で選抜を行っていました。

③　学力検査

　平成23年度までの前期募集では，5教科（数・英・理・社・国），満点は各100点で学力検査が実施されていました。平成21年度までの選抜では満点を各40点として実施していましたが，受検者の思考力・判断力・表現力などを十分に把握するために配点に差が設けられるようにすることをねらいとして，100点満点に変更されました。

　平成29年度からは前述したような能力をみる問題において，しっかり考えて解答する時間が確保できるよう，検査時間が5教科とも各50分となりました。（平成28年度までは理・社が各40分でした。）なお，下記のように傾斜配点が用いられる場合があり，その場合には各科とも配点が200点（他の科目は100点）となります。（下記のカッコ内は令和6年度の実施校。）

　　　　外国語科・コース等…英語(外国語科：春日部女子,越谷南,坂戸,南稜,和光国際　外国語コース：大宮光陵)

　　　　理数科等……数学及び理科（理数科：大宮,川口市立,熊谷西,所沢北,松山）

　　　　人文科等……国語，社会及び英語（人文科：春日部東）

　次年度の入試でも実施を予定している高校があると思われますので，この点については入試要項などでしっかり確認しておくようにしましょう。

　また，平成29年度の大きな変更点には学校選択問題の採用もあります。これは数学と英語の問題の一部に応用的な内容を含む問題が用意され，一部の高校で実施されるものです。実施は高校ごとの判断となりますが，数学と英語のいずれかのみの選択も可能です（複数学科設置校では学科ごとに異なる問題で実施することはありません）。令和6年度の学校選択問題の実施校は下記の22校でした。（全日制。各校とも数学・英語で実施。）

　浦和，浦和第一女子，浦和西，大宮，春日部，川口北，川越，川越女子，川越南，熊谷，熊谷女子，熊谷西，越ケ谷，越谷北，所沢，所沢北，不動岡，和光国際，蕨，さいたま市立浦和，さいたま市立大宮北，川口市立

　なお，学力検査問題そのものも，全受検生がしっかりと力を発揮できるような内容となるよう改善が図られました。

　埼玉県教育委員会のホームページなどを利用して，今後も情報の収集を積極的に進めてみましょう。

④　選抜方法

　学力検査の実施方法だけでなく，選抜方法，そして選抜基準が公開されることも，これまでと変わりはありません。

　選抜の方法をさかのぼって見てみますと，かつては，学力検査と学習の記録の「相関評価」で選抜が行われていました。これは，「学力検査」と「調査書の学習の記録」のどちらについても一定の順位に入っている受検者から合格としていく方法です。

　現在では，「加算方式」とよばれる方法となり，学力検査の得点に，調査書の得点や実技検査等の得点（実施される場合）に各学校で定めた定数を乗じて算出される換算点を合計した結果をもとにして，選抜が行われます。すなわち，原則として，合計得点の高い受検者から合格となっていく方法です。

　また，第1次選抜，第2次選抜，といった形で段階が設けられ，各選抜で，学力検査や調査書の扱いにおいて得点の重みの付け方に差が設けられるようにします。（なお，第3次選抜

が設けられる場合があり，第1次選抜または第2次選抜で扱われた合計値に基づき各校で定めた順位までが選抜対象となります。調査書の学習の記録を除く資料，及び実技検査・面接の結果から，一つもしくは二つ以上を組み合わせるなどして選抜が行われます。）

＜各選抜段階での入学許可候補者の割合＞

第1次選抜……一般募集の募集人員の60〜80％を入学許可候補者に。

第2次選抜……入学許可候補者数を満たすのに必要な人数の60〜100％を入学許可候補者に。

※第3次選抜を行う場合には，さらに残りの人数を入学許可候補者とする。

＜各選抜段階での学力検査と調査書の配点の比＞

第1次選抜……　4：6〜6：4　の範囲に設定

第2次選抜……　3：7〜7：3　の範囲に設定

⑤　選抜基準

　現在の募集では，学力検査，調査書，実技検査などの結果の扱われ方が，学校ごとに公表されます。具体的には，調査書における特別活動などの記録を何点満点で評価するか，といったことが，受検者に向けて事前に示されることになります。

　調査書の「学習の記録」以外の部分がどのように評価されるかが公表されますので，学校が公表する「選抜基準」にはそのような視点からも，注意をしておく必要があります。

＜選抜基準の例＞

全日制 県立浦和高等学校（普通科）

選抜基本方針	(1) 学力検査と調査書の記録については，学力検査を重視して選抜する。 (2) 受検生の学力到達度を適正に測るため，数学と英語の学力検査は学校選択問題で実施する。
選抜資料	○ 学力検査の扱い　　　　　　　　　　　　　　1年 2年 3年　　　　　　　…… [500点] ○ 調査書の扱い　　　学習の記録の得点（1：1：2）………（180点） 　　　　　　　　　　特別活動等の記録の得点　………（ 70点）… [320点] 　　　　　　　　　　その他の項目の得点　　………（ 70点） ○ その他の資料　　　なし

一般募集

●第1次選抜（60％を入学許可候補者とする）
（各資料の配点）

①学力検査	②調査書	③その他	④合　計
500点	334点	実施しない	834点

●第2次選抜（40％を入学許可候補者とする）
（各資料の配点）

⑤学力検査	⑥調査書	⑦その他	⑧合　計
500点	215点	実施しない	715点

調査書の扱いの詳細	**【特別活動等の記録の得点（70点）】** ○生徒会活動 　生徒会長を評価し，得点を与える。 ○部活動等 　以下の区分を目安として，レギュラーとしての活動実績を評価し，実績に応じて得点を与える。レギュラーとは，該当する大会等に実際に出場した者である。なお，主催団体，予選の有無，大会規模等を考慮する。 　　運動部　全国大会1位，全国大会2位，全国大会3・4位，全国大会5〜8位， 　　　　　　全国大会出場，関東大会1位，関東大会2位，関東大会3・4位， 　　　　　　関東大会5〜8位，関東大会出場，県大会1位，県大会2位，県大会3・4位， 　　　　　　県大会5〜8位，県大会出場，県選抜候補選手等，など 　　文化部　全国大会1位，全国大会2位，全国大会3・4位，全国大会5〜8位， 　　　　　　全国大会出場・出展，関東大会1位，関東大会2位，関東大会3・4位， 　　　　　　関東大会5〜8位，関東大会出場・出展，県大会1位，県大会2位， 　　　　　　県大会3・4位，県大会5〜8位，県大会出場・出展，など **【その他の項目の得点（70点）】** ○校外での活動で部活動に準じるもの 　上記部活動等の評価基準の区分を目安として，レギュラーとしての活動実績を評価し，実績に応じて得点を与える。レギュラーとは，該当する大会等に実際に出場した者である。なお，主催団体，予選の有無，大会規模等を考慮する。 ○取得資格等 　以下の資格を取得している場合，等級に応じて評価し，得点を与える。 　　漢字検定2級以上（日本漢字能力検定協会認定），英語検定2級以上（日本英語検定協会認定），数学検定準1級以上（日本数学検定協会認定），TOEFL（iBT）50点以上，TOEIC500点以上，珠算初段以上（日本珠算連盟認定），囲碁4段以上（日本棋院認定），将棋4段以上（日本将棋連盟認定），など ○その他 　日本数学オリンピック（JMO）本戦出場を評価し，実績に応じて得点を与える。 ※部活動等（校外での活動も含める）の実績・取得資格について，異なる競技等で実績がある，あるいは異なる分野の資格を取得している場合は，別個に評価し，得点を与える。 ※部活動等（校外での活動も含める）の実績については，レギュラー（該当する大会等に実際に出場した者）のみを考慮する。 ※取得資格については，認定団体を考慮する。
第2志望	なし
その他	なし

※各校の選抜基準については，埼玉県教育局のホームページに，「埼玉県公立高等学校入学者選抜における各高等学校の選抜基準」として掲載される予定です。

⑥　通学区域・出願資格

　　通学区域は設けられません。出願資格については，参考までに令和6年度のものを次に記します。

＜出願資格＞（令和6年度）

　　公立高等学校に入学を志願することのできる者は，次の（1）から（3）までのいずれかの条件を満たし，かつ，（4）に該当する者でなければならない。ただし，高等学校又は特別支

援学校高等部，若しくは中等教育学校の後期課程に在学している者は出願できない。また、併設型中高一貫教育を実施する中学校から併設型中高一貫教育を実施する高等学校への令和６年度入学予定者及び中等教育学校の前期課程から後期課程への令和６年度進級予定者は出願できない。

(1) 令和６年３月31日までに中学校若しくはこれに準ずる学校若しくは義務教育学校を卒業見込みの者若しくは中等教育学校の前期課程を修了する見込みの者

(2) 中学校若しくはこれに準ずる学校若しくは義務教育学校（以下「中学校」という。）を卒業した者若しくは中等教育学校の前期課程（以下「中学校」に含める。）を修了した者

(3) 中学校を卒業した者と同等以上の学力があると認められた者（学校教育法施行規則第95条の各号のいずれかに該当する者）

(4) 志願者は、次のアからオまでのいずれかに該当する者とする。
　　ア 全日制の課程を志願する者は、保護者とともに県内に居住し、かつ、入学後も引き続き県内に居住できる者
　　イ 定時制の課程を志願する者は、本人が県内に住所又は勤務地を有することが確実な者
　　ウ 通信制の課程を志願する者は、本人が県内に住所又は勤務地（在学地）を有することが確実な者
　　エ 別に定めるところにより、公立高等学校長が出願を承認した者
　　オ 別に定めるところにより、埼玉県教育局県立学校部県立学校人事課長（県立高等学校の定時制の課程及び通信制にあっては、志願先高等学校、市立高等学校にあっては、当該各市教育委員会）が出願資格を認定した者

⑦　その他
　　面接や実技検査については，各学校が選択して実施します。主に，芸術系学科や体育系学科，外国語系学科が「実技検査」を実施しています。また，かつての制度にはあった自己ＰＲ書ですが，現在は提出の必要がありません。学校ごとに発表されていた「求める生徒像」は，新たに「選抜の基本方針」へと代わって示されています。

芸術系学科，体育科・体育コース，外国語科・外国語コース等の実技検査の内容等
（令和６年度における実施内容）

(1) 芸術系学科（美術，音楽，書道，映像芸術，舞台芸術）

高校名	学科名	実技検査の内容等
松伏	音楽科	a，bから１種目選択 　a 声楽（次の①～②から１つを選択） 　　　① 歌曲独唱　② ミュージカル作品の独唱と身体表現 　b 器楽（次の①～④から１つを選択） 　　　① ピアノ　② 管楽器　③ 弦楽器　④ 打楽器
越生	美術科	鉛筆による素描

| 芸術総合 | 美術科,
音楽科,
映像芸術科,
舞台芸術科 | 美術科　鉛筆による素描
音楽科　a，bから1種目選択
　a 声楽
　b 器楽(次の①〜④から1つを選択)
　　　① ピアノ　② 管楽器　③ 弦楽器　④ 打楽器
映像芸術科　言葉から発想したイメージを絵と文章で表現
舞台芸術科　aおよびbを受検(bは(a)，(b)から1種目選択)
　a 共通課題　①指定された詩，または文章の朗読
　　　　　　　②指示された基本的な動作
　b 選択課題
　(a)演劇表現 課題に基づいた音声，身体の表現
　(b)舞踊表現 次の①〜⑤から1つを選択
　　　　　　①バレエ　②洋舞全般　③各種民族舞踊
　　　　　　④身体表現運動　⑤その他創作ダンス |
| 大宮光陵 | 美術科,
音楽科,
書道科 | 美術科　鉛筆による素描
音楽科　次のa，b，c，d，eのうち、1つを選び、
　①と②を受検する
　a 声楽　① 声楽　② ピアノ
　b ピアノ　① ピアノ　② 聴音
　c 管楽器, d 弦楽器, e 打楽器
　　　① 各楽器の演奏　② ピアノまたは視唱
書道科　a，bを受検
　a 漢字の書(毛筆による表現)
　b 仮名の書(毛筆による表現) |

(2) 体育科，スポーツサイエンス科，外国語科・外国語コース等，
　　伊奈学園総合のスポーツ科学系・芸術系

学科・コース名	適性検査の内容等
体育科	必須種目：体力に関する検査種目 　① 反復横とび　② 立ち幅とび　③ 上体起こし 選択種目：技能に関する検査種目 (①〜③から2群を選択→さらに選んだ各群から1種目ずつ選択, 合計2種目を受検。) 　① 器械運動・陸上競技群 (ア. マット運動　イ. 跳び箱　ウ. 鉄棒 　　　　　　　　　　　　　エ. 短距離) 　② 球技群 (ア. バレーボール イ. バスケットボール　ウ. サッカー　エ. ソフトボール) 　③ 武道群 (ア. 剣道　イ. 柔道)
スポーツサイエンス科	必須種目：体力に関する検査種目 　① 反復横とび　② 立ち幅とび　③ 上体起こし 選択種目：技能に関する検査種目 (①〜③から1種目を選択。) 　① 器械運動・陸上競技群 (ア. マット運動　イ. 走り幅跳び　ウ. 短距離走) 　② 球技群 (ア. バレーボール　イ. バスケットボール　ウ. サッカー 　　　　　　エ. ハンドボール　オ. ソフトボール) 　③ 武道・ダンス群 (ア. 剣道　イ. 柔道　ウ. ダンス)

外国語科 外国語コース等	英語による問答等 （ア）中学校学習指導要領に基づく，英語による音読・問答等 （イ）1人につき5分程度，個別に実施
伊奈学園総合 スポーツ科学系	必須種目：体力に関する検査種目 　①　反復横とび　　②　立ち幅とび　　③　上体起こし 選択種目：技能に関する検査種目 （①～③から2群選択→さらに選んだ各群から1種目ずつ選択，合計2種目を受検。） 　①　器械運動・陸上競技群（ア．マット運動　イ．跳び箱　ウ．短距離走） 　②　球技群（ア．バレーボール　イ．バスケットボール　ウ．サッカー 　　　　　　　　エ．ハンドボール　オ．ソフトボール） 　③　武道・ダンス群（ア．剣道　イ．柔道　ウ．ダンス）
伊奈学園総合 芸術系	音楽（a，bから1種目選択） （検査時間は1人2～3分程度。楽譜を見てもよい。） 　　a 声楽（伴奏は高校の担当者。楽譜は出願時に提出） 　　b 器楽（次の①～④から1つ選択。無伴奏） 　①　ピアノ 　②　管楽器　　③　弦楽器　　④　打楽器（小太鼓またはマリンバ） 美術・工芸 　鉛筆による素描 書道 　毛筆による書写

まとめ〜入学者選抜の流れ〜

これまで，公立高校入試の変化のポイントを説明してきましたが，ここで予定されている令和7年度入試の流れを簡単にまとめておきます。

令和7年度入学者選抜の日程（予定）

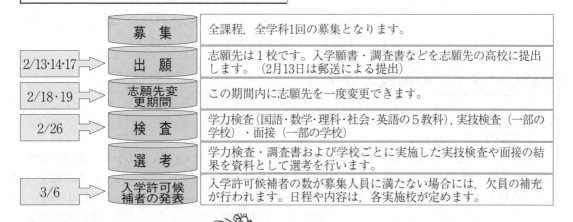

	募　集	全課程，全学科1回の募集となります。
2/13・14・17 →	出　願	志願先は1校です。入学願書・調査書などを志願先の高校に提出します。（2月13日は郵送による提出）
2/18・19 →	志願先変更期間	この期間内に志願先を一度変更できます。
2/26 →	検　査	学力検査（国語・数学・理科・社会・英語の5教科），実技検査（一部の学校）・面接（一部の学校）
	選　考	学力検査・調査書および学校ごとに実施した実技検査や面接の結果を資料として選考を行います。
3/6 →	入学許可候補者の発表	入学許可候補者の数が募集人員に満たない場合には，欠員の補充が行われます。日程や内容は，各実施校が定めます。

埼玉県の入試制度をよく理解できたわね!!

よーし！あとは合格へ向かってまっしぐらだ!!

※募集および選抜に関する最新の情報は、埼玉県教育委員会のホームページなどでご確認ください。「入学者選抜実施要項」「各高校の選抜基準」など令和7年度入試の詳細については、令和6年7月頃に決定、公開される予定です。

② 注目！ 新しいタイプの高校

社会の激しい変化や生徒の多様化に対応するためには，生徒の多様な就学機会の確保が必要不可欠です。そこで埼玉県では，特色ある学科の適正配置を図ると同時に，新しいタイプの学校づくりを進めていくなど，各高校の「特色化」を積極的に進めています。

新しいタイプの高校とは？

★★★全日制単位制高校★★★

① 単位制のシステムとは？

「単位制」とは，学年による教育課程の区分を設けず，学年の進級ではなく，高校卒業までに決められた単位を取得すれば卒業が認められるシステムで，これを導入している高校を「単位制高校」といいます。単位制の「活用」や「導入」を全県的に拡大することによって，さまざまな生徒の実態に応じた教育活動の改善・充実を図っていく方針です。平成22年度までに，上尾鷹の台高校・朝霞高校・浦和高校(県立)・浦和北高校・小鹿野高校・川越総合高校・久喜北陽高校・芸術総合高校・越ケ谷高校・坂戸西高校・進修館高校・誠和福祉高校・鶴ケ島清風高校・寄居城北高校・滑川総合高校・新座柳瀬高校・不動岡高校・蓮田松韻高校・栗橋北彩高校・市立川口総合高校（平成29年度末閉校）の20校が，全日制単位制高校として改編，あるいは開校しました。平成25年には，新たな全日制単位制高校として，豊岡高校，本庄高校，幸手桜高校，吉川美南高校が開校し，市立浦和南高校も単位制を導入。さらに，平成28年には，熊谷高校も単位制を導入。平成30年度には，全日制単位制高校として市立川口高校が開校。平成31年度からは，川越高校も全日制単位制高校となっています。

② 単位制のメリット

単位制の導入によって，普通科目を中心に特色のある選択科目が数多く設けられているので，自分の興味・関心，進路希望に応じた科目を選択することができるのが，何よりも大きなメリットです。また，大学などでの授業，美術館・博物館といった校外での体験学習，ボランティア活動などの学習成果の単位認定も容易に取り入れられます。さらに，修得状況に応じた弾力的な進級認定を図るなど，単位制を様々な場面で活用することで，特色ある学校づくりが推進されることが期待できます。

単位制を導入している高校のカリキュラム (例)

●共通履修科目と選択履修科目

	共通履修科目	選択履修科目	
1年次	現代の国語, 言語文化, 歴史総合, 数学I, 数学A, 体育, 保健, 英語コミュニケーションI, 論理・表現I, 情報I, 化学基礎	理科選択	物理基礎, 生物基礎, 地学基礎
		芸術選択	音楽Ⅰ, 美術Ⅰ, 書道Ⅰ

	共通履修科目	選択履修科目		
2年次	論理国語, 体育, 保健, 英語コミュニケーションII, 論理・表現II, 家庭基礎, 公共	グループA		数学II,古典探究
				数学II,物理基礎／生物基礎／地学基礎
		グループB		数学B,世界史探究,日本史探究,保育基礎
		グループC	物理／化学／生物／地学	音楽II／美術II／書道II／ファッション造形基礎
		グループD		地理総合
3年次	英語コミュニケーションIII, 論理・表現III, 体育	グループE	数学III	実践世界史／実践日本史／実践地理／外国事情
				総合古典／数学総論
		グループF1	日本史探求／世界史探求／地理探求	物理探究／化学探究／生物探究／地学探究／文学国語／政治・経済／数学研究III／情報II／保育基礎／服飾手芸／スポーツ総合演習
		グループF2		物理探究／化学探究／生物探究／地学探究／古典概論／数学研究II／数学特論／外国事情／音楽III／美術III／書道III／フードデザイン
		グループG		政治・経済／数学B／数学C／物理／化学／生物／地学／外国事情／ファッション造形基礎／情報II／論理国語
		グループH		地理総合,物理基礎,生物基礎,地学基礎

※ 朝霞高校（令和5年度入学生）の例。今後内容が変更となる場合もあります。
※ 共通履修科目は同じ年次の全員が履修します。また、選択履修科目は各グループの中から1科目あるいは2科目を選択して学びます。

★★★二学期制の高校★★★

① なぜ二学期制導入か？

多種多様な選択科目の開設など、単位制の活用を図ることに加えて、学校に完全週休2日制が導入されたことに伴う授業時間の確保、そして学校生活全体にゆとりをもたせることを目的に、二学期制を導入している学校があります。二学期制は4月1日から9月30日までを前期、10月1日から3月31日を後期とし、夏休みと冬休みが少し短くなるかわりに、秋休みが入ります（時期の設定が異なる場合もあります）。現在（令和6年度）、川口北高校、川越女子高校、川越南高校、常盤高校、松山高校、蕨高校などで導入されています。

② 二学期制のメリットは？

二学期制を導入することで、定期試験と学期末行事を削減でき、授業日数を確保できます。これにより、同じ内容を時間をかけて学習したり、発展的なことを勉強できたり、と学力の充実が期待できます。それだけではなく、校内行事を充実させることも可能になります。

★★★総合学科★★★

① 総合学科とは？

総合学科とは、普通科・専門学科（工業科・商業科など）といった枠を超えて、普通科目と専門科目にわたる幅広い選択科目のなかから、自分の興味・関心や将来の進路を考えた上で、自分で科目を選択して総合的に学ぶ学科です。自分の将来の進路に合わせて、学びたい科目を選択することができるのが大きな特徴です。埼玉県には平成25年度までに、久喜北陽高校、川越総合高校、市立川口総合高校（29年度末閉校）、小鹿野高校、進修館高校、誠和福祉高校、滑川総合高校、寄居城北高校、狭山緑陽高校、戸田翔陽高校、吹上秋桜高校、幸手桜高校、

吉川美南高校の計13校に総合学科が設置されました。30年度には**川口市立高校**（定時制）が総合学科の新たな設置校として開校しました。

② 総合学科のメリットは？

　ここでは平成10年度に総合学科に改編し，17年度からは行田工業・行田女子高校と統合して，総合学科・電気システム科・情報メディア科・ものづくり科を加えた総合高校に生まれ変わった，**進修館高校**の総合学科を例にとって見てみましょう。進修館高校では数多くの幅広い選択科目群が用意されています。高1では芸術科目など一部を除いて，履修する科目はほとんど共通ですが，高2以降は自分の進路や興味・関心に合わせて，科目が選択できます。具体的には以下のような科目があります。

ア）必履修科目

　現代の国語，数学Ⅰ，保健，体育，家庭総合など，すべての高校で履修することになっている科目のことです。卒業するためには，必ず履修する必要があります。

イ）原則履修科目

　「産業社会と人間」「社会と情報」など，将来の進路や職業の基礎となる知識，技能などを身につけるために，総合学科の生徒が原則全員履修する科目です。

ウ）選択科目群

　まとまりのある学習を可能にするために，体系性や専門性などに関連のある科目によって構成された系列（詳細は下の表を参照）に沿って，まとめられた科目。自分の将来の進路を頭においた上で，科目を選択します。

総合学科の系列の内容と目標（例）

系列	系列の内容と目標
文科探究	文科系の科目を中心に学ぶ。国公立大学文系学部，4年制文系学部への進学が目標。
理科探究	理科系の科目を中心に学ぶ。4年制大学理系学部，看護医療系大学などへの進学が目標。
総合教養	基礎科目を中心に学ぶ。大学や専門学校への進学，公務員・民間企業への就職が目標。
美術探究	美術の専門的な授業が多く，絵画・デザインの各コースの選択が可能。美術系大学・デザイン専門の大学・専門学校への進学や感性を活かす仕事に就くことが目標。
商業探究	情報，簿記，流通などが授業の中心で，各種資格取得のほか，商業・経済系大学への進学，資格を活かした就職が目標。

※ 進修館高校総合学科(令和6年度)例。

★★★中高一貫教育校★★★

① 中高一貫教育校の設置

　埼玉県では，平成15年度に**小鹿野高校**を連携型，**伊奈学園総合高校**を併設型の中高一貫教育校に改編し，19年度には**さいたま市立浦和高校**を併設型の中高一貫教育校に改編。さらに，31年度には**さいたま市立大宮西高校**が**さいたま市立大宮国際中等教育学校**へ改編，令和3年度に**川口市立高等学校**を併設型の中高一貫教育校に改編しました。連携型とは，公立高校が既存の公立中学校と，教育課程の編成や生徒・教員間の交流の面で連携していく形で，中高一貫教育を行うものです。一方併設型とは，高校の入学者選抜を行わずに，同一の設置者によって，中学校と高校を接続するものです。中等教育学校は，一つの学校に，中学校にあたる前期課程（3年）と高校にあたる後期課程（3年）を設けて一貫した教育を行うものです。外部からの進学者がいない点が他の中高一貫校と異なります。今後も地域バランスに配慮しながら，設置の検討が進められる予定です。

② 中高一貫教育校のメリットは？

　6年間を通して，計画的・継続的な教育指導を行うシステムが整うことによって，生徒一人ひとりの個性をより重視した教育を展開することができる点です。たとえば，併設型の**伊奈学園総合高校**と**市立浦和高校**には入学者選抜を経ずに，それぞれ伊奈学園中学校と市立浦和中学校からそのまま進学することができるので，高校受験のための勉強にわずらわされることなく，より多彩な教育活動を行うことが可能になります。

★★★パレットスクール★★★

① パレットスクールとは？

　パレットスクールとは，「学ぶ意欲と熱意をもつ者が，いつでもどこでも学ぶことができる」という性格をもつ，昼夜開講の単位制による新しい発想の定時制・通信制高校の通称です。文字通り朝から夜まで開講し，生徒が自分の学習スタイルに合わせて，その時間内で自ら選択して授業を受けることができます。埼玉県では，平成17年度に県内初のパレットスクールとして**戸田翔陽高校**が開校し，20年度には**狭山緑陽高校**が開校しました。さらに，22年度には吹上高校・鴻巣高校（定時制）・熊谷女子高校（定時制）・深谷商業高校（定時制）の4校を統合した**吹上秋桜高校**が誕生しました。

② パレットスクールのカリキュラムとメリット

　パレットスクールは，午前・午後・夜間の三部制または昼間・夜間の二部制で，生徒はそのいずれかの部に所属します。修業期間は4年ですが，他部の科目を修得すれば3年で卒業することも可能です。また総合学科なので，福祉・ビジネス・自然科学・国際教養など，多様な選択科目のなかから幅広く学ぶことができます。したがって，働きながら学びたい人や不登校経験者など，多様なニーズに対応できるシステムといえるでしょう。

★★★そのほかの「特色ある学校」★★★

① 看護に関する5年一貫教育校　〜常盤高校〜

　平成14年度，看護師養成に関する指定規則の改正に伴い，常盤女子高校の衛生看護科が5年制（看護科3年＋看護専攻科2年）に改組されました。さらに，15年度には共学化に伴い

名称も**常盤高校**に変更されました。看護科での３年間で，高等学校普通科目と看護に関する基礎科目を学んだ後，看護専攻科の２年間で看護に関する専門科目を学び，修了後は看護師国家試験に合格すれば，看護師として活動することができます。

② **大学進学実績の向上を目指す高校の指定**

　　大学への進学実績を向上させることが，生徒の進路希望を実現させるためにたいへん重要で，保護者や県民の期待に応えることであるという観点から，平成16年度に11校が県立高校進学指導アドバンスプラン推進校に指定されました。これらの高校では現役進学率などについての具体的な目標数値を設定し，校内研修の工夫・改善などの向上に向けた取り組みが進められました。次いで，平成23～25年度には，生徒の進路実現と教員の進学指導の充実を主な目的とし，10校が「進学力グレードアップ推進事業」推進校に指定されました。現在は，学力向上分野の県指定の事業として，「大学進学指導推進校・拠点校」（浦和高校，川越高校など16校），グローバル人材育成分野の県指定の事業として，「埼玉と世界をつなぐハイブリッド型国際交流事業」推進校（越谷北高校，浦和第一女子高校など８校）などのさまざまな取り組みが進められています。

③ **福祉に関する学科（系列）をもつ高校**

　　福祉に関する基礎的・基本的な知識と技術を，総合的・体験的に習得させると同時に，福祉の増進に貢献するため，福祉に関する学科（系列）の設置を進めています。福祉に関する系列を設置する総合学科高校には，平成15年度開校の**小鹿野高校**（福祉・生活系列），平成17年度開校の**戸田翔陽高校**（福祉系列）と**滑川総合高校**（ヒューマンデザイン系列），平成20年度開校の**狭山緑陽高校**（健康福祉系列），平成22年度開校の吹上秋桜高校（生活・福祉系列）があります。また，平成20年度には不動岡誠和高校と騎西高校を統合し，福祉科と総合学科を有する県内初の福祉系専門高校として，**誠和福祉高校**がスタートしました。

④ **環境に関する学科（系列）の設置**

　　将来の環境保全・創造などの分野で広く活躍できる人材を育成する目的で，平成11年度に生物・環境系総合高校として，**いずみ高校**が設置されました。環境に関する学科（系列）は，以降も平成15年度に**小鹿野高校**，平成17年度に**滑川総合高校**に設置されました。そして，令和５年度に児玉白楊高校と児玉高校が統合し新校として開校した**児玉高校**にも設置され，現在，平成11年度以前の**久喜工業高校**，**川越総合高校**と合わせて，６校に設置されています。

特色ある高校の設置状況 (令和6年度まで)

☆全日制単位制高校☆		☆総合学科設置校☆	
平成7年度	久喜北陽高校	平成7年度	久喜北陽高校
平成8年度	浦和北高校	平成8年度	川越総合高校
	川越総合高校	平成10年度	進修館高校
平成10年度	進修館高校	平成15年度	小鹿野高校
平成12年度	浦和(県立)高校	平成17年度	戸田翔陽高校
	芸術総合高校		滑川総合高校
平成15年度	越ヶ谷高校	平成20年度	狭山緑陽高校
	坂戸西高校		誠和福祉高校
	小鹿野高校		寄居城北高校
平成17年度	朝霞高校	平成22年度	吹上秋桜高校
	滑川総合高校	平成25年度	幸手桜高校
平成20年度	上尾鷹の台高校		吉川美南高校
	誠和福祉高校	平成30年度	川口市立高校(定時制)
	鶴ヶ島清風高校	☆看護に関する5年一貫教育校☆	
	新座柳瀬高校	平成14年度	常盤高校
	不動岡高校	☆福祉に関する学科(系列)をもつ高校☆	
	寄居城北高校	平成15年度	小鹿野高校
平成22年度	蓮田松韻高校	平成17年度	戸田翔陽高校
	栗橋北彩高校		滑川総合高校
平成25年度	豊岡高校	平成20年度	誠和福祉高校
	本庄高校		狭山緑陽高校
	幸手桜高校	平成22年度	吹上秋桜高校
	吉川美南高校	☆環境に関する学科(系列)をもつ高校☆	
	市立浦和南高校	平成7年度	久喜工業高校
平成28年度	熊谷高校	平成8年度	川越総合高校
平成30年度	川口市立高校	平成11年度	いずみ高校
平成31年度	川越高校	平成15年度	小鹿野高校
☆中高一貫教育校☆		平成17年度	滑川総合高校
平成15年度	伊奈学園総合高校	令和5年度	児玉高校
	小鹿野高校		
平成19年度	市立浦和高校		
平成31年度	市立大宮国際中等教育学校		
令和3年度	市立川口高校		
☆新しい発想の定時制・通信制高校☆ (パレットスクール)			
平成17年度	戸田翔陽高校		
平成20年度	狭山緑陽高校		
平成22年度	吹上秋桜高校		

2 近年再編・整備された高校／再編・整備が予定されている高校

　平成28年3月に策定された「魅力ある県立学校づくりの方針」では，県立高校の全日制課程の学校数を再編・整備していくことが示されています。進め方としては，平成29年3月から令和11年3月までの12年間を3期程度に分け，平成28年時点で134校あった県立高校の全日制課程の学校数をを令和11年4月を目途に121 〜 124校程度とします。ここでは，第1期実施方策で行われたものと第2期実施方策案として予定されているものを紹介していきます。

第1期実施方策
① 児玉白楊高校と児玉高校
設置時期：令和5年度新校開校　　設置場所：旧児玉白楊高校
生徒募集：児玉白楊高校と児玉高校は令和4年度入試で終了。
＜新校の概要＞
基礎的・基本的な知識・技能を身に付けた地域産業を支える人材の育成を目指し，農業に関する学科，工業に関する学科及び「実学」を重視する普通科の併置校（全日制課程）として開校。

② 飯能高校と飯能南高校
設置時期：令和5年度新校開校　　設置場所：旧飯能高校
生徒募集：飯能高校と飯能南高校は令和4年度入試で終了。
＜新校の概要＞
新しい時代に求められる資質・能力の育成を目指し，主体的・対話的で深い学びの視点から，学習環境の充実を図り，地域との協働による探究的な学びを実践するなど，進学に重点を置いた普通科高校（全日制課程）として開校。

第2期実施方策
① 和光国際高校と和光高校
設置時期：令和8年度新校開校予定　　設置場所：和光国際高校
生徒募集：和光国際高校は令和7年度入試で終了。和光高校は令和5年度入試で終了。
＜新校の概要＞
国際に関する学科の中心的役割を担う高校を目指し，国際に関する学科及び普通科の併置校として開校予定。

② 岩槻高校と岩槻北陵高校
設置時期：令和8年度新校開校予定　　設置場所：岩槻高校
生徒募集：岩槻高校は令和7年度入試で終了。岩槻北陵高校は令和5年度入試で終了。
＜新校の概要＞
地域の伝統産業を海外に発信することで，地域社会に貢献しつつ，豊かな表現力を身に付けることを目指した教育を行う。国際に関する学科及び普通科の併置校として開校予定。

③　秩父高校と皆野高校
設置時期：令和８年度新校開校予定　　　設置場所：秩父高校
生徒募集：秩父高校は令和７年度入試で終了。皆野高校は令和５年度入試で終了。
＜新校の概要＞
地域の観光資源を海外に発信することで，地域社会に貢献しつつ，豊かな表現力を身に付けることを目指した教育を行う。国際に関する学科及び普通科の併置校として開校予定。

④　越生高校と鳩山高校
設置時期：令和８年度新校開校予定　　　設置場所：越生高校
生徒募集：越生高校は令和７年度入試で終了。鳩山高校は令和５年度入試で終了。
＜新校の概要＞
アニメーション・美術に関する学科及び普通科の併置校として開校予定。県内にあるアニメーションスタジオなどの外部機関との連携を通して，より実践的・体験的な学習活動を行う。

⑤　八潮南高校と八潮高校
設置時期：令和８年度新校開校予定　　　設置場所：八潮南高校
生徒募集：八潮南高校は令和７年度入試で終了。八潮高校は令和５年度入試で終了。
＜新校の概要＞
株式会社の設立・マネジメントなど実践型のビジネス教育に取り組むパイロット校を目指しに関する学科及び普通科の併置校として開校予定。

⑥　大宮工業高校と浦和工業高校
設置時期：令和８年度新校開校予定　　　設置場所：大宮工業高校
生徒募集：大宮工業高校は令和７年度入試で終了。浦和工業高校は令和５年度入試で終了。
＜新校の概要＞
機械，電気，建築，ロボット技術及び専門情報に関する学科を置き，県内初の工業に関する学科及び情報に関する学科の併置校として開校。

③ 令和6年度入試を振り返る

　ここでは令和6年度の入試について振り返り，どのように合格者が選抜されたのかを見ておくことにします。

1　一般募集(検査等2／21・2／22→入学許可候補者発表3／1)

　令和6年度の一般募集では，すべての公立高校で2／21に学力検査が行われました。さらに，一部の学科・コースにおいては，2／22に実技検査または面接も実施されました。学力検査は5教科各100点満点，制限時間が5教科各50分で行われました。実技検査の内容については24〜26ページの表を参考にしてください。また，実技検査と面接を実施した学校は下の表のとおりです。
　一般募集の合否判定方法は，これまでに記したとおりですが，第1次選抜と第2次選抜とでは，学力検査と調査書を扱う際の重みのつけ方に違いがあります。すなわち，「学力検査の得点合計」を「各学校で定めた定数を乗じて換算した後の調査書点」で割った場合の値が，第1次選抜では$\frac{4}{6}$〜$\frac{6}{4}$の範囲にあるように，また第2次選抜では$\frac{3}{7}$〜$\frac{7}{3}$の範囲にあるようにすることとなっています。

令和6年度の一般募集で，学力検査以外の方法も実施した高校（全日制）

実技検査	伊奈学園総合(スポーツ科学系・芸術系)，ふじみ野(スポーツサイエンス)，大宮光陵(美術・音楽・書道)，大宮東(体育)，越生(美術)，芸術総合，松伏(音楽)，八潮(体育コース)
面接	上尾橘，いずみ，岩槻北陵，大宮工業，大宮商業，小川，桶川西，春日部工業，川口工業，川口青陵，川口東，川越工業，川越初雁，北本，久喜工業，熊谷農業，栗橋北彩，鴻巣女子，越谷総合技術，幸手桜，狭山経済，狭山工業，狭山清陵，志木，庄和，白岡，杉戸農業，誠和福祉，草加西，常盤，滑川総合，新座，新座総合技術，新座柳瀬，蓮田松韻，鳩ヶ谷，飯能，ふじみ野(普通)，松伏(普通・情報ビジネスコース)，三郷(普通)，三郷北，宮代，妻沼，八潮南，鷲宮，川口市立(スポーツ科学コース)，市立川越

※校名の後にカッコ付きで学科名・コース名がある場合は，その学科・コースのみにおいて実施。
※令和7年度の募集においても，学校により実技検査，面接を行います。(実施日は学力検査と異なります。)

2 欠員補充

　一般募集で定員に満たなかった学校・学科では，欠員補充が行われます。令和6年度の入試で欠員補充の募集が行われたのは68校。そのうち全日制では48校で1251人（普通科494・専門学科625・総合学科132）の募集がありました。欠員補充は，学校ごとに募集期間や選抜方法が定められます。選抜方法は多くの学校で，調査書，面接に加えて学力検査（国語・数学・英語）が実施されました。

3 令和6年度公立高校入試概況

　全学校で1回の募集となって13年目となった令和6年度の一般募集では，大宮高校（理数科）の2.07倍，市立大宮北高校（理数科）の1.81倍，市立浦和高校（普通科）の1.68倍，市立川越高校（国際経済科）の1.66倍，川口市立高校（普通科）の1.64倍，大宮光陵高校（美術科）の1.63倍など，進学校や人気の高い専門学科を中心に，高倍率となりました。

埼玉県公立高等学校入学選考手数料・入学料について

課　　程	入学選考手数料	入学料
全日制課程	2,200 円	5,650 円
定時制課程	950 円	2,100 円
通信制課程	※下記参照	500 円

※上記の内容は令和6年3月現在のものであり，改定される場合があります。
※通信制課程（県立大宮中央高校）の入学選考手数料については学校にお問い合わせください。
※授業料については下記にお問い合わせください。
　埼玉県教育局財務課　TEL：048−830−6652

各高校の難易度と併願校選択例一覧

・主に全日制の普通科設置校（普通科に類する学科を含む学校については一部掲載）について、平成15年度入試まで用いられていた学区で整理し掲載しています。
・併願校には共学校、男子校、女子校が含まれています。
・併願校名は選択例であり、必ずしもその学校を受験した場合に合格の可能性が高いことを示すものではありません（選択例には私立を第一志望にした場合の学校も含んでいます）。また、併願校の難易度は、推薦、一般などの受験種別や男女により異なる場合があります。

＜難易度の目安＞
　ＡＡ～Ｅ－２の15段階でだいたいのランクを示しています。なお、目安となる偏差値については10ページをご参照ください。

校　名	難易度	併願校選択例
旧第1学区（南部・北部）		
川口	C－3	浦和学院、浦和実業学園、叡明、埼玉栄、武南
川口北	B－1	大宮開成、春日部共栄、武南、埼玉栄、星野
川口青陵	E－1	浦和実業学園、浦和麗明、叡明、秀明英光、武蔵野
川口東	E－1	浦和実業学園、浦和麗明、秀明英光、武南、武蔵野
鳩ヶ谷	D－3	普通：浦和学院、浦和実業学園、浦和麗明、武蔵野、安部学院
浦和	AA	川越東、慶應義塾志木、栄東、城北埼玉、早稲田大本庄
浦和北	C－1	浦和実業学園、栄北、武南、細田学園、山村学園
浦和第一女子	AA	大宮開成、開智、栄東、春日部共栄
浦和西	B－1	大宮開成、春日部共栄、昌平、武南、星野
浦和東	D－1	浦和学院、浦和実業学園、秀明英光、西武台、花咲徳栄
大宮	AA	普通：開智、春日部共栄、栄東、筑波大附属、早稲田大本庄
大宮光陵	C－1	普通（一般）：浦和学院、浦和実業学園、埼玉栄、正智深谷、昌平
大宮東	D－2	普通：浦和実業学園、国際学院、秀明英光、正智深谷、細田学園
大宮南	C－3	浦和学院、浦和実業学園、叡明、国際学院、西武台
大宮武蔵野	D－3	浦和学院、浦和麗明、国際学院、埼玉平成、西武台
与野	C－1	浦和学院、浦和実業学園、埼玉栄、西武台、武南
南稜	C－3	普通：浦和実業学園、埼玉栄、西武台、細田学園、山村学園
蕨	A－3（外国語B－1）	普通：大宮開成、川越東、順天、獨協埼玉、武南
川口市立	C－1（理数B－2）	普通（一般）：浦和学院、桜丘、成立学園、東京成徳大
（さいたま市立）浦和	A－1	大宮開成、開智、春日部共栄、川越東、淑徳与野
（さいたま市立）浦和南	B－2	大宮開成、埼玉栄、栄北、淑徳与野、武南
（さいたま市立）大宮北	B－3（理数B－1）	普通：大宮開成、栄北、武南、星野、本庄東
上尾	B－3	普通：浦和実業学園、大宮開成、栄北、正智深谷、東京農業大第三
上尾鷹の台	D－3	浦和学院、浦和麗明、国際学院、栄北、秀明英光
上尾橘	E－2	普通（一般）：叡明、国際学院、秀明、秀明英光、安部学院
上尾南	E－1	浦和実業学園、浦和麗明、国際学院、秀明英光、正智深谷
桶川	D－1	浦和学院、浦和実業学園、国際学院、東京成徳大深谷
桶川西	E－2	浦和麗明、叡明、国際学院、秀明英光
北本	E－1	浦和麗明、叡明、国際学院、秀明英光、正智深谷
鴻巣	D－2	普通：国際学院、秀明英光、正智深谷、東京成徳大深谷、本庄第一
鴻巣女子	E－2	普通：秋草学園、浦和学院、浦和麗明、正智深谷、東京成徳大深谷
伊奈学園総合	B－3	（人文系・理数系・語学系）：大宮開成、埼玉栄、栄北、昌平、星野

校 名	難易度	併 願 校 選 択 例
旧第2学区（東部・中部・西部）		
朝霞	C－2	西武台、星野、豊島学院、細田学園、山村学園
朝霞西	D－1	浦和麗明、細田学園、武蔵越生、山村学園、山村国際
志木	D－3	浦和麗明、叡明、秀明英光、細田学園、山村学園
新座	E－2	浦和麗明、叡明、秀明英光、東野
新座柳瀬	E－1	秋草学園、浦和麗明、叡明、東野、細田学園
和光	E－2	浦和麗明、叡明、秀明英光、安部学院
和光国際	B－2	普通：埼玉栄、城北埼玉、星野、細田学園、山村学園
川越	A－1	川越東、慶應義塾志木、城北埼玉、西武学園文理、早稲田大本庄
川越女子	A－2	狭山ヶ丘、淑徳与野、西武学園文理、星野、早稲田大本庄
川越総合	D－3	浦和麗明、秀明英光、東野、細田学園、山村国際
川越西	D－1	秋草学園、浦和実業学園、国際学院、細田学園、山村国際
川越初雁	E－2	浦和麗明、叡明、秀明英光、東野、細田学園
川越南	B－3	城西大付属川越、西武台、東京農業大第三、星野、山村学園
坂戸	B－3（外国語C－1）	普通：狭山ヶ丘、東京農業大第三、星野、山村学園、山村国際
坂戸西	D－1	埼玉栄、埼玉平成、西武台、細田学園、武蔵越生
狭山清陵	E－1	秋草学園、浦和麗明、東野、細田学園、武蔵野
所沢	B－3	聖望学園、川越東、狭山ヶ丘、西武台、山村学園
所沢北	A－3（理数A－2）	錦城、狭山ヶ丘、西武学園文理、星野、山村学園
所沢中央	D－3	秋草学園、浦和学院、狭山ヶ丘、東野、細田学園
所沢西	C－2	秋草学園、西武台、聖望学園、細田学園、武蔵越生
鶴ヶ島清風	E－2	秋草学園、秀明英光、東野、星野、山村学園
日高	E－2	普通（一般）：叡明、自由の森学園、秀明英光、東野
富士見	E－2	浦和麗明、叡明、秀明英光、細田学園、山村国際
ふじみ野	E－2	普通：叡明、国際学院、秀明英光、東野、武蔵越生
越生	E－2	普通：叡明、埼玉平成、秀明英光、東野、武蔵越生
（川越市立）川越	C－2	普通：浦和実業学園、西武台、細田学園、山村学園、山村国際
入間向陽	D－1	秋草学園、西武台、聖望学園、東野、武蔵越生
豊岡	D－1	西武台、聖望学園、狭山ヶ丘、細田学園、武蔵越生
飯能	E－1	秋草学園、自由の森学園、聖望学園、秀明英光、東野
旧第3学区		
松山	C－1（理数B－1）	普通：大宮開成、西武台、東京農業大第三、本庄東、山村学園
松山女子	C－2	狭山ヶ丘、東京農業大第三、武蔵越生、山村学園、山村国際
小川	D－2	埼玉平成、秀明英光、正智深谷、東京成徳大深谷、本庄第一
滑川総合	D－3	叡明、正智深谷、西武台、東京成徳大深谷、山村国際
鳩山	E－2	普通：浦和麗明、叡明、秀明英光、山村国際
旧第4学区		
秩父	C－3	本庄第一、聖望学園、東京成徳大深谷、正智深谷
旧第5学区		
児玉	E－1	普通（一般）：秀明英光、正智深谷、東京成徳大深谷
本庄	C－2	栄北、正智深谷、東京成徳大深谷、本庄第一、本庄東
旧第6学区		
熊谷	A－3	開智、川越東、城北埼玉、西武学園文理、本庄東
熊谷女子	B－1	大妻嵐山、大宮開成、淑徳与野、星野、本庄東
熊谷西	B－2	普通：大宮開成、東京成徳大深谷、東京農業大第三、本庄第一、本庄東
妻沼	E－2	秀明英光、正智深谷、東京成徳大深谷、本庄第一
深谷	E－1	国際学院、秀明英光、正智深谷、東京成徳大深谷、本庄第一

校　　　名	難易度	併　願　校　選　択　例
深谷第一	C‐3	埼玉栄、正智深谷、東京成徳大深谷、花咲徳栄、本庄第一
寄居城北	E‐1	秀明英光、正智深谷、東京成徳大深谷、本庄第一、本庄東
旧第7学区		
不動岡	A‐2(外国語B‐1)	普通：大宮開成、春日部共栄、本庄東、佐野日本大、花咲徳栄
進修館	D‐3	総合：関東学園大附属、秀明英光、正智深谷、東京成徳大深谷、花咲徳栄
羽生第一	D‐2	関東学園大附属、佐野日本大、正智深谷、白鴎大足利、花咲徳栄
旧第8学区　（南部・北部）		
越ヶ谷	B‐1	開智、春日部共栄、昌平、獨協埼玉、武南
越谷北	A‐3(理数A‐2)	普通：大宮開成、春日部共栄、昌平、獨協埼玉、武南
越谷西	C‐3	浦和学院、浦和実業学園、浦和麗明、叡明、花咲徳栄
越谷東	D‐2	浦和実業学園、浦和麗明、叡明、潤徳女子、花咲徳栄
越谷南	B‐2(外国語C‐1)	普通：浦和学院、大宮開成、埼玉栄、栄北、武南
草加	C‐2	浦和学院、叡明、昌平、花咲徳栄、武南
草加西	E‐1	浦和実業学園、浦和麗明、秀明英光、潤徳女子、武蔵野
草加東	D‐2	浦和学院、浦和実業学園、叡明、潤徳女子、花咲徳栄
草加南	D‐1	普通：浦和学院、浦和実業学園、浦和麗明、叡明、埼玉栄
三郷	E‐2	普通(一般)：愛国、浦和学院、叡明、秀明英光、武蔵野
三郷北	E‐1	浦和麗明、叡明、修徳、花咲徳栄、日出
八潮	E‐2	普通(一般)：浦和麗明、叡明、秀明英光、花咲徳栄、武蔵野
八潮南	E‐2	普通：浦和麗明、叡明、修徳、秀明英光、潤徳女子
吉川美南	E‐2	浦和学院、浦和麗明、叡明、秀明英光、我孫子二階堂
松伏	E‐1	普通(一般)：浦和麗明、叡明、秀明英光、潤徳女子、花咲徳栄
春日部	AA	大宮開成、開智、川越東、栄東、昌平
春日部女子	C‐1(外国語B‐2)	普通：春日部共栄、栄北、昌平、西武台、武南
春日部東	B‐2(人文B‐3)	普通：春日部共栄、埼玉栄、佐野日本大、昌平、花咲徳栄
庄和	D‐3	浦和麗明、叡明、国際学院、秀明英光、花咲徳栄
久喜	C‐3	浦和学院、叡明、國學院大栃木、西武台、花咲徳栄
久喜北陽	C‐3	浦和学院、叡明、国際学院、佐野日本大、花咲徳栄
栗橋北彩	E‐2	浦和麗明、叡明、国際学院、秀明英光、白鴎大足利
鷲宮	D‐2	叡明、関東学園大附属、国際学院、白鴎大足利、花咲徳栄
岩槻	D‐1(国際文化D‐2)	普通：浦和学院、浦和実業学園、叡明、花咲徳栄
岩槻北陵	E‐2	浦和麗明、叡明、秀明英光、安部学院
幸手桜	E‐2	浦和実業学園、浦和麗明、叡明、国際学院、秀明英光
蓮田松韻	E‐2	浦和麗明、叡明、国際学院、秀明英光、花咲徳栄
杉戸	C‐2	浦和学院、浦和ルーテル学院、叡明、昌平、花咲徳栄
白岡	E‐1	普通(一般)：浦和実業学園、浦和麗明、国際学院、秀明英光、花咲徳栄
宮代	E‐1	浦和学院、浦和麗明、叡明、秀明英光、白鴎大足利

埼玉県
公　立
高校

学校ガイド

＜全日制　旧第１学区・南部＞

学校を紹介したページの探し方については、２ページ
「この本の使い方＜知りたい学校の探し方＞」を参照し
てください。

県立 川口（かわぐち）高等学校

https://kawaguchi-h.spec.ed.jp/

普通科

☎ 333-0826　川口市新井宿諏訪山 963
☎ 048-282-1615
交通　埼玉高速鉄道新井宿駅　徒歩8分
　　　ＪＲ京浜東北線蕨駅・川口駅　バス

共　学

制　服	あり

[カリキュラム] ◇三学期制◇

・1年次の数学、1・2年次の英語で少人数制授業を実施し、基礎・基本の定着を図る。

・2年次はさらに、国語・社会・数学・理科の選択を設け3年生に繋げ、3年次では文系、理系2タイプに分かれ、各生徒の進路実現を目指す。

・令和4年度生から、週1日7時間授業を実施している。

[部活動]

・部活動の加入は自由であるが、ほとんどの生徒（約9割）が部活動に参加している。運動部の多くが県大会に出場している。

・書道部は、全国高校生大作書道展で文部科学大臣賞を受賞するなど、多くの全国書道展で優秀な成績で入賞の実績を誇っている。テレビ番組でも度々紹介されている。川高書展での書道パフォーマンスは毎回好評である。ウエイトリフティング部は、インターハイで入賞するなど優秀な実績がある。野球部は、令和3年度全国高校野球埼玉大会で第3位の実績がある。

★設置部（※は同好会）

剣道、柔道、野球、テニス（男女）、バドミントン（男女）、ラグビー、山岳、サッカー、バスケットボール（男女）、バレーボール（女）、卓球、陸上、ウエイトリフティング、英語、写真、文芸、サイエンス、演劇、吹奏楽、美術、放送、書道、華道、軽音楽、※囲碁将棋、※茶道、※ボランティア

[行　事]

4月　新入生歓迎会
5月　生徒総会、遠足（1・2年）、校外行事（3年）
6月　体育祭
9月　諏訪山祭（文化祭）
10月　修学旅行（2年）
12月　芸術鑑賞会
2月　予餞会

[進　路]（令和5年3月）

・進路アンケート、実力診断テスト、校内進路補習、模試については、全学年で実施。

・学習計画用能率型生徒手帳を積極的に活用し、生徒の進路意識を高めている。

・各種ガイダンス、夏季休業でのオープンキャンパスレポートなどを通じて丁寧な進路指導を実践している。

・夏季休業中は5つの時間帯ごとに33講座の進学補講を開講。

・1年次における主な進路行事
＜2学期＞
進路講演会、小論文対策講座、大学見学会
＜3学期＞
3年生受験報告書

・2年次における主な進路行事
＜2学期＞
上級学校体験授業、医療系模試
＜3学期＞
進路別相談会、3年生受験報告会

・3年次における主な進路行事
＜1学期＞
小論文説明会、分野別ガイダンス、保護者・生徒対象進路説明会
＜2学期＞
共通テストガイダンス、各種模擬試験、進学面接指導、進路講演

★卒業生の進路状況
＜卒業生320名＞
大学205名、短大6名、専門学校82名、就職11名、その他13名

★卒業生の主な合格実績
埼玉大、岐阜大、青森公立大、早稲田大、上智大、明治大、青山学院大、学習院大、法政大、中央大、東京理科大、日本大、東洋大、駒澤大、専修大、獨協大、二松學舎大、文教大、亜細亜大、国士舘大、東京経済大、拓殖大、大東文化大、立正大、玉川大、聖心女子大、大妻女子大、昭和女子大、実践女子大、東京家政大、十文字学園女子大、芝浦工業大、東京農業大、工学院大、千葉工業大、東京電機大、東京工科大

♣指定校推薦枠のある大学・短大など♣
日本大、東洋大、獨協大、大妻女子大、昭和女子大、聖心女子大、東京電機大、工学院大、東邦大　他

[トピックス]

・山（諏訪山）の上にあり、富士山やスカイツリーを望むことができる。緑豊かで四季の移り変わりを肌で感じる環境にある。

・国語力の向上と豊かな心の醸成を図るため、登校後の10分間、朝読書を実施。落ち着いた気持ちで授業の開始を迎えることができ、たいへん効果的な時間となっている。

・遅刻者が極めて少なく、3年間皆勤で卒業する者が多い（毎年100名前後）。

・「未来を拓く『学び』推進プロジェクト」研究開発校であり、本校研究開発委員を核として授業改善の研究を進めている。

・学業に優れ、部活動に顕著な業績をあげ、模範となる生徒の表彰、各種検定・資格の取得を奨励し、生徒の意欲を高めている。

[学校見学]（令和6年度実施内容〈予定〉）

★学校説明会　8・11・12月全3回
★部活動体験　8月
★諏訪山祭（文化祭）　9月　一般公開
★学校見学は随時可（要連絡）

入試！インフォメーション

受検状況	年　度	学科・コース名	男女共	募集人員	志願者数	受検者数	倍　率	昨年同期倍率	入学許可候補者数	倍　率
	R6	普通	共	320	425	421	1.32	1.17	318	1.32
	R5	普通	共	320	374	372	1.17	1.15	318	1.17
	R4	普通	共	360	416	413	1.15	1.14	358	1.15

42

県立 川口北 高等学校

かわぐちきた

https://kawaguchikita-h.spec.ed.jp/

〒333-0831　川口市木曽呂1477
☎048-295-1006
交通　ＪＲ武蔵野線東浦和駅　徒歩16分

普通科

共 学	
制 服	あり

[カリキュラム]　◇二学期制◇

- 55分授業×6時間と原則隔週の土曜授業により週34単位を確保。
- 教養主義に基づき、1～2年次は文理分けせず幅広く学ぶカリキュラムを展開。全員が共通の科目を学習し、個別学力試験でも通用する思考力・表現力の基礎を養う。国語では古文・漢文にも力を入れ、また、2年次の数学は習熟度別で行われる。
- 3年次は文系と理系に分かれて学習。
- 大学出張講座、卒業生との懇談会、小論文や志望理由書など自分と社会の関わりを考えた学習を行う。

[部活動]

約9割が参加。弓道部、バスケットボール部、ハンドボール部、陸上競技部、囲碁・将棋部、かるた部、書道部など、運動部、文化部ともに多くの部活動が、全国大会、関東大会等に出場を果たした。

★設置部（※は同好会）
ハンドボール、サッカー、バレーボール、テニス、バドミントン、卓球、陸上競技、弓道、剣道、バスケットボール、ラグビー、ソフトボール、水泳、ソフトテニス、美術、演劇、華道、茶道、吹奏楽、化学、生物、文芸、書道、音楽、囲碁将棋、軽音楽、※写真、※国際交流、※数学研究、※ハンドメイド

[行事]

- 宿泊行事、北高祭（文化祭）、体育的行事など、多彩な行事が充実している。
- 海外研修は、1～2年生の希望者がオーストラリアの姉妹校にホームステイをする形をとる。また、隔年で姉妹校の生徒が来校する。

- 7月　球技大会、林間学校（1年）
- 8月　オーストラリア研修（隔年）
- 9月　北高祭（文化祭）、体育祭
- 11月　マラソン大会
- 12月　芸術鑑賞会、修学旅行（2年）
- 1月　かるた大会（1年）
- 2月　駅伝大会（1・2年）
- 3月　送別会

[進 路]（令和5年3月）

- 「今の自分を超えていく」
- 自学自習オリエンテーションⅠ～Ⅲを実施。入学時は予習－授業－復習の黄金サイクルを体験し学習の仕方を学び、2年2月、3年7月の自学自習オリエンテーションで自立した学習者をめざす。
- キャリアプランニング室がある。
- 多くの平日進学補講が行われている。
- 朝の「SL－time（Self-disciplined leaning time）」を使って英単語テスト、新聞要約、読書などを実施。
- 全国模試は全学年で全員が受験し、全職員で情報を共有し、分析会を実施している。
- 3学年と進路指導部により、生徒1人1人の最善の道を考える受験校検討会を行っている。

★卒業生の進路状況
＜卒業生356名＞
大学326名、短大1名、専門学校5名、就職0名、その他24名

★卒業生の主な合格実績
北海道大、一橋大、筑波大、茨城大、宇都宮大、埼玉大、千葉大、東京海洋大、東京外国語大、東京学芸大、東京農工大、信州大、名古屋大、金沢大、鹿児島大、琉球大、秋田県立大、高崎経済大、埼玉県立大学、慶應義塾大、早稲田大、上智大、東京

理科大、明治大、立教大、法政大、中央大、青山学院大、学習院大、成城大、成蹊大、明治学院大　他

♣指定校推薦枠のある大学・短大など♣
青山学院大、学習院大、東京理科大、法政大、明治大、明治薬科大、立教大、早稲田大　他

[トピックス]

- 埼玉大の高大連携講座を聴講可能。
- 年2回「学習状況調査」「授業評価」を実施している。
- 全ての教育活動を通して、将来にわたって、社会に貢献できる人間性を育むキャリア教育を実践している。
- 学年、分掌、部活動顧問間の連携により、高いレベルでの文武両道をはかっている。
- 三者面談年2回、担任との二者面談年3回、校長面談年1回と面談を多く実施し生徒とのコミュニケーションを大切にしている。
- iPadを全員購入し、授業等で活用している。
- 令和6年度入学生より制服リニューアル予定。

[学校見学]（令和5年度実施内容）

★学校説明会　8・10・11月各1回
★個別相談会　1月
★授業公開　隔週実施の土曜授業（通年）
★北高祭　9月　見学可
★部活動体験会　7・8月
★学校見学は随時可

入試！インフォメーション

受検状況	年度	学科・コース名	男女共	募集人員	志願者数	受検者数	倍率	昨年同期倍率	入学許可候補者数	倍率
	R6	普通	共	360	528	519	1.45	1.27	360	1.45
	R5	普通	共	360	459	456	1.27	1.25	359	1.27
	R4	普通	共	360	453	447	1.25	1.04	361	1.24

県立 川口工業 高等学校
かわぐちこうぎょう

https://kawaguchi-th.spec.ed.jp/

〒333-0846　川口市南前川1-10-1
☎ 048-251-3081
交通　ＪＲ京浜東北線西川口駅　徒歩17分、バス
　　　ＪＲ京浜東北線蕨駅　徒歩20分、バス

機械科
電気科
情報通信科

共学

制服　あり

[カリキュラム] ◇三学期制◇
- 社会に貢献できる、工業の中堅技術者の育成のために、基礎学力を育成するための**普通科目**と各学科の**専門科目**を学習する。
- 1年次に**基礎学力**を定着させるカリキュラムを設定している。
- 専門の**実習**においては**少人数**による指導を行い、安全に基礎技術を学ぶ体制が確立している。

★機械科
- 現代生活を支える自動車や電車、家電製品など**身の回りのあらゆるものの製造**に関わる知識と技術を学ぶ。鋳造、旋盤、溶接の技術や設計、製図を学習する。自動車、印刷関連企業や大学に就職、進学する。

★電気科
- 家電から自動車まで、生活に必要とされる電気について、電気の「**エネルギー**」と「**制御（コントロール）**」について学ぶ。卒業後3年間の実務経験で**第3種電気主任技術者**の資格が取得できる。電気工事や保守・点検に従事する仕事に就く。

★情報通信科
- 現在の情報社会では様々な**情報通信**関連や画像、映像の**デジタル情報**を

扱う機会に溢れている。ネットワークの技術や光ファイバーの接続・配線、無線・有線の通信に関する学習をし、ネットワーク関連、電気通信関連、情報配線設備関連企業、大学への就職・進学をめざす。
- 3年次に、無線通信の運用・管理に必要な無線従事者の国家資格をめざす**通信システムコース**と、ネットワークの設計・管理について学ぶ**情報ネットワークコース**を選択する。

[部活動]
- **野球部**は甲子園出場の経験がある。**機械研究部**はエコラン全国大会優勝（平成25年度）の実績を持ち、**弱電部**も全国大会の常連である。また、近年、**陸上部**、**バスケットボール部**、**柔道部**の活躍が顕著である。
- 令和5年度は、**掃除部**がスポGOMI甲子園全国大会で3位に入賞した。
- 令和4年度は、**柔道部**がインターハイで女子個人体重別5位に入賞。**掃除部**がスポGOMI甲子園全国大会で優勝した。
- **★設置部**（※は同好会）
  野球、バスケットボール、柔道、バレーボール、サッカー、陸上競技、水泳、卓球、自転車、山岳、硬式テニス、バドミントン、空手道、機械研究、弱電、コンピュータ、科学、軽音楽、掃除、※剣道、※漫画創作研究、※電気研究、※ハンドボール、※ボウリング、※放送、※ボランティア

[行　事]
- 体育祭、川工祭（文化祭）、インターンシップ、マラソン大会、修学旅行、三送会、球技大会などを実施。

[進　路]
★卒業生の進路状況（令和5年3月）
　＜卒業生204名＞
　大学・短大13名、専門学校35名、就職147名、その他9名

★卒業生の主な合格実績
　江戸川大、埼玉工業大、城西大、千葉工業大、東京電機大、日本工業大、ものつくり大

♣指定校推薦枠のある大学・短大など♣
　浦和大、埼玉工業大、帝京大、東京国際大、東京電機大、日本大、日本工業大、ものつくり大　他

[トピックス]
- **第2種電気工事士**、**情報配線施工技能検定**等の資格取得に力を入れている。
- 地域密着型の工業高校となっており、**川工人材育成プロジェクト**として、地元企業を中心にインターンシップ、夏季休業中の公開講座を行っている。
- 全教室にエアコンを設置。

[学校見学]（令和5年度実施内容）
- **★学校説明会**　9・10・11・12・1月各1回
- **★体験入学・部活動体験会**　8月1回
- **★学校見学会**　5・8月各1回
- **★かわこうざ**　7月1回
- **★川工祭**　10月　見学可

入試！インフォメーション

受検状況	年　度	学科・コース名	男女共	募集人員	志願者数	受検者数	倍　率	昨年同期倍率	入学許可候補者数	倍　率
	R6	機　械	共	80	89	89	1.11	0.96	80	1.11
		電　気	共	80	88	85	1.08	0.94	79	1.08
		情報通信	共	80	87	86	1.09	1.10	79	1.09
	R5	機　械	共	80	77	77	0.96	0.96	79	0.97
		電　気	共	80	74	74	0.94	0.86	79	0.94
		情報通信	共	80	88	87	1.10	1.03	79	1.10

県立 川口青陵 高等学校

かわぐちせいりょう

https://kawaguchiseiryo-h.spec.ed.jp/

〒333-0832　川口市神戸東 520-1
☎ 048-296-1154
交通　ＪＲ武蔵野線東浦和駅　自転車18分またはバス
　　　ＪＲ京浜東北線川口駅、ＪＲ武蔵野線・埼玉高速鉄道東川口駅・戸塚安行
　　　駅　バス

普通科

| 共　学 | |
| 制　服 | あり |

[カリキュラム] ◇三学期制◇
・基礎・基本を重視した「分かる授業」を展開している。
・１年次は少人数学級編制を行っている。
・２、３年次で進路に応じた科目を選択できる。
・３年次は文、理の２つの類型に分かれる。

[部活動]
・約83％が参加。１年次は全員加入制。
・男子バレーボール部、バドミントン部、バスケットボール部、野球部、陸上競技部、サッカー部、ハンドボール部をはじめ、運動部はほんどの部が県大会に出場している。
・令和３、４年度は、男子バレーボール部が関東大会に、令和３年度は、軽音楽部が全国大会に出場した。
★設置部（※は同好会）
サッカー、陸上競技、野球、テニス（男女）、バレーボール（男女）、バスケットボール（男女）、バドミントン（男女）、ハンドボール（男女）、ワンダーフォーゲル、剣道、卓球、ラグビー、美術、文芸、英語、写真、ＪＲＣ、漫画研究、茶道、演劇、書道、生物、放送、家庭科、吹奏楽、軽音楽、※コンピュータ

[行　事]
4月	新入生ガイダンス
6月	体育祭
8月	部活動合宿
9月	青陵祭（文化祭）
10月	修学旅行（2年）、校外ＨＲ（1・3年）
11月	マラソン大会
12月	芸術鑑賞会
2月	3年生を送る会

[進　路]
・近年大学や専門学校などの上級学校への進学率が急上昇（82％）。
・大学や企業などを訪問する進路別見学会を２年次に実施。
・卒業生の分野ごとの代表が３年生に話をする、進路交流会もあり。
・漢字検定、英語検定、情報処理検定の資格取得を支援している。
・進学対策として、長期休業中の講習「青陵ゼミナール」や進学補習、小論文の添削指導、面接指導などを実施。
・就職対策として、公務員講座や模擬面接を行っている。
・１年次からの職業調べや、会社見学・履歴書の書き方など手厚いサポートがあり、就職希望者の内定率は100％を誇る。
★卒業生の進路状況（令和５年３月）
　＜卒業生258名＞
　大学73名、短大16名、専門学校123名、就職29名、その他17名
★卒業生の主な進学先
跡見学園女子大、国士舘大、淑徳大、城西大、駿河台大、大東文化大、拓殖大、帝京大、東京工科大、東洋大、文教大、目白大、立正大

[トピックス]
・全生徒が毎日朝学習に取り組み、学力向上を図っている。
・チャイムと同時に授業を始める「チャイム始業」を徹底。
・頭髪・服装指導や遅刻指導など、生活指導に力を入れている。
・生徒は「SEIRYO手帳」という手帳に３年間の高校生活を記録し、進路活動に役立てる。
・トレーニング室や野球グラウンドなど施設環境が充実しており、部活動や学習に思う存分取り組むことができる。

[学校見学]（令和５年度実施内容）
★学校説明会　10・11・12月各1回
★部活動体験プロジェクト　7月1回、8月2回
★青陵祭　9月
※10・11月の学校説明会実施日にも、部活動体験を実施

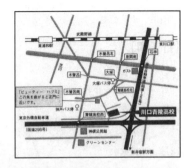

入試！インフォメーション

受検状況	年　度	学科・コース名	男女共	募集人員	志願者数	受検者数	倍　率	昨年同期倍率	入学許可候補者数	倍　率
	R6	普　通	共	280	282	277	0.99	1.07	277	1.00
	R5	普　通	共	280	301	298	1.07	1.03	278	1.07
	R4	普　通	共	280	288	286	1.03	1.08	278	1.03

県立 川口東 高等学校
かわぐち ひがし

https://kawaguchihigashi-h.spec.ed.jp/

☎ 333-0807　川口市長蔵 3-1-1
☎ 048-296-7022
交通　JR武蔵野線東川口駅　バス
　　　埼玉高速鉄道戸塚安行駅　徒歩 10 分

普通科

| 共　学 |
| 制　服　あり |

[カリキュラム] ◇三学期制◇
・**英会話教育**に特に力を入れており、1年次のコミュニケーション英語Ⅰの授業では、2クラスを3つに分け、少人数制学習を実施。
・1・2年次は全員が共通の科目を学習する。3年次に**文系、理系、総合系**に分かれ、生徒一人ひとりが進路実現を目指す。

[部活動]
・**ハンドボール部**は全国大会に男子が1回、関東大会に男子が13回、女子が10回の出場実績をもつ強豪（令和元年度まで）。また、近隣の小学校に赴いてハンドボール指導などの交流を行っている。
・令和3年度は、**書道部**と**新聞部**が全国高等学校総合文化祭に出場した。
・平成30年度には、**女子ハンドボール部**、**陸上競技部**（女子400m）、**バドミントン部**（男子ダブルス）が関東大会に出場した。
★**設置部**（※は同好会など）
陸上競技、バスケットボール（男女）、バレーボール（女）、ハンドボール（男女）、バドミントン、サッカー、テニス（男女）、剣道、弓道、卓球、軟式野球、徒手武道、美術、写真、演劇、科学、吹奏楽、書道、茶道、料理研究、ボランティア、新聞、※山岳、※英会話

[行　事]
4月　新入生歓迎会
5月　体育祭
9月　東高祭（文化祭）
10月　芸術鑑賞会
11月　マラソン大会、ハートフルデー、修学旅行（2年）
12月　球技大会

2月　卒業を祝う会

[進　路] (令和5年3月)
・夏季休業中には**進学補習**を実施。
・**分野別進路ガイダンス**（1、2年）、**分野別進路見学会**（2年）を行うなど、早い時期から将来を意識した行事を行っている。
・3年次には、**小論文指導や模擬面接**を実施。
・**英語検定、漢字検定**の受検を行っている。
★**卒業生の進路状況**
　＜卒業生252名＞
　大学47%、短大4%、専門学校37%、就職7%、その他5%
★**卒業生の主な合格実績**
　東京理科大、明治大、青山学院大、法政大、日本大、東洋大、大東文化大、東海大、亜細亜大、帝京大、国士館大、成蹊大、成城大、獨協大、武蔵大、文教大、城西大、工学院大、東京電機大、千葉工業大
♣**指定校推薦枠のある大学・短大など**♣
　大東文化大、東洋大、獨協大、日本大、文教大、武蔵大　他

[トピックス]
・平成15年度から全校一斉の「**朝の10分間読書（アサヨミ）**」を実施。
・毎年、川口市立戸塚綾瀬小学校へ先生のアシスタントとして希望者を派遣している（**ハートフルデー**）。
・**全国学校環境緑化コンクール**で準特選を受賞。緑豊かな学習環境である。
・平成22年度より東京大学CoREFと連携し、さらに27年度からは埼玉県教育委員会から「未来を拓く『学び』プロジェクト」研究開発校の指定を受け、**協調学習**を活用した授業に取り組んでいる。

・全ての普通教室と特別教室にエアコンを完備。トイレにはウォシュレットを完備。また、学食がある。

[学校見学] (令和5年度実施内容)
★学校説明会　7・9・11月各1回
★個別相談会　1月1回
★入試ファースト越谷　10月
★東高祭　9月　見学不可
★学校見学は可・指定日時有（要連絡）

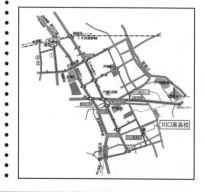

入試！インフォメーション

受検状況	年度	学科・コース名	男女共	募集人員	志願者数	受検者数	倍率	昨年同期倍率	入学許可候補者数	倍率
	R6	普通	共	280	309	308	1.11	1.14	280	1.10
	R5	普通	共	280	317	316	1.14	1.01	281	1.12
	R4	普通	共	280	284	281	1.01	1.03	278	1.01

県立 鳩ヶ谷 (はとがや) 高等学校

普通科
園芸デザイン科
情報処理科

https://hatogaya-h.spec.ed.jp/

〒334-0005 川口市大字里225-1
☎ 048-286-0565
交通 ＪＲ京浜東北線蕨駅 バス
埼玉高速鉄道鳩ヶ谷駅・新井宿駅 徒歩15分

| 共 学 | |
| 制 服 | あり |

[カリキュラム] ◇三学期制◇
・全科共、毎朝10分間の「朝読書」を実施。1日の始まりに集中力を高め、自発的に学ぶ気持ちを養う。
・1年次は、1クラス35人の少人数学級編制で、普通科、園芸デザイン科、情報処理科の3つの学科の枠をはずし、各学科の生徒をミックスしたホームルームを編成する。(ミックスホームルーム)
・普通科目はホームルーム単位での授業となるため、他学科の生徒と一緒に学ぶ。
・他学科の生徒との交流を通じて、相互に価値観を認め合い刺激を受けることで、2年次以降の科目選択に生かすとともに、他学科の様子などを知ることにより、学科を越えた情報交換が高校3年間、容易にできる。

★普通科
2年次以降は、**特進クラス**(大学)・**総合クラス**(専門学校・就職)に分かれ、進路希望に応じた授業を展開する。「フラワーデザイン」「マーケティング」など、他の学科の科目も選べる。

★園芸デザイン科
全国初の学科。主に「フラワーデザイン」「グリーンデザイン」「ガーデンデザイン」などの科目を勉強する。住宅、都市の快適な生活環境を創造するデザイナーの育成を目指す。フラワー検定、色彩検定、トレース検定などの資格取得が可能。

★情報処理科
コンピュータのソフトウェアのみならず、ハードウェアについても学習する。Windows搭載パソコン約130台が設置され、インターネットも利用可能。情報処理検定、ビジネス文書検定、簿記実務検定、電卓実務検定、商業経済検定、秘書検定等の**資格取得**を目指す。

[部活動]
・1年次は全員参加制(1学期まで)。
・令和5年度は、**陸上競技部**と**テニス部**が県大会出場、**吹奏楽部**が埼玉県吹奏楽コンクール地区大会で銀賞を受賞した。
・令和3年度は、**弓道部**と**写真部**が関東大会出場、**テニス部**が県大会出場などの成績を収めた。

★設置部(※は同好会)
剣道、サッカー、バドミントン、テニス、弓道、バレーボール(男女)、ソフトテニス(女)、新体操、バスケットボール(男女)、陸上競技、卓球、吹奏楽、コンピュータ、写真、演劇、美術、茶道、放送、書道、家庭科、※漫画研究、※ボランティア、※合唱

[行 事]
4月	校外体験活動(1年)、遠足(2年)
5月	体育祭
7月	球技大会
9月	鳩高祭(文化祭)
10月	ロードレース大会
11月	修学旅行(2年)
2月	三送会、園芸デザイン科卒展
3月	球技大会

[進 路]
・各教科共、**進学補習**を実施し、小論文や面接の指導も行っている。各種の進路ガイダンスも実施。
・進路指導室には、常に最新の情報や資料が用意されている。
・1年次から学科を問わず大学進学希望者を対象に、多様な学習ツールを活用した計画的な学習習慣確立の指導を実施。

★卒業生の進路状況(令和5年3月)
＜卒業生267名＞
大学117名、短大17名、専門学校101名、就職25名、その他7名

★卒業生の主な進学先
宇都宮大、青山学院大、法政大、東京電機大、東京農業大、日本大、東洋大、二松学舎大、大東文化大、筑波大、獨協大

[トピックス]
・平成29年度入試から面接を実施。
・普通教室には冷房と**電子黒板機能内蔵プロジェクター**を設置。

[学校見学](令和5年度実施内容)
★学校説明会 10・11・12月各1回
★個別相談会 1月1回
★体験入学 7・8月各1回
★鳩高祭 9月 一般公開あり

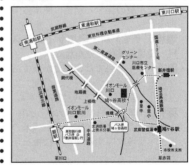

入試！インフォメーション

受検状況	年 度	学科・コース名	男女共	募集人員	志願者数	受検者数	倍率	昨年同期倍率	入学許可候補者数	倍率
	R6	普通	共	160	184	183	1.16	1.16	158	1.16
		園芸デザイン	共	40	38	38	0.95	1.13	40	0.95
		情報処理	共	80	100	100	1.25	1.08	82	1.22
	R5	普通	共	160	185	184	1.16	1.24	158	1.16
		園芸デザイン	共	40	45	45	1.13	1.10	40	1.13
		情報処理	共	80	86	86	1.08	1.20	80	1.08

県立 いずみ 高等学校

https://izumi-h.spec.ed.jp/

〒338-0007　さいたま市中央区円阿弥 7-4-1
☎ 048-852-6880
交通　ＪＲ大宮駅　徒歩23分またはバス

生物系：生物生産科
　　　　生物サイエンス科
　　　　生物資源化学科
環境系：環境デザイン科
　　　　環境サイエンス科
　　　　環境建設科

共　学

制　服　あり

[カリキュラム] ◇三学期制◇

・1年次は、幅広い共通必修科目の他、専門科目（「農業と環境」「工業技術基礎」「工業情報数理」)を学習する。また、学科選択に向けて、卒業後の進路を視野に入れたガイダンスを受ける。

・2年次からは、**各系3学科**に分かれ、専門分野の学習・研究を深める。各自の希望進路、興味・関心に応じて選べる選択科目も多数設置している。

★生物系

・生物資源の確保とその活用に関する学習を行う。

・**生物生産科・生物サイエンス科・生物資源化学科**に分かれる。

・**生物生産科**では、自然とふれあいながら、土地利用生物生産やバイオテクノロジーに関する学習を通して、動植物の栽培・飼育について学ぶ。

・**生物サイエンス科**では、生態系や生物現象、自然の仕組みについて、幅広い理科的分野の学習をする。

・**生物資源化学科**では、食品製造や微生物実験などを通して、健康な食生活を実現するための学習を行う。

★環境系

・快適な環境の保全と創造に関する学習を行う。

・**環境デザイン科・環境サイエンス科・環境建設科**に分かれる。

・**環境デザイン科**では、緑豊かな生活空間をデザインするべく、公園、屋上緑化、庭園などについて学習する。

・**環境サイエンス科**では、大気・水質・土壌・騒音などの測定や、生態系の保全・管理に関する知識・技術を学習する。

・**環境建設科**では、測量・製図などに関する技術を習得しながら、景観デザインや都市の計画・設計について学ぶ。

[部活動]

・1年次は全員参加制。

・令和4年度は、**陸上部**が関東大会の男子三段跳で第4位となりインターハイに出場。**土木クラブ愛好会**がものづくりコンテスト（測量部門）で県大会準優勝。

・令和3年度は、本校生徒が高校生ものづくりコンテスト測量部門関東大会で3位入賞。また、**陸上競技部**が関東大会に出場した。

★設置部（※は同好会など）
陸上、サッカー、バレーボール、バスケットボール（男女）、卓球、野球、バドミントン、テニス、剣道、山岳、少林寺拳法、放送、科学、写真、家庭科、生物、軽音楽、茶道、家庭科、吹奏楽、演劇、※囲碁・将棋、※文芸・アニメ、※電算、※土木、※自転車、農業クラブ

[行　事]

4月に遠足（1年）、9月に文化祭（湧泉祭）、10月に修学旅行（2年）、芸術鑑賞会、遠足（3年）、11月に体育祭、12月に球技大会などを実施。

[進　路]

・**資格取得**に力を入れており、そのための**朝勉強会**を実施。危険物取扱者（甲種・乙種・丙種）、一般毒物劇物取扱者、情報技術検定、計算技術検定、トレース検定、レタリング検定、農業技術検定、造園技術検定、大型特殊免許（農業用）、フラワー装飾技能検定、土木施工管理技術検定などの資格が取得できる。

★卒業生の進路状況（令和5年3月）

＜卒業生226名＞
大学46名、短大9名、専門学校83名、就職85名、その他3名

★卒業生の主な進学先

玉川大、東京農業大、千葉工業大、東京家政大、城西大、東洋大、北里大、日本大、立正大、日本工業大、駿河台大、日本獣医生命科学大、埼玉農業大、国士舘大

★卒業生の主な就職先

国家Ⅲ種公務員（土木）、国立印刷局、埼玉県警、YKKAP、日本金属、日本郵便、シード、梅林堂、三井金属鉱業、デサン、文明堂、日本コンクリート、舟和、エクセディ、イオンリテール

[トピックス]

・大宮駅西口から一番近い県立高校である。

・生物系と環境系でくくり募集を行っており、専門に学ぶ学科は入学後に決定する。

・**実験実習設備**が充実しており、校内には25の実験室が存在する。

・農業クラブの活動として、**ひまわりBDFプロジェクト**を推進。ひまわりの種からバイオ燃料を創って発電に利用しようという計画である。

・令和5年度、いずみ高校として改組25周年を迎えた。

[学校見学]（令和5年度実施内容）

★学校説明会　7・8・9・10・11・1月各1回
★湧泉祭　10月　見学可
★学校見学は指定日時有（HPより事前申込）

入試！インフォメーション

受検状況	年　度	学科・コース名	男女共	募集人員	志願者数	受検者数	倍　率	昨年同期倍率	入学許可候補者数	倍　率
	R6	生物系	共	120	132	132	1.11	1.24	119	1.11
		環境系	共	120	127	127	1.07	1.27	119	1.07
	R5	生物系	共	120	148	147	1.24	1.05	119	1.24
		環境系	共	120	151	151	1.27	1.03	119	1.27

県立 浦和 (うらわ) 高等学校

普通科

単位制
男
制 服　指定服あり

https://urawa-h.spec.ed.jp/

☎ 330-9330　さいたま市浦和区領家 5-3-3
☎ 048-886-3000
交通　ＪＲ京浜東北線北浦和駅　徒歩 10 分

[カリキュラム]　◇三学期制◇
・単位制を採用し、幅広い選択が可能。
・1 年次は予習・復習を徹底し主体的な学習習慣の確立に努める。2 年次には大学入学共通テストレベルの学力を達成、3 年次には進路目標を実現できるだけの学力の向上をめざす。
・授業内容は大学入試のためだけではない高度なものとなっている。
・隔週で**土曜授業**を行う（計 20 回程度）。

[部活動]
・約 10 割が参加。数多くの部が全国大会に出場している。
・令和 4 年度は、**囲碁将棋部、カヌー部、地学部、水泳部、オリエンテーリング部、英語部**が全国大会に出場。**弓道部、陸上部、ボート部、カヌー部、山岳部、水泳部、グリークラブ、吹奏楽部、囲碁将棋部**が関東大会出場。
・令和 3 年度は、**囲碁将棋部、剣道部、ボート部、陸上部、カヌー部、室内楽部、オリエンテーリング部**が全国大会出場。**カヌー部、ボート部、陸上部、水泳部、吹奏楽部**が関東大会出場。
・令和 2 年度は、**弓道部、囲碁将棋部、科学の甲子園（有志）**が全国大会出場を果たした。
・★設置部（※は同好会など）
陸上競技、体操、柔道、剣道、弓道、卓球、バドミントン、テニス、ソフトテニス、野球、バレーボール、ラグビー、バスケットボール、サッカー、水泳、ボート、山岳、オリエンテーリング、カヌー、文芸、演劇、美術、吹奏楽、グリー、室内楽、工芸、歴史研究、物理、化学、生物、数学、地学、英語、落語研究、囲碁将棋、

写真、※鉄道研究、※JRC、※軽音楽、※クイズ研究、※漢文素読、※新聞、※雑誌、※放送、※応援、※哲学研究

[行　事]
・伝統ある男子校ならではの感動あふれる行事が多い。
・下記のもの以外にも、各種スポーツ大会や文化大会、小学校との交流事業を数多く行っている。
・**古河強歩大会**は 50 年続く伝統行事。茨城県古河市までの 50.2km を走る。

5 月	新入生歓迎マラソン（10km）
6 月	体育祭
7 月	臨海学習（1 年）
9 月	浦高祭（文化祭）
11 月	修学旅行（2 年）、強歩大会

[進　路]（令和 5 年 3 月）
・平日の放課後や土曜日、夏季休業中に図書館を午後 8 ：30 まで開放し、学習に利用。
・放課後や長期休業中には**進学補習**を実施。1 年次の基礎講座や 3 年次の東大対策講座など、多くの講座が設けられる。
・**進路だより**を発行し、最新の入試情報等を毎週提供。
・進路指導は担任の面談を軸にしており、綿密な進路指導計画は 3 年間のストーリーを持つ。
・★卒業生の進路状況
　＜卒業生 353 名＞
　大学 175 名、短大 0 名、専門学校 0 名、就職 0 名、その他 178 名
・★卒業生の主な合格実績
　東京大、京都大、北海道大、東北大（医）、名古屋大、大阪大、群馬大（医）、神戸大、埼玉大、千葉大、筑波大（医）、東京外語大、東京学芸大、東京工業大、東京農工大、一橋大、

横浜国立大、秋田大（医）、山形大（医）、三重大（医）、岡山大（医）、信州大（医）、弘前大（医）、東京都立大、早稲田大、慶應義塾大、上智大、東京理科大、中央大、明治大、立教大

[トピックス]
・明治 28 年創立。**文武両道**を極めた県立高校最古の高校。**男子校の進学校**として全国的に有名。「尚文昌武」に象徴される知・徳・体のバランスのとれた教育を行っている。
・イギリスの名門校、ウィットギフト校と**姉妹校**の関係にあり、毎年**定期交流**を行っている。平成 13 年からは奨学金で**長期の留学生**を派遣する事業も始めた。この制度を利用した卒業生がケンブリッジ大学、オックスフォード大学、セント・アンドリュース大学、UC.バークレーなどに進学している。
・**麗和セミナー**や進路講演会など、各界の著名人を招いての講演会を行っている。
・同窓会奨学財団による**給付型の奨学金制度**が充実している。
・平成 29 年度に普通教室全てに**エアコン**を設置し、快適な学習空間が完成した。

[学校見学]（令和 5 年度実施内容）
★**教育活動説明会**　8・10 月各 1 回
★**土曜公開授業**
★**浦高祭**　9 月　公開

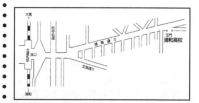

入試！インフォメーション

受検状況	年　度	学科・コース名	男女共	募集人員	志願者数	受検者数	倍　率	昨年同期倍率	入学許可候補者数	倍　率
	R6	普　通	男	360	495	453	1.27	1.46	358	1.27
	R5	普　通	男	360	555	524	1.46	1.27	365	1.43
	R4	普　通	男	360	466	453	1.27	1.26	359	1.26

県立 浦和北 高等学校
うらわきた

https://urawakita-h.spec.ed.jp/

〒 338-0815　さいたま市桜区五関 595
☎ 048-855-1000
交通　ＪＲ京浜東北線浦和駅・北浦和駅、東武東上線　志木駅　バス
　　　ＪＲ埼京線南与野駅　自転車 13 分
　　　ＪＲ武蔵野線西浦和駅　自転車 20 分

普通科

| 単位制 |
| 共 学 |
| **制 服** あり |

[カリキュラム] ◇三学期制◇

- 単位制普通科の長所を生かすことに力を入れている。そのため、合格発表直後の教育課程説明会や履修相談など、**講座選択のサポート**が充実している。
- 単位制なので、基礎・基本から発展まで、特色ある講座の中から、進路希望、興味・関心、能力・適性などにあわせて時間割を自分で組み立てることができる。
- 1 年次から**少人数制授業**（平均23人）が展開され、きめ細かい指導が行われている。

[部活動]

- 希望制。全生徒の 9 割が参加。
- 令和 5 年度は、**自転車競技部**がインターハイと関東大会に出場した。また、**弓道部**が全国大会、**バドミントン部**が男女ともに関東大会に出場した。
- 令和 4 年度は、**男子バレーボール部**が関東大会・インターハイの県大会出場。女子バレーボール部が関東大会・インターハイの県大会出場、南部支部春季大会で第3位入賞。陸上競技部が学総県大会に 5 名出場。
- 令和 3 年度には、**自転車競技部**が関東大会で総合優勝を果たした。山岳部が県大会出場。演劇部が関東サマーフェスティバルに推薦された。
- ★**設置部**（※は同好会）
野球、サッカー、バスケットボール（男女）、バレーボール（男女）、陸上競技、硬式テニス（男女）、ソフトテニス、弓道、剣道、卓球、ソフトボール、バドミントン（男女）、ダンス、山岳、バトン、自転車競技、新体操、華道、茶道、演劇、文芸、美術、音楽、写真、放送、吹奏楽、軽音楽、書道、

箏曲、英語ディベート、※理科

[行 事]

生徒会行事の**北高祭**（体育の部・文化の部）は生徒が自主的に運営。全校を 4 チームにタテ割りに分けて競い合い、たいへんな盛り上がりを見せる。

5 月	北高祭（体育の部）、遠足
7 月	球技大会
9 月	北高祭（文化の部）
11 月	マラソン大会
12 月	修学旅行、芸術鑑賞会
2 月	予餞会
3 月	球技大会

[進 路]（令和 5 年 3 月）

毎学期、**実力テスト、三者面談、進学補習、進路講演会、大学教授による講話**を、進路の専任スタッフを中心に企画・運営・実施し、将来の夢を育てる**キャリアガイダンス**を行っている。また、進学に向けた**夏期集中補講**が充実している（3 年次250コマ以上）。

★**卒業生の進路状況**
＜卒業生309名＞
大学250名、短大 9 名、専門学校27名、就職 5 名、その他18名

★**卒業生の主な合格実績**
埼玉大、鹿児島大、信州大、秋田県立大、埼玉県立大、慶應義塾大、早稲田大、明治大、立教大、青山学院大、中央大、学習院大、法政大、成蹊大、成城大、明治学院大、獨協大、國學院大、武蔵大、芝浦工業大、東京農業大、日本大、東洋大、駒澤大、専修大、文教大、大東文化大

♣**指定校推薦枠のある大学・短大など**♣
青山学院大、学習院大、國學院大、駒澤大、芝浦工業大、昭和女子大、女子栄養大、成蹊大、専修大、大東文化大、東京家政大、東京電機大、

東京都市大、東京農業大、東京理科大、東京薬科大、東洋大、獨協大、日本大、文教大、法政大、武蔵大、明治学院大、立教大　他

[トピックス]

- 昭和53年開校。令和 4 年に創立45周年を迎えた。
- **セミナーハウス**（特別教室棟）の他、**合宿所**や**学食**のある**生徒ホール**も整備されている。
- 夏季休業中には、埼玉大学大学院理工学研究科と連携し、大学の教員による講義・実験を行う（**埼玉大学夏季インターシップ**）。プログラミングの実用的な基礎から簡単な応用プログラムや、ロボットを使った学習などが中心。
- 埼玉大学の高大連携講座（彩の国アカデミー）では、高校に在籍しながら大学の単位を修得することができる。
- 「**全員英語プレゼンテーション**」として、「英語で自分の意見を発表、英語の質問に英語で答える」授業を行っている。
- 近隣の埼玉大学、大久保小学校との小高大連携事業は、令和 5 年度で14年目を迎えた。ロボットを使った問題解決学習を行っている。
- 平成30年度より**新制服**となった。

[学校見学]（令和 5 年度実施内容）

★**学校説明会**　8・9・11・12月各 1 回
★**北高祭**（文化の部）　9 月　見学可
★学校見学は随時可（要連絡）

▌入試！インフォメーション▌

受検状況	年 度	学科・コース名	男女共	募集人員	志願者数	受検者数	倍 率	昨年同期倍率	入学許可候補者数	倍 率
	R6	普 通	共	320	373	372	1.17	1.40	318	1.17
	R5	普 通	共	320	448	444	1.40	1.10	318	1.40
	R4	普 通	共	360	398	395	1.10	1.05	358	1.10

県立 浦和商業 高等学校
うら わ しょう ぎょう

https://urawa-ch.spec.ed.jp/

☎ 336-0022　さいたま市南区白幡 2-19-39
☎ 048-861-2564
交通　ＪＲ京浜東北線・高崎線・宇都宮線浦和駅　徒歩 15 分
　　　ＪＲ埼京線・武蔵野線武蔵浦和駅　徒歩 13 分

商業科
情報処理科

共 学

制 服　あり

[カリキュラム]　◇三学期制◇
・**商業科**では、ビジネス社会で即戦力となりうる実践的な知識や技術を習得。２年次からは選択科目も数多く用意され、各自の興味や進路に応じて科目を選択し時間割が組める。選択の工夫によって、情報処理科に近いＩＣＴ学習ができる。
・**情報処理科**では、コンピュータの基本的な入力操作から情報活用能力を育成。商業科と同様、選択科目も数多く用意されている。
・**高度な資格の取得**は本校教育で掲げる重点目標の一つに位置づけられており、情報処理・簿記・ビジネス文書・ビジネス計算・秘書など、様々な検定試験にすべての生徒が挑戦し、たくさんの資格を取得する。それにより進路決定も有利にしている。

[部活動]
・珠算・電脳・ＯＡ・ボート各部は関東大会・全国大会の常連である。
・令和４年度は**電脳部、珠算部、ボート部、書道部**が全国大会に出場した。
★設置部
　陸上競技、野球、剣道、サッカー（男子）、アウトドア、ダンス、水泳、ソフトボール（女子）、卓球、テニス、バスケットボール（女子）、バレーボール（女子）、バドミントン（女子）、ハンドボール（男子）、ボート、映画研究、ＯＡ、演劇、家庭科研究、華道、ギター、茶道、珠算、書道、新聞、吹奏楽、箏曲、放送、簿記、漫画研究、電脳、太鼓

[行事]
・生徒の自治が伝統となっており、体育祭・文化祭・球技大会などは生徒会により趣向を凝らした運営がされている。
1学期　遠足、体育祭
2学期　文化祭、修学旅行（2年）、芸術鑑賞会、球技大会
3学期　予餞会

[進路]
・在学中は多種多様な**検定試験**に挑戦できる。そこで取得したたくさんの資格を活かして、進学・就職のどちらにでも希望する進路の実現が可能である。
・経済系大学の**現役合格率**は100％を達成。
・**就職内定率**は抜群。多くの生徒が事務職に就き、首都圏のプライム市場上場企業で働いている。
★卒業生の進路状況（令和5年3月）
　＜卒業生268名＞
　大学68名、短大7名、専門学校84名、就職103名（うち公務員4名）、その他6名
★卒業生の主な進学先
　国士舘大、駒澤大、専修大、大東文化大、拓殖大、中央大、千葉商科大、東洋大、東京経済大、東京理科大、獨協大、日本大、明治大
♣指定校推薦枠のある大学・短大など♣
　国士舘大、駒澤大、城西大、杉野服飾大、専修大、千葉商科大、東京経済大、東京電機大、獨協大、日本大、文教大、流通経済大、武蔵大　他

[トピックス]
・昭和2年創立の**長い歴史と伝統**を持ち、自然豊かな環境にある学校。
・コンピュータ教室は5教室（うち1教室は令和4年度に最新機種に更新済み。残りの教室についても順次機種更新予定）。250台以上のパソコンが完備されている。
・全HR教室や一部の特別教室には**エアコン**が設置されており、夏場も快適に学習することができる。
・卒業生の約4割が就職で、そのうちの半数以上が事務職。東証プライム市場上場企業や業界屈指の企業から求人があり、しかも本校指定である。進学者6割の内訳は、大学・短大と、専門学校が半数ずつ。大学・短大へは、商業系資格を活かし、推薦や指定校で優遇されている。

[学校見学]（令和5年度実施内容）
★学校説明会　10・11・12・1月各1回
★一日体験入学　7月1回
★文化祭　9月　一般公開
★学校見学は随時可（要連絡）

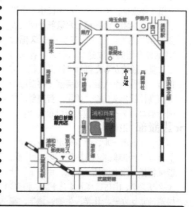

入試！インフォメーション

受検状況	年度	学科・コース名	男女共	募集人員	志願者数	受検者数	倍率	昨年同期倍率	入学許可候補者数	倍率
	R6	商業	共	200	224	221	1.12	0.94	202	1.09
		情報処理	共	80	99	97	1.21	1.14	82	1.18
	R5	商業	共	200	188	186	0.94	0.92	197	0.94
		情報処理	共	80	91	91	1.14	1.14	80	1.14

県立 浦和第一女子 高等学校
うらわだいいちじょし

普通科

https://urawaichijo-h.spec.ed.jp/

〒330-0064　さいたま市浦和区岸町 3-8-45
☎ 048-829-2031
交通　ＪＲ京浜東北線浦和駅　徒歩 8 分
　　　ＪＲ武蔵野線南浦和駅　徒歩 12 分

女

制　服　あり

[カリキュラム] ◇二学期制◇

・2 年次より興味、適性に応じて**文系と理系**に分かれる。
・3 年次には選択の幅を広げ、さらに深い学習内容となる。
・**隔週土曜日**(通年)に授業を実施。
・ＳＳＨ(スーパーサイエンスハイスクール)の研究指定を平成16年度から文部科学省より受け、その成果が高い評価を受けている。科学展では文部科学大臣賞を受賞し、インテル国際学生科学技術フェア(ISEF)に日本代表として参加した。日本代表には令和 4 年度までに 6 人を輩出している。
・5 年間スーパーグローバルハイスクール指定校として「未来のための女性学探究プロジェクト」の取り組みとノウハウを今後も**グローバル教育**に引き継ぐ。国際的な視野の拡大と課題発見・解決能力を育成する**探究学習**でこれからの時代に必要な思考力や表現力を伸ばしていく。
・英語の多読プログラム、国語科のコンクール多数参加・入賞等、文系も充実している。

[部活動]

・約 9 割が参加。活動はたいへん盛ん。
・令和 4 年度は、インターハイに**ボート部**が出場し、**陸上競技部**と**水泳部**は関東大会に出場した。また、**アナウンス部**はNHK杯全国高校放送コンテスト各部門で入賞、**競技かるた部**は全国高校総合文化祭・読唱の部入賞、**文芸部**・**書道部**が全国高校総合文化祭に出場。**音楽部**は全国合唱コンクール全国大会で銀賞受賞。
★**設置部**(※は同好会)
バスケットボール、バレーボール、ソフトテニス、卓球、ソフトボール、新体操、器械体操、陸上競技、水泳、ボート、サイクリング、山岳、バドミントン、剣道、弓道、サッカー、化学、生物、地学、調理、英語、長唄、琴、能楽、華道、茶道、音楽、美術、書道、文芸、写真、演劇、マンドリン、吹奏楽、アナウンス、かるた、※空手、※ＪＲＣ、※漫画、※フォークソング、※物理、※日本舞踊、※数学研究

[行　事]

平成28年度より**修学旅行**の行き先が海外(台湾)となった。
4 月　新入生歓迎会
6 月　体育祭
8 月　ベトナムフィールドワーク(1・2年希望者)
9 月　一女祭(文化祭)
10月　スポーツ大会
11月　まなびあい交流事業(小高交流)
12月　修学旅行(2年)
3 月　三送会、スポーツ大会、イギリス海外研修(1・2年　希望者)

[進　路] (令和 5 年 3 月)

・「**授業で勝負**」をモットーに、塾や予備校などに通わなくても本校の教科指導でどの大学にも合格できる指導を実施している。
・**長年のノウハウ**の蓄積によるきめ細かい進路指導で志望校合格をサポートする。
・新学期の開始時に『学習の手引き』を配布し、具体的な勉強方法などを指導。
・早朝・放課後・土曜日の**実力養成講座**には多くの生徒が参加している。
・慶應義塾大や早稲田大など指定校推薦枠のある大学は多数。ただし、指定校推薦を利用せず、**国立難関大**を目指す生徒も多い。
★**卒業生の進路状況**
＜卒業生351名＞
大学282名、短大 0 名、専門学校 0 名、就職 0 名、その他69名
★**卒業生の主な合格実績**

東京大、京都大、東工大、一橋大、北海道大、東北大、埼玉大、千葉大、筑波大、お茶の水女子大、東京外国語大、東京学芸大、東京農工大、横浜国立大、大阪大、弘前大(医)、山形大(医)、群馬大(医)、新潟大(医)、富山大(医)、浜松歯科大(医)、埼玉県立大、東京都立大、早稲田大、慶應義塾大、上智大

[トピックス]

・明治33年に開かれ、令和 2 年に**創立120周年**をむかえた県内で最も伝統のある女子高であり、全国的にもトップクラスの進学校。県民には「**一女(いちじょ)**」の愛称で長年親しまれている。
・受験のみに特化しないカリキュラム、充実した部活動や学校行事で幅広い人間性を養い、「**世界で活躍できる次代のリーダーを本気で育成**」。
・放課後に**埼玉大の講義**を聴講し、単位を取得できる。
・グローバル教育推進のため、イギリスのジェームズアレンガールズスクールと、台湾の台北第一女子高級中学と姉妹提携(ともに長い伝統を誇る名門女子校)。イギリス海外研修や台湾への修学旅行でそれぞれの学校と交流する。

[学校見学] (令和 5 年度実施内容)

★学校説明会　6・7・8・9・10月各1 回、11月 2 回
★学校見学は随時可(要連絡)

入試！インフォメーション

受検状況	年　度	学科・コース名	男女共	募集人員	志願者数	受検者数	倍　率	昨年同期倍率	入学許可候補者数	倍　率
	R6	普　通	女	360	490	471	1.32	1.30	364	1.29
	R5	普　通	女	360	482	465	1.30	1.43	359	1.30
	R4	普　通	女	360	528	513	1.43	1.36	361	1.42

県立 浦和西 高等学校（うらわにし）

https://urawanishi-h.spec.ed.jp/

〒330-0042　さいたま市浦和区木崎 3-1-1
☎ 048-831-4847
交通　ＪＲ京浜東北線与野駅　徒歩 20 分
　　　ＪＲさいたま新都心駅　バス 8 分

普通科

共学

制服　なし

[カリキュラム]　◇三学期制◇

・生徒の進路希望を尊重し、その実現に向けて 2 年次にゆるやかな文理選択、3 年次に進路希望に応じた多様な選択科目を設定している。
・1・2 年次にすべての基礎科目を学習するので、大学進学後の授業に対応できる学力が身につく。
・原則隔週で土曜授業（公開）を実施。
・希望者は放課後に埼玉大学へ行き、指定された講義から選択し受講できる。修了後には単位が認定される。
・全生徒に対して朝学習の時間を設けている。

[部活動]

・約 9 割が参加。（兼部の生徒もいるため、実質加入率は 10 割を超える）
・令和 5 年度は、弓道部がインターハイで女子団体ベスト 8 となった。ソフトボール部・男子バレーボール部・水泳部が県大会に出場した。
・令和 4 年度は、女子サッカー部・女子テニス部・女子ソフトテニス部・ソフトボール部・M.A.部（最優秀賞）が県大会に出場した。
★設置部（※は愛好会）
サッカー（男女）、バドミントン、バレーボール、バスケットボール、硬式テニス、ソフトテニス、器械体

操、水泳、弓道、空手道、卓球、山岳、硬式野球、ハンドボール、ソフトボール、管弦楽、音楽、美術、書道、放送、茶道、華道、ギター、英語、演劇、地学、新聞、写真、M.A.（ミュージックアソシエーション）、文芸、家庭科、漫画研究、競技かるた、生物、※将棋

[行　事]

・行事の多くは生徒によって運営。
・オーストラリア研修旅行（希望者）を実施しており、現地の高校を訪問して授業に参加するほか、ホームステイや現地の人々との交流を通じて文化や習慣も学ぶ。
5 月　校外学習（2 年）
6 月　西高祭（体育祭）
7 月　球技大会、海外研修（希望者）
9 月　西高祭（文化祭）、修学旅行（2 年）
11月　マラソン大会
3 月　球技大会、予餞会

[進　路]（令和 5 年 3 月）

・進路に対する理解を深めるべく、学部・学校説明会や社会で活躍している卒業生による講演会などを実施。オープンキャンパスや大学の模擬授業への参加も行っている。
・長期休業中、早朝、放課後、土曜日に補講を実施。
・第一志望の大学合格を目指し、3 年生を対象とした合宿「サマーセミナー」（3 泊 4 日）を実施している。
★卒業生の進路状況
＜卒業生 357 名＞
大学 319 名、短大 0 名、専門学校 9 名、就職 1 名、その他 23 名
★卒業生の主な合格実績
東北大、筑波大、東京外語大、東京

海洋大、東京学芸大、東京藝術大、東京工業大、横浜国立大、大阪大、神戸大、埼玉県立大、東京都立大、大阪公立大、前橋工科大、横浜市立大、早稲田大、慶應義塾大、上智大
♣指定校推薦枠のある大学・短大など♣
青山学院大、学習院大、中央大、津田塾大、東京理科大、法政大、明治大、明治薬科大、立教大　他

[トピックス]

・令和 6 年に創立 90 周年を迎える県内屈指の伝統校。
・令和元年度から 3 年間、県教育委員会から「県立高校教育課程研究事業」『大学進学指導拠点校』の指定を受け、難関大学合格をはじめとした高い志をかなえる学習指導、進路指導を行っている。
・入学直後に「スプリングセミナー」を実施。新入生は「予習・授業・復習」の学習サイクルを体験し、高校の学習をスムーズにスタートさせる。
・大学の先生による大学出張講座を開講し、「高い志」を育てている。

[学校見学]（令和 5 年度実施内容）

★学校説明会　8・9 月各 1 回、10・11 月各 2 回
★土曜公開授業　年 13 回
★文化祭　9 月　見学不可
★学校見学は随時可（要連絡）

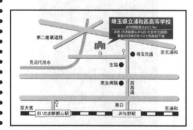

埼玉県立浦和西高等学校

入試！インフォメーション

受検状況	年度	学科・コース名	男女共	募集人員	志願者数	受検者数	倍率	昨年同期倍率	入学許可候補者数	倍率
	R6	普通	共	360	512	505	1.41	1.43	358	1.41
	R5	普通	共	360	520	513	1.43	1.55	358	1.43
	R4	普通	共	360	558	555	1.55	1.38	359	1.54

県立 浦和東 高等学校

うらわ ひがし

https://urawahigashi-h.spec.ed.jp/

☎ 336-0976　さいたま市緑区寺山365
☎ 048-878-2113
交通　ＪＲ大宮駅・武蔵野線東川口駅・東浦和駅　バス

普通科

共　学	
制　服	あり

[カリキュラム] ◇三学期制◇

　新教育課程導入に伴い、令和4年度より新カリキュラムを実施。1年次は全員共通の科目を履修し、基礎力を養成する。数学と英語では、**習熟度別授業や少人数制授業**が展開される。2年次は**文系**と**理系**に分かれ、自身の適性を伸ばす。3年次は**文系**、**総合理系**、**専門理系**の3類型に分かれ、進路実現を図る。総合理系は生物・化学系や看護・医療系への進学を目指し、専門理系は数学ⅢCを履修した上で理工系への進学を目指す。また、文系と総合理系には、文理関係なく履修できる「共通選択」が設定されている。

[部活動]

・約8割の生徒が参加、熱心に活動している。これまで、**サッカー部**が全国サッカー選手権大会に5度、インターハイに8度出場しており、選手権埼玉大会の優秀選手にも多数選出されている。ほかに**バトン部**、**なぎなた部**、**弓道部**、**女子テニス部**も全国大会出場の実績があり、特に**バトン部**は全国優勝も果たしている。
・令和5年度は、**バトン部**が全国高等学校ダンスドリル選手権大会で6位、USA Japanチアリーディング＆ダンス学生選手権大会で5位。**なぎ**

なた部が関東大会に出場。男子バレーボール部が関東大会で準優勝。**サッカー部**が県予選で3位、**弓道部**が県予選で男子団体ベスト10。**女子バレーボール部**と**陸上部**と**男子バドミントン部**とソフトボール部が県大会に出場。

★設置部

硬式テニス、野球、バスケットボール、卓球、バレーボール、陸上競技、剣道、空手、柔道、弓道、山岳、柔道、水泳、サッカー、なぎなた、ソフトボール、バドミントン、バトン、吹奏楽、コンピュータ、美術、総合科学研究、書道、工芸、写真、箏曲、華道、茶道、被服・食物

[行　事]

12月に校外で実施している**カルチャーフェスティバル**は、文化部の日頃の成果を多くの人に見ていただく機会にもなっている。

5月	遠足、体育祭
7月	芸術鑑賞会
9月	東雲（しののめ）祭（文化祭）
12月	修学旅行（2年）、球技大会、カルチャーフェスティバル
2月	予餞会、ロードレース大会

[進　路] （令和5年3月）

　総合的な探究の時間をＳＤ（セルフディスカバリー）と名づけ、主に進路指導にあてている。**大学等出張講義、進路相談会、進路見学会、分野別説明会、進路交流会、進路補講や日常的な進路相談**など、指導はきめ細かい。

★卒業生の進路状況
　＜卒業生309名＞
　大学203名、短大14名、専門学校68名、就職10名、その他14名

★卒業生の主な進路先

岩手大、群馬大、慶應義塾大、明治大、立教大、学習院大、工学院大、國學院大、駒澤大、成蹊大、専修大、柘植大、千葉工業大、獨協大、東洋大、二松學舍大、日本大、文教大、法政大、武蔵大、立正大

♣指定校推薦枠のある大学・短大など♣

東洋大、日本大、駒澤大、大東文化大、東海大、亜細亜大、国士舘大、帝京大、東京電機大、東京経済大、女子栄養大、拓殖大、文教大、東京農業大、東京家政大、獨協大、二松學舍大、工学院大、文京学院大　他

[トピックス]

・目指す学校像は、「確かな人間力と教養を育み、生徒一人ひとりが自己の探究と実現ができる学校」。
・**地域活動**として、特別支援学校や小学校との交流活動を行っている。
・サッカー部、野球部などの試合は、**全校応援**で盛り上げている。
・創立40周年を迎えるにあたり、令和4年度入学生から**制服**を一新。女子はスカートのほかにキュロットとスラックスも選択できる。夏服は、男女とも白又は紺色のポロシャツを着用。

[学校見学] （令和5年度実施内容）

★学校説明会　8・11・12・1月各1回
★部活動体験会　8月
★東雲祭　見学可　9月
★学校見学は随時可（要連絡）

入試！インフォメーション

受検状況	年　度	学科・コース名	男女共	募集人員	志願者数	受検者数	倍　率	昨年同期倍率	入学許可候補者数	倍　率
	R6	普　通	共	320	374	370	1.16	1.21	319	1.16
	R5	普　通	共	320	389	385	1.21	1.26	318	1.21
	R4	普　通	共	360	520	513	1.43	1.55	358	1.43

県立 大宮 高等学校

おおみや

https://ohmiya-h.spec.ed.jp/

普通科
理数科

共 学

制 服　あり

☎ 330-0834　さいたま市大宮区天沼町 2-323
☎ 048-641-0931
交通　ＪＲ京浜東北線さいたま新都心駅　徒歩 10 分
　　　ＪＲ大宮駅　徒歩 20 分

[カリキュラム] ◇二学期制◇

　授業時間を確保するため、二学期制を導入している他、授業時間を65分に設定。さらに、土曜日には隔週で3時間の授業を行っている（年間16回程度）。

★普通科
・1年次は、全員が共通の科目を学ぶ。2年次に文系・理系に分かれる。

★理数科
・専門学科として、数学・理科で扱う学習内容をより深く、高度に学び修得することを目標としている。そのため、問題演習や実験に多くの時間をかけている。

[部活動]

・95%が参加。
・令和4年度は、棋道部が全国大会出場、ボート部、陸上競技部が関東大会に出場。英語部が全国英語ディベート大会で第3位、化学研究部が科学グランプリ2022で銅賞、生物部が日本生物オリンピック2022本選で敢闘賞、音楽部が関東合唱コンクールで銀賞を受賞。
・令和3年度は、ボート部が関東選抜大会に出場。女子ソフトテニス部、陸上競技部が県大会に出場、音楽部が関東合唱コンクールで銀賞を受賞。英語部が全国英語ディベート大会、棋道部が全国大会に出場。

★設置部
野球、卓球、ソフトテニス（男女）、硬式テニス（男女）、バレーボール（男女）、バスケットボール（男女）、ハンドボール（男女）、バドミントン（男女）、サッカー、ラグビー、水泳、ボート、ダンス、陸上競技、剣道、弓道、山岳、空手道、生物、物理、化学研究、美術、音楽、英語、演劇、家庭、茶道、華道、箏曲、写真、吹奏楽、ギター、書道、天文研究、フォーク、棋道、漫文連合、小倉百人一首競技かるた、クイズ研究

[行　事]

4月	遠足、芸術鑑賞会（3年）
6月	体育祭
7月	スポーツ大会
9月	大高祭（文化祭）
10月	修学旅行（2年）
12月	予餞会
3月	スポーツ大会

[進　路]（令和5年3月）

・県内有数の進学校。大学受験では高い現役合格率（令和5年度は87%）を誇ることで知られ、難関大学への合格者も数多い。
・進路関連行事を豊富に実施している。

＜主な進路行事＞
生徒向け進路ガイダンス、大学別説明会、3学年保護者・教職員向け進路講演会、長期休業中の講習（春季・夏季・冬季）、東京大学進学説明会、医学部進学説明会、実力テスト、校外模試

★卒業生の進路状況
＜卒業生350名＞
大学291名、短大0名、専門学校1名、就職0名、その他58名

★卒業生の主な合格実績
東京大、京都大、東京工業大、一橋大、北海道大、東北大、筑波大、千葉大、埼玉大、東京農工大、東京学芸大、東京外国語大、お茶の水女子大、横浜国立大、東京都立大、早稲田大、慶應義塾大、上智大、東京理科大、立教大、明治大、学習院大、中央大、青山学院大、法政大、東京医科大、東邦大（医）、日本大（医）、日本医科大（医）

[トピックス]

・予備校に頼らず、本校の指導だけですべての生徒の難関大合格をめざす。最少時間で最大の効率を上げるべく、部活動や学校行事を通して、強い心と体を培っている。
・3年生には自習室が夜7時まで開放されており、多くの生徒が利用している。
・豊かな国際感覚を養うべく、ドイツのコトブス姉妹校と留学（長期6ヶ月、短期2週間）などの交流を隔年で実施。
・令和4年度には、理数科の生徒男女8名が第12回科学の甲子園大会に埼玉県の代表として出場した。令和3年度には、理数科の生徒が国際物理オリンピックに出場、銀メダル・文部科学大臣賞を受賞、アジア物理オリンピックで入賞した。

[学校見学]（令和5年度実施内容）

★学校説明会　6・8・10月各1回、11月2回
★理数科体験入学　8月1回
★土曜日授業公開　2月2回（中学1・2年生向け）、9月1回
★文化祭　9月

入試！インフォメーション

受検状況	年　度	学科・コース名	男女共	募集人員	志願者数	受検者数	倍率	昨年同期倍率	入学許可候補者数	倍率
	R6	普通	共	320	448	426	1.34	1.41	322	1.32
		理数	共	40	99	85	2.13	2.20	41	2.07
	R5	普通	共	320	458	447	1.41	1.44	321	1.39
		理数	共	40	106	88	2.20	2.23	40	2.20

県立大宮工業高等学校

おおみやこうぎょう

https://omiya-th.spec.ed.jp/

機械科
電子機械科
電気科
建築科

〒331-0802　さいたま市北区本郷町1970番地
☎ 048-651-0445
交通　ニューシャトル今羽駅　徒歩10分　　東宮原駅　徒歩15分
　　　ＪＲ宇都宮線東大宮駅　徒歩20分
　　　ＪＲ高崎線宮原駅　徒歩25分

共　学

制服　あり

[カリキュラム] ◇三学期制◇

　多様な希望進路に対応するために、3年次よりコース制を導入し、各学科とも専門コースとカレッジコースに分かれる。専門コースはより専門性を高め、カレッジコースは理工系大学への進学希望者を対象としたコースとなっている。

★機械科

　機械工作・機械設計を中心とした機械に関する専門的な学習をすると同時に、機械加工・生産加工技術の基礎的な技能を習得することをめざす。また、自動車産業分野で必要となる自動車技術や環境とエネルギーに関する知識を深め、機械に関する幅広い総合的な基礎知識を身につけた機械技術者を養成する。

★電子機械科

　機械・電子・制御の3分野を総合的に学び、メカトロニクス製品の企画・設計・生産・保守を行える技術者の育成を目指す。機械については、設計や工作法の基礎、3Dプリンタ等の先端工作機械を用いた加工技術を学習する。電子と制御では、制御機能などの電気回路やシーケンスなどのリレー回路、各種センサーを利用したコンピューター制御の知識を深める。

★電気科

　電気の基礎理論から発電・送配電、電気機器の原理や利用、制御技術など電力の利用について多岐にわたり学習し、電気主任技術者・電気工事士などを養成する。また、情報通信の基礎も学び、工事担任者の養成も目指す。

★建築科

　建築の基礎・基本を幅広く学び、創造力のあるデザイナーや、技術技能のあるエンジニアを育成する。製図コンクールや各種コンテストへの参加、国家資格(大工・とび・施工管理技士補等)にも積極的に挑戦し、スペシャリストとして活躍できる技術者を育てる。また、地域とのふれあい活動により、ものづくりの楽しさ、貢献を実感し、充実した学習を行っている。

[部活動]

　1年次は全員参加制。自転車競技部は全国大会の常連(令和4・5年度インターハイ出場)。柔道部も何度も全国大会に進出している。平成29年度には、ラジオ部がモデルロケットパリ国際大会で世界2位となった。令和3年度は、柔道部・自転車競技部が関東大会に出場、ソフトテニス部が県大会に出場、ラジオ部がキャリア教育実践アワードで最優秀賞を受賞した。

★設置部(※は愛好会)

　野球、柔道、自転車競技、山岳、ソフトボール(男女)、バスケットボール、サッカー、バレーボール、陸上競技、硬式テニス、ソフトテニス、バドミントン、剣道、卓球、音楽、ラジオ、内燃、写真、釣り、電気研究、美術、建築研究、文芸、※鉄道、※模型、※軽音楽、※アニメーション、※インターアクト、※茶道

[行　事]

　遠足、球技大会、体育祭、宮工祭(文化祭・見学可)、強歩大会、修学旅行(2年)、予餞会などを行っている。

[進　路] (令和5年3月)

★卒業生の進路状況

＜卒業生255名＞
大学44名、短大1名、専門学校59名、就職130名、その他6名

★卒業生の主な進学先

埼玉工業大、淑徳大、城西大、聖学院大、千葉工業大、東京電機大、東洋大、日本大、日本工業大、ものつくり大、清和大

♣指定校推薦枠のある大学・短大など♣

埼玉工業大、聖学院大、千葉工業大、東京電機大、東洋大、日本大、日本工業大、ものつくり大　他

[トピックス]

・大正14年5月創立。令和7年度に創立100周年を迎える。部活動や技能検定等での輝かしい伝統と実績は高い評価を得ている。

・令和元年度より「コミュニティスクール」の指定を埼玉県教育委員会から受け、熟練技能者の技能継承や小・中学校への出前授業などに取り組んでいる。また、令和4年度より全国で15校、関東圏唯一の「マイスター・ハイスクール」に指定され、外部機関とのつながりを強めることがより可能になった。

・毎年のように就職希望者数を大きく上回る求人件数があり、令和4年度は26.1倍であった。四年制大学への進学者が多いのも特徴である。

・令和8年度より新校として開校予定。

[学校見学] (令和5年度実施内容)

★学校説明会　6・9・12月各1回
★体験入学　7月1回
★体験部活動　9月1回
★学校見学は随時可(要連絡)

入試！インフォメーション

受検状況	年　度	学科・コース名	男女共	募集人員	志願者数	受検者数	倍　率	昨年同期倍率	入学許可候補者数	倍　率
	R6	機　械	共	80	71	70	0.88	0.86	70	1.00
		電　気	共	40	36	36	0.90	0.85	36	1.00
		建　築	共	80	74	71	0.90	0.78	71	1.00
		電子機械	共	80	68	68	0.86	0.84	67	1.01

県立 大宮光陵 高等学校
おおみやこうりょう

https://ohmiyakoryo-h.spec.ed.jp/

☎ 331-0057　さいたま市西区中野林145
☎ 048-622-1277
交通　ＪＲ大宮駅・川越線指扇駅　バス

普通科　＜外国語コース＞
美術科
書道科
音楽科

共　学

制　服　あり

[カリキュラム] ◇三学期制◇
- 普通科4クラス、外国語コース1クラス、芸術科（音楽1、美術1、書道1）があり、個性光る学校。
- コース制の実施により、一人ひとりの個性を伸ばし、目的意識をもつことによる学習意欲の増長、高度な学習内容や高い学習効果が期待できる。

★普通科＜一般コース＞
- 1年次はコースに分かれず共通履修。入学してから自分の興味や適性についての見極めができる。
- 2年次より文系、理系に分かれる。文系は、英語、国語、地歴公民の科目を中心に学習し、私立大文系学部などへの進学に適している。理系は、将来、国公立大（文・理）や私立大理系学部への進学に適している。
- 3年次も2年次で選択したコースを引き続き学習し、得意科目を深める。

★普通科＜外国語コース＞
- 英語を重点的に学習し、コミュニケーション能力を養い、外国の文化や考え方を学ぶ。第2外国語を選択することもできる。
- 将来、語学系大学や私立文系の大学・短大への進学を希望する生徒に適する。

★美術科
- 日本画、油絵、彫刻、デザインの4つの専攻科目があり、それぞれについて深く学ぶことができる。その他、陶芸や版画なども興味、関心に応じて選択が可能。

★書道科
- 書道の専門学科として、全国で初めて開設された。漢字の書、仮名の書、漢字仮名交じりの書が主専攻。その他、紙漉きや料紙加工などの書に関わる日本の文化について学ぶこともできる。

大学などの先生を講師とした特別講座や演習旅行などの行事も充実。

★音楽科
- ピアノ、声楽、弦楽器、管楽器、打楽器の専攻ごとに多数の指導者がおり、マンツーマンの個人レッスンが受けられる。また、著名な演奏家による公開レッスンや年8回の校内における演奏発表会や卒業演奏会などがあり、音楽系大学への進学に有利。

[部活動]
★設置部
テニス、バドミントン、バスケットボール、サッカー、弓道、バレーボール（女）、ソフトボール、野球、剣道、卓球、陸上、吹奏楽、管弦楽、合唱、書道、美術、放送、英語、茶道、華道、コンピューター、調理、写真、創作文芸、ダンス、生物

[行　事]
- 遠足（5月）、体育祭（6月）、スポーツ大会（3月）、光陵祭（9月）、修学旅行（11月）、百人一首大会（1月）などを行う。また、オーストラリア姉妹校との相互親善訪問や日台友好親善訪問、ヨーロッパ研修（3月）など国際交流も盛ん。
- 美術科は夏合宿や作品展・卒業制作展、書道科は書道史演習旅行や書道科展、音楽科は定期演奏会や卒業演奏会なども実施。

[進　路]（令和5年3月）
- ほとんどの生徒が大学進学を希望。進路講演会や進路分野説明会などを実施し、毎年約70％の生徒が現役で四年制大学に進学している。

- 早朝、放課後、休日、長期休業中等に、進学希望者を主な対象者とする進学補講を積極的に実施している。

★卒業生の進路状況
＜卒業生320人＞
大学236名、短大13名、専門学校45名、就職8名、その他17名

★卒業生の主な合格実績
東京藝術大、筑波大、埼玉大、群馬大、東京農工大、埼玉県立大、高崎経済大、愛知県立芸大、はこだて未来大、青山学院大、学習院大、國學院大、成蹊大、成城大、中央大、法政大、武蔵大、明治大、明治学院大、早稲田大

♣指定校推薦枠のある大学・短大など♣
青山学院大、国立音楽大、國學院大、女子美術大、昭和女子大、成蹊大、成城大、津田塾大、獨協大、法政大、武蔵大、明治学院大　他

[トピックス]
- 埼玉大理学部との連携授業や東京大との授業改善プログラム研究などを行っている。
- 埼玉県と世界をつなぐハイブリッド型国際交流事業の指定校。国際社会で活躍できる人材を育成する。

[学校見学]（令和5年度実施内容）
★学校説明会　＜普通科＞8・9・11・1月各1回　＜音楽科＞7・9・10・11・1月各1回　＜美術科＞10・11月各1回　＜書道科＞7・9・10・11・1月各1回
★体験入学　＜美術科＞6月1回、8月4回　＜書道科＞8月1回　＜外国語コース＞7・10月各1回
★光陵祭　9月　見学可

入試！インフォメーション

受検状況	年度	学科・コース名	男女共	募集人員	志願者数	受検者数	倍率	昨年同期倍率	入学許可	倍率
	R6	普通〈一般〉	共	200	215	213	1.08	1.22	198	1.08
		普通〈外国語〉	共	40	46	46	1.15	1.08	40	1.15
		美　術	共	40	66	65	1.63	1.78	40	1.63
		書　道	共	40	41	41	1.03	0.85	40	1.03
		音　楽	共	40	37	35	0.88	1.00	35	1.00

県立 **大宮商業** 高等学校
おおみや しょう ぎょう

https://omiyasyogyo-ch.spec.ed.jp/

☎ 337-0053　さいたま市見沼区大和田町1-356
☎ 048-683-0674
交通　東武野田線（アーバンパークライン）大和田駅　徒歩6分
　　　ＪＲ宇都宮線土呂駅　徒歩20分

商業科

| 共　学 |

| 制　服 | あり |

[カリキュラム] ◇三学期制◇

・1、2年次は全員が共通の科目を学ぶ。また、国・数・英などの普通科目に加えて、1年次から**専門科目**を学習する。専門科目として、1年次はビジネス基礎、簿記、情報処理、ビジネス・コミュニケーションが、2年次はマーケティング、財務会計Ⅰ、原価計算、ソフトウェア活用などの科目が設置されている。

・2年次には希望する全生徒を対象とした**インターンシップ（就業体験）**を実施する。

・3年次は2つの選択群から進路希望に沿った科目を学ぶ。また、専門科目として**課題研究**、総合実践、ビジネス法規が設置され、その成果として、産業教育フェアCGコンテスト入賞、大宮盆栽だー‼と歩く盆栽村周辺探索ＭＡＰ作成、金融知識普及功績者団体の部表彰（金融庁・日本銀行）などの実績を残している。

・数多くの**資格取得**が可能な教育課程となっている。3年生課題研究では、日商簿記検定、秘書実務検定、ＭＯＳ（Microsoft Office Specialist）検定など、**高度な資格取得講座**が設定されており、取得率も高い。

　3年生で学ぶ「総合実践」の授業は、まるで新入社員研修のようであり、本格的なオフィスルームで会社経営・商取引を行う。

[部活動]

・1年次は全員参加制。

・令和3年度は、**珠算・電卓部**が全国大会に出場した。吹奏楽部が県コンクールで金賞を受賞した。

★設置部（※は同好会）
　野球、陸上競技、卓球、ソフトボール（女子）、バレーボール、ソフトテニス（女子）、バスケットボール（女子）、弓道、バドミントン、ダンス、簿記、美術、珠算・電卓、演劇、アニメ・マンガ、吹奏楽、ワープロ、写真、情報処理、書道、囲碁、華道、家政、茶道、放送、軽音楽

[行　事]

4月	新入生歓迎会
5月	遠足
8月	インターンシップ
9月	宮商祭（文化祭）
10月	体育祭、修学旅行
12月	球技大会
2月	予餞会

[進　路]（令和5年3月）

・簿記や情報処理などの資格があれば、大学などを特別推薦で受験することが可能なので、**資格取得**を教育課程に組み込んだ本校の卒業生は合格に有利といえる。

・進路関係の行事は以下のとおり。
＜1年次＞
4月	進路希望調査
10月	職業体験学習
12月	進路ガイダンス寸劇
2月	3年生による進路講演会
3月	卒業生による進路講演会
＜2年次＞
4月	進路希望調査
8月	インターンシップ
11月	進路講演会、3年生による合格体験発表会
2月	進路講演会
3月	就職ガイダンス、求人票説明
＜3年次＞
4月	進路希望調査
5月	進路説明会
6月	面接指導
7月	合同企業説明会
8月	履歴書作成・面接指導
9月	面接指導
10月	面接指導

★卒業生の進路状況
　＜卒業生210名＞
　大学22名、短大13名、専門学校64名、就職107名、その他4名

★卒業生の主な進学先
　神田外語大、専修大、千葉商科大、大東文化大、拓殖大、獨協大、東洋大、大正大、城西大、日本大、国際学院埼玉短大、上尾看護専門学校

★卒業生の主な就職先
　大日本印刷株式会社、トッパンフォームズ、株式会社関電工、株式会社東和銀行、川口信用金庫、独立行政法人国立印刷局、株式会社三越伊勢丹、株式会社ロッテ、株式会社日立物流関東

[トピックス]

・資格取得の合格率は**県下でもトップクラス**である。「三種目1級取得」を目標に学習に取り組んでいる。

・ビジネスマナーやコミュニケーション能力を身につけた人材を育成している。総合実践室の施設・授業はとても魅力的である。

[学校見学]（令和5年度実施内容）

★学校説明会　10・12・1月各1回
★個別相談会　1月1回
★体験入学　7月1回
★宮商祭　9月　校内公開・一般公開
★学校見学は随時可（要連絡）

▌入試！インフォメーション▐

受検状況	年　度	学科・コース名	男女共	募集人員	志願者数	受検者数	倍　率	昨年同倍率	入学許可候補者数	倍　率
	R6	商　業	共	200	202	201	1.02	0.87	198	1.02
	R5	商　業	共	200	172	172	0.87	0.92	172	1.00
	R4	商　業	共	200	183	182	0.92	0.92	182	1.00

県立 **大宮東** 高等学校
おおみや ひがし

https://oh-h.spec.ed.jp/

普通科
体育科

共 学

制 服　あり

☎ 337-0021　さいたま市見沼区膝子 567
☎ 048-683-0995
交通　ＪＲ京浜東北線北浦和駅、大宮駅　バス
　　　東武野田線七里駅　徒歩 30 分　または自転車

[カリキュラム] ◇三学期制◇

★普通科
・1 年次では共通履修で**基礎学力の定着**をはかる。
・2 年次から、**文系・理系**のコースに分かれ、3 年次ではさらに文系・理系を 2 つに分け、生徒一人ひとりの**進路希望に対応**する。

★体育科
・体育系の大学はもちろんのこと、様々な文系大学への進学にも対応。体育実技の他に保健理論、野外活動（スクーバ実習、スキー実習）など 3 年間で**体育の専門科目**を28単位履修する。
・2 年次のスクーバ実習（沖縄）で**スクーバダイビングのライセンス**を取得する。

[部活動]
・1 年次は全員参加制。特に運動部が活発であり、ほとんどの部が県大会以上の成績を収めている。また、**吹奏楽部**等の文化部も活発である。
・令和 5 年度は、**陸上部、体操部**がインターハイに出場。**ソングリーディング部、バレーボール部**が全国大会に出場した。また、**バドミントン部、柔道部、水泳部、弓道部**が関東大会に出場した。

★設置部（※は同好会）
野球、サッカー、バレーボール、バスケットボール、体操、剣道、柔道、陸上競技、水泳、テニス、弓道、ソフトボール、バドミントン、ソングリーディング、ダンス、写真、美術、放送、家庭科、科学、吹奏楽、華道、軽音楽、茶道、書道、※漫画研究

[行　事]
　5 月に宿泊研修（1 年）、9 月に青龍祭（文化祭）、10 月に体育祭、11 月に野外活動（体育科 2 年）や修学旅行（普通科 2 年）、1 月に野外活動（体育科 3 年）、3 年生を送る会、2 月に野外活動（体育科 1 年）、ロードレース大会などを実施。

[進　路]（令和 5 年 3 月）
　1 年次の**学習ガイダンス、進路適性検査**などで自分を知り自分の生き方を考え、2 年次の**進路見学会、模擬授業**などで自分の適性と具体的な進路を結びつけ、3 年次の**進路フェスタ、三者面談**などで早期の進路決定と適切で効率的な進路対策を行っていく、段階を踏んだきめ細かな進路指導を行っている。

★卒業生の進路状況
　＜卒業生312名＞
　大学165名、短大12名、専門学校96名、就職25名、その他14名

★卒業生の主な合格実績
埼玉大、三条市立大、都留文科大、青山学院大、亜細亜大、駒澤大、国士舘大、芝浦工業大、順天堂大、大正大、大東文化大、拓殖大、帝京大、東京経済大、東京電機大、東洋大、獨協大、日本大、日本体育大、日本女子体育大、文教大、立正大

[トピックス]
・県内公立高校で**唯一の体育科のある**学校。体育科生のみならず、普通科も運動部レギュラーが多く、リオ・オリンピックで銅メダル、2017年世界選手権シングルスで日本初の金メダルに輝き、2021年東京オリンピックに出場したバドミントンの奥原希望選手（平成25年普通科卒）もその一人であり、とても活気のある学校である。
・**体育施設**が充実しており、体育館が 2 棟、第 2 グラウンド（野球場）、50 m プール、冷暖房完備のトレーニングルームがある。また、すべてのグラウンドにナイター照明が備わっている。
・充実した施設に加え、女子栄養大学や平成国際大学との連携による**スポーツ科学的なサポート**など、部活動に全力で取り組める。
・一方、勉強はもちろん、挨拶を含めた礼儀正しい社会人として育つように、普段の生活全般で**規範意識の確立**をめざし指導しており、授業をはじめ生徒はたいへん落ち着いた学校生活を送っている。
・小学校との交流事業や病院でのボランティア活動等を通して地域との絆を学び、**豊かな心の育成と交流**を深めている。
・令和 5 年度入学生より、新制服（女子）、新体操着（男女）。

[学校見学]（令和 5 年度実施内容）
★学校説明会　8 月 3 回、6・9・10・11・12・1 月各 1 回
★文化祭　9 月　見学可
★体育祭　10 月　見学可
★学校見学は随時可（要連絡）

入試！インフォメーション

受検状況	年　度	学科・コース名	男女共	募集人員	志願者数	受検者数	倍　率	昨年同期倍率	入学許可候補者数	倍　率
	R6	普　通	共	240	232	228	0.96	1.08	228	1.00
		体　育	共	80	84	84	1.05	1.11	80	1.05
	R5	普　通	共	240	257	257	1.08	0.87	239	1.08
		体　育	共	80	89	89	1.11	0.99	80	1.11

県立 大宮南 高等学校

おおみやみなみ

https://ohmiyaminami-h.spec.ed.jp/

〒331-0053　さいたま市西区植田谷本793
☎ 048-623-7329
交通　ＪＲ大宮駅　バス

普通科

共　学

制　服　あり

[カリキュラム] ◇三学期制◇

　１年次は、共通の教育課程で基礎学力の徹底に努める。２年次より**文・理選択**になる。**文系**では国語・地歴公民を、**理系**では数学・理科を多く学習する。３年次ではさらに３つのコースに分かれ、**文系**では国公立・私立大学入試はもちろん、語学系、幼児保育系、スポーツ系など進学に対応している。**理系**は２つに分かれ、主に教育学部、(理系)農学部、薬学部、看護医療系を希望する生徒のため、効率よく学習できるカリキュラムとなっている。

[部活動]

・８割が参加。運動部だけでなく、文化部も熱心な顧問のもと活発に活動を展開している。
<過去２年間の大会成績>
　全国大会出場：放送部
　関東大会出場：陸上競技部、弓道部、男子硬式テニス部
　県大会ベスト８：サッカー部、野球部、女子ハンドボール部
　県大会ベスト16：女子サッカー部ソフトボール部、女子硬式テニス部男子バドミントン部、男子ハンドボール部
　県大会出場：卓球部、剣道部バレーボール部、女子ソフトテニス部、バトン部
★設置部（※は同好会）
　サッカー（男女）、剣道、陸上競技、硬式テニス（男女）、野球、ソフトボール、バスケットボール（男女）、卓球、ソフトテニス（男女）、弓道、バトン、バレーボール、バドミントン（男女）、ハンドボール（男女）、音楽、茶道、漫画創作、吹奏楽、美術、書道、放送、ＪＲＣ、家庭

[行　事]

5月　体育祭
7月　球技大会
9月　南翔祭（文化祭）
11月　ロードレース大会
12月　修学旅行（２年・沖縄）、遠足（１年）
2月　予餞会

[進　路]（令和５年３月）

　早朝や放課後の進学補講、大学の先生による大学特別講義、各種ガイダンスを実施。また、長期休業中の進学集中補講の他、進路懇談会・小論文対策・進学就職模擬面接など、進路指導は充実している。

★卒業生の進路状況
　<卒業生345名>
　大学251名、短大17名、専門学校56名、就職２名、その他19名
★卒業生の主な合格実績
　青山学院大、亜細亜大、工学院大、國學院大、駒沢大、昭和女子大、女子栄養大、清泉女子大、成城大、専修大、大東文化大、中央大、帝京大、東京家政大、東京経済大、東京電機大、東京理科大学、東洋大、獨協大、日本大、日本女子体育大、文教大、法政大、武蔵大、明治学院大、立教大　他
♣指定校推薦枠のある大学・短大など♣
　亜細亜大、跡見学園女子大、大妻女子大、工学院大、國學院大、国士舘大、埼玉医科大、実践女子大、女子栄養大、白百合女子大、大東文化大、帝京大、東京家政大、東京経済大、東京電機大、東京農業大、東洋大、獨協大、日本大、日本女子体育大、文教大、法政大、武蔵大　他

[トピックス]

・勉強と部活動、生徒会活動の両立をめざす学校である。
・令和5年度入学生から1人1台タブレットを導入(BYOD方式)。
・プール設備老朽化にともない、令和5年度からプール閉鎖。
・全教室にエアコン・プロジェクター・ホワイトボードが設置されている。
・個別ブース型学習室がある。
・グラウンドにLED夜間照明がある。
・全トイレがウォシュレット。
・学生食堂・購買がある。
・女子の制服にスラックスがある。

[学校見学]（令和５年度実施内容）

★学校説明会　９・11・12月各１回
★学校公開　６・10月各１回
★南翔祭（文化祭）　９月　一般公開
★部活動体験　７・８月各２回
★学校見学は随時可（要連絡）

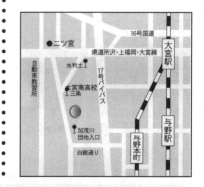

入試！インフォメーション

受検状況	年度	学科・コース名	男女共	募集人員	志願者数	受検者数	倍率	昨年同期倍率	入学許可候補者数	倍率
	R6	普通	共	360	396	393	1.10	1.18	360	1.09
	R5	普通	共	360	425	424	1.18	1.10	358	1.18
	R4	普通	共	360	396	393	1.10	0.98	358	1.10

県立 大宮武蔵野 高等学校

おおみやむさしの

https://www.om-h.spec.ed.jp

☎ 331-0061　さいたま市西区西遊馬 1601
☎ 048-622-0181
交通　ＪＲ川越線指扇駅　徒歩 15 分
　　　ＪＲ大宮駅西口から西武バス西遊馬下車　徒歩 10 分

普通科

| 共　学 |

| 制　服 | あり |

[カリキュラム] ◇三学期制◇

・1・2年次は、1クラス34人という生徒全員に目が届く**少人数学級編成**。
・1・2年次の数学では、2クラスを3つに分けて**習熟度別授業**を実施。
・1年次英語では、1クラスを2つに分けて**少人数制授業**を実施。
・令和4年度入学生より、教育課程が刷新された。
・1年次は全員が共通の科目をバランスよく学習する。
・2年次以降は「文系」「理系」にこだわらず、各自の興味・関心や進路希望に応じて、多彩な選択科目から選ぶ。
・選択科目は、「古典探求」「総合英語」「世界文化史」「数学探求」「スポーツⅡ」「芸術」「保育基礎」「社会福祉基礎」「情報Ⅱ」など、幅広く用意。

[部活動]

・全員参加制（1年次）。
・令和4年度は、**吹奏楽部**が県コンクールで金賞を受賞。
・令和3年度は、**チアダンス部**が全国高等学校ダンスドリル選手権大会の個人部門に出場した。
・**チアダンス部**は連年全国大会に出場し優秀な成績をおさめている。
・**吹奏楽部**は埼玉県吹奏楽コンクールで優良賞受賞の実績。
・**陸上競技部**は近年県大会出場者が急増している。
・★設置部（※は同好会）
サッカー（男女）、ソフトテニス、テニス、野球、バスケットボール（男女）、バドミントン、陸上、剣道、弓道、空手道、チアダンス（女）、バレーボール（女）、卓球、軽音楽、吹奏楽、パソコン、家庭科、華道、茶道、書道、美術、漫画研究、文芸、イン

ターアクト、演劇、自然科学

[行　事]

　7月下旬に希望者（例年30名程度）が、福島県にあるブリティッシュ・ヒルズにて1泊2日の「**疑似留学体験**」を行っている。
5月　遠足
6月　体育祭
7月　芸術鑑賞会、夏期英語研修
9月　文化祭
10月　修学旅行（2年）
11月　マラソン大会
12月　スポーツ大会
2月　予餞会
3月　スポーツ大会

[進　路]

・**基礎補習**や**資格試験**（英語・漢字検定・情報検定）など、各自の理解度や進路希望に応じたさまざまなタイプの学習会が開かれている。
・**進学模擬面接**、**進路面談**など、進路関係の行事を実施。
・**進路指導室**では最新の情報を得ることができる。
★卒業生の主な合格実績
東洋大、立正大、駒澤大、国士舘大、亜細亜大、文教大、東京経済大、拓殖大、実践女子大、白梅学園大、大東文化大、駿河台大、文京学院大、目白大、十文字学園女子大、東京成徳大、日本女子体育大、城西大
★卒業生の主な就職先
エースコック(株)東京工場、(株)セキ薬品、(株)シード、鴻巣研究所、トヨタカローラ埼玉(株)、トヨタカローラ新埼玉(株)、(株)ベルク、ニプロファーマ(株)、埼玉工場、日本ホテル(株)、(株)ヤオコー、東日本旅客鉄道(株)、(株)ヨーク、さいた

ま市消防
♣**指定校推薦枠のある大学・短大など**♣
跡見学園女子大、駒澤大、実践女子大、城西大、城西国際大、駿河台大、千葉商科大、東京家政大、東京成徳大、東洋大、文教大、文京学院大

[トピックス]

・同校舎内に**大宮北特別支援学校さいたま西分校**があり、体育祭や文化祭などを合同で行う他、パン作りやメンテナンスなどの交流事業をおこなっている。
・「西区ふれあい祭」への参加など、**地域との交流**に取り組んでいる。
・進路相談はもちろんのこと、一人ひとりの生徒に向き合い、日々の学習や日常生活の相談にも応じるきめ細かなサポート体制が魅力。
・制服は男女ともブレザー。女子もスラックスを選択できる。

[学校見学]（令和5年度実施内容）

★学校説明会　8・9・11・12・1月　各1回
★個別相談会　11月2回
★文化祭　9月　一般公開（事前登録制）
★学校見学は上級学校訪問の形式で受け入れている（要連絡）

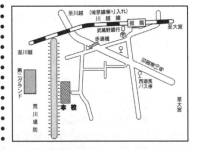

入試！インフォメーション

受検状況	年度	学科・コース名	男女共	募集人員	志願者数	受検者数	倍率	昨年同期倍率	入学許可候補者数	倍率
	R6	普通	共	240	229	227	0.95	0.97	227	1.00
	R5	普通	共	240	231	230	0.97	1.04	230	1.00
	R4	普通	共	240	253	248	1.04	1.04	238	1.04

県立 常盤(ときわ)高等学校

https://tokiwa-h.spec.ed.jp/

〒338-0824　さいたま市桜区上大久保519-1
☎ 048-852-5711
交通　ＪＲ京浜東北線北浦和駅・埼京線南与野駅、東武東上線志木駅　バス
　　　ＪＲ埼京線与野本町駅　徒歩25分

共　学

制服　あり
（専攻科は私服）

［カリキュラム］◇二学期制◇

・高校（看護科）3年間と看護専攻科2年間の**5年一貫教育**で看護師を養成する。
・高校での3年間は、普通科目に主眼を置きながら、「基礎看護」「人体の構造と機能」「成人看護」「老年看護」といった専門科目も同時に学ぶ。
・2～3年次には病院や老人ホームなどでの**臨地実習**を行う。
・5年の課程を修了すると、一般の高校から他の養成機関へ進んだ場合にくらべ、1年早く**看護師国家試験**の受験資格を得られる。
・4年制大学への編入や保健師、助産師養成機関の受験資格も取得可能。
・高大連携事業の一環として、埼玉県立大学、女子栄養大学、日本薬科大学と相互に連携している。

［部活動］

約7割が参加。
★設置部
テニス、ソフトテニス、バドミントン、バレーボール、ダンシング、バスケットボール、茶道、JRC、軽音楽、吹奏楽

［行　事］

・**戴帽式**とは、看護の基礎学習を終えた者に看護師を目指すことへのさらなる自覚を期待し、校長がナースキャップを授ける行事で、本校ならではのもの。
・下記のもの以外に、サイエンス・アカデミー事業の一環として女子栄養大学での味覚実験なども行っている。
（※は看護専攻科）

4月　新入生歓迎会、入学式
5月　臨地実習（3年）、※集団宿泊研修（1年）、※臨地実習（2年）
6月　※臨地実習（2年）
7月　※修了生懇談会、※臨地実習（2年）
9月　文化祭、宿泊研修（1年）、臨地実習（2年）
10月　修学旅行（2年）、※臨地実習（1年）
11月　臨地実習（3年）、見学実習（1年）、看護研究発表会
12月　※臨地実習（1年）
1月　※臨地実習（1年）
2月　※臨地実習（1年）
3月　※修了式、球技大会、戴帽式

［進　路］

・**実習施設・設備**が充実しており、放課後には**技術講習**が行われている。
・看護専攻科では**看護師国家試験対策**の模擬試験・補習授業などを実施しており、合格率は令和3年度から3年連続100%。全国平均を大きく上回っている。さらに最も安い費用で看護師になれる。
・修了生のほぼ全員が県内の医療機関で看護師として就職。就職率は100%である。

★卒業生の進路状況（令和5年3月）
＜専攻科修了生72名＞
大学6名、短大0名、専門学校0名、就職66名、その他0名

★看護専攻科修了生の主な就職先
埼玉県立がんセンター、埼玉県立小児医療センター、埼玉県立循環器・呼吸器病センター、埼玉県立リハビリテーションセンター、埼玉県立精神医療センター、埼玉医科大国際医療センター、埼玉メディカルセンター、越谷市立病院、さいたま市民医療センター、川口工業総合病院、春日部市立医療センター、北里大学メディカルセンター、埼玉精神神経センター、かしわざき産婦人科、西熊谷病院

★看護専攻科修了生の主な進学先
埼玉県立大学保健医療福祉学部看護学科、信州大学医学部保健学科、群馬大学医学部保健学科、女子栄養大学栄養学部保健栄養学科保健養護専攻、愛媛大学医学部保健学科看護学専攻、日本赤十字社助産師学校、母子保健研修センター助産師学校、中林病院助産師学校、早稲田医療技術専門学校、新潟大学養護教諭特別別科

［トピックス］

・昭和45年創立。**看護師養成教育**で全国的に知られる。平成14年度から高校の3年間に専攻科の2年間をあわせた**5年一貫教育**の課程に改編。さらに翌15年度からは**男女共学**となり、校名も従来の常盤女子高校から現在のものへ変更された。
・埼玉県で**唯一の看護師養成高等学校**で、看護師になるための**最短コース**が用意されている。
・地域の敬老会との交流会や隣接校のさいたま桜高等学園との交流など、**地域交流**を盛んに行っている。
・平成26年度から5年間、文部科学省の**スーパー・プロフェッショナル・ハイスクール（ＳＰＨ）**事業の指定を受け、先進的な看護教育の研究に取り組んできた。その成果を今後も生かし生徒たちが生き生きと学ぶことのできる学校づくりをしている。

［学校見学］（令和5年度実施内容）

★学校説明会　8月2回、11月1回
★体験入学　9月1回
★文化祭　9月　校内公開のみ
★学校見学は随時可（要連絡）

■入試！インフォメーション■

受検状況	年　度	学科・コース名	男女共	募集人員	志願者数	受検者数	倍　率	昨年同期倍率	入学許可候補者数	倍　率
	R6	看　護	共	80	91	91	1.14	1.03	80	1.14
	R5	看　護	共	80	82	82	1.03	1.19	80	1.03
	R4	看　護	共	80	95	95	1.19	1.21	80	1.19

県立 与野 (よの) 高等学校

https://yono-h.spec.ed.jp/

〒338-0004　さいたま市中央区本町西 2-8-1
☎ 048-852-4505
交通　ＪＲ埼京線与野本町駅　徒歩10分

普通科

共 学

制 服　あり

[カリキュラム] ◇三学期制◇

・確かな学力を育み、生徒一人ひとりの進路希望の実現に対応したカリキュラムとなっている。1年生は、文・理バランスよく基礎を固め、将来の進路を探索する。2年生は、文系・理系に分かれ、進路に向けた準備を加速する。3年生は、希望に応じた3つの類型で、目標の進路を実現する。(A類型…文系進学、B類型…理系進学、C類型…薬・農・看護・医療・栄養等進学)
・論理・表現Ⅰと数学Ⅱの授業は**少人数授業**で行われる。
・放課後や長期休業中の**進学補習**や**小論文学習**、**模擬試験**の実施など、サポート体制も万全である。
・週2回(月・水)の7時間授業で、土曜授業を上回る授業時間を確保。土曜日を、部活動やその他の活動に有効活用できる。

[部活動]

・1年次は全員参加制。
・フェンシング部、バトン部、弓道部、**陸上競技部**および**科学研究部**、**軽音楽部**、**書道部**が近年全国大会、関東大会レベルで活躍している。
・令和5年度は、**バトン部**が全国高等学校ダンスドリル選手権大会に出場、**吹奏楽部**が西関東吹奏楽コンクール銀賞受賞、**弓道部**が関東高等学校弓道大会ベスト16に入るなどした。
・令和4年度には、**フェンシング部**がジュニアオリンピックに出場、**科学研究部**が全国高等学校総合文化祭に出場。**書道部**、**美術部**が高校生国際美術展で入賞するなどの成績を収めた。
★設置部 (※は同好会)
弓道、剣道、サッカー、山岳、新体操、ソフトテニス(男女)、卓球、硬式テニス(男女)、バスケットボール(男女)、バドミントン(男女)、バレーボール(女)、フェンシング、野球、陸上競技、演劇、科学研究、家庭科、華道、茶道、写真、書道、吹奏楽、バトン、美術、放送、漫画創作研究、情報技術、軽音楽、文芸、かるた、※ボランティア

[行　事]

・それぞれの行事が生徒の主体的な活動によって執り行われ、素晴らしい出来上がりを見せている。
・近隣の小学生との交流事業を行っており、夏休みに希望者が児童に勉強を教えたり、陸上競技部が走り方教室を開いたりなどの交流を行っている。

5月	校外HR (遠足)
6月	与野高祭 (体育祭)
7月	芸術鑑賞教室
9月	与野高祭 (文化祭)
10月	修学旅行 (2年)、球技大会
11月	マラソン大会
3月	球技大会

[進　路]

・模擬試験は1学年から実施。夏休みには**進学補習**も行う。
・3学年には、**共通テスト説明会**、**看護医療説明会**、就職公務員説明会を適宜実施。また、**小論文の個別指導**や模擬面接指導も行う。
・近年**共通テスト受験者**が大幅に増加した。また、難関大学に一般受験で複数の合格者を出すなど進学実績も上がっている。
★卒業生の進路状況 (令和5年3月)
　<卒業生353名>
大学297名、短大3名、専門学校33名、就職2名、その他18名

★卒業生の主な合格実績

電気通信大、埼玉大、埼玉県立大、明治大、立教大、東京理科大、青山学院大、中央大、法政大、学習院大、成蹊大、成城大、國學院大、武蔵大、日本大、東洋大、駒澤大、専修大、芝浦工業大、東京都市大、東邦大、東京電機大、工学院大、獨協大、文教大、東京農業大、明治学院大、大東文化大、帝京大、二松学舎大、日本女子大、東京女子大、女子栄養大、昭和女子大、東京家政大、大妻女子大、明治薬科大、順天堂大、北里大、埼玉医科大、杏林大

[トピックス]

・昭和3年、埼玉県与野農学校として創立された、伝統ある落ち着いた平和な学校。生徒会活動が盛んで、近隣の小学校と交流がある。

[学校見学] (令和5年度実施内容)

★学校見学会　8・9・11月各1回(申込必要)
★部活動体験会　7月1回、8月2回
★文化祭　9月　見学可
★学校見学は要連絡

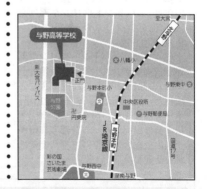

入試！インフォメーション

受検状況	年度	学科・コース名	男女共	募集人員	志願者数	受検者数	倍率	昨年同期倍率	入学許可候補者数	倍率
	R6	普通	共	360	452	442	1.23	1.15	360	1.23
	R5	普通	共	360	417	412	1.15	1.22	359	1.15
	R4	普通	共	360	442	436	1.22	1.16	358	1.22

県立 南稜 高等学校
なん りょう

https://nanryo-h.spec.ed.jp/

〒335-0031　戸田市美女木4-23-4
☎ 048-421-1211
交通　ＪＲ埼京線北戸田駅　徒歩15分

普通科
外国語科

共　学

制　服　あり

[カリキュラム] ◇三学期制◇
★普通科
・1年次は全員が共通の科目を履修し、基礎学力を確かなものにする。
・3年次から文系・理系に分かれ、進路にあわせて科目を選択履修する。また、「一般受験クラス」を編制し、一般受験に対応できるよう実力を強化する。
・「論理・表現Ⅰ」はALTの指導のもと、20人の少人数で効果的に行う。
・英検等の外部検定の受検機会を提供。
★外国語科
・英語の授業時間は普通科よりも多く設定されている。
・2・3年次には第二外国語としてドイツ語、フランス語、中国語、スペイン語、韓国語・朝鮮語の中から選択履修ができる。
・1年次のイングリッシュキャンプ、2年次の東京グローバルゲートウェイ、3年次のスピーチコンテストなど、様々な行事が行われる。
・英語検定・TOEICなどの外部検定の受検機会を提供。

[部活動]
・希望制。全生徒の約7割が参加。ボート部はインターハイ全国優勝（平成27年度）、バトントワリング部は全国高校ダンスドリル選手権大会POM部門5連覇の実績がある。
・令和4年度は、バトントワリング部が全国高校ダンスドリル選手権大会の2つの部門でそれぞれ全国3位となった。水泳部はインターハイ出場。ボート部は国体、関東大会、全国選抜大会に出場。パソコン部写真班が全国高校総合文化祭写真部門で奨励賞を受賞した。

・令和3年度は、ボート部と女子サッカー部が関東大会に出場した。バトントワリング部が全国高校ダンスドリル選手権大会POM部門で全国2位となり、市から表彰された。パソコン部の写真班が全国高校総合文化祭に出場した。美術部が高校美術展で埼玉県知事賞と奨励賞を受賞した。

★設置部
野球、サッカー（男女）、陸上、テニス、ソフトテニス（女）、水泳、ボート、バドミントン、バスケットボール、ソフトボール（女）、バレーボール（女）、卓球、剣道、吹奏楽、演劇、邦楽、ホームメイキング、英会話、合唱、生物、美術、茶華道、書道、バトントワリング、インターアクト、アニメーション、パソコン

[行　事]
6月	オリーブフェスティバル（体育祭）、スピーチコンテスト（外国語科）
7月	海外語学研修（希望者）
9月	オリーブフェスティバル（文化祭）
10月	イングリッシュキャンプ（外国語科）
11月	ロードレース大会
12月	球技大会、修学旅行（2年）
1月	小学校英語交流（外国語科）
3月	3年生を送る会

[進　路] (令和5年3月)
・全学年で夏季セミナーを実施。
・3年次には進学セミナーを実施。
★卒業生の進路状況
＜卒業生350名＞
大学239名、短大10名、専門学校74名、就職5名、その他21名

★卒業生の主な合格実績
筑波大、山梨大、埼玉大、宇都宮大、東京都立大、慶應義塾大、立教大、東京理科大、明治大、芝浦工業大、法政大、明治学院大、成蹊大、成城大、武蔵大、日本大、東洋大、駒澤大、専修大
♣指定校推薦枠のある大学・短大など♣
青山学院大、亜細亜大、跡見学園女子大、大妻女子大、工学院大、国士舘大、駒澤大、専修大、実践女子大、十文字学園女子大、昭和女子大、拓殖大、玉川大、帝京大、東京家政大、東京経済大、東京電機大、東京農業大、東洋大、獨協大、日本大、文教大、法政大、武蔵野大、武蔵大、立正大　他

[トピックス]
・国際理解教育に力を入れ、平成24年度から3年間、文部科学省の「英語力を強化する指導改善の取組」拠点校に指定された。また、「世界へのトビラ」、国際理解講演、海外教育研修（夏季休業中2週間）、海外留学（1年間）等に取り組んでいる。
・全教室にクーラーを設置。
・合宿所やナイター設備があり、防災拠点校となっている。

[学校見学] (令和5年度実施内容)
★学校説明会　10・11・12月各1回
★文化祭　9月　見学可

入試！インフォメーション

受検状況	年度	学科・コース名	男女共	募集人員	志願者数	受検者数	倍率	昨年同मा倍率	入学許可候補者数	倍率
	R6	普通	共	320	420	416	1.31	1.27	318	1.31
		外国語	共	40	60	60	1.50	1.28	41	1.46
	R5	普通	共	320	405	405	1.27	1.31	318	1.27
		外国語	共	40	51	51	1.28	1.25	40	1.28

県立 蕨 高等学校

わらび

https://warabi-h.spec.ed.jp/

☎ 335-0001　蕨市北町 5-3-8
☎ 048-443-2473
交通　ＪＲ京浜東北線蕨駅　徒歩18分またはバス
　　　ＪＲ南浦和駅　徒歩20分またはバス
　　　ＪＲ埼京線北戸田駅　徒歩20分

普通科
外国語科

| 共　学 |

| 制　服 | あり |

[カリキュラム]　◇二学期制◇

・生徒の進路希望を実現する文武両道の進学校として多様な教育を実施。
・国際理解教育推進の一環で、**海外研修や海外の高校とのオンライン交流**等、国際交流関係の行事が盛ん。
・各種の**英語検定試験**の指導も熱心。

★普通科

・1、2年次は基礎学力養成のため共通科目を履修する。
・3年次は**文系・理系**に分かれ、進路実現に必要な科目を選択履修する。

★外国語科

・英語に関連する科目が多く、2年次から**第二外国語**（フランス語・ドイツ語・中国語）を選択できる。
・1年次にイングリッシュ・キャンプを実施。

[部活動]

・参望制。文武両道を推進し9割以上が参加。
・令和4年度は、**陸上競技部**が関東選抜大会、**バトン部**がUSA Nationals（全国大会）、全国チアダンス選手権、**放送委員会**がNHK杯全国高校放送コンテストなどに出場した。
・令和3年度には、**サッカー部**が県大会に出場し、ベスト30に進出。**女子ソフトテニス部**が県大会に出場した。**男子ソフトテニス部**は関東大会、**ダンス部**は全国高校ダンス選手権、**音楽部**は関東ヴォーカルアンサンブルコンテストに出場した。

★設置部（※は同好会）

陸上競技、柔道、剣道、野球、バレーボール（男女）、バスケットボール（男女）、サッカー、卓球、ソフトテニス（男女）、登山、水泳、テニス、卓球、ダンス、バドミントン（男女）、吹奏楽、音楽、化学、美術、演劇、料理、書道、茶道、生物、地学、バトン、英語、華道、パソコン、漫画研究、軽音楽、※写真

[行　事]

・**臨海学校**（1年・全員参加）は千葉県岩井海岸で行われる伝統行事。感染症対策で中断後は林間学校を実施。
・国内外専門家による**蕨高特別セミナー**を実施。第一線の研究者のレクチャーを受けることが可能。

4月	新入生歓迎会
5月	運動会
7月	校外宿泊行事（1年）、芸術鑑賞会
8月	海外研修（オーストラリアにて2週間のホームステイ）
9月	蕨高祭（文化祭）、球技大会
10月	修学旅行（2年）
11月	強歩大会
12月	球技大会（3年）
3月	球技大会（1・2年）、イングリッシュキャンプ（外国語科1年）

[進　路]（令和5年3月）

・総合的な探究の時間で大学研究、職業研究を行う**キャリア・プラン**、**卒業生との懇談会や社会人講演会**を実施。
・長期休業期間に加え、平常時にも**補講**を実施。基礎的な内容から演習中心の内容まで多様な講座が開かれる。
・令和5年度の現役進学率は90.6％。現役合格者は、国公立大学105名、早慶上理51名、GMARCH345名。

★卒業生の主な合格実績

北海道大、東北大、群馬大、宇都宮大、千葉大、筑波大、東京外国語大、東京学芸大、東京工業大、東京農工大、一橋大、横浜国立大、長崎大、琉球大、群馬県立女子大、埼玉県立大、東京都立大、早稲田大、慶應義塾大、上智大、明治大、立教大、東京理科大、学習院大、青山学院大、中央大、法政大

[トピックス]

・生徒の進路希望を実現する「**文武両道の進学校**」を目指し、学力向上と充実した学校生活を通じた人間的成長を図っている。合言葉は「Wの挑戦」。特に、外国語科のある強みを生かし、2人のALTとともにスピーチ、プレゼンテーション、ディスカッション、ディベートなど、**実践的な英語使用の場**を授業でも積極的に取り入れ、入試はもちろんのこと、グローバル社会においても活躍できるための英語力・コミュニケーション力を伸ばしている。
・各界の第一線で活躍する講師を招き、生徒の知的好奇心を刺激し進路意識を高める「蕨高特別セミナー」の実施や、本校独自の「キャリア・プラン」で、高い志と自らの進路を切り開く自主・自律の精神を育てている。
・市内の小学校との交流活動にも力を入れている。

[学校見学]（令和5年度実施内容）

★学校説明会　8・10・11・1月各1回（事前申し込み）
★授業公開　5・7・10・11・1・2月各1回
★部活動体験　10・11月各1回8月2回
★蕨高祭　9月

入試！インフォメーション

受検状況	年　度	学科・コース名	男女共	募集人員	志願者数	受検者数	倍　率	昨年同期倍率	入学許可候補者数	倍　率
	R6	普　通	共	320	477	473	1.49	1.33	318	1.49
		外国語	共	40	56	55	1.38	1.35	41	1.34
	R5	普　通	共	320	425	422	1.33	1.47	318	1.33
		外国語	共	40	54	54	1.35	1.48	41	1.32

川口市立 高等学校
かわぐちしりつ

https://kawaguchicity-hs.ed.jp/

☎ 333-0844　川口市上青木 3-1-40
☎ 048-483-5917
交通　JR 京浜東北線西川口駅　バスまたは徒歩 25 分
　　　埼玉高速鉄道鳩ケ谷駅　バスまたは徒歩 20 分

理数科
普通科　＜スポーツ科学コース＞

共　学

制　服	あり

[カリキュラム] ◇三学期制◇

・45分・7時間授業。
・朝学習や土曜講習、長期休業中補講を実施。
・ICT＆ALを活用するなど、時代の変化に対応する取り組みを行う。

★理数科
　難関国公立大を経て医師・研究者などを志望する人のための学科。**科学的探究活動**を重視した教育が行われる。

★普通科
　2年次まで文理を問わずまんべんなく各科目を学習し、国公立大への進学を希望する人のための学科。さらに希望者の中から選考し**特別進学クラス**を編成する。

★普通科スポーツ科学コース
　多彩な**選択科目群**により自分の得意分野を伸ばす。運動部活動に全力で取り組みながら、私立大進学などをめざす人のためのコース。

[部活動]

・令和3年度は、**陸上競技部**がU18陸上競技大会（全国大会）の男子800mで優勝。また、多数の種目でインターハイに出場した。**ボート部**が関東大会で6位入賞。**剣道部**が関東大会に出場。**ダンス部**が全国大会に出場した。

★設置部
　陸上、水泳（競泳・水球・飛込）、野球、柔道、剣道、弓道、卓球、新体操、サッカー、バスケットボール、ソフトテニス、バレーボール、バドミントン、ボート、ソフトボール、ハンドボール、ダンス、硬式テニス、吹奏楽、茶道、箏曲、軽音楽、合唱、家庭科、コンピュータ、美術、書道、文芸、英語、放送、演劇、自然科学、天文、映像研究、写真、漫画研究、ボランティア

[行　事]

　新入生歓迎会、遠足、文化祭、体育祭、修学旅行、マラソン大会、予餞会などを実施。

[進　路]

・普通科に**特進クラス**を設置。独自の講座などにより、国公立大や難関私立大への現役合格をめざす。
・**自習室**は、平日は20時30分まで開放。**オンデマンド学習**の環境や**学習支援員**の配置など、予備校へ通うための費用や時間を節約することが可能。

★卒業生の主な合格実績
　秋田大、岩手大、山形大、東北大、会津大、信州大、宇都宮大、茨城大、千葉大、埼玉大、埼玉県立大、東京学芸大、東京都立大、電気通信大、横浜国立大、静岡大、大阪公立大、奈良女子大、防衛大、早稲田大、慶應大、上智大、学習院大、明治大、青山学院大、立教大、中央大、法政大

[トピックス]

・平成30年4月に川口市立高校3校（川口総合高校・川口高校・県陽高校）を1校に統合して開校された。新校の全日制は**理数科・普通科・普通科スポーツ科学コース**、定時制は総合学科を設置。
・母体校となった市立3校はいずれも部活動が活発であり、それぞれが県内でも有数の強豪部を擁していた。
・新校の校舎および第1グラウンドは旧川口総合高校の敷地に設置される。また、第2グラウンドとして旧川口高校（川口市朝日5-9-18）の敷地も利用している。

・新校舎には、自習室やアクティブラーニンググループ、プレゼンテーションルームなどの施設が置かれ、「新しい学び」を実現するための環境が充実している。
・タブレットPCがいつでも利用でき、また、全教室に無線LANやプロジェクターを設置するなど、ICT機器の利活用のための環境が整っている。その結果、疑問をその場で解決できるなど、効率的な学習が可能となっている。
・**グローバル教育**として、高校生海外派遣事業を実施。参加費用は川口市から援助される。また、アメリカ・フィンドレー高校への長期留学（1年間）の実施も予定。
・令和3年に開校した附属中学校との**連携教育**を行っている。
・理数科等において高度な専門性のある教育環境を整備するために、お茶の水女子大学や東京理科大学との間に**相互連携協定**を結んでいる。
・文部科学省より、**SSH**に指定された。（令和4年度〜令和8年度）

[学校見学] (令和5年度実施内容)

★学校説明会　7・8・9・10月各1回
★学校見学会　11・12・1月各1回
★文化祭　9月　一般公開なし

入試！インフォメーション									
受検状況	年　度	学科・コース名	男女共	募集人員	志願者数	受検者数	倍　率	昨年同期倍率	入学許可候補者数	倍　率
		理　数	共	40	66	64	1.60	1.98	41	1.56
	R6	普通〈一般〉	共	284	358	358	1.26	1.93	285	1.26
		普通〈スポーツ〉	共	80	131	131	1.64	1.55	80	1.64

さいたま市立浦和高等学校

普通科

http://www.urawashi-h.city-saitama.ed.jp

〒330-0073　さいたま市浦和区元町1-28-17
☎ 048-886-2151
交通　JR京浜東北線北浦和駅　徒歩12分

共学

制服　あり

[カリキュラム]　◇三学期制◇

・1年次では、全員共通の科目を学び、基礎学力の育成を図る。2年次から**文系、理系**の2類型、3年次では**文系、理数系**の2類型に分かれ、生徒の希望進路に即した指導を実施。
・浦和中学からの入学者は、中高一貫教育にもとづく**総合系**で学ぶ。
・英語・数学などで**少人数制授業**を行い、効果をあげている。
・**月曜日**は8時間授業を、**土曜日**には隔週(年17回程度)で4時間授業を行っている。

[部活動]

・原則として全員参加制。9割以上が3年次の引退まで続けている。
・運動部では、**サッカー部**は全国高校サッカー選手権大会優勝**4回**、国体優勝**3回**、インターハイ優勝1回を誇り、現在は埼玉県1部リーグで活躍中。**野球部**は甲子園ベスト4の実績を誇り、日々精力的に活動している。陸上部は全国大会や関東大会に出場している名門である。弓道部は東日本大会に出場した経験をもっている。
・文化部では、**吹奏楽部**が毎年西関東大会に出場し(6年連続)、数々の賞を受賞している。**インターアクト部**は世界大会に出場するなど目覚ましい活躍をしている。
★設置部(※は同好会など)
サッカー、陸上競技、野球、バレーボール、バスケットボール、ソフトボール(女)、硬式テニス、ソフトテニス(女)、卓球、剣道、ハンドボール、空手道、弓道、バドミントン、バトン(女)、放送、外語、美術、書道、音楽、吹奏楽、家庭科、華道、茶道、サイエンス、写真、箏曲、インターアクト、※青少年赤十字

[行　事]

・体育祭、文化祭などは教員の指導の基、生徒自らが自主的に計画、実行している。
・**修学旅行はシンガポール・マレーシア**へ。現地の学生との交流を予定している。
・姉妹都市アメリカ・リッチモンド市へは10名を短期派遣・受け入れを行い、最先端イノベーションプログラムなど**国際理解教育・交流活動**を積極的に行っている。

4月	新入生歓迎会
5月	体育祭
7月	球技大会
9月	文化祭
11月	修学旅行(2年)、遠足(1年)
2月	ロードレース大会
3月	球技大会

[進　路](令和5年3月)

・高い現役大学合格率を誇る。併設型中高一貫校として浦和中学から進学する生徒とともに全校生徒が一丸となり、高い目標に向かって頑張っている。
・多くの生徒が進学するので1年次から校内・校外での**実力テスト**、夏休み中には**講習**や**補習授業**を行い学力の向上を図っている。
・二者面談、三者面談などにより、生徒・保護者が各自に適した進路選択をできるよう配慮している。
・進路行事として、自習室で一日中学習に挑む**36時間学習マラソン**や、医師・看護師を志す生徒のための**医療ゼミ**などを行っている。
・駿台サテネットの受講が可能。
★卒業生の進路状況

<卒業生310名>
大学281名、短大1名、専門学校2名、就職0名、その他26名
★**卒業生の主な合格実績**
東京大、京都大、東北大、北海道大、お茶の水女子大、埼玉大、千葉大、筑波大、東京外国語大、東京学芸大、東京海洋大、東京工業大、東京農工大、一橋大、横浜国立大、国際教養大、埼玉県立大、東京都立大、早稲田大、慶應義塾大、埼玉医科大
♣**指定校推薦枠のある大学・短大など**♣
早稲田大、立教大、明治大、青山学院大、中央大、法政大、東京理科大、学習院大、学習院女子大、東京女子大、日本女子大、成蹊大、成城大、東京都立大　他

[トピックス]

・平成19年度より併設型の**中高一貫教育校**へ移行(2クラス)。高校の生徒募集は引き続き継続(6クラス)。
・令和3年度には**人工芝グラウンド**が完成。全教室・第1体育館には**冷暖房完備**。全教室に視聴覚設備(プロジェクター等)を設置。

[学校見学](令和5年度実施内容)

★学校説明会　7・12月各1回、8・10・11月各2回
★部活動体験　7月1回、8月3回
★文化祭　9月
★公開授業　隔週土曜日(詳細は本校HPを確認。)

入試！インフォメーション

受検状況	年度	学科・コース名	男女共	募集人員	志願者数	受検者数	倍率	昨年同期倍率	入学許可候補者数	倍率
	R6	普通	共	240	421	416	1.73	2.19	247	1.68
	R5	普通	共	240	528	525	2.19	2.11	246	2.13
	R4	普通	共	240	512	506	2.11	1.88	246	2.06

さいたま市立 浦和南 高等学校

うらわみなみ

https://www.urawaminami-h.city-saitama.ed.jp/

〒336-0026　さいたま市南区辻 6-5-31
☎ 048-862-2568
交通　ＪＲ埼京線北戸田駅　徒歩10分
　　　ＪＲ埼京線・武蔵野線武蔵浦和駅　徒歩20分

普通科

| 単位制 |
| 共 学 |
| 制 服 | あり |

[カリキュラム] ◇三学期制◇
・進学重視型単位制。
・授業は55分で実施。
・１年次は芸術を除いて全員が共通の科目を学習する。「論理・表現Ⅰ」「数学Ⅰ」「数学Ａ」の授業は少人数編制で実施される。
・３年次以降はⅠ類（文系）とⅡ類（理系）に分かれて学習する。国公立大受験に対応した、多数の選択科目群が用意される。また、選択科目は少人数編制で授業が行われる。
・土曜授業を年8回実施。

[部活動]
・約9割が加入。サッカー部は全国制覇6度の実績を誇る古豪。
・令和4年度は、バトン部が全国大会優勝。音楽部がヴォーカルアンサンブルコンテストで関東大会に出場。
・令和3年度は、バトン部が全国大会出場、陸上競技部、卓球部、ソフトテニス部が関東大会出場。サッカー部が選手権予選準優勝。軟式野球部が県ベスト4、女子バスケットボール部・女子ハンドボール部が県大会ベスト8。

★設置部
サッカー、ソフトボール、バスケットボール（男女）、バドミントン（男女）、陸上競技、軟式野球、バレーボール（男女）、ハンドボール、柔道、剣道、卓球、ソフトテニス（男女）、弓道、陶芸、写真、ハンドメイド、音楽、地学、生物、茶道、演劇、吹奏楽、バトン、漫画研究、書道、美術、文芸、華道、英語

[行　事]
4月　校外宿泊研修（1年）
5月　体育祭

7月　ニュージーランド派遣事業、球技大会、社会探検工房
9月　文化祭
11月　海外研修旅行（修学旅行・2年）
3月　球技大会、予餞会

[進　路]（令和5年3月）
・夏季休業中・平日（3年次のみ）に進学補習を行っている。
・1年次に大学教授による模擬講義が行われる（全員参加）。
・3年次には各大学の入試担当者による大学説明会が実施される。

★卒業生の進路状況
＜卒業生306名＞
大学272名、短大5名、専門学校6名、就職1名、その他22名

★卒業生の主な合格実績
埼玉大、電気通信大、東京海洋大、横浜国立大、山形大、埼玉県立大、秋田県立大、水産大学校、早稲田大、慶應義塾大、上智大、東京理科大、青山学院大、学習院大、國學院大、駒澤大、成城大、成蹊大、専修大、中央大、東洋大、日本大、法政大、武蔵大、明治大、立教大

♣指定校推薦枠のある大学・短大など♣
青山学院大、学習院大、國學院大、成城大、成蹊大、玉川大、東京理科大、東洋大、獨協大、日本大、法政大、武蔵大、明治学院大　他

[トピックス]
・平成29年3月、県内公立高校初となる人工芝グラウンドを設置
・令和3年12月第一体育館にエアコンを設置
・学校ＰＲのキャッチフレーズは「5つの感動体験」。「社会探検工房」「海の生物学」「海外研修旅行（修学旅行）」「スポーツテック」「グローバル人材

育成プログラム」の5つが柱である。
・進路の探究とコミュニケーション能力の育成を目指した「社会探検工房」を実施。第一線の研究機関や企業への訪問などを行う。
・「海の生物学」は東海大学海洋学部との連携授業などを行う。
・ニュージーランドのエレスメアカレッジと姉妹校締結。交換留学制度がある。
・2年次にオーストラリアへの海外研修旅行を実施。
・49の企業、大学、自治体が参加するSports Tech&Business Labに全国の高校ではじめて参加。
・令和3年度入学生より全員iPad（生徒購入）を導入。校内はWi-Fiも完備している。
・Classi、スタディサプリを活用。また、大修館書店の学校オリジナル6辞書を使用可能。
・すべての普通教室に電子黒板機能付きプロジェクターを設置。

[学校見学]（令和5年度実施内容）
★学校説明会　8・10・11・12・1月計6回
★南高祭　9月公開開催
★公開授業　5・6・9・10・11・12・1月各1回
★学校見学　指定日有

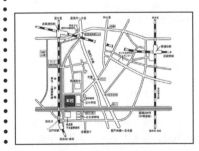

さいたま市立 大宮北（おおみやきた）高等学校

普通科
理数科

https://www.ohmiyakita-h.ed.jp/

共　学

制　服　あり

☎ 331-0822　さいたま市北区奈良町91-1
☎ 048-663-2912
交通　ＪＲ高崎線宮原駅　徒歩15分またはバス
　　　ＪＲ川越線日進駅　徒歩25分

［カリキュラム］◇三学期制◇

・理数科１クラスと普通科７クラスがあり、普通科は３学年から文系・理系に分かれる。

・普通科、理数科ともに、探究活動のための時間「STEAMS Time」を設置。生徒全員が課題研究に取り組む。その一環として、グローバルに活躍する人材を育成するために、ネイティブ教員による英語の授業「Best Class」Basic English Skills Training Communicative Learning and Successful Strategies)を実施。英語でのコミュニケーション力、発信力を学ぶ。

・理数科、普通科ともに隔週で**土曜授業**を実施。

★理数科

・**少人数制**で実施される理科、数学の授業が多く、高い専門性も求めてゆく。**ノートパソコン**が３年間貸与され、１年生では２泊３日の**台湾研修**も計画。埼玉大学と連携し、多くの研究者から適切なアドバイスを受けている。

★普通科

・２学年までは文理選択をせず、文理融合型カリキュラムで学習。３学年で文系・理系に分かれ、それぞれの進路選択に応じた学習をする。

［部活動］

・約９割が参加。

・令和５年度は、**陸上部**と**カヌー部**と**水泳部**が関東大会に出場した。

★設置部（※は同好会）

カヌー、水泳、野球、サッカー、ハンドボール、バスケットボール、バレーボール、バドミントン、ソフトテニス、卓球、剣道、空手道、陸上競技、テニス、ダンス、美術、茶道、箏曲、放送、吹奏楽、漫画研究、写真、ESS、演劇、サイエンス、※軽音楽

［行　事］

・生徒会本部が中心となり、企画・運営・実施までを執り行っている。

・**グローバル人材育成**のために、オーストラリアの姉妹校との交流、海外サイエンス研修、海外修学旅行を実施している。

・遠足（２、３年）、HR合宿（１年）、体育祭、芸術鑑賞会（１年）、球技大会、海外派遣事業（２年）、北高祭（文化祭）、修学旅行（２年・シンガポール、マレーシア）、マラソン大会、予餞会、球技大会などを実施。

［進　路］（令和５年３月）

・**進学**に重点をおいた指導を強化している。

・各学年で「**進路の手引き**」を配布し、それを利用した**進路ＬＨＲ**を実施。

・外部講師を招いた**進路説明会**や講演会を開催している。

・長期休業中や朝・放課後に、小論文対策講座や共通テスト対策講座など、**受験対策の各種補習**を行う。その他、通年でも講座を実施。

・１年次より、**校内実力テスト**を実施。

・１、２年次に**看護師体験**も行う。

・全員がタブレットＰＣで動画講義（スタディサプリ）を視聴できる。

★卒業生の進路状況

＜卒業生312名＞
大学272名、短大１名、専門学校10名、就職０名、その他29名

★卒業生の主な合格実績

横浜国立大、千葉大、電気通信大、東京海洋大、東京学芸大、東京工業大、東京農工大、埼玉大、早稲田大、東京理科大、学習院大、明治大

♣指定校推薦枠のある大学・短大など♣

学習院大、國學院大、成蹊大、成城大、中央大、東京理科大、獨協大、法政大、武蔵大、明治学院大、立教大　他

［トピックス］

・平成28～32年度、令和４～８年度、**スーパーサイエンスハイスクール（SSH）**の指定を文部科学省から受け、**グローバルサイエンスリーダー**の育成のため、様々なプログラムを実施している。

・理数教育
理数科アドバイザーによる授業・施設見学、教職員の研修会や埼玉大学との連携講座を継続的に実施。

・国際理解
短期派遣：姉妹校のオーストラリアのアルビオンパーク高校へ８月に10人程度10日間派遣される。
長期派遣：市内ロータリークラブと連携して１年間海外へ派遣される。

・ICT教育
全HR教室に電子黒板機能付きプロジェクターを配備。理数科生徒には、授業や実験で得られたデータを処理するために一人一台のノートPCをはじめ、生徒全員にタブレットを配布。これらを利用したポートフォリオ体制を構築するなど新入試にも対応している。

・令和４年度入学生より**制服を改定**。ユニクロ製品を導入。

［学校見学］（令和５年度実施内容）

★学校説明会　７・９・11・１月全５回
★土曜日授業公開　９月２回、10・11・12・１月各１回
★学校見学は随時可（要連絡）

■入試！インフォメーション■

受検状況	年　度	学科・コース名	男女共	募集人員	志願者数	受検者数	倍率	昨年同期倍率	入学許可候補者数	倍率
	R6	普通	共	280	388	384	1.37	1.08	284	1.35
		理数	共	40	79	76	1.90	1.73	42	1.81
	R5	普通	共	280	307	303	1.08	1.09	284	1.07
		理数	共	40	72	69	1.73	1.53	41	1.68

埼玉県
公　立
高校

学校ガイド

＜全日制　旧第１学区・北部＞

学校を紹介したページの探し方については、２ページ
「この本の使い方＜知りたい学校の探し方＞」を参照し
てください。

県立 上尾（あげお）高等学校

https://ageo-h.spec.ed.jp/

〒362-0073　上尾市浅間台1-6-1
☎ 048-772-3322
交通　ＪＲ高崎線北上尾駅　徒歩1分

普通科
商業科

共　学	
制　服	あり

[カリキュラム] ◇三学期制◇
★普通科
・週32時間授業。
・1年次は、基礎的、総合的な学力の充実のため全員ほぼ同じ科目を履修し、2年次で一部選択制となる。
・2年次から、進路希望にあわせ、**文系・理系**の2類型に分かれる。
★商業科
・1人1台ずつ最新のパソコンを使用し、高度情報化社会に対応できる専門的な知識や技術の習得を目指す。
・普通科目、専門科目を2：1の割合で学習し、大学・短大への進学希望者のために、選択科目を幅広く設置。
・商業科では、日商簿記検定2級、全商簿記検定1級など、**大学の推薦入試や就職に有利な高度な資格取得**が可能である。
・全商簿記検定の合格率を埼玉県全体の合格率を大きく上回り、ほぼ全員が全商1級を取得する。

[部活動]
・約8割が参加。
・ソフトテニス部は全国高校総体で上位の成績を収める強豪。
・令和4年度は、**ソフトテニス部**とワンダーフォーゲル部がインターハイに出場。**簿記同好会**が個人で全国大会に出場した。
★設置部（※は同好会）
野球、剣道（男女）、柔道、卓球（男女）、サッカー、バレーボール（男女）、ソフトボール（女）、硬式テニス（女）、バスケットボール（男女）、バドミントン（男女）、陸上競技、ワンダーフォーゲル、ソフトテニス（男女）、演劇、書道、新聞、吹奏楽、美術、写真、箏曲、天文、チアダンス、茶道、ＩＴ、※インターアクト、※漫画研究、※フォークソング研究、※簿記、※家庭科

[行　事]
5月　遠足
7月　競技会
9月　上高祭（文化祭）
10月　体育祭
12月　修学旅行（2年生）
1月・2月　トータルマラソン
3月　競技会

[進　路]（令和5年3月）
・普通科も商業科も**進学希望者が多い**ことが特徴。
・1、2年次は進路決定の手がかりとするべく、**職業・希望分野別ガイダンスや学部学科別ガイダンス**などを行う。また、全国規模の**模試**にも参加して、学力を測る。
・3年次には、就職希望者に対して**面接指導**や**履歴書指導**を、進学希望者に対して**面接指導**、**小論文指導**、**平日補習**、**夏季補習**などを行い、全員の希望進路の実現をめざす。
・公務員への進路については、国家、地方共に、事務系に強い。
・**長期休業中の補習は50を超える講座**を開設している。
★卒業生の進路状況
＜卒業生357名＞
大学253名、短大10名、専門学校58名、就職26名、その他10名
★卒業生の主な合格実績
＜普通科＞
大阪大、横浜国立大、埼玉大、群馬大、宇都宮大、茨城大、埼玉県立大、早稲田大、明治大、立教大、法政大、東洋大、大東文化大

＜商業科＞
明治大、法政大、中央大、武蔵大、獨協大、日本大、東洋大、国士舘大、東京経済大
♣指定校推薦枠のある大学・短大など♣
神奈川大、学習院大、国士舘大、駒澤大、芝浦工業大、成城大、専修大、中央大、東京家政大、東京電機大、東洋大、獨協大、日本大、文教大、法政大、武蔵大　他

[トピックス]
・平成29年度に**創立60周年**を迎えた地域の伝統校。
・**文武不岐**を実践し、**学校生活の充実と人間的成長**を目標としている。
・日本商工会議所簿記検定2級の合格率が高く、それを生かして、商業科も約50%が4年制大学に進学している。

[学校見学]（令和5年度実施内容）
★学校説明会　10・11・1月各1回
★学校見学ツアー　9月4回
★授業公開　5月1回
★上尾オープンスクール（部活動体験・校舎見学等）　8月4回
★文化祭　9月

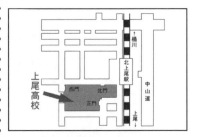

▌入試！インフォメーション▌

受検状況	年　度	学科・コース名	男女共	募集人員	志願者数	受検者数	倍率	昨年同期倍率	入学許可候補者数	倍率
	R6	普通	共	240	279	279	1.17	1.21	239	1.17
		商業	共	120	173	172	1.43	1.26	124	1.38
	R5	普通	共	240	288	287	1.21	1.05	245	1.17
		商業	共	120	151	151	1.26	1.06	123	1.23

県立 上尾鷹の台 高等学校
あげ お たか だい

https://takanodai-h.spec.ed.jp/

〒362-0021　上尾市原市2800
☎ 048-722-1246
交通　ニューシャトル沼南駅　徒歩10分

普通科

単位制
共　学
制　服　あり

[カリキュラム] ◇三学期制◇
・単位制の特長を活かし、豊富な選択科目を設置。柔軟な教育課程を実現している。2年次から、個性や関心、進路希望に応じ、いくつかのモデル（文系、理系、資格取得等）を参考に選択科目を選ぶ。
・1・2年次は1クラス34人学級、国語・数学・英語は20名程度の**少人数・習熟度別**できめ細やかに指導。
・**朝補習**（国・数・英）や**長期休業中**の進路補習を実施。
・体験的学習や朝読書を実施。

[部活動]
・1年次は全員参加制。
・これまでに、**卓球部**が関東大会出場・全国選抜大会出場、**柔道部**が関東大会に出場、**書道部**が全国高校生大作書道展で大作優秀賞など受賞多数、全国総文祭にも出場、**吹奏楽部**が県コンクール優秀賞、**女子バスケットボール部**が県ベスト8、**将棋部**が全国高校総合文化祭出場といった成績を収めている。

★設置部
剣道、卓球、バドミントン、ハンドボール、柔道、サッカー、バスケットボール、テニス、ソフトボール、バレーボール（女）、茶道、写真、美術、放送、漫画研究、鉄道研究、将棋、家庭科、書道、科学、吹奏楽、園芸、電算

進路補習のようす

[行　事]
遠足、球技大会、文化祭、体育祭、ロードレース大会、修学旅行などを実施。進路関連の行事として、**分野別進路ガイダンス・進路講演会・進路補習・親子で聞く進路ガイダンス、ようよう夢プラン特別講座**（「看護職への道」「ビジネスマナー講座」）、芸術鑑賞会（毎年）なども行う。

[進　路]（令和5年3月）
・生徒のニーズに応える進路指導のため、また、**補習体制の充実、校外模試の活用、進路ガイダンスの充実**に努めている。
・「**アクティブ・ラーニング**」型授業や進路補習の充実により、「**大学入学共通テスト**」への対応を準備。

★卒業生の進路状況
＜卒業生220名＞
大学68名、短大19名、専門学校102名、就職22名、その他9名

★卒業生の主な進学先
跡見学園女子大、杏林大、埼玉工業大、城西大、聖学院大、大東文化大、高千穂大、帝京大、東京電機大、日本工業大、文教大、流通経済大

[トピックス]
・「**多様で質の高い進路実現**」「**自立心の確立**」「**部活動等を通じた規律ある学校生活の充実**」を柱に教育活動に取り組んでいる。
・独自の個別学習支援システムと充実した**教育相談体制**により高校生活を支援し、たとえば小・中学校で不登校を経験した生徒も安心して学び続けることのできる学校をめざす。
・全ての普通教室に**プロジェクタ**を完備。**タブレット**を活用した魅力ある授業を実施。

マスコット「ようよう」

・教室や廊下の壁面には県産の木材をふんだんに使用しており、木の香り漂う、落ち着いた学習環境である。
・学習支援室の他、ゆったりとした**カウンセリング室**を3室設置。
・広々とした**多目的室**（ラウンジ）があり、様々な活動で使用。
・充実した**コンピュータ室**を2室設置。
・山小屋風の**陶芸室**を備えている。
・県教委より主に次の**研究委嘱**を受けている。（平成30年度）「未来を拓く『学び』プロジェクト研究開発校」「次世代型教育モデルに関する調査研究協力校」「質の高い学校教育に係る事業推進校」
・**環境教育**を推進しており、毎年「国際生物多様性の日」（5月22日）には国連生物多様性条約事務局が呼びかけたGreen Waveに参加し、校内や近隣での植樹活動を行っている。
・地域の小学校とスポーツ交流がある。

[学校見学]（令和5年度実施内容）
★学校説明会　9・10・12月各1回
★部活動体験会　8月2回
★個別相談会　9・10・12・1月各1回
★文化祭　9月　見学可
★学校見学は随時可（要連絡）

入試！インフォメーション

受検状況	年度	学科・コース名	男女共	募集人員	志願者数	受検者数	倍率	昨年同期倍率	入学許可候補者数	倍率
	R6	普通	共	200	196	196	0.99	1.04	195	1.01
	R5	普通	共	200	207	205	1.04	1.05	198	1.04
	R4	普通	共	240	251	251	1.05	1.14	238	1.05

県立 上尾橘 高等学校
（あげお たちばな）

https://ageotachibana-h.spec.ed.jp/

〒362-0059　上尾市平方2187-1
☎ 048-725-3725
交通　ＪＲ高崎線上尾駅、ＪＲ川越線指扇駅、ＪＲ大宮駅　バス

共　学
制　服　あり

［カリキュラム］◇三学期制◇
・1年次は芸術以外、全員が共通科目を学ぶ。
・2年次以降は類型制を導入し、進学に対応した**アドバンスコース**、基礎からの学力を養成する**スタンダードコース**、資格取得をめざし社会の即戦力を養成する**情報ビジネスコース**のいずれかに属する。
・3年次、アドバンスコースは**文系**と**理系**にさらに分かれ、各自の進路に対応した学習を行う。
・**少人数授業、習熟度別授業、ティーム・ティーチング**に取り組むなど、「わかる授業」を展開。**基礎学力の定着**に向け、きめ細かい指導を行う。
・**体験を通じた学習・資格の取得**に力を入れている。情報処理（表計算）検定や簿記検定をはじめ、資格取得数は県内普通科高校で毎年トップクラスの実績を残している。

［部活動］
・約2・3割が参加。
・近年は**アーチェリー部**が関東大会優勝、国民体育大会出場（共に平成27年度）の実績を残している。
・**★設置部**（※は同好会）
　野球、サッカー、男子バスケットボール、テニス、バドミントン、卓球、アーチェリー、体操競技、バレーボール、ダンス、情報処理、写真、美術、科学、吹奏楽、漫画研究、文芸、家庭科、書道、華道、※女子バスケットボール、※男子バレーボール

［行　事］
4月　遠足
5月　体育祭
7月　球技大会
9月　橘祭（文化祭）
11月　ロードレース、修学旅行（2年）
12月　球技大会、芸術鑑賞会
2月　3年生を送る会
3月　球技大会

［進　路］
・就職では、学校を通した生徒は全員決定している。さまざまな資格取得、きめ細かな指導を通じ、就職内定率100％を実現。
・進学希望者に対しては**個別指導**を行っている（補習等）。
・**★卒業生の進路状況（令和5年3月）**
　大学6.5％、短大3.2％、専門学校33.9％、就職40.3％、その他16.1％
・**★卒業生の主な進学先**
　跡見学園女子大、浦和大、埼玉学園大、埼玉工業大、十文字学園女子大、城西大、湘南工科大、尚美学園大、駿河台大、聖学院大、西武文理大、大東文化大、東海大、東京工芸大、東京国際大、東京福祉大、東邦音楽大、文京学院大
・**♣指定校推薦枠のある大学・短大など♣**
　城西大、聖学院大、大東文化大　他

［トピックス］
・自立（律）して社会を支えられる人間を育てる学校、中学時代の自分とはちがう「新しい自分」の伸びしろを増やす学校。これらが本校の特色である。
・取得可能な**資格**の受検指導にも力を入れている。
・教室のエアコン、コンピュータ室（3室）、トレーニングルーム、食堂などが整備され、設備が充実している。
・学校設定科目「**キャッチアップタイム**」では、**ソーシャルスキルトレーニング**を行う授業や**学び直し**の授業で、これらの問題を軽減し、苦手を克服する人を応援する。また、自学自習で、得意科目をさらに伸ばそうという人も応援する。「キャッチアップタイム」で高校生活を変えるチャンスをつかみ、3年間の学びで人間力や学力を身につける。

［学校見学］（令和5年度実施内容）
★学校説明会　7・11月各1回
★個別相談会は随時可（要連絡）
★授業見学会　11月1回
★橘祭　10月　見学可
★学校見学は随時可（要連絡）

入試！インフォメーション

受検状況	年　度	学科・コース名	男女共	募集人員	志願者数	受検者数	倍　率	昨年同期倍率	入学許可候補者数	倍　率
	R6	普　通	共	160	99	99	0.63	0.59	98	1.00
	R5	普　通	共	160	96	94	0.59	0.79	94	1.00
	R4	普　通	共	160	127	126	0.79	0.86	125	1.00

普通科

県立 上尾南 高等学校
あげおみなみ

https://ageominami-h.spec.ed.jp/

〒362-0052　上尾市中新井585
☎ 048-781-3355
交通　ＪＲ高崎線上尾駅　自転車15分またはバス
　　　ＪＲ高崎線宮原駅　自転車15分
　　　ＪＲ埼京線日進駅・西大宮駅　自転車15分

共　学
制　服　　あり

[カリキュラム] ◇三学期制◇
- 全学年で原則1クラス34人の少人数のクラス編制（6学級を7学級に）を行っている。
- 1、2年次は、高校生としての基本的内容を中心に共通の授業をする。選択科目があり、それぞれの進路や興味・関心に対応できるようになっている。
- **「大学進学対応クラス」を設置。**
- 数学と英語の一部科目で**習熟度別授業**を実施している。
- 一日の始まりである朝に主体性を重視した朝活動（自習）を全校で実施している。
- 漢検、数検、英検、ビジネス検定、食物調理技術検定、保育技術検定等の積極的な受検を促している。
- 総合的な探究の時間（アンビシャスアワー）を中心に横断的・総合的な探究活動を行っている。

[部活動]
- 約8割が参加。
- 令和5年度は、第40回全日本総合エアロビック選手権大会（AD種目）で本校生徒が優勝。
- 令和4年度は、**男子ソフトテニス部**が全国大会に出場。**ダンス部、男子バスケットボール部、サッカー部、吹奏楽部、将棋部、クライミング同好会**が県大会に出場し優秀な成績を収めた。また、クエストカップ2023で2チームが全国大会に進出し、うち1チームが「ソーシャルチェンジ賞」に輝いた。
- ★設置部（※は同好会）
バドミントン（男女）、ダンス、陸上、バスケットボール（男女）、サッカー、卓球、野球、バレーボール（男女）、ソフトテニス（男女）、硬式テニス、水泳、ハンドボール、剣道、※クライミング、書道、茶道、写真、美術、音楽、吹奏楽、演劇、コンピュータ、箏曲、※マンガ・アニメ、※華道、※料理、※将棋

[行　事]
5月　遠足
6月　体育祭
9月　南高祭（文化祭）
10月　芸術鑑賞会
11月　修学旅行（2年）
1月　百人一首大会
3月　球技大会

[進　路]（令和5年3月）
- 「学び直し」から「**応用力の育成**」まで幅広いニーズに対応した**進学講座**を開講している。
- 1年次から**大学見学会**を実施している。
- 2年次には**インターンシップ**を実施（希望者）。
- 指定校推薦枠のある大学は100校にも及ぶ。
- 外部指導者を招いた**就職面接のための講習会、模擬面接会、各種適性検査、模擬試験**の実施を通し、より高い自己実現をめざしている。
- ★卒業生の主な進学先
跡見学園女子大、東洋大、大東文化大、城西大、玉川大、帝京大、東海大、東京国際大、聖学院大、日本工業大、日本体育大、文京学院大、法政大、立正大、埼玉学園大、十文字学園女子大、淑徳大短大部
- ♣指定校推薦枠のある大学・短大など♣
東洋大、大東文化大、帝京大、国士舘大、城西大、東京電機大、立正大、聖学院大、淑徳大、尚美学園大、流通経済大　他

[トピックス]
- 校訓「誠実」、目指す学校像「**自分らしく未来に生きる力を育てる　一人一人が輝く学校**」
- ソーシャルスキルの育成にも尽力。気持ちの良いあいさつや身だしなみを大切にしている。
- アクティブラーンニングを積極的に取り入れており、生徒の主体性を引き出す授業を実施。
- **BYOD回線**を活用し、学習における**ICT**の効果的な活用を推進している。
- 学校と家庭との連絡手段をデジタル化。
- 校内環境が整っている。全教室と特別教室（一部）に冷暖房完備。学習場所も、自習室や廊下の自習スペース机など数多く設置されている。
- 食堂がある。
- 令和4年度より、上尾特別支援学校の分校を校内に開校。**インクルーシブ教育**の推進。

[学校見学]（令和5年度実施内容）
★学校説明会　9・11・12・1月各1回
★オープンスクール　7月2回
★南高祭　9月　保護者・中3生見学可（申込制）
★学校見学は随時可（要連絡）

入試！インフォメーション

受検状況	年度	学科・コース名	男女共	募集人員	志願者数	受検者数	倍率	昨年同期倍率	入学許可候補者数	倍率
	R6	普通	共	240	253	248	1.04	1.08	238	1.04
	R5	普通	共	240	256	256	1.08	1.04	238	1.08
	R4	普通	共	240	251	248	1.04	1.00	240	1.03

県立 桶川 高等学校
おけがわ

https://okegawa-h.spec.ed.jp

☎ 363-0008　桶川市大字坂田 945
☎ 048-728-4421
交通　ＪＲ高崎線桶川駅　東口　朝日バス加納循環線「加納公民館」下車３分

普通科

| 共 学 |

| 制 服 | あり |

[カリキュラム] ◇三学期制◇
・基礎学力を育成するために、全学年で朝学習を、英語（２年）で**少人数授業**を実施。
・２年次におおまかな文理選択をし、３年次には本格的に**文系・理系**に分かれる。
・希望進路に合わせた科目選択が可能である。

[部活動]
・約８割が参加。勉強と部活動の両立を実現している。
・令和５年度は、**陸上競技部**が北関東大会に出場（男子400mH）、関東高等学校選抜新人陸上競技選手権大会に出場（男子400mH・女子槍投）し、女子槍投で優勝。**書道部**が埼玉県書きぞめ中央展覧会で埼玉県教育委員会教育長賞を受賞するなど多くの大会で優秀な成績を収めた。**吹奏楽部**が管打楽器ソロ・デュオコンテストでトロンボーン：金賞・ヤマハ賞（高校ソロ部門第１位）、スネアドラム：銀賞を受賞。**美術部**が埼玉県高校美術展で立体部門：優秀賞、平面部門：奨励賞を受賞した。
・令和４年度には、**書道部**が全日本高校・大学書道展優秀作品、学芸書道全国展硯心会奨励賞、高野山競書大会高野山書道協会賞を受賞。**弓道部**が全国高校弓道選抜大会出場。陸

上競技部がJOCジュニアオリンピックカップU18陸上競技大会出場、北関東大会出場（円盤投・砲丸投）。**囲碁将棋部**が県大会の九路盤女子の部優勝・男子の部第３位となり、関東大会に出場。

★設置部
サッカー、野球、陸上競技、ソフトボール、ソフトテニス（男女）、硬式テニス（男女）、バレーボール（男女）、バドミントン（男女）、卓球（男女）、柔道、剣道、弓道、バスケットボール（男女）、ダンス、吹奏楽、放送、演劇、美術、書道、茶道、華道、写真、囲碁・将棋、漫画研究、科学、料理、合唱

[行　事]
体育祭・文化祭は生徒会の企画・運営で行われ、たいへん盛り上がる。
6月	漢字選手権
9月	文化祭・体育祭
10月	芸術の日（１年）
11月	漢字選手権、マラソン大会、校外学習、修学旅行（２年）
2月	漢字選手権、予餞会、駅伝大会

[進　路] (令和５年3月)
・３年間を見通したきめ細かい指導により、希望進路の実現を目指す。
・１年次よりきめ細かい進路プログラムを用意している。
・早朝放課後に補習を実施。
・夏季休業中には**学力増進講座**を約20講座開講。
・**面接指導、小論文指導**を実施。
・**公務員対策講座**を実施。

★卒業生の進路状況
<卒業生313名>
大学166名、短大20名、専門学校100名、就職15名、その他12名

★卒業生の主な合格実績
法政大、亜細亜大、駒澤大、獨協大、神田外語大、大正大、大東文化大、帝京大、東京家政大、東京電機大、東洋大、大妻女子大、日本大、日本体育大、文教大、武蔵野大、立正大

♣指定校推薦枠のある大学・短大など♣
日本大、東洋大、大東文化大、芝浦工業大、東京電機大、文教大、玉川大、立正大、武蔵野大、東京家政大、十文字学園女子大、女子栄養大　他

[トピックス]
・地域から信頼される学校として、近隣の小中学校での学習ボランティアや、社会地域活動に積極的に参加している。
・令和３年度、創立50周年を迎えた。
・ホームルーム教室・特別教室には**冷暖房**が設置されている。
・総合的な探究の時間は、課題解決形探究活動や進路学習などを行っている。

[学校見学] (令和5年度実施内容)
★学校説明会　６・９・10・11各２回　12・１月各１回
★学校公開日　５・10月
★文化祭　９月
★学校見学は随時可（要連絡）

入試！インフォメーション

受検状況	年 度	学科・コース名	男女共	募集人員	志願者数	受検者数	倍 率	昨年同期倍率	入学許可候補者数	倍 率
	R6	普 通	共	280	283	280	1.01	1.04	278	1.01
	R5	普 通	共	280	290	289	1.04	1.00	279	1.04
	R4	普 通	共	320	318	318	1.00	0.9	318	1.00

県立 桶川西 高等学校
おけがわにし

https://okenishi-h.spec.ed.jp/

☎ 363-0027　桶川市川田谷 1531-2
☎ 048-787-0081
交通　ＪＲ高崎線桶川駅　西口下車
　　　桶川市内循環バス(西循環)桶川西高校入口下車　徒歩2分

普通科

共　学
制　服　あり

[カリキュラム] ◇三学期制◇

・生徒が意欲的に学習に取り組めるように、1年生の授業は**基礎学力の徹底**に重点をおいている。続く2年生では補習により学力向上を図る。

・3年生では、3つの類型が設定されており、その中から進路希望に合わせて選択する。

・1年生は少人数によるクラス編成を行う。

・**ICT教育**(生徒一人ひとりのタブレットを校内Wi-Fiに接続し活用)、**アクティブラーニング**を導入。

・数学・英語等で、定期的に**学習サポーター**が授業に参加し、授業内容の理解を促進している。

・毎朝基礎学力の定着を図る「**朝のコツコツ学び**」を全学年で実施している。

・基礎的な学力の充実はもちろん、生徒の進路希望に応じた学力をしっかりサポートしている。

・**チーム・ティーチング**を取り入れた授業があり、2人の先生によるきめ細かな指導が行われている。

・試験前の**土曜日**には希望制で学習会を実施。

・**検定取得**のための課外授業を積極的に行い、各種検定の受検者と合格者が年々増加している。

[部活動]

・希望参加制。**科学部**は、ボランティアスピリットアワード15年連続受賞やSYDボランティア奨励賞において文部科学大臣賞受賞の経歴を持つ。

・令和4年度は、**陸上競技部**が県大会に出場(女子やり投)。**バドミントン部**が学校総合体育大会北部支部大会でベスト32(個人ダブルス)となった。

・令和3年度は、**陸上競技部**が県大会に出場(女子やり投、男子砲丸投げ)。**科学部**はテレビ埼玉、日本テレビ、TBSテレビの取材を受けた。

・令和2年は、**陸上競技部**が県大会に出場(やり投、砲丸投げ)。**美術部**が県高校美術展で優秀賞を受賞した。

★**設置部**(※は同好会)
剣道、バスケットボール(男女)、バレーボール(女)、ソフトテニス(男女)、卓球、バドミントン、サッカー、ラグビー、野球、柔道、陸上競技、※ダンス、華道、茶道、音楽(吹奏楽、合唱、軽音楽)、科学、美術、放送、クッキング、書道

[行　事]

4月	新入生オリエンテーション
5月	遠足
6月	体育祭
8月	桶西サマースクール
10月	勾玉祭(文化祭)、修学旅行(2年)
11月	球技大会
2月	卒業を祝う会

[進　路] (令和5年3月)

・3年間を通した系統的な進路指導(**進路ＬＨＲ、進路相談、適性検査、進路講演会**など)を実施している。

・1年生には進路講演会や1日上級学校バス見学会が、2年生には分野別ガイダンスが行われる。また、夏季休業中には「**桶西サマースクール**」という学習会が行われる(1、2年)。

・3年生では、進学希望者には大学などの関係者による講演会や分野別ガイダンスなどが行われる。就職希望者にはマナー・面接指導や企業の人事担当者による講話などが行われる。また、7月には2学期以降の就職活動に向け、外部講師や就職支援アドバイザーを迎えて**夏季就職講座**が実施される。

・ネットワークを利用した最新・確実な進路情報を提供している。

・進学希望者にきめ細かく指導し、センター入試利用者が増加している。

★**卒業生の進路状況**
＜卒業生132名＞
大学30名、短大7名、専門学校62名、就職23名、その他10名

★**卒業生の主な進学先**
跡見学園女子大、埼玉工業大、淑徳大、城西大、尚美学園大、上武大、駿河台大、聖学院大、大東文化大、東京国際大、東都大、東洋大、東洋学園大、日本大、立正大

♣**指定校推薦枠のある大学・短大など**♣
浦和大、共栄大、埼玉工業大、城西大、女子栄養大、駿河台大、聖学院大、大東文化大、日本大、ものつくり大、立正大　他

[トピックス]

・「ハートフル桶西水族館」としてピラニアなど約40種類500匹以上の魚類を飼育・展示し、一般にも公開しており、年間約2,000人の来館者がいる。水族館のある高校は日本に2校。

[学校見学] (令和5年度実施内容)

★入試相談会　11・1月各1回
★学校紹介　7月1回
★部活動体験　7・8月各1回
★体験授業　10月1回
★生徒に聞く　11月1回
★勾玉祭　9月　見学可
★学校見学は随時可(要連絡)

■ 入試！インフォメーション ■

受検状況	年　度	学科・コース名	男女共	募集人員	志願者数	受検者数	倍　率	昨年同期倍率	入学許可候補者数	倍　率
	R6	普　通	共	160	60	60	0.38	0.83	60	1.00
	R5	普　通	共	160	132	132	0.83	0.79	132	1.00
	R4	普　通	共	160	128	125	0.79	1.00	125	1.00

県立 北本 高等学校
（きたもと）

https://kitamoto-h.spec.ed.jp/

☎ 364-0003　北本市古市場1-152
☎ 048-592-2200
交通　JR高崎線北本駅　バス

普通科

共　学

制　服　あり

[カリキュラム] ◇三学期制◇
・**基礎基本の学力の修得**と**進路実現**をめざしている。
・1、2年次は芸術科目（音楽・美術・書道）の選択を除いて、全員が同じ科目を学習し、基礎基本の学力を修得する。
・3年次は、**理系**（主に理系大学進学）、**文系**に分かれて、それぞれの進路にあわせた学習を行う。
・1、2年次は4クラスを5展開した**少人数学級編成**により、きめ細かな授業を行う。さらに1年次の数学は**習熟度別少人数授業**を実施する。
・英語検定や漢字検定などの**各種資格取得**に力を入れており、学校を会場とする検定には**検定料補助**の制度がある。

[部活動]
・令和5年度は、バドミントン部、女子ソフトテニス部、男子ソフトテニス部が県大会に出場した。**男子サッカー部**が埼玉県北部3部リーグU-18高円宮杯で優勝し2部に昇格した。
・令和4年度は、野球部、女子テニス部、陸上競技部が県大会に出場した。
★設置部
野球、陸上競技、バドミントン（男女）、サッカー（男女）、バスケットボール（男）、卓球、バレーボール（女）、ソフトテニス（男女）、和太鼓、華道、吹奏楽、JRC、将棋、軽音楽、書道、茶道、家庭、放送、科学、アート

[行　事]
・生徒会を中心に多くの行事を実施。
・クラスや部活動がそれぞれ個性あふれる出し物を行い、交流を深めている。

4月　新入生歓迎オリエンテーション
5月　校外体験学習（1～3年）、芸術鑑賞会
7月　球技大会
9月　体育祭
10月　北高祭（文化祭）
12月　球技大会、修学旅行（2年）
1月　三年生を送る会

[進　路]
・生徒が資料の閲覧・活用ができる**進路資料室**、面接練習ができる**面接室**を設置。
・**就職用模擬面接**では、校内面接練習会を実施し、きめ細かい指導をしている。
・平日や長期休業中に**進学補習**を実施。
★卒業生の進路状況（令和5年3月）
　＜卒業生143名＞
　大学30名、短大7名、専門学校60名、就職32名、その他14名
★卒業生の主な進学先
　目白大、国士舘大、埼玉工業大、城西大、駿河台大、大東文化大、帝京平成大、東京国際大、文教大、立正大
♣指定校推薦枠のある大学・短大など♣
　浦和大、埼玉学園大、国士舘大、埼玉工業大、十文字学園女子大、城西大、尚美学園大、駿河台大、聖学院大、西武文理大、大東文化大、淑徳大、東京電機大、ものつくり大、立正大　他

[トピックス]
・交通安全ボランティアとして、毎年、北本名産にちなんだ手作りのマスコット「いったん、止マット」をドライバーに配布している。
・市内唯一の高校として**地域に根ざし**た学校作りをめざし、北本市の**小・中学校との間で交流事業を実施**（KISEP）。部活動合同練習や小学校通学路でのあいさつ運動・交通安全指導、出前授業などを行っている。
・すべてのHR教室と芸術科教室に**冷房**を設置し、快適な学習環境が整えられている。
・約32人の**少人数授業**を実施。1年生の数学は、さらに2クラス3展開もしくは3クラス4展開で習熟度別授業を実施。
・職員室前に**自習コーナー**があり、テスト前などに自主的に学習する環境がある。職員室前のため、先生に質問することもできる。
・**スクールワーカー、スクールソーシャルワーカー**や、**日本語船員**等の月1、2回程度の来校により、多くの支援が受けられる。昼休みや放課後などに、専門的な知識や経験を持つ担当の**カウンセリング**や**面談**等を受けることができる。
・タブレット端末、プロジェクター、Wi-Fi等の整備を行い、「**学び**」プロジェクト研究開発校として、ICTを活用した授業を推進する。
・令和4年度より新制服（レンタル制導入）。

[学校見学]（令和5年度実施内容）
★学校説明会　8・10・11月各1回
★ミニ説明会　12・1月各1回
★北高祭　10月　一部公開
★学校見学は随時可（要連絡）

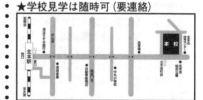

入試！インフォメーション

受検状況	年　度	学科・コース名	男女共	募集人員	志願者数	受検者数	倍　率	昨年同期倍率	入学許可候補者数	倍　率
	R6	普　通	共	160	127	126	0.80	0.86	126	1.00
	R5	普　通	共	160	136	136	0.86	0.95	136	1.00
	R4	普　通	共	160	151	151	0.95	0.94	151	1.00

県立 鴻巣 高等学校
こうのす

https://konosu-h.spec.ed.jp/

☎ 365-0054　鴻巣市大間1020
☎ 048-541-0234
交通　ＪＲ高崎線鴻巣駅　徒歩10分

普通科
商業科

共　学

制　服　あり

[カリキュラム]　◇三学期制◇
★普通科
・1年次は、全員ほぼ同じ科目を履修。2年次より、一部選択制となる。
・3年次では、**文系・文理系・理系（3コース）**の各類型に分かれ、進路希望の実現を目指す。
・1年次の英語と数学で**少人数授業**（20名前後）を、3年次（理系）の数学で**習熟度別授業**を実施し、**きめ細かな指導**が行われている。
・大学の一般入試に対応するため、**英語の授業を増やしている。**
・**ＡＬＴ拠点配置校**であり、生きた英語に触れることができる。
・**「学習探究会」**を設置。1年次より「行きたい大学」への進学を支援している。
★商業科
・**高度資格取得を積極的に推進**している。簿記、ビジネス文書、情報処理、電卓検定などの資格取得が可能。
・社会に出てから役立つ実践力を育て、就職・進学どちらにも対応できるカリキュラムとなっている。3年間で学習する専門科目は全体の約3分の1。
・1年次の専門科目は、**ビジネス基礎・簿記・情報処理**、2年次では、**財務会計・原価計算・ソフトウェア活用**、3年次では、**マーケティング・ソフトウェア活用**のほか、**課題研究・総合実践**などの科目を設定。3年間を通して、情報化社会に対応できるよう、コンピュータを駆使した授業が設置されているのも特色の一つ。

[部活動]
・1年時は全員参加制。**野球部**は過去に4度の県大会優勝の実績があり、令和元年度は県大会ベスト16であった。

・令和4年度は、**簿記部**が4年連続で高校簿記競技大会と電卓競技大会の全国大会に出場した。
★設置部
野球、サッカー、陸上、バレーボール、バスケットボール、バドミントン、ソフトテニス、硬式テニス、卓球、ハンドボール、水泳、剣道、吹奏楽、茶道、華道、箏曲、美術、書道、写真、放送、理科研究、生活クラブ、軽音楽、演劇、ＥＳＳ、ワープロ、簿記、漫画研究、囲碁・将棋、ボランティア、学習探究

[行　事]
体育祭、文化祭、予餞会などの学校行事は、生徒会の企画による。
5月　遠足
9月　鴻高祭（文化祭）、体育祭
11月　マラソン大会、修学旅行（2年）
2月　予餞会

[進　路]
・普通科・商業科ともに、進学・就職等多様な進路に対応した指導を実施している。また、地域社会と連携したキャリア形成を支援する体験型学習の機会が充実している。
・希望する進路実現のため、**朝補習や夏季補習**を実施。丁寧な進路指導で1ランク上の進学・就職希望をサポートしている。**面接指導、各種ガイダンス・集会、模試**の充実で多様な選択肢に対応する。
・商業科は各種資格試験の合格率が高く、取得した資格を活かして大学へ進学する生徒も多い。
・多数の**指定校推薦枠**がある。
★卒業生の進路状況（令和5年3月）
＜卒業生277名＞

大学121名、短大18名、専門学校96名、就職30名、その他12名。
★卒業生の主な進学先
お茶の水女子大、埼玉県立大、国士舘大、駒澤大、城西大、駿河台大、専修大、高崎商科大、玉川大、東京電機大、東洋大、日本大、日本工業大、法政大
♣指定校推薦枠のある大学・短大など♣
工学院大、駒澤大、実践女子大、女子栄養大、大東文化大、東京経済大、東洋大、日本大、目白大　他

[トピックス]
・パソコン教室（3室）、県内でも珍しい50mプール、食堂があり合宿にも使えるセミナーハウス（武陽館）、約5万冊の蔵書を誇る図書館、トイレに温水シャワー便座完備など、**充実した施設・設備を有する。**
・各教室にエアコンを設置している。
・平成28年度より**新制服**となった。
・各HRにプロジェクターとWi-Fiを完備。タブレットを導入し、オンライン授業が可能。
・令和2年度に、本校在学生が簿記検定の最難関とされる**日商簿記1級**に合格した。

[学校見学]（令和5年度実施内容）
★学校説明会　8・9・10・11・1月
各1回
★体験授業　8月1回
★部活動授業　8月
★鴻高祭　9月

入試！インフォメーション

受検状況	年　度	学科・コース名	男女共	募集人員	志願者数	受検者数	倍　率	昨年同期倍率	入学許可候補者数	倍　率
	R6	普　通	共	200	214	213	1.08	1.06	201	1.06
		商　業	共	80	74	74	0.93	1.04	80	0.93
	R5	普　通	共	200	210	210	1.06	1.08	203	1.03
		商　業	共	80	84	83	1.04	0.88	82	1.01

県立 鴻巣女子 高等学校
こうのすじょし

https://koujo-h.spec.ed.jp/

〒 365-0036　鴻巣市天神 1-1-72
☎ 048-541-0669
交通　JR高崎線鴻巣駅　徒歩 12 分

普通科
保育科
家政科学科

女

制　服　あり

[カリキュラム] ◇三学期制◇

★普通科
・基礎学力を充実させ、各生徒が進路希望を実現するための能力を伸ばすことを目標としている。
・1年生の数学と英語の授業は、1クラス27名程度とし、学力の向上を目指す。
・3年次には多様な選択科目が設置されており、各自の興味・関心、進路希望に応じて、授業を選択できる。専門学科の科目（フード、保育、ファッション、福祉）も選択可能。
・「保育体験授業」や各種検定の受検など、進路希望実現に向けて様々な体験ができる。

★保育科
・全国の公立高校で唯一の「保育科」。
・保育士としての実力をつけるための学科で、専門知識の習得と充実した実習を特色とする。
・専門家講師によるていねいな個別指導や幼稚園・保育所実習など、豊富な経験を積むことができる。
・2学期に、保育科課題研究発表会、保育実習が行われる。
・ML教室（ミュージック・ラボラトリーシステム）やピアノ練習室などの施設・設備が完備されており、一人ひとりの可能性を充分に伸ばすことができる。
・全国高等学校家庭科保育技術検定1級合格や進学に対応した、選択科目が設置されている。

★家政科学科
・県内唯一の「家政科学科」。
・1クラス20名程度の少人数制授業で、専門知識や技能を基礎から指導。
・充実した設備により、科学的で高度な授業を展開。
・食物調理・被服製作（和服・洋服）の3種目全ての1級を取得できた生徒は、卒業時に「3冠王」と呼ばれ、全国高等学校家庭科教育振興会より表彰を受ける。令和4年度は29名。

[部活動]
1年次は全員参加制。卓球部、バレーボール部、陸上競技部、チアダンス部などが活躍。人形劇部は保育園や老人ホームなどへの訪問活動を行っている。

★設置部（※は同好会）
バスケットボール、バレーボール、バドミントン、ソフトテニス、ソフトボール、陸上競技、卓球、写真、放送、茶道、書道、文芸、吹奏楽、合唱、華道、パソコン、美術、人形劇、箏曲、軽音楽、漫画研究、演劇、調理、チアダンス、ダンス、※映画、※JRC

[行　事]
・鴻女祭（文化祭）では、保育科3年による「こどものくに」や家政科学科3年による「ファッションショー」などが催され、好評を得ている。
・体育祭では生徒考案のユニークな種目の他、3年生のソーラン節は圧巻。
・下記以外に、3学期に保育科ピアノ発表会、普通科芸術発表会、家政科学科課題研究発表会がある。

4月　白梅の集い（新入生歓迎行事）
5月　遠足
9月　文化祭
10月　修学旅行
11月　体育祭
12月　球技大会
2月　予餞会
3月　球技大会

[進　路]（令和5年3月）
進路ガイダンスや就職・進学ガイダンス、「進路の手引き」の作成、マナー教室など、きめの細かい進路指導をしている。

★卒業生の進路状況
＜卒業生143名＞
大学30名、短大29名、専門学校59名、就職19名、その他6名

★卒業生の主な進学先
埼玉県立大、東洋大、東京家政大、十文字学園女子大、聖学院大、聖徳大、大東文化大、東京成徳大、立正大

♣指定校推薦枠のある大学・短大など♣
大東文化大、人間総合科学大、立正大、聖学院大、杉野服飾大、東京女子体育大、女子栄養大、駒沢女子大、聖徳大、十文字学園女子大、文化学園大、文京学院大　他

[トピックス]
・保育ボランティアを実施し、全員が参加している。
・保育・被服・調理の分野におけるプロの講師による講習「スペシャリストに学ぶ」を実施している。

[学校見学]（令和5年度実施内容）
★学校説明会　10・11・12・1月各1回
★専門学科体験入学　8月1回
★部活動体験　8月1回
★文化祭　9月　見学可
★学校見学は随時可（要連絡）

入試！インフォメーション

受検状況	年度	学科・コース名	男女共	募集人員	志願者数	受検者数	倍率	昨年同期倍率	入学許可候補者数	倍率
	R6	普通	女	80	73	73	0.92	0.95	73	1.00
		保育	女	40	33	33	0.83	0.78	33	1.00
		家政科学	女	40	35	35	0.88	1.15	35	1.00
	R5	普通	女	80	75	75	0.95	0.67	79	0.95
		保育	女	40	32	31	0.78	0.78	31	1.00
		家政科学	女	40	46	46	1.15	1.00	40	1.15

県立 伊奈学園総合 高等学校

いながくえんそうごう

https://inagakuen.spec.ed.jp/

☎ 362-0813　北足立郡伊奈町学園 4-1-1
☎ 048-728-2510
交通　ニューシャトル羽貫駅　徒歩 10 分
　　　ＪＲ高崎線上尾駅、桶川駅、ＪＲ宇都宮線蓮田駅　バス

普通科　＜人文系＞
　　　　＜理数系＞
　　　　＜生活科学系＞
　　　　＜情報経営系＞
　　　　＜語学系＞
　　　　＜スポーツ科学系＞
　　　　＜芸術系＞

| 共　学 |
| 制　服 | あり |

[カリキュラム] ◇三学期制◇

・生徒が個性を最大限に伸ばせるよう、約180種類の選択科目を設置した総合選択制を採っている。進路実現へ向けて各自で時間割を作成する。授業は週32時間。

・系統的な科目選択ができるように「学系」というシステムを設けている。「学系」は人文・理数・語学・スポーツ科学・芸術・生活科学・情報経営の７つの「学系」を設けている。系統的にその分野の学習ができる仕組みになっている。

・人文系は、国語や地歴・公民などの人文科目を中心に学習する。文学・教育・法律・政治・経済など、幅広い進路希望に対応している。

・理数系は、数学・理科の理数系科目を中心に学習する。理学・工学・医学・薬学・農学などの進路に適した内容。

・語学系は、英語・ドイツ語・フランス語・中国語の講座があり、それらの読解・文法・会話・異文化理解などを学習でき、人文や理数の科目も選択できる。

・スポーツ科学系は、スポーツの実技と理論を中心に、球技・格技・陸上・水泳など、各種目について充実した設備を利用した専門分野の学習ができる。

・芸術系は、音楽・美術・工芸・書道の４つに分かれ、個別指導も取り入れ専門的に学習する。

・生活科学系は、被服・保育・食物・調理・看護・福祉などの科目を中心に学習する。必要に応じて人文や理数の科目も選択できる。

・情報経営系は、経済社会の変化に対応するために、簿記会計とコンピュータの活用能力の向上を目指して学習し、様々な資格が取得できる。

[部活動]

９割以上が参加。令和５年度は、全国大会に**吹奏楽部、書道部、美術部、地質天文部、写真部、陸上競技部、体操競技部、山岳部、女子バレーボール部、パワーリフティング同好会**が出場した。

★設置部（※は同好会）

陸上競技、体操競技、水泳、バスケットボール、バレーボール、卓球、硬式テニス、ソフトテニス、ハンドボール、サッカー、ラグビー、バドミントン、ソフトボール、柔道、野球（硬式・軟式）、スキー、弓道、剣道、空手道、山岳、新体操、ラクロス、※パワーリフティング、※ダンス、音楽、吹奏楽、放送、写真、美術、工芸、文芸、英語、書道、ドイツ語文化研究、パソコン、科学、簿記珠算、囲碁将棋、アニメ漫画、茶道、華道、手芸・調理、演劇、地質天文、邦楽、電子オルガン、室内楽、応援（ブラスバンド・チアリーディング）※インターアクトクラブ、※中国言語文化、※歴史研究、※フランス語、※数学、※競技かるた

[行　事]

遠足（1年）、海外語学研修、国際交流事業、いなほ祭（学園祭）、体育祭、修学旅行（2年）、予餞会などを実施。

[進　路]（令和５年３月）

分野別説明会（1年）、**受験勉強スタート講演会**（2年）、**受験校決定講演会**（3年）など段階に応じたガイダンスを実施。進路センターには豊富な進路資料が揃っており、教員が常駐し生徒の相談に応じている。進学講習も実施。

★卒業生の進路状況

　　＜卒業生786名＞

大学633名、短大18名、専門学校73名、就職8名、その他54名

★卒業生の主な合格実績

東京大、一橋大、お茶の水大、埼玉大、千葉大、筑波大、東京外国語大、東京藝術大、北海道大、東北大、埼玉県立大、東京都立大、早稲田大、慶應義塾大、上智大、東京理科大

♣指定校推薦枠のある大学・短大など♣

早稲田大、慶應義塾大、上智大、東京理科大、法政大、中央大、青山学院大、学習院大、明治大、立教大　他

[トピックス]

・昭和59年に全国初の**総合選択制**の普通科高校として創設。併設中学校を含めて生徒数約2,400名の大規模校で、生徒は**ハウス**と呼ばれる小さな学校に所属している。

・他校の3～4倍の**広大な敷地**に、豊富な体育施設や芸術棟を中心に特色を生かした授業に対応できる特別教室など、充実した施設が揃っている。

・高い志の進路実現を目標に進学講習（平日、土曜・長期休業中）を開講し、「**勉強できる時間**」の確保を進めている。

・独自の取組である「ＩＩＮＡサイエンスプロジェクト」では、大学教育に触れるなど、生徒の多様な興味や関心に応え、将来につなげる活動が用意されている。

[学校見学]（令和５年度実施内容）

★学校説明会　10月2回　7・9・11月各1回

★いなほ祭　9月　見学可

★体験入学　7～2月　学系別に実施（要事前申し込み）

★部活動見学　7月2回

★授業公開　10月1回

入試！インフォメーション

受検状況	年度	学科・コース名	男女共	募集人員	志願者数	受検者数	倍率	昨年同率倍率	入学許可候補者数	倍率
	R6	普通	共	726	849	843	1.17	1.23	721	1.17
	R5	普通	共	722	887	882	1.23	1.18	718	1.23
	R4	普通	共	721	852	848	1.18	1.23	717	1.18

埼玉県
公　立
高校

学校ガイド

＜全日制　旧第2学区・東部＞

学校を紹介したページの探し方については、2ページ
「この本の使い方＜知りたい学校の探し方＞」を参照し
てください。

県立 朝霞（あさか）高等学校

https://asaka-h.spec.ed.jp/

〒351-0015　朝霞市幸町 3-13-65
☎ 048-465-1010
交通　東武線朝霞駅　徒歩20分またはバス

普通科

単位制

共　学

制　服　あり

[カリキュラム] ◇三学期制◇
・教科によっては**少人数制授業や習熟度別授業**を展開している。
・**進学重視型単位制**を実施。多様な選択科目により、生徒一人ひとりの進路や興味・関心に応じた授業を提供している。
・学習する科目は、科目選択ガイダンスや進路ガイダンス、三者面談を通して慎重に決めることができる。
・単位制のため少人数講座が多く、20人以下60講座、30人以下は135講座を設置しており、生徒は自分の進路に合わせた科目選択が可能。

[部活動]
・約85%が参加。活動は大変盛ん。
・令和5年度は、**陸上競技部**の2名が関東大会出場。三段とびで全国高校総体出場。
・令和4年度は、**陸上競技部**が関東新人大会の男子走高跳で7位入賞、**バトン部**が全国高校ダンスドリル選手権に出場、**剣道部**が県大会ベスト8。また、**ハンドボール部**は男子、女子ともに県大会ベスト16。他多くの部が県大会出場。文化部では、**吹奏楽部**が県大会で銀賞を受賞した。

★**設置部**（※は同好会）
陸上、ラグビー、野球、ソフトボール、ソフトテニス（男・女）、ハンド

ボール（男・女）、バレーボール（男・女）、バスケットボール（男・女）、卓球、剣道、山岳、バドミントン（男・女）、水泳、サッカー、文芸、生物、化学、物理、地学、写真、ジャズバンド、美術、書道、演劇、ギター、放送、華道、漫画研究、茶道、吹奏楽、バトン、家庭科

[行　事]
5月　遠足、体育祭
7月　芸術鑑賞会
9月　けやき祭（文化祭）
10月　強歩大会
11月　修学旅行（2年・沖縄）
12月　球技大会
2月　3年生を送る会

[進　路]
・実力テスト、大学見学会、入試相談会等を実施し、生徒ごとの進路希望実現に向けて熱心な指導を行う。
・進学を目指した補習が充実。平日の朝・放課後や土曜日、長期休業中に希望する進路に応じた**進学補習**を実施している。

★**卒業生の進路状況（令和5年3月）**
＜卒業生309名＞
大学261名、短大3名、専門学校17名、就職3名、その他25名
★**卒業生の主な合格実績**
東京大（理Ⅰ）、慶應大（医）、北海道大、埼玉大、亜細亜大、青山学院大、学習院大、國學院大、国士舘大、駒澤大、芝浦工業大、城西大、成蹊大、成城大、専修大、大東文化大、拓殖大、玉川大、中央大、帝京大、東海大、東京経済大、東京電機大、東京理科大、東洋大、獨協大、日本大、法政大、武蔵大、明治大、明治学院大、立教大、早稲田大

♣指定校推薦枠のある大学・短大など♣
東京理科大、立教大、中央大、法政大、明治薬科大、芝浦工業大、武蔵大、国学院大、明治学院大、獨協大、成蹊大、日本大、東洋大、専修大、東京電機大、文教大　他

[トピックス]
・**天文台**があり、年に数回「星見の会」を実施している。
・50mプールがあり、体育では選択制。
・令和5年4月15日に創立61周年を迎えた。
・制服として、女子はスカート、スラックスを選択。夏季は白、紺の指定ポロシャツ可。

[学校見学]（令和5年度実施内容）
★学校見学会　10・12・1月各1回
★学校説明会　8月1回（朝霞市民会館）
★部活動体験　8月2回
★学校公開　11月1回
★けやき祭　9月　見学可（学校HPで申し込み）
★学校見学は随時可（要連絡）

入試！インフォメーション

受検状況	年度	学科・コース名	男女共	募集人員	志願者数	受検者数	倍率	昨年同期倍率	入学許可候補者数	倍率
	R6	普通	共	320	358	355	1.12	1.08	318	1.12
	R5	普通	共	320	348	345	1.08	0.97	319	1.08
	R4	普通	共	360	352	347	0.97	1.20	347	1.00

県立 朝霞西（あさかにし）高等学校

https://asakanishi-h.spec.ed.jp/

〒351-0013　朝霞市膝折 2-17
☎ 048-466-4311
交通　東武線朝霞駅　徒歩 20 分またはバス 5 分（正門前にバス停）

普通科

共　学
制　服　あり

[カリキュラム]◇二学期制◇

・1 年生は、すべての基礎になる学力を身に付けるため、基本的な科目をバランスよく学習する。また、数学、英語では少人数授業を実施。2 年生では、自分の個性・進路希望に応じて、大きく文系・理系の 2 つのコースに分かれる。3 年生になると、各人の個性を伸ばし、進路希望を実現するため、文系では84通り、理系では15通りと幅広い選択ができる。

・ALT とのティームティーチングを行うなど、英語教育に注力している。

・31 単位の教育課程とし週 1 回（月曜）の 7 時限授業を実施。英・数・国の基礎学力向上、大学実績を伸ばすことがねらい。

・学習習慣をつけるため、英・数・国 3 教科を中心に毎週末課題が出され、週明け月曜日には小テストが行われる。

[部活動]

・希望制。全生徒の約 7 割が参加し、県大会に多くの部が出場。学習との両立を図りながら、活発に活動している。

・令和 5 年度は、女子バスケ部、女子バレー部、男子テニス部、女子バドミントン部が県大会に出場した。

・音楽部、ダンス部、美術部、写真部、漫画研究部は地元朝霞市役所とコラボ企画を実施。

★設置部（※は同好会）

硬式野球、サッカー、陸上競技、テニス（男女）、ソフトテニス（男女）、バレーボール（女）、バスケットボール（男女）、バドミントン（男女）、卓球、ダンス、音楽、茶道、写真、放送、ギター、漫画研究、ハンドメイド、将棋、物理、美術、英語、書道、※剣道、※ラグビー

[行　事]

・夏休み中に 2 週間（20名程度）、姉妹校提携しているオーストラリアのプロサパイン高校への短期留学（希望者）を行っている。

・体育祭は生徒会主催で大々的に行われる。
6 月　体育祭
9 月　しいのき祭（文化祭）
11 月　ロードレース大会、修学旅行（2 年）

[進　路]（令和 5 年 3 月）

・一人ひとりの生徒を生かす進路指導を進路指導部が中心となり、卒業までを見通した計画を立て、LHR の時間などを利用して実践している。

・学習法ガイダンス、分野別進路ガイダンス、体験講義、模擬試験など、きめ細やかな指導を行っており、近年、四年制大学進学者が増加している。また、国立大、難関私立大の合格者が出るなど、大学進学希望者の上位校志向も高まっている。

・夏休みに補習、1 年を通してスタディサプリの利用などを実施。

★卒業生の進路状況
　＜卒業生311名＞
　大学178名、短大10名、専門学校88名、就職11名、その他24名

★卒業生の主な合格実績
　青山学院大、学習院大、共立女子大、実践女子大、国士舘大、駒澤大、成蹊大、中央大、東京農業大、東洋大、獨協大、日本大、法政大、武蔵大、明治大、立教大

♣指定校推薦枠のある大学・短大など♣
　亜細亜大、大妻女子大、工学院大、東京電機大、東洋大、大東文化大、拓殖大、文教大、武蔵大　他

[トピックス]

・「伸びる朝西、伸ばす朝西〜確かな学力と豊かな心を育み、君の夢を応援します〜」という本校が目指す学校像の実現に、教職員、生徒ががんばる学校である。

・授業改善に向けて生徒の授業評価アンケートや教員どうしの授業研究週間を実施している。

・平成26年度、県より海外授業体験推進校の指定を受けた。

・オーストラリアのプロサパイン高校と姉妹校提携し、短期留学（希望者）を毎年実施するほか、青年海外協力隊OBの話を聞く会、異文化交流体験ホームルームなど、国際交流に力を入れている。

・開校当初より学校の様子を記載した「週報」（学校だより）を発行し、地域や中学校に配布。

・令和 4 年度入学生より新制服。

・1 〜 5 F までのトイレを全てウォシュレット化。

[学校見学]（令和 5 年度実施内容）

★朝西見学会　8・10・12月各 1 回
★個別相談会　7・9・11・2 月各 1 回
★部活動体験　8 月
★しいのき祭　9 月　（web申込制）

入試！インフォメーション

受検状況	年度	学科・コース名	男女共	募集人員	志願者数	受検者数	倍率	昨年同期倍率	入学許可候補者数	倍率
	R6	普通	共	320	377	371	1.17	1.08	318	1.17
	R5	普通	共	360	386	385	1.08	1.11	358	1.08
	R4	普通	共	360	403	396	1.11	1.22	358	1.11

県立 志木（しき）高等学校

https://shiki-h.spec.ed.jp/

〒353-0001　志木市上宗岡 1-1-1
☎ 048-473-8111
交通　東武東上線志木駅、ＪＲ京浜東北線浦和駅　バス

普通科

共　学
制　服　あり

[カリキュラム] ◇三学期制◇

・1年次は共通科目で基礎的な内容を扱う。
・2年次は文系・文理系・理系の3つの類型に分かれ、得意分野をとことん伸ばしていく。
・3年次では、文系の大学進学を目指す「進学文系」、理系の大学進学を目指す「進学理系」、その他の大学や専門学校、就職・公務員を目指す「文理系」の3類型に進み、より専門的な科目を学んでいく。
・3年間を通じて希望する進路を計画的に見通し、実現できるようなカリキュラム。7パターンの類型選択と12種類の科目選択群で「得意」を伸ばし、自分に合ったカリキュラムを組むことができる。
・英語は1〜3年生2クラスを3講座に分ける少人数習熟度別授業を実施。数学でも1・2年生2クラスを3講座に分ける少人数習熟度別授業を実施。
・パソコンや英語検定、漢字検定に力を入れている。
・総合的な探究の時間では、地域への理解を深め、課題を見つけて探究することを課題として、グループ活動、探究活動を実施している。
・語学研修（希望者対象）では、学校外の施設にて海外留学の疑似体験ができるプログラムを実施している。

[部活動]

・1年生は入学時に全員加入。
・令和4年度は、陸上競技部が3種目で関東大会に進出し、入賞した。美術部が埼玉県知事賞を受賞した。
★設置部
サッカー、バレーボール（女）、バスケットボール、陸上競技、硬式テニス、ソフトテニス、剣道、硬式野球、バドミントン、ハンドボール、卓球、ソフトボール、柔道、吹奏楽、地学、演劇、囲碁将棋、美術、イラストコミック、書道、写真、茶道、文芸

[行　事]

4月	入学式、新入生歓迎会
5月	遠足
9月	河骨祭（文化祭）
10月	体育祭
11月	遠足（3年）、修学旅行（2年）
3月	3年生を送る会、球技大会（1・2年）、卒業式

[進　路]（令和5年3月）

・進学希望者向けに長期休業中の補講を実施。
・進路関係の行事は以下のとおり。

＜1学年＞
1学期　スタディサポート、進路ガイダンス
2学期　スタディサポート、進路ガイダンス
3学期　実力テスト

＜2学年＞
1学期　スタディサポート、進路ガイダンス
2学期　スタディサポート
3学期　実力テスト

＜3学年＞
1学期　各種ガイダンス（進学、就職、各分野）、学校推薦型選抜ガイダンス、面接講座、分野別模試
2学期　共通テストガイダンス

★卒業生の進路状況
　＜卒業生269名＞
　大学134名、短大20名、専門学校83名、就職24名、その他8名
★卒業生の主な進学先
茨城大、埼玉大、早稲田大、明治大、法政大、青山学院大、國學院大、日本大、東洋大、駒澤大、専修大、大東文化大、亜細亜大、帝京大、国士舘大、城西大、東京国際大　他

♣指定校推薦枠のある大学・短大など♣
亜細亜大、跡見学園女子大、工学院大、國學院大、国士舘大、城西大、女子栄養大、実践女子大、大東文化大、拓殖大、東京電機大、東洋大、帝京大、帝京平成大、日本大、文教大、流通経済大　他

[トピックス]

・重点目標は、1. 学習習慣の確立と授業改善により、主体的な学びを向上させる。2. 志木高スピリットを醸成させ、夢の実現に向けたセルフマネジメント力を身につけさせる。3. 安心・安全な学校生活を保障し、学校生活に誇りと自信を持たせる。4. 地域とともに歩む、魅力ある高校づくりを推進する。こうした目標を達成するために、オリジナルの生徒手帳「shiki diary」を活用し、時間と物の自己管理を推進するなど様々な取り組みを行っている。

[学校見学]（令和5年度実施内容）

★学校説明会　7・10・11・1月各1回
★部活動キャンペーン　7・8月
★Web学校説明会（動画配信）　8〜11月
★河骨祭　9月

入試！インフォメーション

受検状況	年　度	学科・コース名	男女共	募集人員	志願者数	受検者数	倍　率	昨年同期倍率	入学許可候補者数	倍　率
	R6	普　通	共	240	300	299	1.26	1.02	238	1.26
	R5	普　通	共	240	245	243	1.02	1.07	238	1.02
	R4	普　通	共	280	300	298	1.07	1.22	278	1.07

県立 新座 高等学校

にいざ

https://niiza-h.spec.ed.jp/

☎ 352-0015　新座市池田 1-1-2
☎ 048-479-5110
交通　ＪＲ武蔵野線北朝霞駅、東武線朝霞台駅、西武線ひばりヶ丘駅　バス

普通科

共　学	
制　服	あり

[カリキュラム]　◇三学期制◇

・1年次は芸術科目以外はすべて共通の科目を履修。基礎学力の充実のため、国語と数学、英語は**少人数・習熟度別授業**を展開。
・2年次も数学と英語は少人数・習熟度別授業を展開。
・3年次は一人ひとりの適性・進路希望にあった科目（8単位分）を学習し、進路実現をめざす。
・1学年で5クラスを6クラスに**少人数学級編成**する。

[部活動]

・1年次は全員参加。
・令和4年度は、**ダンス部**が全国高等学校ダンスドリル選手権大会2022 HIPHOP女子Small編成で第3位、HIPHOP男女混成Medium編成で第4位、第14回全国高等学校ダンスドリル冬季大会HIPHOP女子Small編成で第8位、HIPHOP男女混成Medium編成で第4位を受賞。**書道部**が第46回学芸書道全国展で団体賞を受賞（6年連続）。
・令和3年度は、**ダンス部**が全国高等学校ダンスドリル冬季大会HIPHOP女子部門Medium編成で、第2位を受賞。**テニス部**が、関東高等学校西部地区予選でベスト32に入り、県大会に出場した。**バドミントン部**が、新人大会西部支部予選女子ダブルスでベスト16。**美術・イラスト部**が、埼玉県高校美術展で優秀賞を受賞した。**書道部**が埼玉県硬筆展覧会で特選、ふれあい書道展特選、学芸書道全国展団体賞、硯心会奨励賞を受賞。

★設置部

サッカー、バドミントン（男女）、野球、ダンス（男女）、卓球、バレーボール（女）、テニス（男女）、剣道、登山、陸上、バスケットボール（男女）、演劇、軽音楽、書道、吹奏楽、茶道・華道、料理、美術・イラスト、写真、経済情報

[行　事]

4月	校外学習
5月	体育祭
10月	文化祭
11月	修学旅行、校外学習

[進　路]（令和5年3月）

・進路実現100％を目指し、きめ細かな進路指導を行っている。「総合的な探究の時間」も活用。
・**キャリアガイダンスルーム、進路指導室**を設置。
・様々な**資格**に合格できるよう指導しており、日本漢字能力検定、実用英語技能検定、日本語ワープロ検定、情報処理技能検定などの資格が取得可能。
・**学習サポート**として、大学院生や大学生の学習アドバイザーによる補習指導やティームティーチングが行われている。
・以下のような進路関係の行事を行っている。

5月	個人面談
6月	進路ガイダンス（3年）
11月	上級学校見学（1年）
12月	進路ガイダンス（2年）
1月	進路ガイダンス（1年）
2月	分野別体験授業

★卒業生の進路状況

＜卒業生161名＞
大学33名、短大15名、専門学校52名、就職47名、その他14名

★卒業生の主な進学先

浦和大、国士舘大、埼玉学園大、淑徳大、城西大、尚美学園大、駿河台大、聖学院大、大正大、大東文化大、帝京科学大、東京家政学院大、東京国際大、東京女子体育大、東洋学園大、文京大、明海大、明星大、目白大

♣指定校推薦枠のある大学・短大など♣

跡見学園女子大、浦和大、埼玉学園大、埼玉工業大、十文字学園女子大、淑徳大、城西大、城西国際大、尚美学園大、駿河台大、聖学院大、西武文理大、大東文化大、東京家政学院大、東京女子体育大、東洋学園大、秋草学園短期大、川口短期大、女子栄養大短期大学部帝京短期大　他

[トピックス]

・埼玉県教育委員会から「**学習サポーター配置校**」（大学生6名が生徒の学びをサポート）に指定されている。**スクールカウンセラー、スクールソーシャルワーカー、キャリアサポート**（通級指導）、**巡回支援**などの外部指導者による専門的な支援を行っている。
・**授業研究会**を年間6回実施し、生徒理解、授業力向上を図っている。

[学校見学]（令和5年度実施内容）

★学校説明会　9・10・11・1月各1回
★体験入学　8月（部活動体験）
★落葉祭　10月
★学校見学は随時可（要連絡）

入試！インフォメーション

受検状況	年　度	学科・コース名	男女共	募集人員	志願者数	受検者数	倍　率	昨年同期倍率	入学許可候補者数	倍　率
	R6	普　通	共	200	194	191	0.96	1.08	191	1.00
	R5	普　通	共	200	215	214	1.08	0.92	198	1.08
	R4	普　通	共	200	185	183	0.92	0.99	183	1.00

県立 新座総合技術 高等学校
にいざそうごうぎじゅつ

https://nsg-h.spec.ed.jp/

〒352-0013　新座市新塚1-3-1
☎048-478-2111
交通　東武線朝霞駅、西武線大泉学園駅　バス

電子機械科
情報技術科
デザイン科
総合ビジネス科
服飾デザイン科
食物調理科

共　学
制　服　あり

[カリキュラム] ◇三学期制◇
・カリキュラムは三年次**総合選択制**。自分だけの学びがコーディネート可能。
・**検定合格、資格**取得をサポート。

★電子機械科
・1年次からものづくりを中心にした授業を展開し、実際にロボットづくりを通して、工業技術を支える**メカトロニクス技術**について学ぶ。
・マイクロマウス大会（マイクロマウス競技、ロボットレース競技）・Ene-1GP（バッテリーカー）大会や大学・企業との連携、地域との交流など、さまざまな取り組みをする。
・第二種電気工事士（国家資格）、危険物乙四類（国家資格）、計算技術検定、基礎製図検定などが取得可能。

★情報技術科
・プログラムやソフトウェア開発、電子回路、コンピュータ・システムの設計・管理・操作などについて、基礎から応用まで幅広く学ぶ。
・体験学習を重視するため、全ての科目で**実習・実験**を行う。
・ITパス、基本情報技術者などが取得可能。

★デザイン科
・1・2年次は実習を通して、デザインを基礎から学んでいくので、初心者でも安心して学ぶことができる。
・3年次の課題研究の授業は3コース（広告・編集などのデザインを学ぶ「**ビジュアルデザインコース**」、家電など量産品のデザインを扱う「**プロダクトデザインコース**」、美大・芸大への進学をめざす「**進学コース**」）に分かれる。
・レタリング技能検定、色彩検定などが取得可能。

★総合ビジネス科
・1年次はビジネスの基礎を学習し、2年次から**会計ビジネス、創造ビジネス**の2コースに分かれて学習する。
・企業と連携し新しい商品やサービスを企画する授業を展開する。
・簿記、情報処理、ビジネス文書、電卓検定などが取得可能。
・大学進学や就職へのサポートも充実。

★服飾デザイン科
・ファッションを通して創造性を養う。服の製作・デザインを基礎から学ぶ。作品発表の場として**ファッションショー**を行う。
・被服製作技術、色彩能力検定が取得可能。

★食物調理科
・県内公立高初の食物調理の専門学科。
・料理長や公衆衛生の専門科などの社会人講師を招いた多彩な授業を展開。
・卒業時全員が**調理師免許**を取得。
・語学は**中国語**や**仏語**が3年次履修可能。

[部活動]
　1年次は全員参加制。

★設置部（※は同好会）
サッカー、硬式野球、バスケットボール、ソフトボール（女）、バレーボール（女）、バドミントン、硬式テニス、ソフトテニス、剣道、ダンス、陸上競技、水泳、卓球、吹奏楽、電子機械、茶道、華道、クッキング、放送、美術、デザイン研究、コーラス、服飾デザイン、情報技術研究、映像技術研究、写真、ビジネス、JRC、演劇、※軽音楽

[行　事]
4月　新入生歓迎会
6月　現場実習（2年・6日間）、体育祭
10月　こぶし祭（文化祭）
11月　修学旅行（2年）
1月　課題研究発表会（各学科）

[進　路] (令和5年3月)
　進路ガイダンス、進路体験講話など、各種ガイダンスが充実。

★卒業生の進路状況
＜卒業生215名＞
大学60名、短大6名、専門学校98名、専攻科6名、就職32名、その他13名

★卒業生の主な合格実績
駒澤大、十文字学園女子大、城西大、女子栄養大、女子美術大、大正大、大東文化大、拓殖大、多摩美術大、東海大、東京藝術大、東京工科大、東京電機大、東洋大、日本大、日本工業大、武蔵大

♣指定校推薦枠のある大学・短大など♣
駒澤大、十文字学園女子大、城西大、女子栄養大、駿河台大、実践女子大、女子美術大、大東文化大、拓殖大、千葉工業大、東海大、東京家政大、東京工科大、東京国際大、東京電機大、東洋大、日本大、日本工業大　他

[トピックス]
・1年次の学級編成は、学科の枠を超えた「**ミックスホームルーム**」。各学科の混成学級で、他学科の生徒と交流することで視野を広げる。
・実践的な職業教育をとおして、夢につながる道を拓く複合型専門高校。
・令和4年度から新制服。

[学校見学] (令和5年度実施内容)
★学校説明会　7・8・11・1月　各1回
★イブニングインフォメーション（ミニ説明会）　10・12月各1回
★一日体験入学　9月
★こぶし祭　10月

入試！インフォメーション

受検状況	年度	学科・コース名	男女共	募集人員	志願者数	受検者数	倍率	昨年同期倍率	入学許可候補者数	倍率
	R6	電子機械	共	40	43	42	1.08	0.97	39	1.08
		情報技術	共	40	50	50	1.25	1.13	40	1.25
		デザイン	共	40	57	56	1.40	1.55	40	1.40
		総合ビジネス	共	40	43	43	1.10	1.15	39	1.10
		服飾デザイン	共	40	41	41	1.03	1.13	40	1.03
		食物調理	共	40	48	48	1.20	1.18	40	1.20

県立 新座柳瀬（にいざやなせ）高等学校

https://niizayanase-h.spec.ed.jp/

☎ 352-0004　新座市大和田 4-12-1
☎ 048-478-5151
交通　東武線志木駅　バス
　　　東武線柳瀬川駅　自転車 10 分または徒歩 22 分
　　　JR 武蔵野線新座駅　自転車 10 分または徒歩 20 分

普通科

| 単位制 |
| 共　学 |
| 制　服　あり |

[カリキュラム]　◇三学期制◇
- **少人数指導**を実施し学力の伸長をめざす。
- **補習授業**の充実により、進学や各種資格取得に十分な学力を養う。
- 1 年次は全員がほぼ共通の科目を学ぶ。
- 2 年次で 3 科目 7 単位、3 年次で 6 もしくは 7 科目 **16 単位**の**選択枠**を設け、部活動と連動した科目群や資格取得を支援する科目群、進学を支援する科目群などを展開する。
- 情報 (IT) 関係の資格取得に力を入れている。また、3 年次の選択科目「国語一般」は**日本語漢字能力検定**に、「ビジネスマナー」は**秘書技能検定**に、「ICT 演習」は **ICT プロフィシエンシー**に、「ファッション造形基礎」は**被服製作技術検定**に、「フードデザイン」は**食物調理技術検定**にそれぞれ対応する。

[部活動]
- 全員参加制。
- 令和 5 年度は、**チアダンス部**が USA Japan チアリーヂング＆ダンス学生新人大会 2021EAST Song/Pom 部門 Novice Small 第 2 位。**女子バスケットボール部**が県大会に出場した。
- 平成 29・30 年度には、**演劇部**が全国大会に出場し、優秀賞を受賞した。
- ★設置部（※は同好会）
剣道、サッカー、ソフトボール、卓球、テニス（男女）、バスケットボール（男女）、バドミントン、バレーボール（男女）、野球、ソフトテニス、チアダンス、演劇、華道、写真、書道、放送、茶道、吹奏楽、美術、手芸、科学

[行　事]
6 月　生徒総会、遠足
9 月　体育祭、雲雀祭（文化祭）
10 月　修学旅行（2 年）
11 月　マラソン大会

[進　路]（令和 5 年 3 月）
- 「**最後までとことん面倒をみる**」が基本姿勢。
- きめ細かな進路指導を実施。1 年次から段階を踏み、**職場見学、就業体験、模擬授業、作文指導**などさまざまな進路行事・指導を行う。
- 3 年次を対象として、進学と就職に分かれて面接対策や作文対策、学習補講などを行う進路補講を行っている。
- さまざまな進路希望に応じるため、**基礎力診断テスト、職業理解ガイダンス、適性検査、卒業生との懇談会**などを行い、生徒一人一人が段階を踏んで希望分野を絞っていけるように指導する。
- **分野別進路説明会、進路別ガイダンス、資料研究週間、個別面談**などを重ね、将来への進路設計を固められるようにしている。
- コンピュータによる各種データの整理を進めて、生徒の有効な利用を促している。

★卒業生の進路状況
＜卒業生 209 名＞
大学 61 名、短大 6 名、専門学校 102 名、就職 35 名、その他 5 名

★卒業生の主な進学先
浦和大、杏林大、埼玉学園大、十文字学園女子大、淑徳大、城西大、駿河台大、大東文化大、東京国際大、東京電機大、東京富士大、東洋大、日本大、人間総合科学大、文教学院大、立正大、流通経済大

♣指定校推薦枠のある大学・短大など♣
跡見学園女子大、嘉悦大、工学院大、埼玉学園大、埼玉工業大、十文字学園女子大、淑徳大、城西大、尚美学園大、駿河台大、聖学院大、大東文化大、東京工芸大、東京国際大、東京電機大、東洋大、文京学院大、明星大、立正大　他

[トピックス]
- 平成 20 年 4 月、**全日制普通科の単位制高校**として開校。
- 情報系の資格を始めとして、多くの科目で資格取得に向けた指導を行っている。特に国家資格である **IT パスポート試験**には、毎年、合格者を出している。

[学校見学]（令和 5 年度実施内容）
★学校説明会　7・10・11 月各 1 回
★入試個別相談　11・1 月
★雲雀祭　9 月　一般公開
★学校見学は随時可（要連絡）

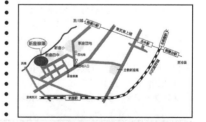

入試！インフォメーション

受検状況	年　度	学科・コース名	男女共	募集人員	志願者数	受検者数	倍　率	昨年同期倍率	入学許可候補者数	倍　率
	R6	普　通	共	200	227	225	1.14	1.15	198	1.14
	R5	普　通	共	200	227	227	1.15	1.11	198	1.15
	R4	普　通	共	200	225	220	1.11	1.11	198	1.11

県立 和光国際 高等学校

わこうこくさい

https://wakoku-h.spec.ed.jp/

普通科
外国語科

共学

制服 あり

☎ 351-0106　和光市広沢 4-1
☎ 048-467-1311
交通　東武東上線・東京メトロ有楽町線和光市駅　徒歩 17 分

[カリキュラム] ◇三学期制◇

・55分授業を実施。
・外国語科専門科目「グローバルイシューズ」で、上智大学との連携により「内容言語統合型学習（CLIL）」を実施。
・3年次以降は多様な選択科目を設置し、希望進路に対応。

★普通科

・3年次からは希望に応じ、文系科目中心の人文コースと、理系の進学を目指す理数コースとに分かれる。
・外国語科専門科目「グローバルイシューズ」を3年人文コースの生徒は全員履修。
・文系・理系を問わず第2外国語の履修が可能。
・英語の一部の授業で少人数でのALTとのティームティーチングの授業を実施。

★外国語科

・3年次には英語で卒業論文の作成、発表を行う。
・第2外国語として、「中国語」「フランス語」「ドイツ語」「スペイン語」のいずれかを選択。
・少人数でのALTとのティームティーチングの授業が多い。
・英検などの資格取得も補習などを通じて支援。外国語科3年生のTOEIC平均点は令和2年度は549点、令和3年度は490点で（最高点は935点）、大学1年生を上回る実力を身につけている。

[部活動] （※は同好会）

・令和3年度は、少林寺拳法部がインターハイに9名出場（女子単独演武3位、女子団体演武）、全国高校選抜大会に14名出場（女子自由単独演武 優勝、男子規定単独演武4位、女子団体演武10位、女子規定単独演武11位）。ワンダーフォーゲル部が関東大会出場

権獲得。美術部が高校生国際美術展で佳作、埼玉県高校美術展で奨励賞を受賞。吹奏楽部が全日本ブラスシンフォニーコンクール全国大会出場、ポピュラーステージ吹奏楽コンクール全国大会出場。書道同好会が全国学生書写書道展優秀特選、全国書道展特選を受賞。

★設置部（※は同好会）

ソフトボール、ワンダーフォーゲル、バドミントン、ソフトテニス（女）、剣道、陸上競技、サッカー（男女）、硬式テニス、バスケットボール、バレーボール、卓球、少林寺拳法、ハンドメイド、演劇、FEN、茶道、漫画研究、華道、写真、歴史研究、美術、吹奏楽、ESS、情報技術研究、競技かるた、※AEF、※書道

[行　事]

校外学習、球技大会、短期海外研修、みづのき祭（文化祭・体育祭）、修学旅行（シンガポール）、芸術鑑賞会、百人一首大会、持久走大会、英語キャンプ、海外ホームステイ短期留学（オーストラリア、イギリス）などを実施。

[進　路] （令和5年3月）

・20校の大学教授を招き、1・2年生を対象とした授業を行ってもらう（和国One Day Campus）。
・3年生を対象に、夏季休業中3泊4日の勉強合宿を実施。
・朝7時半〜19時まで自習室が使用可（冷暖房完備）。

★卒業生の主な進学先

北海道大、筑波大、金沢大、岩手大、山形大、埼玉大、千葉大、東京外国語大、東京学芸大、鹿児島大、福島県立医大、埼玉県立大、東京都立大、航空保安大、防衛大、早慶上理、GMARCH、関関

同立、Lower Columbia College（アメリカ合衆国）、Torrens University（オーストラリア）、University of Hawai'I at Manoa（アメリカ合衆国）、鮮文大学（韓国）

♣指定校推薦枠のある大学・短大など♣

青山学院大、立教大、中央大、法政大、東京理科大、津田塾大、学習院大、明治学院大、成蹊大、成城大、武蔵大、日本女子大、獨協大、文教大、大東文化大、帝京大、東海大、女子栄養大、日本大、東洋大、東京農業大、神田外語大、芝浦工業大、東京家政大、東京電機大、明治薬科大、立命館大、昭和女子大、工学院大、東京都市大　他

[トピックス]

・「国際社会で必要とされるグローバルリーダーの育成」を目指し、昭和62年に設立。海外からの留学生も積極的に受け入れ、校名にある通り、国際色豊かな校風を形成。語学教育と国際交流を重視した国際理解教育活動を展開しており、海外からの来訪者が毎年100名以上を数えるなど、異文化交流もたいへん身近である。
・令和3年度より教室・トイレ・体育館床・グラウンド等の大規模改修実施。
・国際理解教育として、国際・科学・言語などの分野の第一線で活躍する人々を招いて講演を実施。国際人としての教養を養う。世界銀行や理化学研究所の先生、和光市長などの講演が行われている。

[学校見学] （令和5年度実施内容）

★学校説明会　6・8・9・11・1月各1回
★個別説明会　6・9・11・1月各1回
★文化祭　6月　見学可

入試！インフォメーション

受検状況	年度	学科・コース名	男女共	募集人員	志願者数	受検者数	倍率	昨年同期倍率	入学許可候補者数	倍率
	R6	普通	共	240	348	347	1.46	1.43	238	1.46
		外国語	共	80	117	116	1.47	1.16	79	1.47
	R5	普通	共	240	342	341	1.43	1.42	238	1.43
		外国語	共	80	92	92	1.16	1.61	79	1.16

埼玉県
公　立
高校

学校ガイド

＜全日制　旧第2学区・中部＞

学校を紹介したページの探し方については、2ページ
「この本の使い方＜知りたい学校の探し方＞」を参照し
てください。

県立 川越 高等学校
（かわごえ）

https://kawagoe-h.spec.ed.jp/

〒350-0053　川越市郭町2-6
☎049-222-0224
交通　西武線本川越駅　徒歩15分
　　　東武線川越市駅　徒歩20分
　　　ＪＲ川越線・東武線川越駅　徒歩25分またはバス

普通科

単位制

男

制　服　なし

[カリキュラム] ◇三学期制◇
・教員全員が質の高い授業を行い、教育課程は**進学指導**を重視して編成している。
・1年次で基礎・基本を確実に定着させた上で、2年次から**文系・理系**に分かれる。
・平成31年度入学生より、「**進学型単位制**」を導入。各自の進路にあった科目選択が可能となる。
・3年次では**少人数授業**が多く展開され、希望進路実現のための実戦的できめ細やかな指導が行われる。
・隔週**土曜日**の午前中に公開授業を実施。また、月曜日と水曜日には**7時限授業**を行い、一週間を通した学習のリズムを作っている。

[部活動]
・全員参加制。
・令和4年度は、**地学部**が科学の甲子園全国大会で地学分野6位。**弓道部**が関東大会団体優勝（2連覇）。**陸上競技部**が関東大会三段跳3位入賞。**音楽部**が関東合唱コンクール金賞。
★設置部
水泳、庭球、山岳、卓球、籠球、野球、蹴球、剣道、柔道、弓道、陸上競技、排球、バドミントン、ラグビー、硬式テニス、新聞、応援、放送、吹奏楽、英語、映画視聴覚、物理、化学、地学、音楽、美術、書道、古典ギター、囲碁・将棋、軽音楽、弦楽合奏、生物、クイズ研究、料理、文芸、写真

[行　事]
・9月の**くすのき祭**（文化祭）は最大のイベントで、文化部の発表や元祖「ウォーターボーイズ」の公演などが人気で毎年多くの来校者がある。
・**陸上競技大会**では高レベルな戦いが

繰り広げられる。
・12月には各界で活躍中の卒業生による**文化講演会**が行われる。

4月　新入生歓迎会
6月　球技大会、水泳大会（1年）
7月　芸術鑑賞会
9月　くすのき祭（文化祭）、陸上競技大会
10月　修学旅行（2年）、博物館見学（1年）
11月　強歩大会
12月　文化講演会

[進　路]（令和5年3月）
・学部・学科懇談会や合格者受験体験懇談会、夏季休業中に行われる**大学見学会（キャンパスツアー）**等を通じて、自ら進路選択できる力を養成している。また、進路講演会や難関大説明会も行っている。
・教員主導の**進学講習**のほか、生徒の発案により、教員に講師を依頼して、内容・日程などを決めて行われる「**自主ゼミ**」も実施されている。
★卒業生の進路状況
＜卒業生352名＞
大学233名、短大0名、専門学校0名、就職0名、その他119名
★卒業生の主な合格実績
東京大、北海道大、東北大、名古屋大、大阪大、埼玉大、千葉大、筑波大、電気通信大、東京外国語大、東京海洋大、東京学芸大、東京工業大、東京農工大、一橋大、横浜国立大、九州大、京都大、東京都立大、早稲田大、慶應義塾大、上智大、東京理科大、青山学院大、学習院大、中央大、法政大、明治大、立教大
♣指定校推薦枠のある大学・短大など♣
早稲田大、慶應義塾大、上智大、青山学院大、国際基督教大、中央大、

東京理科大、明治大、立教大　他

[トピックス]
・「**世界をリードする科学技術人材育成事業指定校**」（令和2年度より）。
・「**Go Global 高い志、世界へ向けて**」のテーマのもと、国際交流に力を入れており、英語圏以外の国から講師を招いて行う**異文化理解プログラム**、英語による集中講座（**擬似留学体験**）、ニュージーランドのオークランド大学における**次世代リーダー育成プログラム**などを実施する。

[学校見学]（令和5年度実施内容）
★学校説明会　7月1回
★公開授業　9月3回、10・11月各2回、6・10月各1回
★くすのき祭　9月

入試！インフォメーション

受検状況	年　度	学科・コース名	男女共	募集人員	志願者数	受検者数	倍　率	昨年同期倍率	入学許可候補者数	倍　率
	R6	普　通	男	360	526	522	1.46	1.38	362	1.44
	R5	普　通	男	360	502	494	1.38	1.42	358	1.38
	R4	普　通	男	360	519	509	1.42	1.35	361	1.41

県立 **川越工業** 高等学校
かわごえこうぎょう

デザイン科
化学科
建築科
機械科
電気科

http://www.kawagoe-th.spec.ed.jp/

〒350-0035　川越市西小仙波町2-28-1
☎ 049-222-0206
交通　ＪＲ川越線・東武東上線川越駅　徒歩10分
　　　西武新宿線本川越駅　徒歩7分

共 学

制 服　あり

[カリキュラム] ◇三学期制◇
・各学科ごとに特色を生かしたカリキュラムを組んでいる。低学年では、基礎になる普通科目にも重点を置き、専門科目をスムーズに学習できるようになっている。
・1年次の英語と数学、2年次の国語、3年次の国語と英語で**少人数制授業**を展開。より充実した指導を行っている。
・ロボット、ＣＡＤ、ＣＧ、マシニングセンター、バイオ関連装置、万能試験機などの多様な**最新鋭設備**を使用し、先端技術を学習する。実習においては、10名前後の少人数制授業を実施し、きめ細かい指導を行う。
★デザイン科
・色彩、デッサン、コンピュータグラフィックスなどの基礎的学習を行う。
・織物（テキスタイル）、染物などの製品づくりについても学ぶ。
★化学科
・環境やバイオテクノロジー、人工宝石をテーマに、授業と実験を通じ、「化学」の基礎知識から応用技術までを学習。
★建築科
・人間生活の基本である「衣食住」の「住」について、空間設計、建築方法の知識と技術を実践的に学習。
★機械科
・部品づくりから製品づくりまで一貫したものづくりを通じ、匠の技と先端技術を学習する。
★電気科
・先端技術に対応できる応用力の育成を目指し、電気の基礎を学習する。

[部活動]
・1年生は全員参加制。
・**野球部**は、過去に2回甲子園出場、平成29年・令和元年に全国高等学校野球選手権埼玉大会ベスト8、平成28年に選抜高等学校野球大会21世紀枠埼玉県推薦校などの実績を上げている。**自転車競技部**は、全国大会の常連で、全国優勝や世界大会の出場の実績がある。また、毎年ＩＨ・選抜大会に出場、令和元年に女子ケイリン優勝・女子ポイントレース優勝、2019年アジア大会で女子ジュニアスプリント銅メダル獲得などを果たしている。
★設置部（※は同好会）
野球、陸上競技、弓道、自転車競技、ソフトテニス、卓球、バスケットボール、バレーボール、ラグビー、サッカー、柔道、剣道、空手道、バドミントン、ソフトボール、山岳、科学、美術、吹奏楽、機械、電気、写真、現代ギター、茶道、将棋、※応援、※建築、※釣り、※演劇、※家庭科、※漫画文芸研究

[行事]
・五科合同課題研究発表、強歩大会、工業祭（文化祭）、体育祭、ロードレース大会、修学旅行（2年）などを実施。
・各学年で**工場体験**を行う。

[進路]
・就職に関しては**企業見学会・工場見学会**などを行い、各生徒の個性、専門性を生かすことのできる職場を見つけるようにしている。
・進学に関しては推薦入試説明会、進学補習、模擬試験などを実施し、毎年約4割の生徒が進学している。
・**資格取得**にはたいへん力を入れており、そのための**講習会**も行っている。甲種危険物取扱者試験などの**難関国家資格**に合格する生徒もいる。
★卒業生の進路状況（令和5年3月）
　　＜卒業生264名＞
　　大学51名、短大2名、専門学校70名、就職124名、その他15名
★卒業生の主な進学先
　　東京電機大、東洋大、東海大、東京工芸大、日本大、拓殖大、日本工業大、埼玉工業大、ものつくり大
♣指定校推薦枠のある大学・短大など♣
　　工学院大、女子美術大、東京電機大、東洋大、日本大　他

[トピックス]
・明治40年創立。110周年を迎えた、「伝統・実績とも埼玉県"No.1"の工業高校！」。パナソニック、エボルタ電池鉄道をはじめ、企業、大学、自治体、各種法人との連携により、実践的技術者の育成に力を入れている。
・「たまご学校」やかわごえ産業フェスタなどのイベントの参加、街頭の清掃などボランティア活動に取り組み、**地域に開かれた学校づくり**を行っている。
・平成26年度、全普通教室に冷房を完備。
・平成28年度、全普通教室に**プロジェクター**と**スクリーン**を配備。

[学校見学]（令和5年実施内容）
★学校説明会　6・9・12・1月各1回
★体験入学　11月1回
★工業祭　10月　見学可

入試！インフォメーション

受検状況	年度	学科・コース名	男女共	募集人員	志願者数	受検者数	倍率	昨年同期倍率	入学許可候補者数	倍率
	R6	デザイン	共	40	49	49	1.23	1.08	41	1.20
		建築	共	40	36	36	0.90	0.98	36	1.00
		機械	共	80	61	61	0.77	0.96	67	0.91
		電気	共	40	48	47	1.18	0.85	40	1.18
		化学	共	80	69	67	0.85	0.87	73	0.92

県立 川越女子 高等学校
かわごえじょし

https://kawagoejoshi-h.spec.ed.jp/

℡ 350-0041　川越市六軒町1-23
☎ 049-222-3511
交通　東武線川越市駅　徒歩5分
　　　西武線本川越駅　徒歩8分

普通科

| 女 |

制服　あり（令和4年10月よりスラックス導入）

[カリキュラム]　◇二学期制◇

・充実した教育内容を確保するため、**65分授業**と**二学期制**、**土曜授業**（隔週）を実施。
・数学、地歴、英語の単位数を増やすことで難関大学受験（東大地歴選択等）により適応したカリキュラムとなっている。
・2年次までは、芸術などの一部の選択科目を除き、全員が共通の科目を学習する。
・3年次から**A類型（文系）**と**B類型（理系）**に分かれ、より高度・専門的な内容を学ぶ。
・1年次より普通クラスとは別にSSH**クラス**を設置。「科学研究」など、3年間を通して課題研究に取り組む。

[部活動]

　ほぼ全員が参加。令和4年度は、**文芸部、放送部、弦楽オーケストラ部**が全国大会、**ソフトテニス部、陸上競技部**が関東大会に出場した。
★設置部
　水泳、陸上競技、ソフトテニス、バスケットボール、ソフトボール、登山、硬式テニス、バドミントン、バレーボール、弓道、剣道、卓球、新体操、カラーガード、吹奏楽、マンドリン、弦楽オーケストラ、音楽、フォーク（軽音楽）、茶道（裏千家）、翠松会（表千家茶道）、華道、箏曲、おいしんぼ（調理）、被服、漫画研究、美術、書道、地球天文、生物、写真、英語、放送、英語劇、演劇、新聞、文芸、園芸

[行事]

4月　新入生歓迎会、春季スポーツ大会
6月　体育祭、芸術鑑賞会
9月　紫苑祭（文化祭）

11月　進路講演会、修学旅行（2年）
2月　ロードレース大会

[進路]（令和5年3月）

　3年間を見通した緻密な進路指導を展開。具体的には、
○放課後、土曜日、長期休業中などに組織的に行われる**進学課外補講**
○**学習室**の設置（土日も開放）
○小論文の**個人指導**
○卒業生を招いて大学での学問の楽しさを聴く**進路懇談会**、勉強の仕方を聴く**進学懇談会**、保護者のための**進路勉強会**（PTAと連携）
というような取り組みを幅広く行っている。また、**難関大学対策**として、東京大の論述試験や慶應義塾大の小論文に対応すべく、一対一の添削指導や新大学入試検討委員会の設置による新大学入試の研究と細やかで丁寧な進路指導を行っている。
　国公立大の現役合格者数が2022年度は105、2023年度は113名と、2年連続100を超えた。

★卒業生の進路状況
　＜卒業生348名＞
　大学310名、短大1名、専門学校1名、就職0名、その他36名
★卒業生の主な合格実績
　東京大、一橋大、東京工業大、東京藝術大、北海道大、東北大、大阪大、九州大、東京医科歯科大、群馬大（医）、岐阜大（医）、秋田大（医）、徳島大（医）、防衛医科大、埼玉県立大、東京都立大、早稲田大、慶應義塾大、上智大、東京理科大
♣指定校推薦枠のある大学・短大など♣
　早稲田大、慶應義塾大、青山学院大、学習院大、国際基督教大、埼玉医科大、上智大、中央大、東京薬科大、東京理科大、法政大、明治大、立教

大、立命館大　他

[トピックス]

・自主・自律を重んじる本校は、生徒の自学・自習環境を整えており、年末年始などを除き土日を含め学校を開放している。
・平成18年度より現在に至るまで、文部科学省の**スーパーサイエンスハイスクール**に指定を受けており、国立科学博物館や理化学研究所を訪問するサイエンスツアーや、埼玉大学、お茶の水女子大学などの研究室体験、横浜国立大学の研究者による出張講義が実施される。この事業の一つとして、海外研修も実施している。
・空調設備完備。

[学校見学]（令和5年度実施内容）

★生徒による学校説明会　8月1回
★授業公開・学校説明会　10・11月各1回、3月（中1・2年対象）
★紫苑祭　9月（中3生・保護者に向けて公開で実施）

入試！インフォメーション

受検状況	年度	学科・コース名	男女共	募集人員	志願者数	受検者数	倍率	昨年同期倍率	入学許可候補者数	倍率
	R6	普通	女	360	466	463	1.29	1.34	358	1.29
	R5	普通	女	360	487	481	1.34	1.34	358	1.34
	R4	普通	女	360	484	480	1.34	1.28	360	1.33

県立 川越総合 高等学校
（かわごえそうごう）

https://kawagoesogo-h.spec.ed.jp/

☎ 350-0036　川越市小仙波町 5-14
☎ 049-222-4148
交通　ＪＲ川越線・東武線川越駅　徒歩20分
　　　西武線本川越駅　徒歩15分

総合学科

単位制	
共　学	
制　服	あり

[カリキュラム] ◇三学期制◇

・自分の適性、興味・関心を考慮したうえで、普通教科と専門教科の科目を総合的に選択履修する。
・1年次は基礎学力をつけるため、普通科目中心に学習する。2・3年次は各自の進路にあわせて100種類以上の中から科目を選択履修する。選択の目安として4系列（①農業科学 ②食品科学 ③生物活用 ④生活デザイン）を設定している。
・農業科学系列：植物を栽培し、農業の基本と「生き物を育む心」を学ぶ。
・食品科学系列：食品の製造、食品の成分、微生物の働きを学び、流通について考える。
・生物活用系列：草花の栽培、フラワーアレンジ、動物の飼育、バイオテクノロジーガーデン・環境・土木について学ぶ。
・生活デザイン系列：生活の中で活きる技術・知識を身に付ける。
・1年次の必修科目「総合実習」では、農業に関する体験的学習を通して、自然や食物の大切さを考える内容となっており、2年次からの科目選択に役立てることができる。

[部活動]

・1年次は全員参加制。
・弓道部は全国大会、陸上部は関東大会、女子バレーボール部、女子バスケットボール部、バドミントン部は県大会へ、それぞれ出場。その他の部活動も活発に活動している。
・日本学校農業クラブ（FFJ）も毎年、全国大会に出場。日頃の活動の成果を発揮している。
★設置部
　陸上競技、野球、バレーボール、バスケットボール、ソフトテニス、卓球、剣道、ソフトボール、弓道、バドミントン、茶道、華道、文芸、美術、書道、写真、科学、ＪＲＣ、吹奏楽、FFJクラブ、演劇

[行　事]

特に力を入れていること
・メロンやシクラメン、その他農産物を栽培、販売。
・地域の農業系イベントへの参加。
・「武蔵野の落ち葉堆肥農法」として日本農業遺産に認定された三富地区での落ち葉掃きボランティア活動。
・校内で飼育している埼玉県のブランド鶏「彩の国地鶏タマシャモ」を、地域の業者とコラボレーションし「メロンパン」や「たましゃもカレー」として製品化。体育祭や文化祭など、各種行事も非常に盛り上がりを見せている。
10月　川総祭（文化祭）、体育祭
11月　修学旅行（2年）
2月　3年生を送る会

[進　路]（令和5年3月）

・資格・検定の取得・合格を奨励しており、大型特殊自動車免許、ビジネス文書実務検定、日本漢字能力検定、実務英語技能検定、食物調理技術検定、被服製作技術検定、日本農業技術検定の取得には特に力を入れている。
・公務員対策講座を年10回実施している。
・本校の受験タイプは、指定校推薦、公募推薦、総合選抜型等が大半。
★卒業生の進路状況
　＜卒業生241名＞
　大学54名、短大40名、専門学校99名、就職35名、その他13名
★卒業生の主な合格実績
帯広畜産大、東京農業大、日本獣医生命科学大、酪農学園大、玉川大、東海大、東京経済大、東洋大、東京電機大、獨協大、国士舘大、立正大、大正大、大東文化大、文京学院大、淑徳大、跡見学園女子大、東京家政大、女子栄養大、十文字学園女子大、城西大、東京国際大、駿河台大、聖学院大、目白大
♣指定校推薦枠のある大学・短大など♣
跡見学園女子大、十文字学園女子大、淑徳大、女子栄養大、城西大、駿河台大、聖学院大、大東文化大、東京国際大、東京農業大、東洋大、日本獣医生命科学大、酪農学園大、文京学院大　他

[トピックス]

・令和2年度に創立100周年を迎えた。
・水田、畑、水耕栽培温室のある名細農場、さらには、生物工学科棟や食品科学棟、最新の機材を備えた情報処理室、多目的ホール「明星館」など、施設が充実しており、総合学科高校としての幅広い選択科目に対応。実習をふんだんに取り入れた授業を行っている。
・農業や家庭科目を通して、生徒は生命や食の大切さを学んでいる。
・毎年、授業で育てたメロンの販売を百貨店で行い、新聞でも紹介された。

[学校見学]（令和5年度実施内容）

★学校説明会　7・8・10月（7・8月は体験授業・部活動体験も実施）
★個別説明会　10月
★川総祭　9月
★学校見学は随時可（要連絡）

入試！インフォメーション

受検状況	年度	学科・コース名	男女共	募集人員	志願者数	受検者数	倍率	昨年同期倍率	入学許可候補者数	倍率
	R6	総合学科	共	240	311	310	1.30	1.04	238	1.30
	R5	総合学科	共	240	247	247	1.04	1.15	238	1.04
	R4	総合学科	共	240	275	274	1.15	1.17	244	1.12

普通科

県立 川越西 高等学校
かわごえにし

https://kawagoenishi-h.spec.ed.jp/

☎ 350-1175　川越市笠幡2488-1
☎ 049-231-2424
交通　ＪＲ川越線笠幡駅　徒歩15分
　　　東武線鶴ヶ島駅　自転車20分

共　学

制　服　あり

[カリキュラム] ◇三学期制◇

・1年次は、必修科目を中心に基礎基本がマスターできるよう科目を配置。また、定期考査前には「補習強化週間」を設定し、生徒の学習をバックアップする。
・2年次は、理科の2単位分を物理基礎、地学基礎から選択する。
・3年次は、文系・理系に分かれる。文系クラスの選択科目群は4つあり、それぞれ1科目を選択する。選択科目の中には大学一般受験対策の科目以外に、「保育基礎」や「栄養」など大学・短大での専門科目に対応した科目も設置されているのが特徴。理系クラスは主に理工系大学進学希望者を対象とする。

[部活動]

・1年生は全員参加制。
・令和4～5年度は、運動部では、ワンダーフォーゲル部が関東大会に出場。空手道部が女子団体組手で関東大会準優勝を果たした。硬式テニス部が女子ダブルスで県大会に出場した。女子バレーボール部、陸上競技部も県大会に出場した。
・文化部では、軽音楽部が関東大会出場。書道部が埼玉県硬筆中央展覧会特選賞・優良賞、埼玉県書き初め中央展特選・優良賞、第23回高校生国際美術展書の部奨励賞。また、平成30年度には合唱部が全国高等学校総合文化祭に出場している。

★設置部

卓球、陸上競技、サッカー、野球、ダンス、バドミントン（男女）、バレーボール（男女）、バスケットボール（男女）、ソフトテニス（男女）、ソフトボール、ワンダーフォーゲル、硬式テニス、空手道、書道、美術、英語、演劇、放送、吹奏楽、茶道、手作り、ギター、自然科学、イラスト研究、合唱、軽音楽

[行　事]

4月	新入生歓迎会、進路オリエンテーション
5月	遠足
7月	球技大会
9月	文化祭
10月	体育祭
11月	修学旅行（2年）
1月	百人一首大会

[進　路] （令和5年3月）

・1年次に上級学校見学会を行う。
・看護系の進路希望者に対して、1、2年次に看護体験を実施。
・推薦入試などで優遇されるため、英語・漢字・数学・パソコンなどの各種資格・検定の取得を奨励している。
・2年次は分野別で、3年次は一般入試・推薦入試・専門・看護医療・一般企業就職・公務員等に分けて、きめ細かな進路オリエンテーションを行う。
・スタディサプリや進路適性検査を実施。
・放課後を利用した進学課外補習のほか、推薦入試対策として作文・小論文指導を、就職対策として面接指導も行っている。

★卒業生の進路状況

＜卒業生304名＞
大学107名、短大40名、専門学校124名、就職14名、その他19名

★卒業生の主な合格実績

東京電機大、東洋大、日本大、武蔵大、工学院大、国士舘大、淑徳大、東京経済大、東京国際大、大東文化大、拓殖大、立正大、目白大、文京学院大、城西大、尚美学園大、駿河台大、聖学院大、武蔵野大、法政大

♣指定校推薦枠のある大学・短大など♣

跡見学園女子大、工学院大、十文字学園女子大、女子栄養大、大東文化大、東京経済大、東京工科大、東京国際大、東京電機大、東洋大、日本大、武蔵大、立正大　他

[トピックス]

・昭和54年開校。
・校訓は「敬愛・正義・努力」。
・平成15年から全館冷暖房完備（保護者負担なし）。快適な環境で充実した授業が受けられる。
・グラウンドには夜間照明が設置されており、部活動の練習環境は充実している。
・トイレは全館ウォシュレット。

[学校見学] （令和5年度実施内容）

★学校説明会　10・11・12・1月各1回、8月1回（7・8月は部活動体験あり）
★文化祭　9月　見学可
★学校見学は随時可（事前連絡必要）

■入試！インフォメーション■

受検状況	年　度	学科・コース名	男女共	募集人員	志願者数	受検者数	倍率	昨年同期倍率	入学許可候補者数	倍率
	R6	普　通	共	360	466	463	1.29	1.34	358	1.29
	R5	普　通	共	320	349	349	1.10	0.97	318	1.09
	R4	普　通	共	360	347	347	0.97	1.01	347	1.00

県立 川越初雁 高等学校
かわごえはつかり

普通科

http://www.kawagoehatsukari-h.spec.ed.jp/

☎ 350-1137　川越市大字砂新田 2564
☎ 049-244-2171
交通　東武線新河岸駅　徒歩 20 分

共　学

| 制　服 | あり |

[カリキュラム] ◇三学期制◇

・生徒一人ひとりの能力・個性を最大限に伸ばすため、進学などに向けた発展的な学習を行う特別クラス「**総進クラス**」を1クラス設置している。一般クラスより内容の濃い授業を展開しており、2年次には数学Ⅱを4単位履修するなど、一般クラスよりも理系科目を重視したカリキュラムとなっている。3年次には**文系**と**理系**に分かれて**大学受験**に対応した内容の学習を行う。

・学校全体で分かりやすい授業と、放課後などの補講で基礎・基本を徹底し、本当の実力を身につけ、社会で活躍する人材となるよう指導する。

・**一般クラス**では、**基礎基本**の定着をめざす。2年次には国語特講(漢字検定)、英語特講(英語検定)、課題研究(P検)、数学理解(数学検定)から1科目を選び、**資格取得**をめざした学習を行う。3年次には服飾手芸、フードデザイン、保育基礎、スポーツⅡなどの多彩な選択科目の中から将来の進路に応じた内容のものを選んで学習する。

・1クラス32名程度の**少人数学級編成**を導入(1年次)。きめ細かな学習指導が行われる。

[部活動]

・約7割が参加。運動部を中心に活動は盛んである。**ソフトボール部**は県大会ベスト8の常連。

・令和5年度は、**陸上競技部**がIH出場(女子円盤投・2年連続)、関東新人大会出場(男子3000m障害)、**放送局**が全国高校総合文化祭に出場した。

・令和4年度は、**陸上競技部**がIH出場(女子円盤投)、**弓道部**が紫灘旗高校遠的弓道大会出場(女子団体)。

★設置部

陸上競技、野球(男)、ソフトボール(女)、サッカー(男)、硬式テニス、バスケットボール(男)、バレーボール(女)、バドミントン(女)、卓球、剣道、弓道、登山、文芸、理科、吹奏楽、美術、書道、調理、茶道、華道、演劇、写真、出版局、放送局

[行　事]

4月	新入生歓迎会
5月	遠足
6月	体育祭
9月	初雁祭(文化祭)
10月	修学旅行(2年)
11月	初雁トライアル(マラソン大会)
12月	芸術鑑賞会
2月	三送会

[進　路] (令和5年3月)

・総合的な探究の時間を活用して、組織的に進路学習を行っている。

・2年の11月に開かれる**進路別バス見学会**では、バスに分乗し、大学・専門学校・企業などを巡回。

・8月には**進学補講**を実施。

・**進路指導室**あり。

・3年次には、分野別の**進路説明会**や**進路ガイダンス**のほか、**就職面接指導**や**指定校推薦面接指導**、**共通テスト説明会**などが行われる。

・進路指導が充実しており、平成22～令和3年度の就職希望者の就職内定率は100%である。

★卒業生の進路状況

＜卒業生170名＞
大学32名、短大1名、専門学校56名、就職65名、その他16名

★卒業生の主な進学先

法政大、東京理科大、成城大、日本大、跡見学園女子大、杏林大、埼玉学園大、埼玉工業大、埼玉平成大、十文字学園大、城西大、城西国際大、尚美学園大、駿河台大、聖学院大、西武文理大、大正大、大東文化大、東京国際大、東京福祉大、東京理科大、東北福祉大、東洋大、東洋学園大、日本医療科学大、日本工業大、日本女子体育大、比治山大、文京学院大、目白大、ものつくり大

♣指定校推薦枠のある大学・短大など♣

跡見学園女子大、共栄大、杏林大、工学院大、駒沢女子大、埼玉工業大、十文字学園大、淑徳大、城西大、尚美学園大、駿河台大、聖学院大、西武文理大、大東文化大、東京家政学院大、東京国際大、東京女子体育大、東洋大、日本大、日本医療科学大、日本工業大、文京学院大、ものつくり大　他

[トピックス]

・「**あらゆる進路希望をかなえる**」学校。大学進学に向けた学習をしながら、部活動なども精一杯頑張りたいという意欲的な生徒の入学を待っている。

・ボランティアチャレンジプロジェクトとして、地域の清掃活動、施設内併置の川越特別支援学校川越たかしな分校との交流などを行っている。

・未来を拓く「学び」プロジェクト研究指定校で「協調学習」の手法を用いた授業を行っている。

[学校見学] (令和5年度実施内容)

★学校説明会　7・9・10・11・12月各1回、1月2回
★部活動体験会　8月1回
★初雁祭　9月
★公開授業　11・1月各1回

入試！インフォメーション

受検状況	年　度	学科・コース名	男女共	募集人員	志願者数	受検者数	倍　率	昨年同期倍率	入学許可候補者数	倍　率
	R6	普　通	共	200	171	170	0.86	1.04	170	1.00
	R5	普　通	共	200	208	205	1.04	0.95	198	1.03
	R4	普　通	共	200	193	188	0.95	0.78	188	1.00

県立 川越南 高等学校
かわごえみなみ

https://kawagoeminami-h.spec.ed.jp/

〒350-1162　川越市南大塚1-21-1
☎ 049-244-5223
交通　西武新宿線南大塚駅　徒歩13分
　　　ＪＲ・東武東上線川越駅　自転車15分

普通科

共　学
制　服　あり

[カリキュラム] ◇三学期制◇
・1年次、2年次は、芸術を除き、全員が共通科目を履修。英・数・国の授業を通常より多くすることで基礎学力の充実をはかっている。
・3年次に文系と理系に分かれる。
・多様な進路希望に応じることができるように、特に3年次には多彩な選択科目が用意されている。

[部活動]
・1年生は全員参加制。
・令和4年度は、陸上競技部が関東大会に出場。書道部が硬筆展で埼玉県教育委員会教育長賞（県第2席）。放送部がNHKコンテストのアナウンス部門、ラジオドキュメント部門、テレビドキュメント部門で全国大会に進出。全国大会ではテレビドキュメント部門で制作奨励賞を受賞。
・令和3年度には、空手道部が関東大会出場権を獲得。女子テニス部、男子バスケットボール部、女子バスケットボール部、女子卓球部などが県大会に出場した。
★設置部（※は同好会）
陸上競技、サッカー、バレーボール（男女）、バドミントン（男女）、硬式テニス（男女）、ソフトテニス、バスケットボール（男女）、卓球（男女）、剣道、空手道、弓道、ワンダーフォーゲル、ハンドボール、野球、ソフトボール、ダンス、音楽、美術、書道、茶道、写真、吹奏楽、ギター、理科、文芸、パソコン、料理、新聞、放送、※英語

[行　事]
5月　遠足
6月　体育祭
9月　藤華祭（文化祭）

10月　芸術鑑賞会
11月　長距離走大会、修学旅行
12月　球技大会、百人一首大会
3月　予餞会

[進　路] (令和5年3月)
・朝補講（進学補講）や夏季休業中進学補講を全学年で実施。また、スタディサポート、基礎力テスト・実力試験、三者面談、進路行事など、3年間を見通した進路指導を行っている。
・進路指導室には担当職員を配置している。
★卒業生の進路状況
＜卒業生353名＞
大学309名、短大4名、専門学校19名、就職6名、その他15名
★卒業生の主な合格実績
埼玉大、千葉大、埼玉県立大、東京都立大、青山学院大、大妻女子大、学習院大、國學院大、駒澤大、埼玉医科大、芝浦工業大、昭和女子大、女子栄養大、成蹊大、成城大、専修大、中央大、帝京大、東京電機大、東京理科大、東洋大、日本大、法政大、武蔵大、明治大、立教大、早稲田大
♣指定校推薦枠のある大学・短大など♣
青山学院大、亜細亜大、跡見学園女子大、大妻女子大、共立女子大、杏林大、学習院大、工学院大、芝浦工業大、城西大、女子栄養大、成蹊大、成城大、専修大、大東文化大、中央大、東京家政大、東京経済大、東京電機大、東洋大、獨協大、日本大、法政大、武蔵大、立教大　他

[トピックス]
・「文武両道を目指す学校」として、①大学への現役合格率の向上、②活気あふれる部活動、学校行事の推進、

③国際化に対応する教育の推進に力を入れている。
・ＡＬＴ（外国語指導助手）の配置校として、国際理解教育にも力を入れている。例えば、オーストラリアのアデレード市にあるキャブラ・ドミニカン・カレッジとは姉妹校の関係にあり、隔年で短期（2週間）の交換ホームステイをし合っている。また、近隣の大学の留学生との交流会も実施している。

[学校見学] (令和5年度実施内容)
★学校見学会　10・11月各2回（ホームページから申込み・人数制限有）
★文化祭　9月

入試！インフォメーション

受検状況	年　度	学科・コース名	男女共	募集人員	志願者数	受検者数	倍　率	昨年同期倍率	入学許可候補者数	倍　率
	R6	普　通	共	360	496	495	1.38	1.41	358	1.38
	R5	普　通	共	360	505	503	1.41	1.40	358	1.41
	R4	普　通	共	360	503	502	1.40	1.66	358	1.40

県立 坂戸（さかど）高等学校

普通科
外国語科

https://sakado-h.spec.ed.jp/

〒350-0271　坂戸市上吉田586
☎ 049-281-3535
交通　東武線北坂戸駅　徒歩13分

共学

制服　あり

[カリキュラム] ◇三学期制◇
★普通科
・45分×7限で週34単位の教育課程を実施。
・令和元年度から3年度まで埼玉県「教育課程研究事業総合進学拠点校」に指定された。
・1年次の英数を標準よりも1単位増やし、2年次の数学Ⅱ、数学Bを必修化したほか、大学入試の実態に合わせて単位数を配置している。
・1年次は、全員共通の教科・科目を学習して基礎学力を身につけ、2年次から一部で選択科目が始まる。
・2年次では文系・理系に分かれ、希望進路に合わせて科目を選択する。
★外国語科
・全学年を通して英語が全授業数の約3分の1を占める。また、第二外国語（ドイツ・フランス・スペイン・中国）の選択ができる。
・2名のALTが常駐しているので、生きた英語を学ぶことができる。また、スピーチコンテストやディベート大会、オーストラリア研修旅行（希望者）など、学んだ英語を実践する機会も多い。

[部活動]
・1年次は全員参加。
・空手道部が個人組手県3位、体操部が男子団体県7位、剣道部が女子個人県ベスト8、ハンドボール部とソフトボール部とバスケットボール部（男子）が県ベスト16。美術部と科学部が全国高校総合文化祭に出場し、科学部が化学部門優秀賞を受賞。書道部が高野山競書大会で金剛峯寺賞、写真部が埼玉県高等学校写真連盟写真展で最優秀賞を受賞。

★設置部
ハンドボール、バレーボール（女）、陸上競技、空手道、剣道、サッカー、体操、硬式テニス（女）、卓球（男女）、硬式野球、アウトドア、バドミントン（男女）、バスケットボール（男女）、ソフトテニス（男）、ソフトボール、ダンス、放送、ギター、イラストデザイン、音楽、茶道、写真、書道、英語、科学、吹奏楽、華道、美術、文芸、演劇

[行事]
　毎年オーストラリアの高校と相互訪問を行うなど国際交流にも力を入れ、国際理解教育を推進。
4月　おはなみ祭（部活動紹介）
6月　体育祭
7月　グローバルワークショップ、校内スピーチコンテスト
8月　イングリッシュセミナー（外国語科2年）
9月　やなぎ祭（文化祭）
11月　ロードレース大会、修学旅行（2年）
12月　スポーツ大会
1月　百人一首大会
2月　予餞会

[進路] （令和5年3月）
・平日補講や土曜補講、夏期補講に加え、3年次の大学入試共通テスト直前体験など、進学のためのサポート体制が充実している。四年制大学への現役進学率は81％を誇る（令和4年度）。
・大学入試共通テスト説明会、併願説明会、模試解説授業、看護医療説明会など、親身なガイダンスを実施。
★卒業生の進路状況
＜卒業生358名＞
大学291名、短大8名、専門学校30名、就職3名、その他26名
★卒業生の主な合格実績
東京外国語大、東京農工大、茨城大、埼玉大、群馬県立女子大、埼玉県立大、東京都立大、都留文科大、慶應義塾大、上智大、学習院大、明治大、青山学院大、立教大、中央大、法政大、東京理科大
♣指定校推薦枠のある大学・短大など♣
青山学院大、学習院大、國學院大、芝浦工業大、成城大、中央大、東京医療保健大、東京都市大、東京薬科大、獨協大、日本大、文教大、法政大、武蔵大、立教大　他

[トピックス]
・文武に秀で、地域に愛され、国際感覚を持つ社会のリーダーを育てる。
・ホームルーム・特別教室に冷房を設置。自習室は冷暖房完備。
・埼玉県の「科学技術立県を支える次世代人材育成プロジェクト」化学分野拠点校でもある。
・国際理解教育ではオーストラリア研修の他、国際的に活躍する実業家や大学教授によるグローバルセミナー（講演会）や近隣小学校への英語の出張授業、外国人留学生との交流会などを行っている。

[学校見学] （令和5年度実施内容）
★学校説明会　7・9・11・12月各1回
★部活動見学会　学校説明会開催時及び8月
★個別相談会　学校説明会階催時及び1月
★学校見学は可・指定日時有（要連絡）

入試！インフォメーション

受検状況	年度	学科・コース名	男女共	募集人員	志願者数	受検者数	倍率	昨年同期倍率	入学許可候補者数	倍率
	R6	普通	共	320	377	377	1.19	1.14	318	1.19
		外国語	共	40	37	37	0.93	1.13	41	0.90
	R5	普通	共	320	361	361	1.14	1.06	319	1.13
		外国語	共	40	45	45	1.13	1.03	40	1.13

県立 **坂戸西** 高等学校
（さかどにし）

https://sw-h.spec.ed.jp/

〒350-0245 坂戸市四日市場101
☎ 049-286-9473
交通 東武線西大家駅 徒歩6分

普通科

| 単位制 |
| 共 学 |
| 制 服　あり |

[カリキュラム] ◇三学期制◇

・単位制によって、自分の進路や興味関心に合う授業をとることができる。
・1年次は**基礎・基本**の徹底に努め、年次が進むにつれて選択授業中心になっていく。
・選択授業の中で、食物調理技術検定、保育技術検定、情報処理技能検定、文書デザイン検定等を行っている。

[部活動]

・全員参加制。例年、ほぼ全ての運動部が県大会以上に出場。文化部も**吹奏楽部、音楽部**が県コンクールなどで活躍している。
・**男子バレーボール部**は全国高校総体11回、春の高校バレー全国大会4回の出場実績を誇る古豪。
・**陸上競技部**は毎年インターハイに出場しており、平成25年度には男子800mで全国優勝を遂げた。
・令和5年度は、**陸上競技部**と**弓道部**が関東大会、全国大会へ出場し、**陸上競技部**が女子ハンマー投で関東大会優勝、**弓道部**が全国7位入賞と活躍した。
・令和4年度には、**陸上競技部、弓道部、水泳部**が関東大会に出場した。さらに陸上競技部と弓道部はインターハイにも出場し活躍した。埼玉県駅伝大会では女子が3位に入賞し、関東大会に出場した。

★設置部

バレーボール、バスケットボール、陸上競技、卓球、ソフトテニス、バドミントン、ソフトボール、サッカー、柔道、剣道、野球、新体操、弓道、水泳、化学、生物、地学、写真、音楽、美術、吹奏楽、コンピュータ、メイキング、JRC、英語研究、文芸漫研、書道、囲碁・将棋、ギター、茶道、華道、放送

[行　事]

・**文化祭、体育祭**への取り組みが熱心で、たいへん盛り上がりとなる。「坂西最高！」が生徒の合言葉になっている。
・**文化祭**は「さつき祭」と呼ばれ、クラスと文化部が中心となって夏休みから準備を始める。各教室の装飾も華々しく、オープニングステージから盛り上がる。毎年多くの来場者があり、高い評価を得ている。
・「心をつなぐ集団行動」のもと「**日本一の体育祭**」を行っている。クラスで工夫したパフォーマンスをする入場行進、応援合戦をはじめ、開会式の聖火点火や閉会式のパフォーマンスも体育委員によって演出され、見ごたえがある。また、男子の騎馬戦や女子の迫力ある棒引きなども、見逃せない種目である。

4月	新入生歓迎会
5月	遠足（1・2・3年）
9月	さつき祭（文化祭）
10月	体育祭
11月	芸術鑑賞会、修学旅行（2年）
12月	球技大会
2月	駅伝、ロードレース大会

[進　路] （令和5年3月）

・夏季学習会・進路見学会（1年）、**進路学習**（2・3年）、**面接指導**（3年）などを、進路分野別オリエンテーションとともに計画的に行っている。また、面談をきめ細かく実施。
・大学進学を目指す生徒向けに「**進学補講**」を夏期休業や放課後に開講。また、平成29年度から朝自習を開始。落ち着いた環境の中で一日がスタートしている。

★卒業生の進路状況

＜卒業生313人＞

大学145名、短大32名、専門学校108名、就職24名、その他4名

★卒業生の主な進学先

東京学芸大、東京農業大、女子栄養大、東洋大、日本大、駒澤大、武蔵大

♣指定校推薦枠のある大学・短大など♣

亜細亜大、芝浦工業大、女子栄養大、大東文化大、東京電機大、東洋大、日本大、武蔵大　他

[トピックス]

・女子栄養大や城西大と**高大連携**を実施。フードデザインの授業や生徒向けの講演、PTA対象の講演会・実習などが実施されている。
・文化祭、体育祭などの行事や部活動が盛んな学校で、平成22年度には**全国学校体育研究最優秀校文部科学大臣賞**を受賞した。
・普通教室全室、芸術教室、調理室に**エアコン**を設置。
・令和2年度入学生より女子の制服が変わった。
・令和4年度に教室棟のすべてのトイレの改修が終了した。

[学校見学] （令和5年度実施内容）

★学校説明会（要予約）9月3回、7・8・11・12・1月各1回
★イブニング説明会（個別相談会）1月1回
★学校見学は随時可（要連絡）

入試！インフォメーション

受検状況	年　度	学科・コース名	男女共	募集人員	志願者数	受検者数	倍率	昨年同期倍率	入学許可候補者数	倍率
	R6	普　通	共	320	360	359	1.13	1.03	319	1.13
	R5	普　通	共	320	327	326	1.03	1.04	318	1.03
	R4	普　通	共	320	334	332	1.04	1.13	318	1.04

100

県立 **狭山経済** 高等学校
（さやまけいざい）

https://sayamakeizai-ch.spec.ed.jp/

☎ 350-1324　狭山市稲荷山 2-6-1
☎ 04-2952-6510
交通　西武線稲荷山公園駅　徒歩 5 分

流通経済科
会計科
情報処理科

| 共　学 |
| 制　服　あり |

［カリキュラム］◇三学期制◇

・3学科共専門分野について深く学び、専門学校以上の内容の授業もある。
・多数のパソコンが設置されており、恵まれた学習環境で、すべての学科の生徒がワープロ、表計算、グラフ作成、ネットワークなどのソフトウエアの利用技術について学ぶ。
・**英語教育**を重視し、普通高校と同じ授業数を実施。CALL教室の活用や少人数での授業を展開し、実践的な英会話の学習をする。
・どの学科も1年次より、普通科目以外に専門科目を学ぶ。カリキュラムの3分の2が普通科目で、**大学進学**に対応している。

★流通経済科
・流通部門での専門家の育成を目指し、商品の流通や経済に関する科目など、経済の基本についてしっかりと学ぶ。
・将来、大学の経済学部や商学部に進学を希望する生徒に適している。

★会計科
・会計に関する専門家（将来会社において、お金の流れを記録し、経営状態を把握することができる人）の育成を目指す。
・将来、大学の経営学部や商学部への進学を希望する生徒に適している。

★情報処理科
・現代社会に必要な情報処理の専門家の育成を目指す。具体的には、ワープロ、表計算、データベースなどのアプリケーションソフトやプログラムを駆使し、高度なコンピュータの利用法を学ぶ。
・将来、大学の経営学部や情報学部への進学を希望する生徒に適している。

［部活動］

・希望制。全生徒の約7割が参加。

★設置部
野球、バレーボール（男女）、バスケットボール（男女）、ソフトテニス（男女）、卓球（男女）、陸上競技、ソフトボール、サッカー、ダンス、ESS、簿記、華道、パソコン、科学、合唱、吹奏楽、放送、家庭、文芸・美術、演劇、写真、茶道、囲碁・将棋

［行　事］

・新入生歓迎会、遠足、体育祭、文化祭、修学旅行、マラソン大会、手話講演会、予餞会を行う。

［進　路］

・進路の幅を広げるべく、簿記検定や情報処理検定、ビジネス文書実務検定などの**資格の取得**を奨励。ITパスポート試験や日商簿記検定2級といった高度な資格の合格者も毎年輩出している。卒業生には、在学中に日商簿記1級を取得した者や税理士試験2科目合格者もいる。
・就職実績はほぼ100％で、進学に関しても指定校推薦、総合型選抜（AO入試）、公募推薦で多くの生徒が進学している。

★卒業生の進路状況（令和5年3月）
＜卒業生212名＞
大学78名、短大7名、専門学校61名、就職66名、その他0名

★卒業生の主な合格実績
公立はこだて未来大、中央大、専修大、大東文化大、拓殖大、東京工科大、東京経済大、東洋大、獨協大、日本大

♣指定校推薦枠のある大学・短大など♣

亜細亜大、城西大、駿河台大、専修大、大東文化大、拓殖大、東京経済大、東京電機大、東洋大、獨協大、日本大、武蔵大　他

［トピックス］

・商業を専門とする学校だが、就職だけでなく大学進学にも力を入れており、そのため簿記会計や情報処理などの**高度な資格を取得する**ことを目指す。本校は、**就職も進学も目指せる学校**である。
・全館冷暖房完備。コンピュータ実習室、実践室、CALL教室などには最新の設備を備え、学習内容によって使い分ける。
・体育館は2階建てで、充実したトレーニング機器を備えたトレーニング室、卓球場、剣道場、柔道場などがある。また、グラウンドは夜間照明がつき、日照時間が短い時期でも充分な部活動の練習が行える。
・平成29年度に普通教室棟を大規模改修。
・令和4・5年度で空調設備更新工事を実施。また、令和4年度にエレベーターも設置された。

［学校見学］（令和5年度実施内容）

★学校説明会　7・9・11・1月各1回（9・11月は体験入学も実施）
★イブニング説明会　9月1回
★授業公開　10月1回（個別相談会も実施）
★文化祭　10月（個別相談会も実施）
★体験入部　8月1回

入試！インフォメーション

受検状況	年　度	学科・コース名	男女共	募集人員	志願者数	受検者数	倍　率	昨年同期倍率	入学許可候補者数	倍　率
	R6	流通経済	共	80	77	77	0.97	0.71	80	0.96
		会　計	共	40	27	26	0.65	0.75	35	0.74
		情報処理	共	80	93	93	1.16	0.94	81	1.15
	R5	流通経済	共	80	56	56	0.71	1.04	56	1.00
		会　計	共	40	30	30	0.75	0.71	30	1.00
		情報処理	共	80	75	75	0.94	1.10	75	1.00

県立 狭山工業（さやまこうぎょう）高等学校

機械科
電気科
電子機械科

https://sayama-th.spec.ed.jp/

〒350-1306　狭山市富士見2-5-1
☎ 04-2957-3141
交通　西武線狭山市駅　徒歩12分

共学

制服　あり（女子はスカート・スラックスの選択可）

[カリキュラム] ◇三学期制◇

・少人数指導を前提に、一人ひとりを大切にした、厳しくも暖かい指導をしている。
・電気工事士や技能検定（旋盤、鋳造）など国家資格の取得を目指す。試験合格のための補習も実施。

★機械科
・「考える」「つくる」「伝える」ことのできる人間、確かな技術と柔軟に物事を見つめられる若きエンジニアを養成する。
・1年次は機械工作の基礎やコンピュータの基礎を学習する。2年次は材料の性質や加工法、機械の機能や構造、エネルギー利用の流体や熱の授業と実習を行い、また製図の基礎を修得する。3年次は各力学関連の授業や実験・実習・応用製図を行い、また自動車の基礎を学ぶ。

★電気科
・電気の基礎を学び、先端技術に対応する力を養うために「電力・電子・情報」を楽しみながら学ぶ。
・1年次は基礎的な事柄を中心に電気を学ぶ。計算技術検定にも力を入れている。2年次は電気の専門的な事柄を学んでいく。電気工事士試験にも力を入れていく。3年次は電気の専門性をさらに深めていく。

★電子機械科
・1年次は基礎を中心に学ぶ。計算技術検定や情報技術検定の受検に力を入れている。2年次は内容も具体的なものになり、メカトロニクス技術の理解を深める。3年次は選択教科（機械系・電子系・情報系）がある。

[部活動]

全員参加制（1年次）。
・令和5年度は、無線部が全国高校ARDF競技大会スプリント競技で個人・団体優勝、山岳部がIH出場、電子機械科メカトロ研究部がライントレース部門で2連覇を達成した。

★設置部
野球、サッカー、ラグビー、バスケットボール、バレーボール、卓球、ソフトテニス、水泳、空手道、柔道、剣道、山岳、機械研究、電気研究、メカトロ研究、パソコン、写真、無線、将棋、音楽、模型、漫画イラスト研究

[行事]

・遠足、体育祭、球技大会、水泳大会、芸術鑑賞教室、狭工祭、マラソン大会、修学旅行、予餞会などを実施。
・電気科は秋葉原校外学習を行う。
・東京モーターショー見学を実施。
・狭工祭は各クラスの催しの他、各学科の展示・体験など、参加して楽しめる企画でいっぱいである。

[進路]（令和5年3月）

・進学：就職＝4：6。大学は約30、専門学校は100以上の多くの指定校推薦枠がある。進学する生徒の多くは、学校推薦型選抜での受験がほとんど。工学部などの理系だけでなく経済学部や法学部など、文系学部への進学実績もある。
・令和5年度の求人件数は2700以上。
・企業選択の相談～面接・試験対策のサポートまで、個人に合わせた進路指導を実施。就職内定率は100％。

★卒業生の主な進学先
埼玉工業大、城西大、拓殖大、千葉工業大、東京情報大、東京未来大、東洋大、日本工業大、明星大、ものつくり大

♣指定校推薦枠のある大学・短大など♣
東洋大、東京電機大、日本工業大、拓殖大、埼玉工業大、千葉工業大、ものつくり大、駿河台大、西武文理大、尚美学園大、東京工芸大、神奈川工科大、城西大　他

[トピックス]

・昭和37年開校。令和4年に創立60周年を迎えた。「誠実」「創造」「不屈」「和楽」をモットーに、技術と心を持った「ものづくりの主役」を育てる熱意にあふれている学校である。
・旋盤や溶接、相撲ロボットなどの各種コンテストに積極的に参加。関東大会や全国大会の上位に入賞している。
・工場見学、インターンシップ、企業経営者などによる出前講座など、地元の企業との交流を進めている。
・地域のイベントにミニSLを走らせ、たいへん好評を得ている。また、中学校への出前授業、小学生向けのものづくり教室、親子工作教室なども積極的に行っており、地域に根ざした工業高校を目指している。
・令和5年度入学生より女子生徒の制服を一新。スカート・スラックスの選択が可能となる。

[学校見学]（令和5年度実施内容）
★学校説明会　9・10・12月各1回
★個別説明会　1月2回
★体験入学　9月1回
★部活動体験会　7月1回
★狭工祭　10月　見学可
★学校見学は随時可（要連絡）

入試！インフォメーション

受検状況	年度	学科・コース名	男女共	募集人員	志願者数	受検者数	倍率	昨年同期倍率	入学許可候補者数	倍率
	R6	機械	共	80	59	57	0.71	0.88	57	1.00
		電気	共	40	30	30	0.77	0.41	30	1.00
		電子機械	共	80	47	47	0.59	0.81	47	1.00
	R5	機械	共	80	70	70	0.88	0.80	70	1.00
		電気	共	40	17	16	0.41	0.62	16	1.00
		電子機械	共	80	64	64	0.81	0.81	62	1.03

県立 狭山清陵 高等学校
さ やま せい りょう

https://sayamaseiryo-h.spec.ed.jp/

〒350-1333　狭山市上奥富 34-3
☎ 04-2953-7161
交通　西武線新狭山駅　徒歩 10 分

普通科

共　学
制　服　あり

[カリキュラム] ◇三学期制◇
・1、2 年次はほぼ共通履修。
・3 年次には選択科目が大幅に増え、A・B・C の 3 群 21 科目から、自分の進路に合わせた選択ができる。
・「県文化理解」「保育基礎」「スポーツ II」など、特色ある選択科目もある。
・芸術は 3 年間同一科目を学ぶ（音楽・美術・書道の中から選択）。
・視聴覚機器の利用や ALT による授業を積極的に実施している。

[部活動]
・令和 5 年度は、**野球部**が夏の埼玉県大会ベスト 16 となった。
・令和 4・5 年度は、**音楽部**が県吹奏楽コンクール C の部で金賞を受賞した。
・令和 3 年度には、**美術部**が高校生国際美術展の美術の部で奨励賞を受賞した。
・令和 2 年度には、**写真部**が関東地区高等学校写真展で奨励賞を受賞した。

★設置部
弓道（男女）、剣道（男女）、サッカー（男）、野球（男）、卓球（男女）、ソフトテニス（男女）、バスケットボール（男女）、バドミントン（男女）、バレーボール（女）、陸上競技（男女）、少林寺拳法（男女）、アニメーション、音楽、日本文化（華道・茶道・書道）、

校章

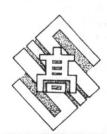

写真、演劇、美術、児童文化、理科

[行　事]
　国際理解教育にちなんだ行事が多い。留学生講演会では、中国、ベトナム、韓国、ロシアなどから来日した学生の話を聞く。**青年海外協力隊員による講演会**では、開発途上国での様々な体験談を聞くことができる。

5 月	遠足
7 月	芸術鑑賞会
8 月	オーストラリア海外研修（希望者）
9 月	清陵祭（文化祭）
10 月	体育祭
11 月	ロードレース大会、修学旅行（2 年）
1 月	スキー宿泊研修（1 年）、青年海外協力隊員講演会
2 月	三送会

[進　路]（令和 5 年 3 月）
　1 年次より進路指導について**ガイダンス**や**面接**を実施するなど、きめ細かな指導が行われている。特に 2 年次の**模擬授業**や、各学年における**分野別ガイダンス**、**面接指導**など、一人ひとりの希望を実現させるための熱心な指導がなされている。

★卒業生の進路状況
　＜卒業生 174 名＞
　大学 49 名、短大 17 名、専門学校 66 名、就職 28 名、その他 14 名

★卒業生の主な進学先
亜細亜大、浦和大、国士舘大、十文字学園女子大、城西大、駿河台大、成蹊大、大東文化大、東京国際大、東京電機大、東洋大、文京学院大

♣指定校推薦枠のある大学・短大など♣
亜細亜大、跡見学園女子大、大妻女子大、杏林大、国士舘大、淑徳大、十文字学園女子大、城西大、女子栄養大、駿河台大、大東文化大、拓殖大、東京電機大、東洋大　他

[トピックス]
・全館**冷暖房完備**、緑豊かな環境など、学習環境はたいへん快適である。
・**国際理解教育**に力を入れており、オーストラリアの姉妹校からの来校（隔年）の他、海外研修（隔年・希望者）、留学生講演会、青年海外協力隊員の講演会などを実施している。
・校内で**英検**、**漢検**、**数検**を実施している。

[学校見学]（令和 5 年度実施内容）
★学校説明会　9・10・11・12・1 月各 1 回
★体験入学　7 月 1 回、8 月 2 回
★清陵祭　9 月　見学可
★学校見学は随時可（要連絡）

			入試！インフォメーション						
受検状況	年　度	学科・コース名	男女共	募集人員	志願者数	受検者数	倍　率	昨年同期倍率	入学許可候補者数	倍　率
	R6	普　通	共	200	202	201	1.02	1.11	198	1.02
	R5	普　通	共	200	219	219	1.11	1.12	198	1.11
	R4	普　通	共	200	224	222	1.12	1.11	198	1.12

県立 芸術総合（げいじゅつそうごう）高等学校

美術科
音楽科
映像芸術科
舞台芸術科

単位制
共学
制服　あり（女子はスカート・スラックスの選択可）

https://geiso-h.spec.ed.jp/

☏ 359-1164　所沢市三ヶ島2-695-1
☎ 04-2949-4052
交通　西武池袋線小手指駅　バス
　　　（自転車・タクシーは西武池袋線狭山ヶ丘駅が最寄り駅）

[カリキュラム]◇二学期制◇

・**単位制**なので、全員が共通して学ぶ必修科目や専門必修科目以外は、専門選択科目と自由選択科目を組みあわせ、生徒が個別に時間割を作成。
・授業は毎日**1時限50分（ノーチャイム制）**が6または7コマ。また自由選択では、他学科の専門科目を一部受講することも可能。
・一般科目（全体の3分の2）にも力を入れている。英語・数学などの科目で**少人数指導**を実施。
・1人1台タブレット端末（iPad）を生かした授業を実施している。
・第一線で活躍する著名な専門家を外部講師として招き、少人数で指導を受けている。

[部活動]

・希望制、全生徒の約9割参加。
・近年は、**美術部**が全国総合高校文化祭に出場、**吹奏楽部**が西関東吹奏楽コンクールで銀賞受賞、**演劇部**が全国高校演劇大会で優秀賞受賞、**ダンス部**が全日本高校大学ダンスフェスティバルに出場など、多くの芸術系文化部が活躍している。

★**設置部**（※は同好会）
陸上競技、バドミントン、ダンス、ヴォイス・アクト、映画、演劇、華道、合唱、国際協力交流、古典芸能、茶道、写真、吹奏楽、パソコン、漫画研究、美術、文芸、※野球、※科学

[行事]

・各学科の**発表会**（卒業制作発表、学科公演など）は特に力を入れており、見応えのあるものとなっている。
・ミューズ（所沢市市民文化振興事業団）と芸術文化の連携をしている。
・文化祭を本校特有の芸術を発表する場としてとらえ、**四つ葉祭**と銘打って取り組んでいる。
・体育祭、新入生歓迎会、三送会では**各科のパフォーマンス**が繰り広げられる。**修学旅行**は一部、芸術体験を取り入れる等、本校ならではの行事。

[進路]

・毎週く曜日と、夏休み等の長期休業中に進学のための**補習・補講**を実施。
★**卒業生の進路状況（令和5年3月）**
＜卒業生145名＞
大学91名、短大8名、専門学校32名、就職6名、その他8名
★**卒業生の主な合格実績**
東京藝術大、筑波大、昭和音楽大、女子美術大、成城大、洗足学園音楽大、玉川大、多摩美術大、東京音楽大、東京工芸大、東京造形大、桐朋学園大、日本大、武蔵野音楽大、武蔵野美術大、横浜美術大、立教大
♣**指定校推薦枠のある大学・短大など**♣
国立音楽大、実践女子大、昭和音楽大、女子美術大、成城大、東京音楽大、桐朋学園大、東京造形大、日本女子体育大、文教大、武蔵、武蔵野美術大、立教大、立命館大　他

[トピックス]

・アットホームでエッジの効いた、**芸術系のみの専門高校**。**映像芸術科**、**舞台芸術科**は全国でも珍しく、全県から長時間かけて生徒が通学している。
・目指す学校像は「**学芸を共に高め合い、芸術文化を担う人材を育成する高校**」。
・音楽科には冷暖房、グランドピアノ完備の**レッスン室（17室）**があり、朝と放課後に開放されている。その他、各学科にも、学習に適した設備・機器などが備えられている。
・校外でも、ホールやギャラリーでの**発表会や展示会**を実施している。
・映画監督や演出家、ダンサーなど、**プロとして第一線で活躍する講師陣**（全体で73名）の指導が受けられる。
・部活動以外にも多くの全国大会で本校生徒が活躍しており、これまでに、**美術科**が様々なデザインコンテストや高校美術展などで、**音楽科**が日本クラシック音楽コンクール全国大会や長江杯国際音楽コンクール・ショパン国際ピアノコンクールなどで、**映像芸術科**が全日本写真展や映画甲子園などで受賞者を輩出している。

[学校見学]（令和5年度実施内容）

★学校説明会　9月1回、1月2回
★体験入学・体験レッスン
　美術科（1月3回、8・9・10・12月各1回）
　音楽科（1・9月各2回、6・8・11・12月各1回）
　映像芸術科（1月2回、8・9・11・12月各1回）
　舞台芸術科（8月3回、1月2回、9・11・12月各1回）
★四つ葉祭　9月（見学はHP参照）
★学校見学は随時可（要連絡）

入試！インフォメーション

受検状況	年度	学科・コース名	男女共	募集人員	志願者数	受検者数	倍率	昨年同期倍率	入学許可候補者数	倍率
	R6	美術	共	40	42	42	1.05	1.25	40	1.05
		音楽	共	40	22	22	0.55	0.35	22	1.00
		映像芸術	共	40	50	50	1.25	1.05	40	1.25
		舞台芸術	共	40	30	30	0.75	0.93	31	0.97

県立 所沢 高等学校

ところ ざわ

https://tokorozawa-h.spec.ed.jp/

☎ 359-1131　所沢市久米1234
☎ 04-2922-2185
交通　西武線西所沢駅　徒歩8分
　　　西武線所沢駅　徒歩15分

普通科

| 共　学 |
| 制　服　なし |

[カリキュラム]◇三学期制◇

- ・1年次は、共通科目を履修し、基礎基本を確立する。
- ・2年次から**文系**と**理系**に分かれる。多様な選択科目を用意し、生徒の進路実現に寄与している。
- ・隔週に**土曜日**に4時間授業を実施（年15回・公開）。

[部活動]

- ・全生徒の約9割が参加し、非常に活発に活動している。
- ・令和5年度は、**フォーク部**が全国高校生アマチュアバンド選手権で準グランプリ（全国2位）を受賞した。**登山部**が関東高校登山大会に出場した。
- ・令和4年度は、**フォーク部**が全国高等学校総合文化祭に出場した。
- ・令和3年度は、**弦楽部**が全国高等学校総合文化祭に出場した。
- ・令和2年度には、**フォーク部**が全国高等学校選抜ロックフェスで金賞（全国1位）を受賞した。

★設置部

野球、ソフトテニス（男女）、陸上競技、バスケットボール（男女）、卓球、バレーボール（男女）、山岳、剣道、サッカー（男女）、弓道、バドミントン（男女）、バトン、ダンス、文芸、生物、化学、写真、美術、書道、音楽、

演劇、茶華道、料理、ギター、吹奏楽、フォーク、弦楽、地学、漫画アニメ研究、服飾、※インターアクト

[行　事]

- ・体育祭、文化祭、球技大会など、行事には**生徒が主体**となって取り組んでいる。
- ・夏休みには**ニュージーランド短期語学研修**を隔年で実施している。

4月	入学を祝う会
5月	遠足、生徒総会
6月	体育祭
7月	球技大会、芸術鑑賞会
9月	所高祭（文化祭）、修学旅行（2年）
11月	長距離走大会、球技大会
2月	ラグビー大会（1年）、ダンス発表・手具体操選手権
3月	卒業記念祭

[進　路]（令和5年3月）

- ・新入生を対象に学習**オリエンテーション**を実施。効果的なノートの作成や予習・復習の方法について伝授する。
- ・冷暖房完備の自習室として同窓会館を放課後に開放している。
- ・希望者を対象とした**進学補習**が学期中の早朝や放課後、長期休業中に年間約100講座開講されている。

★卒業生の進路状況

＜卒業生343名＞
大学284名、短大2名、専門学校21名、就職5名、その他31名

★卒業生の主な合格実績

埼玉大、岩手大、山形大、信州大、東京外国語大、東京農工大、早稲田大、慶應義塾大、上智大、東京理科大、学習院大、明治大、青山学院大、立教大、中央大、法政大、成蹊大、

体育祭

成城大、明治学院大、武蔵大、獨協大、國學院大、明治薬科大、杏林大、東京農業大、東京工科大、東京電機大、芝浦工業大、工学院大

♣指定校推薦枠のある大学・短大など♣

青山学院大、学習院大、芝浦工業大、上智大、成蹊大、成城大、中央大、東京電機大、東京理科大、東洋大、獨協大、日本大、日本女子大、法政大、武蔵大、明治大、明治学院大、立教大、早稲田大　他

[トピックス]

- ・令和5年に創立125周年を迎えた。
- ・国際交流事業に力を入れており、「埼玉と世界をつなぐハイブリッド型国際交流事業（埼玉県教委）」の指定校となり、ニュージーランドやイタリアの高校と、オンラインでも交流を行っている。
- ・小中学校への出前授業や部活動交流、学習ボランティアなど、地域活動に取り組んでいる（KIZUNA活動）。

[学校見学]（令和5年度実施内容）

- ★学校説明会　6・9・11月各1回
- ★所高オープンスクール　7月1回
- ★所高祭　9月　見学可
- ★学校見学は随時可（要連絡）

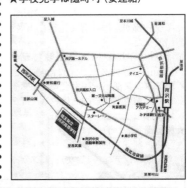

入試！インフォメーション

受検状況	年度	学科・コース名	男女共	募集人員	志願者数	受検者数	倍率	昨年同期倍率	入学許可候補者数	倍率
	R6	普通	共	360	513	504	1.41	1.33	358	1.41
	R5	普通	共	360	480	475	1.33	1.29	359	1.32
	R4	普通	共	360	471	460	1.28	1.22	358	1.29

県立 所沢北 高等学校
とことろ ざわ きた

普通科
理数科

共 学

制 服　あり

https://tokokita-h.spec.ed.jp/

☏ 359-0042　所沢市並木 5-4
☎ 04-2995-5115
交通　西武新宿線新所沢駅　徒歩 10 分

[カリキュラム] ◇三学期制◇
★普通科
・授業時間と放課後の部活動の時間を確保するため、「65分×5限」授業を実施している。時間割は週ごとに変わり、4週で1サイクルとなる。
・1年次は基礎学力の養成に力を入れ、同一課程を履修。
・2年次から文系・理系に分かれ、さらに3年次には多彩な選択科目のなかから自分の進路希望にあわせて選択し、履修する。
・全学年で週34単位を実施。
★理数科
・難関国公立大の医・歯・薬・理工系への進学を目標とするカリキュラムとなっている。
・1・2年次は理数科専門科目（理数数学Ⅰ・Ⅱ、理数数学特論、理数化学、理数生物、理数物理）を多く学ぶ。また、2年次の「理数探究」では、各自の設定したテーマに基づいて、実験実習や文献調査を中心とした探究学習を行う。3年次には国公立大受験に備えて文系科目も開講される。

[部活動]
・約9割が参加。
・令和5年度は、陸上競技部、弓道部がインターハイに出場した。美術部、ギター部が全国総合文化祭に出展・出演した。
・令和2年度には、陸上競技部が110mHでインターハイに出場した。チアダンス部が全国大会4位に入賞した。美術部は全国高校総合文化祭に出品した。
★設置部（※は同好会）
弓道、剣道、サッカー、ソフトボール、卓球、テニス（男女）、バスケットボール（男女）、バドミントン（男女）、バレーボール（男女）、ハンドボール（男女）、野球、ラグビー、陸上競技、ワンダーフォーゲル、チアダンス、英語、演劇、音楽、ギター、茶道、写真、化学、新聞、吹奏楽、地球科学、美術、物理、文芸、放送、漫画研究、生物

[行　事]
・新入生のための「所北セミナー」を実施している。高校での学習方法、進路希望の実現方法などを指導する。
4月	所北セミナー、遠足
6月	北友祭（体育祭）
7月	ニュージーランド研修（～8月・希望者）
9月	北高祭（文化祭）
10月	修学旅行
11月	芸術鑑賞会、スポーツ大会
3月	予餞会

[進　路] (令和5年3月)
・長期休業中や通年で、進学補講を実施。
・3年次には模擬面接や小論文指導も行う。
★卒業生の進路状況
＜卒業生347名＞
大学307名、短大2名、専門学校2名、就職0名、その他36名
★卒業生の主な合格実績
北海道大、秋田大、東北大、茨城大、埼玉大、千葉大、筑波大、群馬大、電気通信大、東京大、東京外国語大、東京学芸大、東京工業大、東京農工大、一橋大、横浜国立大、名古屋大、埼玉県立大、東京都立大、防衛医科大学校、早稲田大、慶應義塾大、青山学院大、学習院大、上智大、中央大、東京女子大、東京理科大、法政大、明治大、立教大

♣指定校推薦枠のある大学・短大など♣
東京都立大、早稲田大、青山学院大、学習院大、芝浦工業大、女子栄養大、中央大、津田塾大、東京理科大、法政大、明治大、明治薬科大、立教大他

[トピックス]
・昭和49年に開校。叡智育成をモットーに、自主自律の精神を重んじながらも規律ある学校生活が営まれている。
・平成28年度、理数科が設置された。
・国際交流事業として、ニュージーランド研修がある（希望者）。海外からの来校者も多数。

[学校見学] (令和5年度実施内容)
★学校見学会　8・9・10月
★理数科説明会　11月
★部活動体験　7・8月
★北高祭　9月
★学校説明会はHPにて配信

入試！インフォメーション

受検状況	年度	学科・コース名	男女共	募集人員	志願者数	受検者数	倍率	昨年同期倍率	入学許可候補者数	倍率
	R6	普通	共	320	354	348	1.09	1.30	318	1.09
		理数	共	40	54	52	1.30	1.48	40	1.30
	R5	普通	共	320	417	413	1.30	1.42	318	1.30
		理数	共	40	62	59	1.48	2.43	40	1.48

情報処理科
国際流通科
ビジネス会計科

県立 所沢商業 高等学校
（ところ ざ わ しょう ぎょう）

https://tokorozawa-ch.spec.ed.jp/

☎ 359-1167　所沢市林 2-88
☎ 04-2948-0888
交通　西武線狭山ヶ丘駅　徒歩 20 分

共 学

制 服　あり

[カリキュラム]　◇三学期制◇
- どの学科でも**情報処理教育**を重視し、**コンピュータ**を積極的に活用。
- 2人の**外国人講師**による充実した英会話授業、全学科を通じてのLL教室の活用など、**語学教育**にも特色あり。
- 1年次の普通科目の授業は、通常のクラスを細分化し、**少人数**で行う。

★情報処理科
最新の情報機器を駆使した実践的な学習を通して、コンピュータについて深く学び、高度情報化社会に対応した**ITのエキスパート**の育成をめざす。データベースの学習も行う。

★国際流通科
ビジネスや流通の基礎について学ぶとともに、「グローバル経済」で国際感覚を磨き、**グローバルな職業人**の育成をめざす。パソコンを使った実践的な情報活用能力も養う。

★ビジネス会計科
財務諸表の作成や分析能力を養い、経営判断に必要な会計情報の作成・活用能力を身につけた**会計スペシャリスト**の育成をめざす。表計算ソフトやワープロソフトも学習する。

[部活動]
- 参加は希望制。**野球部**は過去に3度の甲子園出場があり、プロ野球選手

も輩出した古豪。

★設置部
野球、バレーボール、バスケットボール、硬式テニス、卓球、陸上競技、サッカー、剣道、ソフトボール、チアリーダー、バドミントン、ダンス、弓道、華道、茶道、ESS、簿記・情報処理、美術、書道、写真、家庭、吹奏楽、演劇、手話サークル簿記、ハンドメイド

[行　事]
遠足、球技大会、所沢商い祭（文化祭）、修学旅行、体育祭等を実施。

[進　路]
- 高い就職実績を誇るだけでなく、進学実績も上昇している。
- 進学及び就職ガイダンスを1年次から継続的に実施している。
- 就職指導については、1年次の早い時期から「企業の採用担当者による講話」「卒業生との懇談会」などの行事を開き、生徒が正しい職業観を養えるように配慮している。さらに3年次には、進路先別の進路ガイダンスを実施。

★卒業生の進路状況（令和5年3月）
＜卒業生190名＞
大学30人、短大6人、専門学校57人、就職93人、その他4人

★卒業生の主な進学先
亜細亜大、跡見学園女子大、国士舘大、城西大、城西国際大、駿河台大、専修大、高千穂大、東京経済大、東京国際大、武蔵野大、目白大

♣指定校推薦枠のある大学・短大など♣

総合OA実践室

亜細亜大、杏林大、十文字学園女子大、淑徳大、城西大、駿河台大、専修大、高千穂大、東京経済大、東京国際大、文教大、明星大　他

[トピックス]
- 全教室が**冷暖房完備**。食堂は、麺類、定食などの豊富なメニューを展開しており好評である。
- 簿記・情報処理・ワープロ・英語・漢字などの**各種資格**が取得可能。
- 令和4年度には、本校の生徒が日検文書デザインコンテストに作品応募、最優秀デザイン賞・文部科学大臣賞を受賞した。

[学校見学]（令和5年度実施内容）
★学校説明会　11・12・1月各1回
★体験入学　8月1回
★所沢商い祭　11月　見学可
★学校見学は指定日時に可（要連絡）

入試！インフォメーション

受検状況	年　度	学科・コース名	男女共	募集人員	志願者数	受検者数	倍　率	昨年同期倍率	入学許可候補者数	倍　率
	R6	情報処理	共	80	83	83	1.05	1.24	79	1.05
		国際流通	共	80	76	76	0.96	0.70	79	0.96
		ビジネス会計	共	40	33	33	0.83	0.80	34	0.97
	R5	情報処理	共	80	98	98	1.24	1.10	79	1.24
		国際流通	共	80	55	55	0.70	0.58	72	0.76
		ビジネス会計	共	40	32	32	0.80	0.35	34	0.94

県立 所沢中央 高等学校

ところ　ざわ　ちゅう　おう

https://tokorozawachuo-h.spec.ed.jp/

☎ 359-0042　所沢市並木 8-2
☎ 04-2995-6088
交通　西武線航空公園駅　バス10分
　　　西武線新所沢駅　徒歩30分

普通科

共　学

制　服	あり

[カリキュラム] ◇三学期制◇

・1、2年次は共通科目を履修し、基礎学力をつける。芸術および2年次の理科は選択制。
・3年次には文系・理系・看護医療薬学系に分かれ、多彩な選択科目から各自が必要なものを選んで履修する。
・英語、数学において習熟度別授業、少人数制授業を実施している。

[部活動]

・全員参加制。多くの部が県大会出場の常連である。
・令和5年度は、ダンス部が全国高校ダンスドリル選手権大会に、アーチェリー部が関東大会、全国大会に出場した。
★設置部（※は同好会）
　陸上、アーチェリー、硬式テニス（男女）、サッカー、野球、ソフトボール、バレーボール（男女）、バスケットボール（男女）、卓球、バドミントン（男女）、剣道、柔道、ダンス、社会・新聞、科学、コンピュータ、吹奏楽、書道、美術、漫画研究、写真、演劇、茶道、華道、家庭科

[行　事]

　行事がとても盛り上がり、通常授業との切り替えもしっかりしている。
5月　遠足、進路ガイダンス
6月　体育祭
7月　球技大会
9月　中央祭（文化祭）、修学旅行
10月　進路ガイダンス
11月　長距離走大会
12月　球技大会
2月　三送会、進路ガイダンス

[進　路]（令和5年3月）

・四年制大学、短期大学への進学者は年々増加傾向にある。

・3年間を見通した進路行事が充実。
・1年次から進路ガイダンスを実施し、生徒一人ひとりに対し、きめの細かい個別指導を行っている。
・放課後、夏季休業中の補習・補講をはじめ、実力テスト、進学対策のための小論文添削指導、模擬試験を実施している。
・英語検定、漢字検定は課外指導を行うなど学校として力を入れており、成果が出ている。

★卒業生の進路状況
　＜卒業生313名＞
　大学138名、短大24名、専門学校122名、就職15名、その他14名

★卒業生の主な合格実績
亜細亜大、杏林大、恵泉女学園大、国士舘大、駒澤大、淑徳大、城西大、駿河台大、聖学院大、専修大、大東文化大、帝京大、東京家政大、東京経済大、東京国際大、東京電機大、東洋大、文教大、法政大、武蔵大、立正大

♣指定校推薦枠のある大学・短大など♣
亜細亜大、跡見学園大、杏林大、工学院大、駒澤大、城西大、女子栄養大、十文字学園大、駿河台大、大東文化大、拓殖大、帝京大、東京家政大、東京国際大、東京電機大、東洋大、日本大、文教大、武蔵大、武蔵野大、明星大、立正大　他

[トピックス]

・昭和55年創立。卒業生の数は1万2千人を超える。丁寧な生活指導と盛んな部活動が特長の学校である。
・生徒が伸びると思われる指導があれば、すぐに取り入れる学校であることも大きな特長の一つ。学習指導における、週末課題（週末に宿題をもらい、月曜日に提出）、基礎学力サポート（予め配られた課題の中から、週始めの帰りのSHRで10分程度のテストを実施）、朝

勉・夜勉（始業前及び放課後用の自習室で学習）などはそうした一例である。
・「時間を守る」指導にも力を入れており、遅刻者が少ないことも特長の一つである。
・全校舎にエアコンが設置され、校舎内はたいへん快適になった。校内の緑化活動も進んでいる。

[学校見学]（令和5年度実施内容）

★学校説明会　8・11・1月各1回
★オープンスクール　11月1回
★部活動体験　8月
★中央祭　9月
★学校見学は随時可（要連絡）

入試！インフォメーション

受検状況	年度	学科・コース名	男女共	募集人員	志願者数	受検者数	倍率	昨年同期倍率	入学許可候補者数	倍率
	R6	普通	共	320	345	345	1.08	1.08	319	1.08
	R5	普通	共	320	347	344	1.08	1.14	318	1.08
	R4	普通	共	320	363	361	1.14	1.19	318	1.13

県立 所沢西 高等学校
ところ ざわ にし

http://www.tokonishi-h.spec.ed.jp/

☏ 359-1155　所沢市北野新町 2-5-11
☎ 04-2949-2411
交通　西武線小手指駅　徒歩 13 分

普通科

共 学

制 服　あり

[カリキュラム] ◇三学期制◇
・通常の授業時間は50分×6時間。但し、授業時間確保のため、火曜日のみ7時間授業を行っている。
・1、2年生は基礎科目に重点を置き、幅広い学力を身につけることを目指している。
・2年生から文系・理系に分かれる。
・3年生では文系・医療系・理系に分かれ、特に文系・医療系では思考を豊かにするために、学問を楽しみながら探求していくことを目的とした《リベラルアーツ選択群》の中からそれぞれの進路に応じた科目を選択することができる。

[部活動]
・約8割が参加。各部ともたいへん盛んに活動している。
・令和4年度は、陸上競技部が女子円盤投・砲丸投でインターハイに出場した。
★設置部
陸上競技、バスケットボール（男女）、硬式野球、バレーボール（男女）、サッカー、バドミントン（男女）、新体操、ソフトボール、硬式テニス（女）、剣道、ソフトテニス（男）、卓球、ワンダーフォーゲル、華道、写真、吹奏楽、ギター、書道、演劇、英語、茶道、放送、コンピュータ、科学、漫画研

究、美術、生物、家庭

[行　事]
・地元小学校での1日交流会（11月）を実施。小・中・高校教員や幼児教育等の進路を目指す生徒にとって、非常に貴重な体験となっている。
・希望者は、オーストラリア語学研修（7月：隔年）に参加することができる。
・1年生は3年生との合同授業（6月）で、高校生活の過ごし方や勉強方法を学ぶことができる。また3月には、卒業生から《所西deカタリバ》として大学受験の話を聞くなど、上級生と下級生の交流活動が盛んである。
・5月　遠足
・6月　体育祭
・7月　オーストラリア語学研修
・9月　西華祭（文化祭）
・11月　海外日本語教師交流会、修学旅行（2年・沖縄）
・12月　スポーツ大会
・2月　マラソン大会

[進　路]（令和5年3月）
・一貫性のある進路指導を計画的に実施している。
・実力養成のため、多数の進学補講が開かれている。
・1年次より進路ガイダンスを実施。
・3年次には、進路分野別ガイダンス、総合型選抜ガイダンス、就職ガイダンス、一般入試ガイダンス等の各種ガイダンスのほか、共通テスト直前指導、面接指導、小論文指導等を行う。
・進路指導室あり。
★卒業生の進路状況
＜卒業生313名＞
大学222名、短大9名、専門学校58名、

就職6名、その他18名
★卒業生の主な合格実績
岩手大、鹿児島大、埼玉大、群馬大、青山学院大、工学院大、國學院大、駒澤大、芝浦工業大、成蹊大、成城大、専修大、中央大、東洋大、獨協大、日本大、法政大、武蔵大、明治大
♣指定校推薦枠のある大学・短大など♣
亜細亜大、跡見学園女子大、大妻女子大、嘉悦大、共栄大、杏林大、工学院大、國學院大、国士舘大、埼玉医科大、実践女子大、城西大、成蹊大、成城大、西武文理大、大東文化大、帝京大、帝京平成大、東京経済大、東京電機大、東京農業大、東洋大、日本大、日本医療科学大、武蔵大、明治大、明星大、立正大　他

[トピックス]
・冷暖房設備が完備されている。
・平成28年度に自習室を設置。
・国際交流活動を推進している。
・ボランティア活動の有志を募り、小中学校との交流事業の他、2011年の東日本大震災で被害を受けた福島県とは、植樹やシティマラソンなどの活動に参加したり、小名浜海星高校との交流を続けている。他にも子ども食堂の支援や吹奏楽部の福祉施設での演奏、演劇部の認知症サポーター講座の動画撮影などを実施している。

[学校見学]（令和5年度実施内容）
★学校説明会　8・11・1月各1回（11月は公開授業を含む）
★部活動体験見学会　8月2回
★西華祭　9月　見学可（未定）
★学校見学は随時可（要連絡）
※全て事前申込制

入試！インフォメーション

受検状況	年　度	学科・コース名	男女共	募集人員	志願者数	受検者数	倍　率	昨年同期倍率	入学許可候補者数	倍　率
	R6	普　通	共	320	399	395	1.24	1.08	318	1.24
	R5	普　通	共	360	388	387	1.08	1.08	358	1.08
	R4	普　通	共	360	394	388	1.08	1.08	358	1.08

県立 鶴ヶ島清風 高等学校
つるがしませいふう

https://tseifu-h.spec.ed.jp/

〒350-2223　鶴ヶ島市高倉 946-1
☎ 049-286-7501
交通　東武越生線一本松駅　徒歩15分
　　　東武東上線若葉駅、坂戸駅　自転車15分

普通科

単位制

共　学

制　服　あり

[カリキュラム] ◇三学期制◇
・1年次は必修科目を通して基礎・基本を徹底して学ぶ。そのために**少人数学級編成**や**習熟度別授業**（国数英）による「**学び直し**」を行う。
・2年次からは**豊富な選択科目**が用意され、進路希望に応じた学習が可能となっている。科目選択の目安として、文系・理系・保育系・商業系の4つを想定している。**英語、ワープロ、情報処理技能、簿記、家庭科技術**などの検定資格の取得を目標とする選択科目もある。
・国語・数学・英語は3年間学習し、**習熟度別授業**によって個々人に対応する。

[部活動]
・入学時は全員参加。
・令和5年度は、**陸上競技部**が県大会に出場し、**吹奏楽部**が地区大会で金賞を受賞した。また、**鉄道模型製作有志**が全国大会で3年連続ベストクリエイティブ賞を受賞した。
・令和4年度は、**陸上競技部**が関東大会に出場し、**剣道部**、**卓球部**が県大会に出場した。
★設置部
硬式野球、バレーボール、ソフトテニス、卓球、サッカー、バスケットボール、陸上競技、剣道、バドミントン、華道・家庭、アート・コミック、科学、文芸・かるた、和太鼓、パソコン、合唱、美術、吹奏楽、鉄道模型制作有志

[行　事]
5月　遠足（1・2年）
9月　清風祭（文化祭）、体育祭
10月　インターンシップ、修学旅行
11月　マラソン大会

12月　球技大会
2月　予餞会

[進　路] (令和5年3月)
・**体験活動・体験学習**の実施、キャリア教育の充実、**資格取得**指導を推進。生徒一人ひとりの「夢」の実現を全力サポートしている。
・進学のための**習熟度別授業**や**進学補習**を行う。
・1年次には4日間の**インターンシップ**（就業体験）があり、社会人として必要な勤労観・職業観を育成する。また、ハローワークや経済団体との連携を充実させる。
・教育相談室には教育相談員が常駐。
★卒業生の進路状況
＜卒業生177名＞
大学36名、短大17名、専門学校55名、就職55名、その他14名
★卒業生の主な合格実績
駒澤大、城西大、駿河台大、大東文化大、拓殖大、帝京大、東京国際大、日本医療科学大
♣指定校推薦枠のある大学・短大など♣
駒澤大、埼玉工業大、十文字学園女子大、城西大、駿河台大、西武文理大、大東文化大、日本医療科学大他

[トピックス]
・平成20年4月開校。
① 単位制
② 基礎・基本の徹底
③ 体験活動・学習の充実
④ 資格取得
を掲げてスタートした。
礼節をわきまえ心豊かに人間性を育成する**生徒指導**、生徒の将来を見据えた面倒見のよい**進路指導**も、本校の大きな特色である。

・「あなたの夢を全力サポート！」を目標に、地域に信頼される学校を目指している。そのために「**自ら考える力**」の育成、「**健全な職業観・勤労観**」の育成、「**地域との連携協働による地域参画力**」の育成をキーワードとし、具体的に取り組んでいる。
・[総合的な探究の時間の目標]
探究の意義を理解し、探究のプロセスを通じて、日常生活と学びを関連付けたり、地域や社会の関わりの中で健全な職業観や勤労観を養ったりすることができるようにする、また、地域と関わることで地域参画力を高め、よりよい社会を実現しようとする態度を育てる。

[学校見学] (令和5年度実施内容)
★学校説明会　7・11・12・1月各1回
★清風祭　9月　事前予約制
★学校見学は随時可（要連絡）

入試！インフォメーション

受検状況	年度	学科・コース名	男女共	募集人員	志願者数	受検者数	倍率	昨年同期倍率	入学許可候補者数	倍率
	R6	普通	共	240	190	189	0.79	1.08	189	1.00
	R5	普通	共	200	215	214	1.08	1.01	198	1.08
	R4	普通	共	200	199	199	1.01	0.94	198	1.01

県立 日高 (ひだか) 高等学校

普通科 ＜情報コース＞

https://hidaka-h.spec.ed.jp/

〒350-1203　日高市旭ケ丘 806
☎ 042-989-7920
交通　ＪＲ川越線武蔵高萩駅　徒歩９分

| 共　学 |
| 制　服　あり |

[カリキュラム] ◇三学期制◇
・1年次の英語を全クラス2分割し、**少人数展開**を実施。基礎学力の定着に力を注いでいる。
・全職員がわかりやすい授業展開を心がけ、全人的評価に取り組んでいる。
・**朝学習**を実施している。

★普通科
・1年次は**30人学級**できめの細かい指導を行う。
・1・2年次は普通科目を履修し、基礎学力をつける。授業は基礎からのわかりやすい授業を展開。
・3年次は多様な選択科目のなかから、それぞれの進路希望にあわせて選択し履修する。
・「情報Ⅰ」（1年次）において、資格取得に取り組んでおり、ビジネス文書実務検定などの取得が可能。

★普通科＜情報コース＞
・普通科目と共に情報処理や簿記などの専門科目を学ぶ。
・3年次には多様な選択科目から進路希望にあうものを選択する。
・情報処理、ビジネス文書実務、簿記など、各種検定試験の資格取得も目指す。国家資格のITパスポートの合格者も輩出している。

[部活動]
・希望制。全生徒の約7～8割が参加。

せせらぎファーム

・令和元年度には、**かるた部**が関東大会に出場した。
★設置部（※は同好会）
陸上競技、硬式野球、サッカー、バスケットボール、卓球、バドミントン、ソフトテニス、剣道、科学、吹奏楽、家庭、コンピュータ、茶道、軽音楽、書道、イラスト、かるた

[行　事]
6月	体育祭、校外学習
9月	修学旅行
10月	せせらぎ祭（文化祭）
11月	強歩大会
12月	球技大会
2月	3年生を送る会

[進　路]
・**進路指導室**を設置。
・夏休みの**進学補習**や、定期考査に向けた補習や朝・放課後の補習を実施。
・面接指導や進路体験交流会、キャリア教育講演会を実施している。
★卒業生の進路状況（令和5年3月）
＜卒業生131名＞
大学25名、短大13名、専門学校44名、就職37名、その他12名
★卒業生の主な進学先
十文字学園大、城西大、東京国際大、武蔵野学院大、駿河台大
♣指定校推薦枠のある大学・短大など♣
十文字学園女子大、尚美学園大、淑徳大、城西大、女子栄養大、東京国際大、東洋大、武蔵野学院大、大東文化大　他

[トピックス]
・本校の魅力として5つの特色を掲げている。

1　きめ細かな学習指導
2　ルールやマナーを守れる人づくり
3　進路実現を図る支援
4　豊かな心を育む体験活動
5　快適な学習環境と充実した施設・設備
・**全館冷暖房完備**で、年間を通して快適な環境で学校生活が送れる。
・情報、商業に関する検定、国語（漢字）、数学、家庭、英語の検定を実施。
・**ボランティア活動**を推奨しており、多くの生徒が参加する。日高市音楽の集いなどに多数の生徒が参加している。
・1年次に全員が救命救急講習を受講する。
・すべてのＨＲにプロジェクターを整備。情報処理室は2つある。
・2019年度より女子用スラックス導入。

[学校見学]（令和5年度実施内容）
★学校説明会　10・11・12・1月各1回

埼玉県立日高高等学校

入試！インフォメーション

受検状況	年　度	学科・コース名	男女共	募集人員	志願者数	受検者数	倍　率	昨年同期倍率	入学許可候補者数	倍　率
	R6	普通〈一般〉	共	120	110	110	0.93	1.08	110	1.00
		普通〈情報〉	共	40	23	23	0.58	0.95	23	1.00
	R5	普通〈一般〉	共	120	128	128	1.08	1.02	119	1.07
		普通〈情報〉	共	40	38	38	0.95	0.90	40	0.95

県立 富士見 (ふじみ) 高等学校

https://fujimi-h.spec.ed.jp/

☎ 354-0002　富士見市上南畑950
☎ 049-253-1551
交通　東武線志木駅・鶴瀬駅　バス

普通科

| 共　学 |

| 制　服 | あり |

[カリキュラム] ◇三学期制◇
・1学年は芸術を除いて全員が共通の科目を学習する。2学年には芸術に加えて選択A（数学B・論理表現・ビジネス基礎など3科目から選択）が設置される。3学年には大幅に選択科目が増える（選択B・C）。
・**基礎学力の定着**を重視し、**少人数学級編制**を実施。また、国数英は1、2学年で**習熟度別授業**を展開し、徹底的に指導する。
・情報の授業では**ティーム・ティーチング**を実施。
・**大学クラス**を各学年1クラス開設。朝や放課後、長期休業などを利用して学力を伸ばし、大学一般受験や公務員など、進路希望を実現する。高大連携や外部模試の受験、サブテキストの導入を実施。

[部活動]
・さまざまな部が**活気あふれる活動**を展開している。
・**書道部**は高校総合文化祭で令和3年度に特選賞を、令和5年度に特別賞を受賞した。
・**陸上競技部**は過去に関東大会に出場した実績がある（平成21年度）。
・**野球部**は平成19年度に春季県大会準優勝・関東大会ベスト8・夏季県大会ベスト4、24年度に夏季県大会でベスト16に進出した実績がある。
・**吹奏楽部**は平成27・29年度に県吹奏楽コンクールで優秀賞を受賞した。
★**設置部**
　硬式野球、陸上競技、バレーボール、バスケットボール、硬式テニス、サッカー、ソフトボール、卓球、空手道、剣道、美術、吹奏楽、写真、放送、漫画研究、演劇、書道、茶道、家庭科、英語、合唱、理科、※チアリーディング、※バドミントン、※ジャグリング

[行事]
修学旅行では、民泊により、地方の人・歴史・文化に触れながら「**生きる力**」を実体験する。
4月　新入生歓迎会
7月　球技大会
9月　楓樹祭（文化祭）
10月　修学旅行（2年）、遠足（1・3年）
11月　マラソン大会
12月　球技大会
2月　予餞会

[進路]
・生徒一人ひとりの進路実現へ向けてきめ細かく指導。
・就職支援アドバイザー配置校。
・外部講師を招き、講演会や模擬授業などを行っている。
・長期休業中には**夏季補習**や**冬季補習**を実施。
・定期考査前は**テスト対策補習**を実施。基礎学力の充実をめざす。
・外部講師による**面接練習**を実施（3年生）。
・小論文対策講座などの**朝や放課後の補習**を実施（進学希望者対象）。
★**卒業生の進路状況（令和5年3月）**
　＜卒業生175名＞
　大学43名、短大14名、専門学校58名、就職56名、その他4名
★**卒業生の主な進学先**
　筑波大、早稲田大、駒澤大、東洋大、日本大、跡見学園女子大、国士舘大、産業能率大、城西大、尚美学園大、駿河台大、大東文化大、帝京大、東洋学園大、文京学院大、立正大

[トピックス]
・「落ち着いた規律ある学舎で、少人数制学級編制の中での習熟度別の授業、活気あふれる部活動、生きる力を育む学校行事やボランティア活動などに挑戦し、みなさんの夢を実現してみませんか。」
・**少人数クラス編制**（34名程度）と**習熟度別授業**（国数英）により、HR担任・教科担当の指導が行き届く体制に。
・近隣の小・中学校や**特別支援学校**と年に5回**交流会**を開催。
・5月・11月・1月には「**地域清掃**」と称した校外の掃除やボランティア活動などの**社会貢献活動**を行っている。
・確かな学力の定着・育成・伸長と豊かな人間性・社会性の形成を目指し、「**未来を拓く「学び」プロジェクト**」、「**特別支援教育推進事業**」、「**道徳教育研究推進モデル校**」など、埼玉県の事業の指定校となっている。

[学校見学] （令和5年度実施内容）
★学校説明会　6・7・10・12・1月各1回
★部活動体験　HPをご覧ください
★体験入学　10・11月各1回
★楓樹祭（文化祭）　9月　見学可
★学校見学は随時可（要連絡）

富士見高校 周辺地図

入試！インフォメーション

受検状況	年度	学科・コース名	男女共	募集人員	志願者数	受検者数	倍率	昨年同期倍率	入学許可候補者数	倍率
	R6	普通	共	200	210	209	1.06	0.98	199	1.05
	R5	普通	共	200	197	195	0.98	0.95	195	1.00
	R4	普通	共	240	228	225	0.95	1.00	225	1.00

県立 ふじみ野 高等学校

https://fujimino-h.spec.ed.jp/

〒356-0053　ふじみ野市大井 1158-1
☎ 049-264-7801
交通　東武東上線ふじみ野駅　バス

普通科
スポーツサイエンス科

共　学

制　服　あり

[カリキュラム]　◇三学期制◇

普通科とスポーツサイエンス科とで共通に選択できる授業を設置。

★普通科

・国語・数学・英語に重点をおき、数学で習熟度別授業や英語で少人数授業を行っている。
・2年次より芸術科目に加え2単位分の選択科目が設置される。
・3年次には12単位が選択科目となるので、希望する進路に応じた学習をすることができる。

★スポーツサイエンス科

・スポーツリーダーの育成をめざし、トレーニングや栄養面からのアプローチにより、スポーツを科学的に学習していく。体育の実技と理論を一体のものとして学ぶ科目が多数設置されている。
・基礎学力の定着を目的として、数学で習熟度別授業、国語と英語で少人数授業を実施している。

[部活動]

・約8割強が参加。
・令和5年度は、インターハイに体操競技部、関東大会に体操競技部、陸上競技部が出場した。
・令和4年度は、インターハイに体操競技部、陸上競技部が、関東大会に水泳部、体操競技部、陸上競技部、柔道部が出場した。

★設置部

体操競技、陸上競技、サッカー、バスケットボール（男女）、バレーボール（男女）、硬式テニス（男女）、柔道、剣道、ハンドボール、硬式野球、ラグビー、バドミントン（女）、卓球、水泳、書道、吹奏楽、茶道、美術、写真、軽音楽

[行　事]

・1学期に、遠足、遠泳実習（スポーツサイエンス科1年）を行う。
・2学期に、高翔祭（文化祭）、体育大会、修学旅行（普通科2年）、ダイビング実習（スポーツサイエンス科2年）、芸術鑑賞会、強歩大会、ダンス発表会（スポーツサイエンス科）を行う。
・3学期は、スノーボード実習（スポーツサイエンス科3年）、三送会を行う。

[進　路]（令和5年3月）

・進路講演会、体験模擬授業、進路オリエンテーションなど、進路に関する行事が豊富に行われている。
・進学にあたっては小論文指導や模擬テストなどを実施。また、就職希望者にも面接試験の練習、適性検査などを実施するなど、一人ひとりの進路希望の実現に向けて、きめ細かく指導が行われている。
・令和4・5年度は、学校斡旋による就職希望者全員内定。

★卒業生の進路状況

＜卒業生181名＞
大学69名、短大4名、専門学校65名、就職36名、その他7名

★卒業生の主な進学先

筑波大、明治大、順天堂大、日本大、駒澤大、東洋大、大東文化大、大正大、帝京大、亜細亜大、城西大、日本体育大、東海大、東京女子体育大、立正大、十文字学園女子大、淑徳大、駿河台大、東京国際大、埼玉医科大、明星大、文教大、文京学院大

★卒業生の主な就職先

自衛隊、警視庁、埼玉県警、東京消防庁、入間東部消防、㈱東武百貨店、セコム㈱、㈱銀座コージーコーナー、エースコック㈱、武州ガス㈱、フジパングループ本社㈱、㈱DNPデータテクノ、(医)誠壽会 上福岡総合病院、㈱東ハト、㈱不二家、㈱ベルク、㈱ヤオコー、ヤマト運輸㈱　他

[トピックス]

・全学年で「英検IBA」を全員受検する。また、漢字検定、数学検定、ニュース検定や情報処理関係の資格取得も推奨している。
・生徒会活動では、文京学院大学との連携で、キャリア教育事業や大井まつりや赤い羽根共同募金のボランティア活動に取り組んでいる。
・平成25年3月に、トレーニング機器などを備えた実習室とパソコン80台を備えた講義室からなるスポーツサイエンス棟が完成。また、グラウンドは野球、陸上競技、サッカー、ラグビー、ハンドボール、テニスがすべて独立して活動でき、照明設備も備えている。重層の武道場や二つの体育館があり、第二体育館床下の高さ4mのピロティでは、雨天時に屋外スポーツの練習が行えるなど、スポーツ施設がとても充実している。

[学校見学]（令和5年度実施内容）

★学校説明会　7・9・10・12月　各1回
★部活動体験　7・9・10・12月　各1回
★文化祭　9月
★学校見学は随時可（要連絡）

入試！インフォメーション

受検状況	年　度	学科・コース名	男女共	募集人員	志願者数	受検者数	倍　率	昨年同期倍率	入学許可候補者数	倍　率
	R6	普　通	共	160	158	155	0.98	1.03	155	1.00
		スポーツサイエンス	共	80	74	73	0.91	1.00	74	1.00
	R5	普　通	共	120	121	121	1.03	1.07	118	1.03
		スポーツサイエンス	共	80	80	80	1.00	0.96	80	1.00

県立 **越生**（おごせ）高等学校

普通科
美術科

https://ogose-h.spec.ed.jp/

共 学

制 服 あり

〒350-0412　入間郡越生町西和田 600
☎ 049-292-3651
交通　ＪＲ八高線・東武線越生駅　徒歩20分

[カリキュラム] ◇三学期制◇

★普通科
・1、2年次は、1クラス25名程度の**少人数学級編成**を実施している。
・1年次の英語、1、2年次の数学（**習熟度別**）、国語は20名以下の少人数制授業を行い、確実に基礎学力が身につくようにする。
・3年次には、多様な希望進路に対応するため、多数の選択科目が用意され3科目7単位分を選択できるようにしている。

★美術科
・素描、構成などの基礎科目をはじめ、絵画、彫刻、デザイン、映像メディア表現などの**専門科目**をより深く学習する。
・専門科目のほとんどで20名以下の**少人数授業**を実施している。
・普通科目も3年次まで用意されていて、美術系大学などへの合格を目指している。
・夏には**合宿**が行われる。
・CGの授業は県内トップクラス。

[部活動]
・参加は希望制。
・美術科の生徒は全員が**美術部**に入部する。
・令和3年には、**美術部**が全国高校総合文化祭に県代表として出品（16年連続）したほか、これまでに高校生国際美術展実行委員会最高顧問賞、全国ファッションデザインコンテスト優秀賞、全国美容理容学生技術大会ヘアデザイン画部門優秀賞などの成績を収めた。

★設置部（※は同好会）
野球、陸上競技、バスケットボール、卓球、サッカー、美術、音楽、演劇、書道、写真、漫画、検定、文芸、軽音楽、家庭、※ダンス、※バドミントン、※ソフトテニス

[行　事]
5月	遠足
6月	体育祭
8月	美術科作品展
9月	白梅祭（文化祭）
10月	修学旅行（2年）
11月	ロードレース大会、芸術鑑賞会
12月	球技大会
2月	予餞会、5校合同卒業作品展（美術科）

[進　路]
・総合的な探究の時間を利用し、地域のプロを招いて特別授業を行う予定。美術科の1・2年次は**美術館や美術系大学の見学**を実施する。
・進路ガイダンスを分野別に実施するほか、**進路適性検査、基礎学力テスト**などを実施。
・**就職支援アドバイザー**による面接指導も行っている。

★卒業生の進路状況（令和5年3月）
　　＜卒業生107名＞
大学14名、短大2名、専門学校40名、就職39名、その他12名

★卒業生の主な合格実績
埼玉学園大、尚美学園大、長岡造形大、淑徳大、城西大、女子美術大、駿河台大、拓殖大、東京工芸大、東京国際大、東京造形大、東京都市大、東北芸術工科大、日本大、文京学院大

♣指定校推薦枠のある大学・短大など♣
跡見学園女子大、浦和大、江戸川大、駒沢女子大、埼玉学園大、埼玉工業大、秀明大、十文字学園女子大、城西大、城西国際大、上武大、女子美術大、駿河台大、聖学院大、西武文理大、宝塚大、拓殖大、東京工芸大、東京造形大、東京電機大、東洋学園大、日本文化大、文星芸術大、平成国際大、明星大、ものつくり大、山梨学院大、横浜美術大、立正大　他

[トピックス]
・平成27年度より**ソーシャルスキルトレーニング**を導入している（年6回）。
・スクールカウンセラーの訪問がある。

[学校見学]（令和5年度実施内容）
★学校説明会　8・11・12・1月各1回
★白梅祭　9月　見学不可
★学校見学は随時可（要連絡）

入試！インフォメーション

受検状況	年　度	学科・コース名	男女共	募集人員	志願者数	受検者数	倍　率	昨年同期倍率	入学許可候補者数	倍　率
	R6	普　通	共	80	58	56	0.71	0.56	59	0.95
		美　術	共	40	47	47	1.18	0.70	41	1.15
	R5	普　通	共	80	44	44	0.56	0.58	43	1.00
		美　術	共	40	29	28	0.70	1.00	29	1.00

川越市立 川越 (かわごえ) 高等学校

普通科
国際経済科
情報処理科

http://www.city.kawagoe.saitama.jp/ （川越市のホームページから閲覧）

☎ 350-1126　川越市旭町 2-3-7
☎ 049-243-0800
交通　ＪＲ埼京線（川越線）・東武東上線川越駅　徒歩 15 分
　　　西武新宿線本川越駅　徒歩 20 分またはバス

共　学

制　服　あり

［カリキュラム］◇三学期制◇

・学力の充実のため、全学科・全学年で 1 クラス 35 名の**少人数学級編成**を実施する。
・**国際経済科**と**情報処理科**は、資格を生かした進学や就職を目指す。検定合格者数（率）は県内トップレベル。
・簿記・情報処理・ワープロ・電卓などの**全商検定 1 級**をはじめ、**IT パスポート、基本情報技術者、FP 技能検定 3 級、秘書技能検定 2 級**などの資格が取得できる。

★普通科
・総合的な基礎学力を充実させ、さらに応用力をつけることにより、大学進学に対応できることを目標とする。
・1・2 年次は基礎、基本を大切にし、全員同じ科目を学ぶ。
・3 年次より、生徒一人ひとりの興味・関心や進路希望に対応するため、多様な選択科目を設置している。3 年次には 7 つのコースに分かれ 16 単位分の科目を選択する。

★国際経済科
・商業について専門的に学ぶ学科であり、**埼玉県で初めて設置**された。
・将来、経営、経理、サービスなどの事務遂行能力を養うことができる。
・3 年間を通して、基礎学力をしっかり身につける教科と、商業に関する専門教科を合理的に組みあわせたカリキュラムとなっている。
・専門科目については、国際的なビジネス活動に関わるための経済や簿記などに関する知識と技術を習得することを目標としている。
・国際社会で活躍できる生徒を育てるため、ＡＬＴ（外国語指導助手）が常駐している。

★情報処理科
・高度情報化社会に対応できる能力をもつ生徒の育成を目指し、**1 人 1 台のコンピュータ**を操作する実用的なカリキュラムを展開している。
・コンピュータに関する基礎的な知識と技術を習得し、さらに、情報通信ネットワークなどの手段を積極的に利用する、ＩＴを活用した教育内容となっている。
・コンピュータ以外にも、事務全般やワープロなどについて専門的に学び、情報化社会に広く適応できる能力を身につけることができる。

［部活動］
・約 7 割が参加。**野球部**は春季高校野球埼玉県大会 3 位（R 5）。**女子バレーボール部**は春高バレーに 24 回出場、インターハイに 34 回出場、関東大会に 47 回出場の実績を持つ。**女子バスケットボール部**は、関東高等学校体育大会埼玉県予選会優勝（R 3）。**チアダンス部**は全国大会 2 位（R 4）。**山岳部、写真部、ＯＡ部**が全国大会に出場した。（R 3）

★設置部（※は同好会）
野球、ソフトボール、バレーボール、バスケットボール、卓球、テニス、体操、剣道、柔道、山岳、サッカー、バドミントン、チアダンス、ソフトテニス、技芸、華道、ビジネス、科学研究、英語、軽音楽、美術、写真、書道、茶道、ＯＡ、情報処理、簿記、吹奏楽、音楽、ＪＲＣ、放送、漫画研究、※文芸

［行　事］
　新入生歓迎会、遠足、国際交流（ノースセーレム高校）、文化祭、体育祭、修学旅行、ロードレース大会、予餞会などを実施。

［進　路］（令和 5 年 3 月）
　補習や公開模試、模擬面接などを実施している。

★卒業生の進路状況
　＜卒業生 278 名＞
　大学 137 名、短大 19 名、専門学校 56 名、就職 62 名、その他 4 名

★卒業生の主な合格実績
法政大、中央大、日本大、東洋大、駒澤大、専修大、大東文化大、亜細亜大、帝京大、国士舘大、武蔵大、東京電機大、東京経済大、城西大、東京国際大、埼玉医科大、獨協大

［トピックス］
　校舎は 7 階建。250 台以上のパソコンを備え、充実した施設を誇る。

［学校見学］（令和 5 年度実施内容）
★学校説明会　7・9・11 月各 1 回
★学校見学は個別に対応（要連絡）

入試！インフォメーション

受検状況	年　度	学科・コース名	男女共	募集人員	志願者数	受検者数	倍率	昨年同期倍率	入学許可候補者数	倍率
	R6	普　通	共	140	208	208	1.49	1.34	140	1.49
		国際経済	共	70	116	116	1.66	1.04	70	1.66
		情報処理	共	70	102	100	1.43	1.14	70	1.43
	R5	普　通	共	140	190	188	1.34	1.46	140	1.34
		国際経済	共	70	73	73	1.04	1.61	70	1.04
		情報処理	共	70	81	80	1.14	1.46	70	1.14

埼玉県
公　立
高校

学校ガイド

＜全日制　旧第2学区・西部＞

学校を紹介したページの探し方については、2ページ
「この本の使い方＜知りたい学校の探し方＞」を参照し
てください。

県立 入間向陽 高等学校
いるま こうよう

https://irumakoyo-h.spec.ed.jp/

〒358-0001　入間市向陽台 1-1-1
☎ 04-2964-3805
交通　西武線入間市駅　徒歩 13 分

普通科

共　学	
制　服	あり

[カリキュラム] ◇三学期制◇
・基礎・基本を重視した、きめ細かな指導が行われる。
・1 年次は、芸術選択（音楽・美術・工芸・書道）以外は共通履修とし、基礎学力の充実を図っている。
・2 年次は、週 7 時間を**文系・理系**の選択履修の時間にあて、文系では総合古典、理系では物理基礎を必修選択としている。
・3 年次は、**文系・文理系・理系**の 3 コースに分かれ、週 15 時間の選択科目を設置している。多様な進路希望に応え、古典探究・世界史探究・総合英語・保育基礎・服飾手芸・フードデザイン・メディアサービスなどから選択することができる。
・また、進学補習、小論文や面接の指導も充実している。

[部活動]
　約 8 割以上が参加（1 年生のみ全員参加）。近年は、**ソングリーダー部**が全国大会に出場、**テニス部、卓球部、サッカー部、吹奏楽部、女子バレーボール部**が県大会に出場した。**ホームメイキング部・吹奏楽部**等は地域との連携事業を行う等している。
★設置部
　バスケットボール（男女）、剣道、野球、硬式テニス（男女）、バレーボール（女）、卓球、陸上競技、ソフトボール、サッカー（男女）、アウトドア、弓道、バドミントン（男女）、文芸、美術、陶芸、吹奏楽、サイエンス、茶道、書道、ソングリーダー、ホームメーキング、演劇、放送

[行　事]
　体育祭や**文化祭**等、行事は生徒主体で計画・運営を行うようにしており、大いに盛り上がる。

4 月	新入生歓迎会
5 月	遠足、体育祭
9 月	向陽祭（文化祭）
11 月	マラソン大会、修学旅行（2 年）
12 月	球技大会
2 月	3 年生を送る会
3 月	球技大会（1・2 年）

[進　路]（令和 5 年 3 月）
・各学年で宿題確認テスト、模試、進路ガイダンス、三者面談、放課後の補習、夏休み・冬休みの補習・向陽ゼミ（講習）などを実施。
・**進路指導室**には多くの資料が整理されていて、いつでも利用できる。
・**自習室**が完備され、朝・昼・放課後に利用できる。
・到達度テスト＋スタディサプリをセットで活用。

<進路関係行事>
4 月	スタディサプリ到達度テスト
6 月	進路適性検査（1 年）、進路ガイダンス（2 年）、模擬面接（3 年）
7 月	進学説明会（保護者対象）
8 月	オープンキャンパス見学（2・3 年）、事業所見学（3 年）
10 月	進路の日
3 月	進路体験発表会（1 年）、小論文指導

★卒業生の進路状況
　＜卒業生 318 名＞
大学 151 名、短大 43 名、専門学校 111 名、就職 4 名、その他 9 名
★卒業生の主な合格実績
　明治大、武蔵大、獨協大、明治学院大、専修大、東洋大、日本体育大、白梅学園短期大、女子栄養大学短期大、西埼玉中央病院附属看護学校、東京都立北多摩看護専門学校　他

♣指定校推薦枠のある大学・短大など♣
　亜細亜大、工学院大、国士舘大、埼玉医科大、十文字学園女子大、城西大、駿河台大、拓殖大、東京家政大、東京経済大、東京国際大、東京電機大、東洋大、武蔵大　他

[トピックス]
・校訓は、「ひたむきに、おおらかに、たくましく」。
・「学習・部活動・行事をバランスよく熱心に取り組む」入間向陽高校生を育てている。
・校舎は、彩の森入間公園、入間市産業文化センター、児童センター、図書館、小学校、中学校に囲まれた閑静な文教地区にある。

[学校見学]（令和 5 年度実施内容）
★学校説明会　7・11・12・1 月各 1 回
★部活動体験　7・8 月各 1 回
★向陽祭　9 月

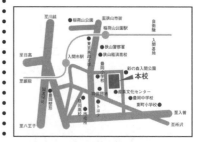

入試！インフォメーション

受検状況	年　度	学科・コース名	男女共	募集人員	志願者数	受検者数	倍　率	昨年同期倍率	入学許可候補者数	倍　率
	R6	普　通	共	320	367	362	1.14	1.08	318	1.14
	R5	普　通	共	320	344	344	1.08	1.23	318	1.08
	R4	普　通	共	320	392	392	1.23	1.08	320	1.23

県立 豊岡 高等学校

https://toyooka-h.spec.ed.jp/

〒358-0003　入間市豊岡1-15-1
☎ 04-2962-5216
交通　西武池袋線入間市駅　徒歩5分

普通科

単位制
共　学
制　服　あり

[カリキュラム]　◇三学期制◇

・3年次の最終学期までに80（総学、LHRを除く）単位以上を修得することにより卒業が可能。（ただし、履習は96単位。）

・**大学進学重視型単位制高校**。各自の希望する進路や志望大学の入試に対応した科目を選択し、深く学習できる。また、**少人数講座**も開設され、大学入試に向けたきめ細かなカリキュラムの実現が可能となっている。

・**国公立大学文系・理系、私立大学文系・理系**の区分があり、1年次の1学期に文系か理系かの方向を決め、2年次の科目選択を行う。1年次の後半から2年次の1学期にかけてキャリア教育と共に将来必要な勉強や大学受験を見据えて3年次の科目選択を行う。

・科目の選択に関しては、総合的な探究の時間や講演会、大学見学会など将来を考えることに加え、複数回の個別面談や進路相談を行って決定。

・カリキュラムは**国公立大学の入試**や**私立大学の入試に対応**する。

・進学に向けた**理数科目や英語科目**が充実している。

・1年次は32単中30単位が共通履修科目。この時期に基礎力を養う。

・2年次からは、受験に向け、それぞれの進路に応じた科目選択を行う。

・基礎力向上のため、毎日**朝テスト**を行っている。

・1年次から3年次まで、**数学**は発展・標準・基礎の3クラスに分かれて学習。クラスの入れ替えは毎学期行う。

・高大連携授業を実施。大学講師による出前授業や大学授業に参加する。

[部活動]

・約8割が参加。学習との両立を目指しながら、活発に活動している。

・令和4年度は、**陸上競技部**がインターハイと関東大会に出場、**アーチェリー部**がインターハイと関東大会に出場、また、多くの部活動が県大会に進出している。

★設置部（※は同好会）

陸上競技、アーチェリー、剣道、サッカー、柔道、水泳、卓球、ソフトテニス、登山、バスケットボール、バトン、バドミントン、バレーボール、硬式野球、吹奏楽、音楽、演劇、科学、家庭、茶道、軽音楽、華道、写真、書道、放送、箏曲、美術、漫画・イラスト、軽音楽、※ダンス、※国際交流

[行事]

4月に遠足、9月に豊高祭（文化祭）、10月に小学校との1日交流や体育祭、11月に修学旅行（2年）、12月に球技大会、2月に駅伝大会（1・2年）、3月に3年生を送る会を実施。

[進路]（令和5年3月）

・進路指導と科目選択（履習指導）には学習ガイドブックや進路資料の各冊子など学校独自のデータを用いて1学期を中心に指導している。

・学期ごとに**面談**を複数回設定。進路希望の細かい相談に対応している。

・**進学補講**（年間のべ500時間超）や、**豊高ゼミ**という、部活や委員会にも優先して参加できる**進学講習**などを導入。生徒一人ひとりの進学実現のため、強力なバックアップ体制を敷いている。

・外部業者の動画の視聴は全生徒が可能となっている。

★卒業生の進路状況
＜卒業生311名＞
大学216名、短大11名、専門学校61名、就職8名、その他15名

★卒業生の主な進学先

茨城大、埼玉県立大、防衛大学校、跡見学園女子大、桜美林大、大妻女子大、学習院大、共立女子大、杏林大、工学院大、国士舘大、駒澤大、埼玉医科大、実践女子大、十文字学園女子大、聖学院大、淑徳大、城西大、昭和女子大、白梅学園大、白百合女子大、成蹊大、成城大、専修大、大正大、拓殖大、玉川大、中央大、帝京大、東京医療保健大、東京家政大、東京電機大、東京都市大、東京農業大、東京理科大、東洋大、獨協大、二松学舎大、日本大、日本医療科学大、日本体育大、文教大、文京学院大、法政大、武蔵大、武蔵野大、立教大　他

♣指定校推薦枠のある大学・短大など♣

中央大、法政大、成蹊大、武蔵大、東洋大、日本大、東京理科大、工学院大、東京電機大、東京都市大　他

[トピックス]

・伝統ある学校行事や活発な部活動を通して、リーダーとして主体的な活動ができる生徒の育成を目指す。

・大学進学重視型の単位制高校であり、年次が進行するに従って選択授業が多くなる。そのため、特に大学進学のために必要な科目を優先して選べるので、**大学進学に有効**である。また、進学のための授業以外の補講も充実している。

・令和5年度より女子制服にスラックスが導入される。

[学校見学]（令和5年度実施内容）
★学校説明会　7・10・12・1月各1回
★豊高祭　9月

入試！インフォメーション

受検状況	年度	学科・コース名	男女共	募集人員	志願者数	受検者数	倍率	昨年同期倍率	入学許可候補者数	倍率
	R6	普通	共	320	411	405	1.27	1.23	318	1.27
	R5	普通	共	320	392	390	1.23	1.20	319	1.22
	R4	普通	共	320	385	382	1.2	1.13	318	1.2

県立 飯能 高等学校
はんのう

https://hanno-h.spec.ed.jp/

☎ 357-0032　飯能市本町 17-13
☎ 042-973-4191
交通　西武線飯能駅　徒歩 12 分
　　　ＪＲ八高線・西武線東飯能駅　徒歩 15 分

普通科

共　学
制　服　あり

[カリキュラム]　◇三学期制◇

・令和5年度には飯能南高校と統合した進学を重視した**単位制高校**として、多種多様な科目を用意し、生徒の進学を後押しする。
・大学受験に特化した指導を行う**特進クラス**を設置。
・探究的な学びの推進校となるべく、地域課題の解決を目指す**地域創造学**や、複数の教科を横断して学ぶことのできる学校独自の科目を用意した。
・1年次は、芸術以外、全員が共通の科目を学ぶ。すべての教科で、6クラスを7クラス展開する**少人数授業**を行い、基礎学力を養成する。
・コミュニケーション英語Ⅰを2クラス3展開の少人数習熟度別授業で実施している。
・1年次には**英検**を全員が受検。
・2年次は、英語の授業を習熟度により、アドバンスクラスとスタンダードクラスの2クラス編成で行う。また、数学の授業も習熟度で実施。各自の実力に応じた授業を受けることができる。
・ICT教室や、AL（アクティブラーニング）スペースなど、生徒の探究的な学びを助長するための環境が2022年に完成。

[部活動]

・1年次は全員参加制。**ホッケー部**はインターハイ常連の強豪。直近5年間では、**陸上部、弓道部**もインターハイ出場経験をもつ。**チアダンス部**は全国大会優勝、USA学生選手権（ジャズ部門）の優勝経験をもつ。
・令和4年度より、**男子ホッケー部**を創設。男女でのインターハイ出場を目指し活動する。

★設置部

野球、サッカー、バスケットボール、陸上競技、ホッケー、バレーボール（女）、弓道、ソフトテニス、チアダンス、卓球、バドミントン、剣道、環境科学、吹奏楽、家庭科、探究、芸術（書道、美術、写真）、伝統文化（箏曲、茶道、華道）、マルチメディア（放送、パソコン）

[行　事]

4月	新入生歓迎会、遠足
6月	体育祭
7月	球技大会
9月	文化祭、修学旅行（2年）
11月	ウォーク21、幼・小・高交流授業
12月	球技大会

[進　路]（令和5年3月）

・長期休業中や早朝の**補講、三者・二者面談**の実施、**面接指導**、学年ごとの**ガイダンス**など、「**進路ノート**」も使って丁寧な指導を行っている。
・**進路指導室、進路資料室**は常時開放。
・**1年生全員に英検**を受検させており、英検1級合格者もいる。
・3年生を対象に、ＰＴＡ・卒業生商工会議所の方等を面接官として、**就職模擬面接**（7月）や**進学模擬面接**（10月）を実施している。

★卒業生の進路状況
　＜卒業生221名＞
　大学81名、短大25名、専門学校61名、就職39名、その他15名

★卒業生の主な合格実績
埼玉大、高崎経済大、青山学院大、亜細亜大、桜美林大、学習院大、関西学院大、杏林大、工学院大、國學院大、国士舘大、駒澤大、埼玉医科大、城西大、駿河台大、専修大、大東文化大、拓殖大、帝京大、東京経済大、東京国際大、東京農業大、東京理科大、東洋大、日本大、文教大、文京学院大、武蔵大、武蔵野学院大、明治大、早稲田大

♣**指定校推薦枠のある大学・短大など**♣
亜細亜大、学習院大、帝京大、東京経済大、東京電機大、東洋大、日本大、立正大、埼玉医科短大　他

[トピックス]

・大正11年に飯能町外9か村学校組合立飯能実科高等女学校として開校した長い歴史をもつ**伝統校**。
・幼・保・小学校へ出向き教員の補助や部活指導などを行う**異校種間交流**、清掃活動などを通じた**地域との交流事業**に積極的に取り組んでいる。
・図書館の蔵書は約3万6千冊。新着図書は毎月100冊以上ある。
・令和5年度に飯能南高校と統合した。
・入学時、**タブレット**（Chrome book）の全員購入。

[学校見学]（令和5年度実施内容）

★学校説明会　7・8・10・11・12・1月各1回
★個別相談会　1月1回
★高校受験対策講座　7・9月各1回
★部活動体験　7月1回
★榛の木祭（文化の部）　9月　見学可
★学校見学は随時可（要連絡）

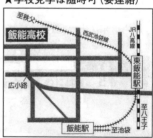

入試！インフォメーション

受検状況	年度	学科・コース名	男女共	募集人員	志願者数	受検者数	倍率	昨年同期倍率	入学許可候補者数	倍率
	R6	普通	共	280	280	280	1.01	1.01	278	1.01
	R5	普通	共	280	282	282	1.01	—	278	1.01
	R4	普通	共	240	242	238	1.00	1.04	238	1.00

埼玉県
公立
高校

学校ガイド

＜全日制　旧第3学区＞

学校を紹介したページの探し方については、2ページ
「この本の使い方＜知りたい学校の探し方＞」を参照し
てください。

県立 松山 高等学校
まつやま

https://matsuyama-h.spec.ed.jp/

〒355-0018　東松山市松山町1-6-10
☎ 0493-22-0075
交通　東武線東松山駅　徒歩15分

普通科
理数科

| 男 |

制服 あり

[カリキュラム] ◇二学期制◇

・少人数制の授業を実施。早朝・放課後・長期休業中の**進学補習**を実施するなど、生徒一人ひとりにきめ細かい指導をしている。

・普通科に**特進クラス**を1クラス設置。国公立大学への進学を視野に、ハイレベルな実力の養成を図る。

・**土曜授業**を原則隔週で実施。

★普通科

・1年次は共通科目を履修し基礎学力をつける。2・3年次から**文系コース**と**理系コース**に分かれ、専門科目を選択して進路希望の実現を図る。

・**特進クラス**では、勉強合宿などを実施し、1年次より希望進路実現を強力にサポートしている。

★理数科

・数学と理科の授業時間数が多い。理工系・医療薬科系大学進学希望者、将来的に理数系の研究を志している生徒に適したカリキュラムである。

・数学は2年次までに全範囲を終え、3年次は大学受験に備えた演習をする。

・文部科学省事業**スーパーサイエンスハイスクール（ＳＳＨ）**の指定校であり（令和5年度から5年間、3期目の指定）、**先進的理数系授業**が展開されている。その他、**大学・研究機関との連携**、県の**サイエンスフェア**への参加などをしている。

[部活動]

・約9割が参加（1年次全員加入制）。「文武不岐」を掲げ、関東大会や全国大会で活躍する部活動も多い。

・令和5年度は、**新聞部**（最優秀賞）、**生物部**（入賞）、**書道部、陸上競技部、映像制作部**が全国大会に出場。**ソフトテニス部**がインターハイ出場。空手道部、柔道部、卓球部が関東大会に出場。

・令和4年度は、**映像制作部**が全国大会で優勝。**生物部**が高校生バイオサミットin鶴岡にて厚生労働大臣賞と科学技術振興機構理事長賞を受賞。**ソフトテニス部、スキー部**がインターハイ出場。**書道部、化学部、新聞部**が全国大会に出場した。**陸上競技部、剣道部、柔道部**が関東大会出場。

・陸上競技部OBの小山直城がパリオリンピック男子マラソン代表に内定。

★設置部

陸上競技、ソフトテニス、野球、水泳、サッカー、柔道、剣道、卓球、山岳、バレーボール、バスケットボール、ラグビー、空手道、應援團、スキー、硬式テニス、新聞、演劇、音楽、書道、生物、美術、化学、地学、物理、写真、英語、吹奏楽、数学、映像制作、軽音楽

[行　事]

校歌応援歌練習、球技大会、松高祭、体育祭、修学旅行（2年）、比企一周駅伝、芸術鑑賞会、立志講演会などを実施。

[進　路]（令和5年3月）

・早朝・放課後・長期休業中に進学補習を実施（松高塾）。大学見学会や進路講演会も行う。

・夏季休業中に**勉強合宿**を実施。（特進クラス・理数科）

★卒業生の進路状況

<卒業生313名>
大学258名、短大0名、専門学校5名、就職5名、その他45名

★卒業生の主な合格実績

東京大、東京工業大、東京海洋大、東京藝術大、筑波大、宇都宮大、群馬大、埼玉大、電気通信大、新潟大、信州大、高知大、東京都立大、高崎経済大、秋田県立大、長野大、諏訪東京理科大、早稲田大、慶應義塾大、東京理科大、上智大、明治大、青山学院大、立教大、中央大、法政大、学習院大

[トピックス]

・全教室に**冷暖房**が完備されて、快適な学習環境が整っている。また、**自習室**は毎日開放されている。

・屋上の**天体ドーム**には150mmの屈折式天体望遠鏡が格納されている。

・さまざまな生き物が観察できる**ビオトープ**がある。自然の生態系がそのまま再現されている。

・県教育委員会から「**未来を拓く『学び』プロジェクト研究開発校**」（平成27年度〜）、「**キーパーソン育成プログラム**」（平成29年度〜）に指定されている。

[学校見学]（令和5年度実施内容）

★学校説明会　7・9・10・11月各1回

★入試個別相談　9月（文化祭時）、11月

★理数科体験授業　7月1回

★松高祭　9月　見学可

★学校見学は随時可（要連絡）

入試！インフォメーション

受検状況	年　度	学科・コース名	男女共	募集人員	志願者数	受検者数	倍率	昨年同期倍率	入学許可候補者数	倍率
	R6	普　通	男	280	284	281	1.01	0.96	280	1.00
		理　数	男	40	63	63	1.58	1.50	40	1.58
	R5	普　通	男	280	268	267	0.96	1.00	278	0.96
		理　数	男	40	62	60	1.50	1.65	40	1.50

普通科

県立 松山女子 高等学校
まつやまじょし

https://matsujo-h.spec.ed.jp/

〒355-0026　東松山市和泉町2-22
☎ 0493-22-0251
交通　東武東上線東松山駅　徒歩8分

女
制　服　あり

[カリキュラム] ◇三学期制◇

・ほぼ全員が大学等への進学を希望する進学校のため、教育課程は**第一志望を実現**するための学力定着をめざしている。2年次まで文理の差を最小限とし、幅広い分野の学習を行う。
・**土曜公開授業**を実施（年15回）。
・ビブリオバトルを活用した読書活動の推進や、表現力・プレゼンテーション能力の育成に取り組んでいる。この取組みが評価されて、平成29年度、**読書活動優秀実践校**として文部科学大臣表彰を受けた。
・**補講**が充実している。3年生平日補講は20講座を実施、3年生夏季補講は22講座を実施。

[部活動]

全員参加制。令和4年度、全国大会に出場したのは、音楽部（7回連続金賞）、地学部（入選2等）。関東大会に出場したのは空手道部。箏曲部が埼玉県高校邦楽部邦舞連盟邦楽祭で金賞1位県知事賞を受賞。

★設置部

空手道、水泳、陸上、剣道、サッカー、卓球、バレーボール、ソフトボール、バドミントン、ソフトテニス、バスケットボール、新聞、放送、写真、美術、英語、演劇、華道、茶道、自然科学、箏曲、陶芸、文芸、家庭、音楽、吹奏楽、歴史研究、書道、パソコン、地学、園芸、ソーシャルサポート

[行事]

・実力ある文化部が揃った**松女祭**（文化祭）はたいへん見応えがある。
・この他、水泳大会（3年）、体育祭、修学旅行（2年）、球技大会、マラソン大会、ビブリオバトル、予餞会などを実施。

[進路]（令和5年3月）

★卒業生の進路状況

＜卒業生313名＞
大学215名、短大16名、専門学校62名、就職14名、その他6名

★卒業生の主な合格実績

お茶の水女子大、東京学芸大、群馬大、高知大、埼玉大、信州大、群馬県立県民健康科学大、群馬県立女子大、埼玉県立大、高崎経済大、早稲田大、明治大、青山学院大、立教大、法政大

♣指定校推薦枠のある大学・短大など♣

学習院大、学習院女子大、成城大、東洋大、獨協大、日本大、武蔵大、明治大　他

[トピックス]

＜継往開来〜伝統と着実な変革〜＞

大正15年創立。先輩から受け継いだ伝統を継承しつつ、それをさらに発展させるべく、生徒が相互に切磋琢磨しながら全力で取り組む姿はすばらしく、充実した高校生活を過ごすのに最適な環境が整っている。「**社会で活躍する『凛として輝く』女性を育て、地域の期待に応える進学校**」が本校のミッションである。

＜松山女子高校の教育＞

1、学習支援体制

生徒にとって学校生活の中心は授業であり、授業を充実させるためには予習・復習が不可欠となる。本校では生徒の自学を支援すべく、**自習室**を設置し、早朝や放課後、多くの生徒が利用している。また職員室前やHR棟への通路には質問を落ち着いて受けることができる机が多数設置され、その場で疑問を解消したい生徒が頻繁に訪れる。さらに、受験期が近づくと3年生の教室は**早朝自習スペース**となり、励ましあって頑張っている。

2、特進クラス・総合クラス

本校では特進クラスと総合クラスが設置されている。**特進クラス**は週34時間（1・2年生）の授業を行い、総合クラスより国語・英語を各1時間増やし、学習内容定着の強化が行われている。また、**長期休業中の集中学習、補講**は全員参加である。

総合クラスは、「学習と部活の両立」をめざすクラスで、やるべき学習とやりたい部活動、有意義な高校生活を過ごすことを望む生徒が頑張っている。部活動で自由時間は少ないが、その分時間の使い方を考えて効果的な学習スタイルを構築している。

3、学習指導と進路指導

本校では、1年生で探究活動を通して、自らの興味関心を探る。2年生では**受験科目調査、大学模擬授業、オープンキャンパス参加、小論文指導・進路講演会**を展開し、進学意識の向上をめざす。その蓄積の上に3年生では進路決定に向けた調査活動や発表会を実施し、自身の志望動機をより強いものへ昇華させ、さらに教員との面談を重ねて自らの希望進路を確定させる。一般入試直前まで補講を実施し、進学に必要な学力の育成に最後まで努めている。

[学校見学]（令和5年度実施内容）

★学校説明会　7・9・10・11月各1回
★部活動体験　7月1回
★個別相談会　1月1回
★松女祭　9月　見学可
★学校見学は随時可（要連絡）

■入試！インフォメーション■

受検状況	年度	学科・コース名	男女共	募集人員	志願者数	受検者数	倍率	昨年同期倍率	入学許可候補者数	倍率
	R6	普通	女	320	331	330	1.04	1.12	318	1.04
	R5	普通	女	320	358	357	1.12	1.07	320	1.12
	R4	普通	女	320	345	340	1.07	0.97	319	1.07

県立 小川 高等学校（おがわ）

https://ogawa-.spec.ed.jp/

〒355-0328　比企郡小川町大塚1105
☎ 0493-72-1158
交通　ＪＲ八高線・東武線小川町駅　徒歩３分

普通科

共　学

制　服　あり

[カリキュラム]　◇三学期制◇

・授業は50分６限で実施。（週１日７限）
・１年次は全員同じ科目を学ぶ。英語で少人数制授業を行っている。
・２年次から生徒各自の進路希望に応じ、**文系**と**理系**に分かれて学習。
・３年次には、多くの選択科目を用意。少人数で授業は実施され、実戦的な力を身につける。
・「**総合的な探究の時間**」は２年次に週１時間、３年次に週２時間で実施し、３年次の講座は各自が選択。
・進学選抜クラス（**選選組**）を１年次より１クラス設置。長期休業中の**学習合宿**などを実施し、有名私大への合格を目指す。

[部活動]

・全員参加制（１年次）。加入率91％。たいへん活発に活動をしており、複数の部が県大会以上出場の実績を残している。
・令和５年度は、**グローカルメディア研究部**が全国大会に出場。**少林寺拳法部**、**陸上競技部**が関東大会に出場した。
・令和４年度は、**少林寺拳法部**がインターハイに出場。**女子バレーボール部**、**グローカルメディア研究部**が関東大会に出場した。
★設置部（※は同好会）
　サッカー、野球、陸上競技、ソフトボール、卓球（男女）、剣道、少林寺拳法、女子バレーボール、男子バスケットボール、女子バスケットボール、男子ソフトテニス、女子ソフトテニス、グローカルメディア研究、書道、音楽、演劇、JRC、文芸、美術、物理化学、将棋、華道、生活美学、コンピュータ、社会科研究、写真、ESS、漫画研究、※軽音楽

[行　事]

・**文化祭、球技大会、予餞会**などは生徒会が中心となって企画。全校で盛り上がる。
4月　新入生歓迎会
5月　遠足、進路ガイダンス（３年）
6月　進路ガイダンス（２年）
7月　球技大会
9月　葦火祭（文化祭）
10月　体育祭
11月　修学旅行（２年・沖縄方面）
12月　球技大会、進路ガイダンス（１・２年）
2月　予餞会

[進　路]　(令和５年３月)

・進路統一ロングホームルーム（１年次）に始まり、３年間を見通した系統的な進路指導を行っている。
・長期休業中には**進学補講**を実施。
・３年次には、進路希望によって志望校の**小論文過去問題研究**や、**AO受験対策**も行われる。
★卒業生の進路状況
　＜卒業生191名＞
　大学81名、短大10名、専門学校68名、就職26名、その他6名
★卒業生の主な進路実績
　城西大、駿河台大、拓殖大、大東文化大、東洋大、武蔵野大、立正大
♣指定校推薦枠のある大学・短大など♣
　大妻女子大、淑徳大、城西大、女子栄養大、駿河台大、大東文化大、拓殖大、東京国際大、東京電機大、東洋大、日本大、武蔵野大、立教大、立正大　他

[トピックス]

・平成30年度に創立90年を迎えた**伝統校**。きめ細かな進路指導で高い**進学率**を誇る。また、**部活・生徒会活動**が活発な学校でもある。
・駅から徒歩３分という好立地。
・約５万冊もの蔵書を有する**図書館（独立棟）**は、県内屈指の規模。**自主学習室**も完備。
・全教室に**冷房**を設置。
・図書館ビブリオバトルや先生ビブリオバトルなど、**書評ゲーム**を活発に開催している。
・有志生徒によるボランティア活動として、授業の補助など、**地元小学校との交流事業**を行っている。
・令和４年度入学生より**新制服導入**。
・**１人１台のクロームブック**と学習支援プラットフォームの**Classi**を導入。
・小川町や町内の小中学校と連携して、地域資源をテーマに探究的で協調的な学びを行う「**おがわ学**」を実施。フィールドワークや外部講師による授業などを通して課題発見・解決能力の育成を目指す。
・米オハイオ州のブラフトン高校と交流がスタート。

[学校見学]　(令和５年度実施内容)

★学校説明会　７・８・９・11・12・１・２月各１回（９・11・１・２月は個別相談会）
★葦火祭　９月　見学可
★学校見学は随時可（要連絡）

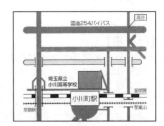

入試！インフォメーション

受検状況	年度	学科・コース名	男女共	募集人員	志願者数	受検者数	倍率	昨年同期倍率	入学許可候補者数	倍率
	R6	普通	共	200	206	206	1.04	0.93	199	1.04
	R5	普通	共	200	186	185	0.93	0.92	185	1.00
	R4	普通	共	200	182	182	0.92	0.81	182	1.00

県立 滑川総合 高等学校
なめ がわ そう ごう

https://nameso-h.spec.ed.jp

〒355-0815 比企郡滑川町月の輪 4-18-26
☎ 0493-62-7000
交通　東武線つきのわ駅　徒歩6分

| 単位制 |
| 共　学 |
| 制　服　あり |

[カリキュラム] ◇三学期制◇

- **進学型総合学科**であり、進路希望や取得したい資格に応じた系列を、6つの中から選択できる。
- 1年次は全員が共通の科目を履修。また、必履修科目として「**産業社会と人間**」を設置。授業を通して社会や職業を知ることで、自分自身の将来を考える契機となっている。
- 2年次からは選択授業が始まる。「**人文社会**」「**自然科学**」「**国際文化**」「**ビジネス・メディア**」「**健康・スポーツ**」「**ヒューマンデザイン**」の6つの**系列**をもとに、多彩な選択科目が用意されているので、将来の目標に向けてフレキシブルな授業選択が可能で、様々な進路に対応できる。
- 大学、企業などから講師を招いて行う「**スペシャリスト授業**」や、中国語・フランス語・ドイツ語のネイティブスピーカーによる授業など、様々な特色ある授業を実施している。

[部活動]

- 原則全員参加制。
- 運動部では、インターハイ出場経験のある**陸上競技部**や**弓道部**、甲子園出場経験のある**硬式野球部**をはじめ、県大会上位入賞の**バスケットボール部**、**サッカー部**などがある。文化部では全国大会出場の**書道部**、**映像放送部**のほか、東日本大会出場の**吹奏楽部**などがある。その他、多くの部活動が県大会や各種コンクールでの入賞を目指し、活動している。

★設置部
硬式野球、バスケットボール、弓道、サッカー、陸上競技、ソフトボール、柔道、ソフトテニス、剣道、バレーボール、卓球、バドミントン、ラグビー、吹奏楽、新聞・文芸、映像・放送、書道、美術、華道、茶道、生活、環境、演劇、ESS、JRC、ワープロ、自然科学

[行　事]

6月　体育祭
9月　つきのわ祭（文化祭）
11月　修学旅行（2年）、遠足、球技大会
12月　マラソン大会

[進　路]（令和5年3月）

- **体験型進路説明会**や**会場式進路相談会**を実施。
- **進学希望者への補習**が充実。**0限・7限**などの**進学補習**により大学受験などに備える。
- 放課後（7限・8限）には、現在の学習レベルに合わせて講座を選択できる**オンライン予備校**の講義（スタディサプリ）を受講することができる（全学年対象）。
- 夏休み期間中には、3年生の進路実現に向け、「**サマーセミナー**」（夏季進学補習）、**公務員講座**、**看護師希望者向けの講座**などを実施。生徒の多様な進路に対応する取り組みをしている。
- **資格取得**には学校として特に力を入れており、生徒は商業・情報系を中心として、各種検定に積極的に挑戦している。全商簿記検定1級・情報処理検定1級・ビジネス文書実務検定1級・秘書検定2級などの取得が可能。

★卒業生の進路状況
＜卒業生267名＞
大学67名、短大28名、専門学校107名、就職54名、その他11名

★卒業生の主な進学先
山形大、法政大、埼玉工業大、帝京大、東京国際大、獨協大、日本体育大、埼玉学園大、国際武道大、城西大、駿河台大、国士舘大、十文字学園大、大東文化大、東京電機大、東洋大、文教大、文京学院大、目白大、日本医療科学大、立正大

♣指定校推薦枠のある大学・短大など♣
跡見学園女子大、国士舘大、女子栄養大、東京電機大、大東文化大、拓殖大、立正大、東洋大、東京家政大他

[トピックス]

- 普通科をベースとした**進学型総合学科高校**である。科目選択の自由度が高く、自分の個性、適性、目的にあった科目を選択できる。
- 県内県立高校最大の**総合学科棟**には、最新鋭のコンピュータ室3室、福祉、保育、スポーツ、食物等の関連施設が充実し、効果的で魅力ある授業が展開される。施設にはほかにも、少人数授業用の6つの小講義室、学年全員が入れる大講義室などがあり、**大学のような設備**を誇る。

[学校見学]（令和5年度実施内容）

★学校説明会　8・9・10・11・12・1月各1回
★体験授業　8月1回
★つきのわ祭　9月　見学可
★学校見学は随時可（要連絡）

入試！インフォメーション

受検状況	年　度	学科・コース名	男女共	募集人員	志願者数	受検者数	倍　率	昨年同期倍率	入学許可候補者数	倍　率
	R6	総合学科	共	280	297	296	1.06	1.01	278	1.06
	R5	総合学科	共	280	282	282	1.01	0.96	278	1.01
	R4	総合学科	共	280	267	266	0.96	1.03	266	1.00

**埼玉県
公立
高校**

学校ガイド

＜全日制　旧第4学区＞

学校を紹介したページの探し方については、2ページ「この本の使い方＜知りたい学校の探し方＞」を参照してください。

県立 秩父 高等学校

ちちぶ

http://www.chichibu-h.spec.ed.jp/

〒368-0035　秩父市上町2-23-45
☎0494-22-3606
交通　秩父鉄道御花畑駅　徒歩10分
　　　西武線西武秩父駅　徒歩13分

普通科

共　学

| 制　服 | あり |

[カリキュラム] ◇三学期制◇

・1年次から**総合進学クラス**と**特別進学クラス**に分かれる。**総合進学クラス**は32単位（週2回7限授業）で、**特別進学クラス**は33単位（週3回7限授業）。

・2年次以降は**総合進学クラス**と**特別進学クラス**のそれぞれで、**文系**と**理系**に分かれる。

・生徒の主体性を育む授業展開を実施している。令和5年度からは「**県立高校学際的な学び推進事業**」指定校となる。地域コーディネーターのサポートのもとで、地元をテーマとした教科横断的な探究活動を推進している。

・特別進学クラスの設置は県内初となるもの。選抜された生徒にハイレベルの授業を行い、国公立・難関私立大学の合格を目指す。

・授業時間の確保と授業改善に力が注がれている。特別進学クラスにおいて、1年次は習熟度別にクラスが分かれる（S・Aクラス）。

・平日補習、夏季補習、冬季補習など豊富な補習が実施されている。

・オーストラリアのロビーナ高校と姉妹校提携を結び、相互に語学研修や交換留学を実施している。

[部活動]

・部活動加入率は95％を超えている。なお、1年次は全員参加制である。近年では**弓道部・放送部**が全国大会に、**陸上競技部**が関東大会に出場している。その他、**男女ソフトテニス部、柔道部、剣道部、女子バスケットボール部**などが県大会に出場している。

★設置部（※は同好会）
剣道、野球、柔道、弓道、ソフトテニス（男女）、バスケットボール（男女）、バレーボール（男女）、サッカー、卓球、陸上競技、バドミントン（男女）、ハイキング、ハンドボール、美術、書道、音楽、吹奏楽、放送、写真、科学、英語、家庭科、茶道、箏曲、※将棋、※イラスト

[行　事]

サマースクールは夏休みに行う大学進学に向けた**集中特別講座**。

5月	遠足
6月	体育祭、ビブリオバトル
7月	球技大会
8月	オーストラリア語学研修、夏季補習
9月	いちょう祭（文化祭）
10月	修学旅行（2年）
12月	球技大会、進路ガイダンス、冬季補習
2月	読書会
3月	受験報告会

[進　路] (令和5年3月)

・本校や熊谷高校など北部5校の共催で進学指導を行っている。

・埼玉大、群馬大などとの提携による、本校生のみを対象とした学校独自のオープンキャンパスを実施。

★卒業生の進路状況
＜卒業生219名＞
大学127名、短大18名、専門学校53名、就職10名、その他11名

★卒業生の合格実績 (過去3年)
茨城大、群馬大、埼玉大、静岡大、信州大、筑波大、東京海洋大、東北大、広島大、北海道大、青山学院大、学習院大、北里大、駒澤大、芝浦工業大、成蹊大、専修大、中央大、東京理科大、東洋大、獨協大、日本大、立教大、法政大、明治大、早稲田大

他

♣**指定校推薦枠のある大学**(令和5年度)♣
青山学院大、亜細亜大、学習院大、専修大、大東文化大、中央大、帝京大、東京電機大、東洋大、日本大、法政大　他

[トピックス]

・明治40年創立。令和5年で**創立116年**を迎えた。

・県教委指定「**県立高校学際的な学び推進事業**」指定校（令和5年度〜）

・未来を拓く「**学び**」プロジェクト研究指定校

[学校見学] (令和5年度実施内容)

★学校説明会　7・8・10月各1回
★個別相談会　12月1回
★学校見学は随時可（要連絡）

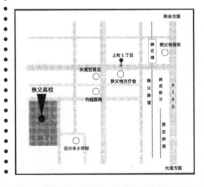

入試！インフォメーション

受検状況	年　度	学科・コース名	男女共	募集人員	志願者数	受検者数	倍　率	昨年同期倍率	入学許可候補者数	倍　率
	R6	普　通	共	200	190	189	0.95	0.89	189	1.00
	R5	普　通	共	200	179	178	0.89	1.04	178	1.00
	R4	普　通	共	200	208	207	1.04	1.01	199	1.04

県立 秩父農工科学 高等学校
ちちぶのうこうかがく

農業科　機械システム科
森林科学科　ライフデザイン科
食品化学科　フードデザイン科
電気システム科

https://chichibunoko-bh.spec.ed.jp/

〒368-0005　秩父市大野原2000
☎ 0494-22-3017
交通　秩父鉄道大野原駅　徒歩7分

| 共　学 |
| 制　服　あり |

[カリキュラム] ◇三学期制◇
・いずれの学科も基本を重視。ものづくりの楽しさを教える。
・地元秩父の産業や特色にゆかりのあるテーマを学習内容に反映。
・実験・実習などの体験的学習が充実している。また、学科ごとに様々な資格を取得することができる。

★農業科
食物・草花の生態を理解し、実習・実験を通して栽培・管理方法を学んで、農業技術者をめざす。

★森林科学科
県内唯一の学科。森林を中心に、測量・土木・木材加工・情報処理などの知識・技術について学習する。

★食品化学科
食品関連産業界で必要な製造・流通・科学的理論などの知識・技術について学ぶ。

★機械システム科
・機械技術コースでは、製造現場で必要な機械の設計・加工・組立の知識・技術を習得する。
・電子機械コースでは、自動生産の仕組みや設計・製造について学ぶ。

★電気システム科
・電気技術コースでは、電気エネルギーに関する知識・技術を学ぶ。
・電子情報コースでは、電子部品やプログラミングについて学ぶ。

★ライフデザイン科
食物・被服・保育・看護・福祉・情報技術などを学び、生活環境を豊かにする知識・技術を身につける。

★フードデザイン科
日本・西洋・中国料理について本格的に学ぶほか、栄養学や食品衛生に関する知識も習得する。卒業時に調理師免許が取得できる。

[部活動]
・令和3年度は、男子ソフトボール部が全国選抜大会とインターハイに、弓道部が国民体育大会と関東個人大会に出場した。また、山岳部、相撲部が関東大会に出場、演劇部が関東高等学校演劇研究大会にて最優秀賞を獲得した。

★設置部（※は同好会）
陸上競技、野球、ソフトテニス（男女）、バスケットボール（男女）、卓球（男女）、バレーボール（男女）、サッカー、山岳、柔道、弓道、剣道、ハンドボール、ソフトボール（男女）、相撲、美術、写真、書道、コーラス、吹奏楽、無線電機、科学、演劇、生茶、愛鳥、秩父屋台囃子保存、放送、文芸

[行　事]
・球技大会、体育祭、マラソン大会、芸術鑑賞会、修学旅行などを行う。
・秩農工祭（文化祭）は、本校のみならず地域のお祭りとして、例年たいへん盛り上がる。専門学科の特色を生かした展示・実演、生産物の即売が行われる。

[進　路]（令和5年3月）
・外部講師を招いての「プロフェッショナルに学ぶ」を実施。
・令和4年度の求人社数は1468社。71の大学・135の専門学校からの指定校推薦依頼があった。
・全学科で就業体験を実施。
・就職6割、進学4割。

★卒業生の進路状況
＜卒業生226名＞
大学24名、短大11名、専門学校60名、就職128名、その他3名

★卒業生の主な進学先
埼玉工業大、駿河台大、十文字学園女子大、城西大、東京家政学院大、東京農業大、東洋大、日本大、日本工業大、日本福祉大、立正大

[トピックス]
・明治33年、秩父郡立乙種農業学校として創立された伝統校。
・自校で生産した野菜を販売する店舗（農工チャレンジショップ）が開店した。
・夏休みには動かなくなったおもちゃを無料で直す「おもちゃ直し隊」を行っている。修理完了率は驚異の90%達成。

[学校見学]（令和5年度実施内容）
★学校見学説明会　7・10月各1回
★体験入学　8月3回
★秩農工祭　11月　見学可
★個別進学相談会　11・1月各2回
★学校見学は随時可（要連絡）

入試！インフォメーション

受検状況	年　度	学科・コース名	男女共	募集人員	志願者数	受検者数	倍率	昨年同期倍率	入学許可候補者数	倍率
	R6	農業	共	40	44	43	1.08	0.88	40	1.08
		食品化学	共	40	31	30	0.77	0.87	31	0.97
		森林科学	共	40	21	20	0.50	1.03	22	0.91
		電気システム	共	40	36	35	0.90	0.90	35	1.00
		機械システム	共	40	37	37	0.93	0.60	37	1.00
		ライフデザイン	共	40	33	33	0.83	0.95	33	1.00
		フードデザイン	共	40	40	40	1.00	1.08	40	1.00

県立 小鹿野 高等学校

おがの

https://ogano-h.spec.ed.jp/

〒368-0105　秩父郡小鹿野町小鹿野962-1
☎0494-75-0205
交通　西武線西武秩父駅、秩父鉄道秩父駅　バス

総合学科

| 単位制 |
| 共　学 |
| 制　服 | あり |

[カリキュラム]◇三学期制◇
・少人数でのクラス編成・授業展開が行われている。
・1年次は、全員が共通の科目を学習し、2年次以降は、以下の4系列の選択科目・自由選択科目から各自の興味・関心・希望進路に応じた科目を選ぶ。系列を越えての選択も可能である。また、選択科目には、総合学科ならではの多彩な授業科目が用意されている。

★文理総合系列
　四年制大学や看護系の学校、公務員等への就職を目指し、文科系・理科系の科目における言語活動や探究的な活動を通して、進学後の専門的な学びに対応できる能力や態度を育成するとともに、地域社会の発展に貢献するにふさわしい資質・能力を育成する。

★福祉生活系列
　地域の資源を生かした実践的・体験的な学習活動を通して、少子高齢化社会における人間の尊厳に基づく地域福祉の推進と持続可能な福祉社会の発展を担う職業人として必要な資質・能力を育成する。

★地域観光系列
　地域の歴史・文化・自然等の観光資源を生かした実習的な学習活動を通して、地域産業が発展し、地域の活性化に貢献する職業人として必要な資質・能力を育成する。

★文化教養系列
　実技的な学習活動や表現活動等、幅広い実学的な活動を通して、地域産業を始め経済社会の健全で持続的な発展を担う職業人として必要な知識や技能、態度を育成する。

[部活動]
・1年次は全員参加制。

・令和4年度は、陸上競技部が砲丸投・やり投で県大会に出場、書道部が埼玉県書きぞめ展覧会・埼玉県硬筆展覧会で入賞。
★設置部（※は同好会）
　陸上競技、バレーボール(女)、柔道、弓道、野球、バドミントン、剣道、科学、書道、吹奏楽、華道、茶道、美術、ボランティア、※竹あかり

[行　事]
6月　修学旅行（2年）、体育祭
7月　救急法講習会
10月　わらじかフェスタ（文化祭）
11月　遠足
2月　芸術鑑賞会、予餞会

[進　路]（令和5年3月）
・1年次の「産業社会と人間」において、キャリア教育の視点に立った進路指導を行う。その一環として、4月に新入生オリエンテーションを、9月にはインターンシップ（就労体験）を実施。2年次以降の系列・科目選択にも役立てている。
・月曜日に補習（マンデーレッスン）を実施。
・3年次には、進路説明会や進路対策テストのほか、履歴書の書き方や身近な敬語の使い方講座などを実施する。また、就職希望者には模擬面接指導を、進学希望者には小論文指導などを行っている。
★卒業生の進路状況
　＜卒業生51名＞
　大学6名、短大0名、専門学校10名、就職35名、その他0名
★卒業生の主な合格実績
　関東学園大、城西大、城西国際大、駿河台大、東京国際大、東京福祉大、東洋大、東洋学園大、日本福祉大、

文教大、武蔵野学院大、流通経済大

[トピックス]
・地域を担う人材を育成すると共に、生徒の多様なニーズに応じられるよう、普通科と専門学科の特色を併せ持った総合学科高校である。
・少人数であることにより、きめ細かな指導ができ、「わかる喜び、できる喜び」を生徒に与えて学力向上を図っている。
・令和元年度から県内初となるコミュニティ・スクールとしての活動を開始し、地域と協働して教育活動を実践している。
・介護職員初任者研修を取得可能。
・総合的な探究の時間や竹あかり同好会の取り組み、大学生との交流活動など、地域と連携した取り組みが充実している。
・ボランティア活動を重視している。
・自宅から通学が困難な生徒に対して、小鹿野町内の宿泊施設が受け入れる「山村留学（試行）」の制度がある。希望者は学校主催の学校説明会（参集型）に2回以上参加する必要がある。

[学校見学]（令和5年度実施内容）
★学校説明会　7・8・9・10・11月
各1回
★わらじかフェスタ（文化祭）　10月
★学校見学は随時可（要連絡）

入試！インフォメーション

受検状況	年度	学科・コース名	男女共	募集人員	志願者数	受検者数	倍率	昨年同期倍率	入学許可候補者数	倍率
	R6	総合学科	共	120	44	42	0.35	0.37	42	1.00
	R5	総合学科	共	120	44	44	0.37	0.26	44	1.00
	R4	総合学科	共	120	32	31	0.26	0.29	31	1.00

埼玉県
公立
高校

学校ガイド

＜全日制　旧第5学区＞

　学校を紹介したページの探し方については、2ページ
「この本の使い方＜知りたい学校の探し方＞」を参照し
てください。

県立 児玉（こだま）高等学校

https://kodama-h.spec.ed.jp/

普通科
農業科
　生物資源科
　環境デザイン科
工業科
　機械科
　電子機械科

共　学

制　服　あり

☎ 367-0216　本庄市児玉町金屋 980
☎ 0495-72-1566
交通　ＪＲ八高線児玉駅　徒歩 22 分
　　　ＪＲ高崎線本庄駅　バス「児玉高校入口」下車　徒歩 3 分

[カリキュラム]　◇三学期制◇

【普通科】
・1 年次には「ものづくり基礎」を学ぶ。実学を重視した学びを通して進路意識を高める。
・2 年次から、**スポーツ健康科学系**・**地域創造系**の類型選択を行う。
・**地域創造系**では、地域の課題解決や活性化につながる探究活動を通じて主体的に地域とかかわり、地域に貢献する生徒を育成する。農業や工業の科目を学習することができる。
・**スポーツ健康科学系**では、スポーツと健康、栄養の分野についての科目を学ぶ。スポーツを、アスリートのサポート・社会的意義・健康維持など様々な角度から捉える。

【農業科】
★生物資源科
・植物や動物などの生物資源の精算・利用・保全の方法について、実験や実習を中心とした実践的な学習を行う。
★環境デザイン科
・フラワーデザイン・造園から都市計画まで、「緑」を用いた空間の設計・製図やデザインのしかたを幅広く学ぶ。

【工業科】
★機械科
・工作機械やパソコンを利用し、最新のマシニングセンタやロボット等について、設計から生産管理にいたる過程を少人数グループでの実験・実習によって学ぶ。
★電子機械科
・簡単なロボットの製作やＩＴ技術、プログラミング、生産システム技術など基本的な自動化技術、エレクトロニクスを学ぶ。

[部活動]
・全生徒の約 6 割が参加。
★設置部
野球、バドミントン、ワンダーフォーゲル、剣道、ソフトテニス、陸上競技、柔道、バスケットボール、サッカー、卓球、パソコン、イラスト、家庭科、書道、写真、理科

[行　事]
・体育祭、修学旅行、文化祭、球技大会、予餞会を実施予定。
・2 年次に就職希望者全員が**インターンシップ**を体験する。

[進　路]
・朝学習、漢字検定への取り組み、外部講師によるガイダンス・面接指導・マナー講習、地元企業へのインターンシップ（2 年）、企業・大学・専門学校見学、資格取得のサポートなどを通して、一人ひとりの進路実現をサポートする。
★卒業生の主な進路先（旧児玉高校）
群馬医療福祉大、国士舘大、埼玉学園大、埼玉工業大、淑徳大、城西大、上武大、尚美学園大
★卒業生の主な進路先（旧児玉白楊高校）
東京農業大、関東学園大、桐生大、埼玉工業大、城西大、上武大、聖学院大、高崎健康福祉大、東海大、日本工業大

[トピックス]
・令和 5 年度より、**児玉白楊高校**と児玉高校が統合され、**児玉高校**となる。校舎は、現在の児玉白楊高校の場所に設置される。
・「地域産業を支えグローバル社会で活躍できる人材を育成する高校」を基本理念として、**普通科、農業科、工業科**の 3 学科が併置される。
・**農業科、工業科**では最新の施設・設備で実践的な職業教育の充実を図る。普通科でも農業や工業の授業を学習することができる。また、学科の枠を超えて地域と協働し、地域の課題解決に取り組むことで、主体的に地域と関わり地域社会に参画する力を育成する。
・課題解決型学習の一環として、地域学である「こだま学」を学ぶ。
・女子の制服は、ネクタイ・リボンとスカート・スラックスの組み合わせを自由に選択できる。

[学校見学]（令和 5 年度実施内容）
・★学校説明会　11 月 1 回
・★ナイト入試相談会　1 月 1 回
・★体験入学　10 月 1 回
・★部活動体験会　7 ～ 8 月
・★学校見学会　7 月
・★ポプラ祭　11 月　見学可
・★学校見学は随時可（要連絡）

入試！インフォメーション

受検状況	年　度	学科・コース名	男女共	募集人員	志願者数	受検者数	倍　率	昨年同期倍率	入学許可候補者数	倍　率
	R6	普　通	共	80	71	69	0.87	0.76	69	1.00
		生物資源	共	40	36	34	0.87	1.00	34	1.00
		環境デザイン	共	40	37	37	0.93	0.83	37	1.00
		機　械	共	40	21	20	0.50	0.70	20	1.00
		電子機械	共	40	31	30	0.75	0.45	30	1.00

県立 本庄 高等学校

ほんじょう

https://honjo-h.spec.ed.jp/

☎ 367-0045　本庄市柏 1-4-1
☎ 0495-21-1195
交通　JR高崎線本庄駅　徒歩15分

普通科

| 単位制 |
| 共　学 |
| 制　服　あり |

[カリキュラム]　◇三学期制◇

・週2回の**7時間授業**および隔週**土曜日授業**により、**週34時間**の学習を行う。
・**進学重視型単位制**であり、2年次以降、必修科目以外は選択科目となる。進路に必要な科目を自ら選んで学習することで、自分だけの時間割を作成することができる。
・選択科目は**少人数授業**で行われ、基礎から応用まで学習することで、第一志望の大学に合格できる学力を着実に身につける。
・総合的な探究の時間を利用して**探究学習**を行い、「**本当の学力**」の育成をめざす。
・**特進クラス**を設置。国公立大学や難関私立大学への一般受験による合格を目標とする。長期休業中の**進学補講**に加え、**夏季学習合宿・春季学習合宿**や隔週土曜授業の後、**予備校講師によるスーパー講義**などを行い、充実した学習環境のもと、高い学力を養成する。

[部活動]

　約9割が参加。令和4年度は、**弓道部**が東日本大会に出場した。陸上競技部が関東大会に出場した。**写真部**と**生物部**が全国高校総合文化祭等に出展した。

★設置部

　弓道、剣道、硬式テニス、ソフトテニス、サッカー（男女）、柔道、体操、卓球、ワンダーフォーゲル、野球、バレーボール、陸上競技、バスケットボール、英語、演劇、化学、考古学、茶道、写真、書道、新聞、生物、地学、物理、社会科研究、美術、放送、吹奏楽、漫画研究、家庭、軽音楽、将棋

[行　事]

　国際交流に力を入れており、オーストラリアへ**海外研修**を実施している。
6月　柏樹祭（体育祭）
7月　球技大会
9月　柏樹祭（文化祭）
10月　修学旅行（2年・関西方面）
12月　球技大会
2月　マラソン大会

[進　路]　（令和5年3月）

・新入生を対象に**学習法講座**を行う（4月）。
・2年次には外部講師を迎えて**進路講演会**や**進路分野別説明会**、大学・専門学校の**模擬講義**などを実施する。
・全学年で予備校講師による**土曜スーパー講義**を実施。特進クラス生が対象。
・総合的な探究の時間を利用して、「**将来設計学習**」と「**探究学習**」を行う。

★卒業生の主な合格実績

　東京工業大、筑波大、電気通信大、埼玉大、群馬大、埼玉県立大、高崎経済大、前橋工科大、群馬県立女子大、愛知医科大、早稲田大、慶應大、上智大　他

♣指定校推薦枠のある大学・短大など♣

　青山学院大、専修大、東京都市大、東洋大、日本大、法政大、明治大、立教大　他

[トピックス]

・大正11年の創立以来3万人を超える卒業生を輩出した県立本庄高校と30余年の歴史をもつ県立本庄北高校とが統合され、平成25年4月、**進学重視型単位制**の普通科高校として生まれ変わった。
・**セミナー棟**を新築。
・平成25年度より、全員**制服**着用となった。男子は詰め襟学生服、女子はセーラー服。
・埼玉県と東京大の「**未来を拓く『学び』プロジェクト**」、「**日本薬科大学との高大連携**」など、様々な事業の**推進校に指定**され、学校全体で学力向上に努めている。
・**土曜公開授業**を実施している。
・授業の互見期間を設定している。
・図書館の地域開放を行っている。

[学校見学]　（令和5年度実施内容）

★学校説明会　8月2回、9・10・11・12月各1回
★柏樹祭（文化祭）　9月　見学可
★学校見学は可・指定日時有（要連絡）

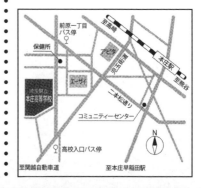

■入試！インフォメーション■

受検状況	年　度	学科・コース名	男女共	募集人員	志願者数	受検者数	倍　率	昨年同期倍率	入学許可候補者数	倍　率
	R6	普　通	共	320	354	353	1.11	1.06	323	1.09
	R5	普　通	共	320	338	338	1.06	1.13	327	1.03
	R4	普　通	共	320	359	359	1.13	1.27	323	1.11

埼玉県
公　立
高校

学校ガイド

＜全日制　旧第6学区＞

学校を紹介したページの探し方については、2ページ
「この本の使い方＜知りたい学校の探し方＞」を参照し
てください。

県立 熊谷 高等学校

くまがや

http://kumagaya-h.spec.ed.jp

☎ 360-0812　熊谷市大原 1-9-1
☎ 048-521-0050
交通　ＪＲ高崎線・秩父鉄道熊谷駅　バス

普通科

| 単位制 |
| 男 |
| 制　服　なし |

[カリキュラム] ◇三学期制◇

・平成28年度入学生より進学型単位制を導入。多様な選択科目・少人数展開により第一志望の進路実現をめざす。
・50分授業や土曜日授業（隔週・4時間）を行うなどして、1週当たり33～34時間という十分な授業時間を確保している。
・1年次は全員が共通の科目を学ぶ。
・2、3年次は文系・理系に分かれる。授業のおよそ3分の1が選択制となり、受験に向けて自分に必要な学力を身につけることができる。
・隔週で土曜日授業（年間17回）を実施している。
・国語、数学、英語で習熟度別・少人数授業を行っている。

[部活動]

・約10割が参加。
・令和5年度には、インターハイに水泳部とソフトテニス部が、関東大会に水泳部、ソフトテニス部、陸上競技部、軟式野球部が出場した。
★設置部（※は愛好会）
硬式野球、陸上競技、ソフトテニス、サッカー、バスケットボール、バレーボール、卓球、ラグビー、山岳、柔道、水泳、剣道、弓道、スキー、軟式野球、バドミントン、硬式テニス、ハンドボール、応援団、音楽、文芸、美術、書道、物理、化学、生物、地学、吹奏楽、社会科研究、将棋、※フットサル、※ダンス、※軽音楽、※鉄道、※現代文化研究

[行　事]

・他校には見られないような行事が数多くある。中でも40kmハイクや臨海学校は男子校ならではの伝統行事。

・40kmハイクは荒川大橋から上長瀞駅までを歩くもので、初夏の風物詩ともなっている。
・1年次の夏休み前に行われる臨海学校（新潟県柏崎市）では遠泳を経験する。
・ニュージーランドの兄弟校との相互短期派遣（隔年）を実施。
・その他、柔道大会、テニス・卓球大会、水泳大会、バレーボール大会、サッカー大会、バスケットボール大会、ラグビー大会、クロスカントリー大会、百人一首大会、体育祭、文化祭などを実施。

[進　路]（令和5年3月）

・2023年3月卒業生は、4人に3人が現役で大学に進学。
・学力の向上、人間力を高める指導を行い、「伸ばす熊高、伸びる熊高生」を実現。
・進路講演会「生き生き仕事人」（1年次）で職業観を育成し、大学説明会や医学部セミナーによって大学で何を学ぶかを知る。
・実力テストや全国模試を全学年で実施。
・3年次には入試対策講座も開かれる。
・夏休みには実力養成補習を実施。
★卒業生の進路状況
　＜卒業生317名＞
　大学229名、短大1名、専門学校3名、就職1名、その他83名
★卒業生の主な合格実績
　北海道大、東北大、金沢大、筑波大、群馬大、埼玉大、千葉大、横浜国立大、東京学芸大、東京工業大、東京農工大、高崎経済大、防衛大学校、早稲田大、慶應義塾大
♣指定校推薦枠のある大学・短大など♣
　早稲田大、慶應義塾大、青山学院大、学習院大、上智大、東京理科大、中央大、法政大、明治大、立教大　他

[トピックス]

・明治28年創立。令和7年に創立130周年を迎える伝統校である。
・平成28年に埼玉県の「大学進学指導推進校・拠点校」となっている。
・国公立大学合格者数、15年連続100名超。
・真剣勝負の授業、活発な部活動、伝統ある学校行事を通して、将来の日本、世界のリーダーとなる人間力を備えた人材を育成。
・独立型図書館（平日20:30まで利用可）、開閉式屋内プールなど施設が充実。

[学校見学]（令和5年度実施内容）

★学校説明会　8・10・1月計7回
★体験授業　6月1回
★部活動見学・体験会　8月2回
★土曜公開授業　4・7・1・2月各1回、5・6・9・10・11・12月各2回
★文化祭　9月　見学可
★学校見学は土曜公開授業日に可（予約不要）

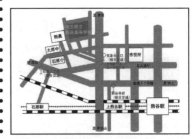

入試！インフォメーション

受検状況	年　度	学科・コース名	男女共	募集人員	志願者数	受検者数	倍　率	昨年同期倍率	入学許可候補者数	倍　率
	R6	普　通	男	320	353	351	1.10	1.12	318	1.10
	R5	普　通	男	320	358	355	1.12	1.10	318	1.12
	R4	普　通	男	320	350	349	1.10	1.02	319	1.09

県立 熊谷工業 高等学校 （くまがやこうぎょう）

https://kumagaya-th.spec.ed.jp/

〒360-0832　熊谷市小島820
☎ 048-523-3354
交通　秩父鉄道石原駅　徒歩20分
　　　ＪＲ高崎線籠原駅　自転車20分

建築科
土木科
電気科
機械科
情報技術科

共 学

制 服　あり

[カリキュラム] ◇三学期制◇

・2学年から各生徒の進路目標に応じて英語・数学で、習熟度別授業を展開。
・3学年では大学などへの進学に対応するための4大進学コースと工業系の仕事に役立つ科目が用意されている専門技術コースとに分かれる。

★建築科

人々の日常生活を様々な角度から分析することで、快適かつ安全で美しい空間を創造し完成させることのできる建築技術者の育成を目指している。そのために住宅設計、デザイン、建築材料、構造材の性能試験、温度・光・音などに関する工学実験、木造や鉄骨の組立作業、測量、コンピュータ操作などの基礎的な学習から、将来に向けての応用技術まで、幅広い専門教育を行う。

★土木科

土木事業によって建設される道路、橋、空港、湾などの交通施設、上下水道や電気、ガスなどのライフライン、また、公園や河川、ダム、堤防、防波堤など、人々が安全で快適な生活を送るための環境整備を行う土木技術者の育成を目指す。そのために必要な測量技術の習得や土木施工、材料実験などに関する知識などを学習する。

★電気科

現在、様々な分野で利用されている電気・電子に関する基礎・基本を学習し、電力の発生から輸送・配電・消費までの電力技術、送受信に関わる電気通信技術、コンピュータプログラミング、マイコン制御、電気に関わる設計製図、自動工作機械（ＣＡＤ・ＣＡＭ）などの幅広い専門知識や技術を習得する。

★機械科

機械工作、設計製図、コンピュータ制御の旋盤・マシニングセンタ・レーザー加工機・3Dプリンタ等を用いた製作実習や、金属材料電気などの各種実験を通して幅広い専門知識を身につけ、多方面の分野で活躍できる技術者の育成を目指している。

★情報技術科

C言語やPythonプログラミングでアプリ製作、電子回路設計でマイコン制御、サーバー管理や配線施工技術習得、アプリやOSのコンピュータ利用技術を学び、現場で活躍できるスペシャリストを目指す。さらに多くの検定や国家試験に挑戦することが可能。

[部活動]

全員加入制である。令和4年度は、高校生ものづくりコンテスト関東大会に建築研究部（木材加工部門）、土木研究部（測量部門）、電気研究部（電気工事部門）が出場。若年者ものづくり競技大会に建築研究部（建築大工職種）（木材加工職種）と機械研究部（旋盤職種）が出場。建築研究部は、両職種で銅賞受賞。ラグビー部、ソフトボール部が関東大会に出場。登山部に所属する生徒が、2022年世界ユース選手権大会（アメリカ）ボルダリング種目で第5位に入るなど、多くの生徒が活躍している。

★設置部

サッカー、陸上競技、ソフトテニス、バスケットボール、バレーボール、剣道、登山、野球、柔道、卓球、ソフトボール、バドミントン、ラグビー、建築研究、土木研究、電気研究、機械研究、情報技術研究、吹奏楽、家庭科、美術、アニメーション、写真、将棋、水泳

[行　事]

遠足、工場見学、球技大会、体育大会、熊工祭、マラソン大会、修学旅行、芸術鑑賞会、予餞会などを実施。

[進　路] （令和5年3月）

国家資格等の各種資格取得や専門分野のコンテスト出場に力を入れ、質の高い知識や技術を身に付け、就職決定率100%を達成している。

★卒業生の進路状況

＜卒業生227名＞
大学36名、短大1名、専門学校26名、就職144名、その他20名

★卒業生の主な進学先

埼玉工業大、足利大、千葉工業大、東京電機大、東洋大、日本大、日本工業大、ものつくり大、国士舘大、城西大、駿河台大、大正大、大東文化大、東京福祉大、東洋学園大、山梨学院大、立正大

[トピックス]

・就職内定率9年連続で100%を達成。
・技能五輪全国大会（情報ネットワーク施工）に情報技術科の生徒が出場。
・令和4年度には、機械科に高額なマシニングセンタ（金属3D加工機）等、情報技術科に超高性能スペックのコンピュータが整備された。

[学校見学] （令和5年度実施内容）

★学校説明会　6・7月各1回
★部活動体験入部　8月
★学科見学会　8・11月各1回
★体験入学　9月1回
★個別進学相談会　10・1月各1回
★熊工祭（文化祭）10月　見学可
★学校見学は随時可（要連絡）

入試！インフォメーション

受検状況	年　度	学科・コース名	男女共	募集人員	志願者数	受検者数	倍　率	昨年同期倍率	入学許可候補者数	倍　率
	R6	電　気	共	40	37	36	0.90	1.03	36	1.00
		建　築	共	40	36	36	0.90	0.80	36	1.00
		土　木	共	40	39	38	0.95	0.83	38	1.00
		機　械	共	80	61	61	0.77	0.81	61	1.00
		情報技術	共	40	39	39	0.98	1.45	39	1.00

県立 熊谷商業 高等学校
くまがや しょうぎょう

総合ビジネス科

https://kumagaya-ch.spec.ed.jp/

〒360-0833　熊谷市広瀬800番地の6
☎048-523-4545
交通　JR熊谷駅　自転車15分
　　　JR籠原駅　自転車20分
　　　秩父鉄道ひろせ野鳥の森駅　徒歩10分

共　学

制　服　あり

[カリキュラム] ◇三学期制◇
・令和2年に学科再編をおこない、「**総合ビジネス科**」としてスタートした。
・入学時に学科を選択するのではなく、高校に入学して簿記や情報処理の学習をスタートした後に、「**商業（群）**」「**情報処理（群）**」「**進学（群）**」を選択できる。特に専門科目では**習熟度別**や**少人数制授業**を採用し丁寧に指導することで、資格を生かしての進学・就職へもつなげている。
・1年生は**簿記・情報処理**などを学びビジネスの基礎を身につける。
・2年生からは「**商業（群）**」「**情報処理（群）**」「**進学（群）**」に分かれ、進路希望や目指す資格によって授業を選択することができる。「**商業（群）**」は簿記・会計を中心に高度な技能・資格の取得に努め、「**情報処理（群）**」はコンピュータに関する専門的なスキルを磨くことができ、「**進学（群）**」は大学受験に備え、英語を強化するなどの特色がある。
・3年生では、**選択授業**（全ての群で共通）を開講。将来の進路に合わせた商業科目の資格取得や普通科目の学習ができる。なお、進級時に**群の変更も可能**である。

[部活動]
・1年生は全員参加制。各部活動とも目標をもって盛んに活動を行っている。
・運動部では、**柔道部・弓道部**が関東大会に出場し、伝統ある**硬式野球部**に加えて**ソフトテニス部・硬式テニス部・卓球部**などが県大会で活躍している。
・文化部では、商業高校の特徴を生かした**ワープロ部・ソフトウェア部・簿記部**が全国大会に連続出場してい

る。**書道部・写真部・吹奏楽部**なども優秀な成績をおさめている。
・令和5年度は、**ワープロ部・ソフトウェア部・簿記部**が全国大会に出場、**柔道部**が関東大会に出場した。
・令和4年度は、**ワープロ部・ソフトウェア部・簿記部**が全国大会に出場、**弓道部**が関東大会に出場した。
・令和3年度は、**ワープロ部・簿記部**が全国大会に出場、**弓道部**が関東大会に出場した。

★設置部
野球、サッカー、バレーボール（女）、陸上競技、バスケットボール（男女）、卓球（男女）、ソフトテニス（男女）、硬式テニス（女）、ソフトボール（女）、柔道（男女）、剣道（男女）、山岳、弓道、バトン、吹奏楽、簿記、ソフトウェア、ワープロ、書道、美術、写真、軽音楽

[行　事]
5月　遠足
6月　体育祭
9月　熊商祭（文化祭）
10月　修学旅行（2年）
11月　ロードレース大会
12月　球技大会

[進　路]
・各種資格を活かし、**事務職への就職**や**推薦入試を中心に大学進学**する生徒も多い。
・進路ガイダンスや進路報告会・見学会、三者面談などを計画的に行い、適切な進路選択を促す。進路分野別の指導は特にきめ細かく実施し、**就職内定率・大学現役合格率ともに100%**である。
・1年生から**卒業生との進路懇談会**も実施し、将来の進路選択に役立てて

いる。

★卒業生の主な進学先
明治大、中央大、日本大、東洋大、獨協大、武蔵大、国士館大、亜細亜大、大東文化大、城西大、目白大、高崎商科大、千葉商科大、文教大、駿河台大、立正大、上武大

★卒業生の主な就職先
武蔵野銀行、東和銀行、足利銀行、アイリスオーヤマ、本田技研、太平洋セメント、ニコン、キヤノン電子、SUBARU、JR東日本ステーションサービス、ベルク、埼玉トヨペット、埼玉県自動車整備振興会、日本精工、八木橋、東都観光企業総轄本社

[トピックス]
・令和元年に**創立100周年**を迎えた伝統校。
・創立60周年記念館には食堂や売店が設置され、合宿にも利用されている。

[学校見学]（令和5年度実施内容）
★**部活体験**　8月3回
★**体験授業**　8月3回〈情報処理〉9月1回〈簿記〉
★**学校概要・入試説明**　11月1回
★**入試説明・進路実績（在校生）**　1月1回

入試！インフォメーション

受検状況	年度	学科・コース名	男女共	募集人員	志願者数	受検者数	倍率	昨年同期倍率	入学許可候補者数	倍率
	R6	総合ビジネス	共	200	162	161	0.81	1.01	162	0.99
	R5	総合ビジネス	共	200	201	200	1.01	0.98	200	1.00
	R4	総合ビジネス	共	200	196	195	0.98	0.89	195	1.00

県立 熊谷女子 高等学校
くまがやじょし

普通科

http://www.kumajo-h.spec.ed.jp/

〒360-0031　熊谷市末広 2-131
☎ 048-521-0015
交通　ＪＲ高崎線・秩父鉄道熊谷駅　徒歩7分

女

制服　あり

[カリキュラム] ◇三学期制◇
・早い学年での基礎・基本の習得に重点を置き、国公立大・難関私大受験はもちろん、大学へ進学してからの研究活動にも役立つ幅広い知識を身につけることを目的に教育を行う。
・50分授業。週あたり34単位。
・4時限の土曜授業を月2回実施（隔週で年間15回）。
・1年次は芸術以外、全員が共通の科目を学習する。
・2年次に文型・理型に分かれ、早期より生徒の進路希望に対応したきめ細かい授業を行う。3年次には文型・文理型・理型に分かれ、より深く学び、受験に対応する力を身につける。
・1、2年次の英語と2年次の数学Bは少人数で授業を行うため、きめの細かい指導を受けることができる。

[部活動]
・令和5年度は、チアリーディング部とダンス部が全国大会、陸上競技部と水泳部が関東大会に出場。
・令和4年度は、ソフトテニス部と剣道部が関東大会に出場。
★設置部（※は愛好会など）
剣道、弓道、サッカー、水泳、ソフトテニス、ソフトボール、卓球、テニス、登山、ハンドボール、バスケットボール、バドミントン、バレーボール、陸上競技、ラクロス、ダンス、アンサンブルマジョリティ（吹奏部）、チアリーディング、英語劇、演劇、音楽、自然科学、華道、ギターマンドリン、茶道、写真、書道、新聞、調理、日本史、美術、文芸、放送、※フォークソング、※宇宙研究、※競技かるた、※漫画

[行　事]

・体育祭の応援合戦では、学年縦割りのブロック約120人による創作ダンスが披露され、たいへん見応えがある。
・4月に新入生歓迎会、6月にバレーボール大会、7月に鈴懸祭文化の部、8月に国際交流事業、9月にすずかけ祭体育の部、10月に修学旅行（2年）、11月にテニス大会（3年）やパークマラソン、12月に芸術鑑賞会、3月に予餞会やハンド・バスケット大会を実施。

[進　路] （令和5年3月）
・放課後・早朝・長期休業中に補習を行う。
・進路講話やキャリア教育・大学模擬授業などを実施。
・令和5年度より生徒全員が駿台サテネット（駿台予備校のオンライン授業）を受講することが可能。
・自習室（39席）を設置。
・現役大学進学率は90%以上。
★卒業生の進路状況
＜卒業生307名＞
大学281名、短大1名、準大学1名、専門学校8名、就職1名、その他15名
★卒業生の主な合格実績
北海道大、東北大、筑波大、群馬大、宇都宮大、埼玉大、横浜国立大、東京学芸大、信州大、奈良女子大、埼玉県立大、東京都立大、青山学院大、学習院大、国際基督教大、上智大、中央大、津田塾大、東京女子大、東京理科大、日本女子大、法政大、明治大、明治薬科大、立教大、早稲田大
♣指定校推薦枠のある大学・短大など♣
青山学院大、学習院大、中央大、東京理科大、法政大、明治大、立教大、

早稲田大　他
[トピックス]
・勉強、部活、学校行事のすべてに全力で取り組む生徒の多い学校である。
・大学進学指導拠点推進校（県内12校）に指定（令和元年度から）。
・教室が冷房化されており、快適な環境で学ぶことができる。
・ニュージーランドのサウスランドガールズハイスクールと姉妹校提携。隔年で派遣と受入を行う。

[学校見学] （令和5年度実施内容）
★学校見学会　6・9・2月各1回、10・11月各2回
★学校説明会　8月1回
★部活動体験会　7・8月各1回
★鈴懸祭　7月（文化の部）・9月（体育の部）
★学校見学は随時可（要連絡）

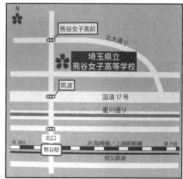

入試！インフォメーション

受検状況	年度	学科・コース名	男女共	募集人員	志願者数	受検者数	倍率	昨年同期倍率	入学許可候補者数	倍率
	R6	普通	女	320	314	311	0.98	1.13	311	1.00
	R5	普通	女	320	358	358	1.13	1.08	320	1.12
	R4	普通	女	320	342	342	1.08	1.13	318	1.08

県立 熊谷西 高等学校
くまがやにし

普通科
理数科

https://kumanishi-h.spec.ed.jp/

〒360-0843　熊谷市三ヶ尻2066
☎ 048-532-8881
交通　ＪＲ高崎線籠原駅　徒歩15分
　　　秩父鉄道秩父線　大麻生駅　自転車15分

共　学

制　服	あり

[カリキュラム]　◇三学期制◇
・**55分6コマ授業**により、週34単位時間の授業を確保しつつ、授業のコマ数を増やすことで、さらに生徒の力を伸ばす。
・普通科・理数科ともSSH指定により特別な教育課程を実施。中でも全校で探究活動に力を入れ、普通科では「SS探究基礎」「SS探究」「SS研究論文」、理数科では「SS理数探究基礎」「SS理数探究」「SS理数研究論文」の履修により高い課題発見力、解決力、表現力、主体的・協働的に取り組む力を伸ばす。

★普通科
・**類型制**や多様な**選択科目**を用意。大学入試共通テスト5教科7科目に対応するとともに、希望進路に応じた学習が可能となっている。
・2年次から**1類・2類**に分かれて学ぶ。どちらも、大学入試共通テスト5教科7科目に対応。3年次には、さらに多様な選択科目を用意。希望進路に応じた学習が可能。

★理数科
・国公立を中心とする理系大学への進学を念頭においたカリキュラムで、数学と理科の授業時数が普通科理系より多い。
・数学は3年次の1学期までに学習を終え、その後は演習中心の実践的な内容で大学入試に備える。
・理科の授業は実験・実習の機会を豊富に用意している。

[部活動]
・入学時は全員参加制。部活動はたいへん盛んである。
・令和5年度では、**将棋部・書道部・自然科学部**が全国高校総合文化祭に出展した。また、運動部では**陸上競技部・柔道部**が関東大会へ出場した。

・令和4年度には、**自然科学部**が、日本学生科学賞で入選2等を受賞、また**将棋部・書道部**が全国高校総合文化祭に出展、**美術部**は10年連続で「はんが甲子園」に出場した。

★設置部
ソフトテニス、硬式テニス、バレーボール、バスケットボール、バドミントン、卓球、陸上競技、サッカー、ワンダーフォーゲル、剣道、硬式野球、柔道、ダンス、吹奏楽、写真、軽音楽、放送、茶道、美術、家庭、合唱、演劇、自然科学、英語、書道、華道、将棋、マルチメディア

[行　事]
・理数科は、大学等と連携した実験・実習や臨海実習など、体験活動が充実。
・希望者を対象にニュージーランド海外研修を実施。

5月	校外学習
6月	体育祭
7月	英語スピーチコンテスト、ブリティッシュヒルズ英語研修
8月	理数科臨海実習、西高祭(文化祭)
10月	修学旅行(2年)
11月	持久走大会
2月	百人一首大会
3月	卒業生を囲む会

[進　路]（令和5年3月）
・総合的な探究の時間などを利用し、**進路学習**や**学習状況診断、進路適性検査、小論文指導**を実施。
・1年生全員を対象に、3日間の**スタートアップ講座**を校内で実施。
・夏季休業中を中心に多数の**補習**を実施。
・3年次の12月、1月には、共通テスト対策などの**大学入試直前対策講座**

を行う。
・**進路講演会、大学出張講義**などを行い、進路意識を高め、進路選択のヒントを得ている。

★卒業生の主な進学先
北海道大、東京工業大、東京外国語大、東京学芸大、東京藝術大、東京農工大、お茶の水女子大、筑波大、富山大(薬)、防衛大、早稲田大、慶應大、上智大、東京理科大、学習院大、明治大、青山学院大、立教大、中央大、法政大他

♣指定校推薦枠のある大学・短大など♣
青山学院大、学習院大、中央大、東京理科大、法政大、明治大、明治薬科大、立教大　他

[トピックス]
・令和5年度は、「SSH（スーパー・サイエンス・ハイスクール)」「未来を拓く『学び』プロジェクト研究開発校」に指定されている。
・令和2年度入学生から制服リニューアル。スラックスも選択可能。
・**現役生の大学合格率**の高さで知られる進学校。特に理数科の国公立大学への現役合格率は、県内でもトップクラスである。
・目標は「**全員、現役での進路決定**」。
・冷暖房完備の自習室(土曜も利用可能)。

[学校見学]（令和5年度実施内容）
★学校説明会　7・8・9・10月各1回（9月は公開授業もあり）
★個別進学相談会　11・12・1月各1回
★西高祭　9月

入試！インフォメーション

受検状況	年　度	学科・コース名	男女共	募集人員	志願者数	受検者数	倍率	昨年同期倍率	入学許可候補者数	倍率
	R6	普　通	共	280	326	325	1.17	1.10	281	1.16
		理　数	共	40	57	55	1.38	1.23	41	1.34
	R5	普　通	共	280	306	305	1.10	1.12	278	1.10
		理　数	共	40	49	49	1.23	1.18	41	1.20

県立 **熊谷農業** 高等学校
くまがやのうぎょう

https://kumanou-ah.spec.ed.jp/

☎ 360-0812 熊谷市大原3-3-1
☎ 048-521-0051
交通 ＪＲ高崎線熊谷駅 徒歩30分
　　　秩父鉄道石原駅・上熊谷駅 徒歩20分
　　　朝日バス気象台入口 徒歩10分

生物生産技術科
生物生産工学科
食品科学科
生活技術科

共　学

制　服	あり

[カリキュラム] ◇三学期制◇
・各科とも、専門科目については、小グループによる実験・実習を中心とした学習を行っている。
・多彩な教育内容から、農業技術検定や情報処理検定をはじめとした多くの**資格取得**が可能である。

★生物生産技術科
＜植物生産コース＞
農業自営、農業関係の大学・専門学校への進学、農業機械製造会社・食品加工会社への就職をめざす人のためのコース。
＜ガーデニングコース＞
農業自営、農業関係の大学・専門学校への進学、緑化関連産業への就職をめざす人のためのコース。

★生物生産工学科
＜動物科学コース＞
農業自営、農業関係の大学・専門学校への進学、牧場・食品加工会社・医療機関などへの就職をめざす人のためのコース。
＜フラワーコース＞
農業自営、農業関係の大学・専門学校への進学、花卉市場・花屋・種苗関係会社などへの就職をめざす人のためのコース。

★食品科学科
＜食品科学コース＞
食品関係の大学・専門学校への進学、食品製造関連企業・食品関連企業への就職をめざす人のためのコース。

★生活技術科
＜食と生活コース＞
農業、被服・調理系の専門学校への進学、製造業・販売業への就職をめざす人のためのコース。
＜子どもと福祉コース＞
農業、家庭、保育、福祉系の短大・専門学校への進学、病院・福祉施設・製造業・販売業への就職をめざす人のためのコース。

[部活動]
・1年次は全員参加制。
・令和2年度には、**陸上競技部**が県大会に12種目9人出場した。
・令和3年度は、**写真部**が全国高校総合文化祭に出品し、優秀賞を受賞した。

★設置部
陸上、ソフトテニス、硬式テニス、バレーボール（女）、サッカー、バスケットボール、剣道、卓球、弓道、野球、ラグビー、写真、吹奏楽、手芸、書道、茶道、食品加工、美術、野菜昆虫、フラワー、演劇、アニメーション、科学、ガーデニング

[行　事]
・4月の第4土曜日に行われる**グリーンフェスティバル**では、学校で実際に収穫した農産物の販売を行い、毎年多数の来校者がある。
・農業鑑定競技校内大会、体育祭、熊農祭（文化祭）、マラソン大会、修学旅行（2年）、球技大会などを実施。

[進　路]（令和5年3月）
「豊かな心」「生きる力」を育む**農業教育**を通して、専門性を生かした就職のほか、大学への進学にも対応したきめ細かな進路・学習指導を行っている。

★卒業生の進路状況
＜卒業生245名＞
大学37名、短大6名、専門学校95名、就職98名、その他9名

★卒業生の主な進学先
埼玉工業大、女子栄養大、城西大、聖学院大、帝京科学大、東京農業大、東都大、日本大、酪農学園大、東洋大、麻布大、東海大

♣指定校推薦枠のある大学・短大など♣
東京農業大、酪農学園大、日本獣医生命科学大、帝京科学大、女子栄養大、聖学院大、北里大、東洋大、日本大、東京福祉大、埼玉工業大　他

[トピックス]
・明治35年に開校以来122年目を迎える伝統校で、2万5千人を超える卒業生を送り出し、卒業生は県北地域農業のリーダーとして活躍している。
・農場や温室、畜舎、食品製造実習室など、施設・設備が充実している。令和5年に新牛舎が完成。
・昭和39年以来、皇室への鈴虫献上を毎年行っている。
・校内生産の牛乳、鶏卵を使用したアイスクリーム「くまのうアイス」が大人気。熊谷駅の献血ルームで食べることができる。
・令和5年度、農業クラブ関東大会意見発表競技会、農業クラブ全国大会家畜審査競技会、農業クラブ全国大会農業鑑定競技会、全国産業教育フェア全国高校生フラワーアレンジメントコンテスト等に出場した。

[学校見学]（令和5年度実施内容）
★体験入学　10・11月各1回
★学校説明会　6・7・8月各1回
★学科説明会　9・12・1月各1回
★熊農祭　10月

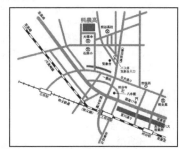

入試！インフォメーション

受検状況	年　度	学科・コース名	男女共	募集人員	志願者数	受検者数	倍　率	昨年同期倍率	入学許可候補者数	倍　率
	R6	食品科学	共	40	34	34	0.85	1.10	36	0.94
		生物生産工学	共	80	80	78	0.99	1.00	79	0.99
		生活技術	共	40	45	45	1.13	1.00	41	1.10
		生物生産技術	共	80	81	81	1.01	0.86	80	1.01

県立 妻沼 高等学校 （めぬま）

https://menuma-h.spec.ed.jp/

☎ 360-0203　熊谷市弥藤吾 480
☎ 048-588-6800
交通　ＪＲ高崎線・秩父鉄道熊谷駅　バス

普通科

| 共　学 |
| 制　服　あり |

[カリキュラム]　◇三学期制◇

・つまずき解消と基礎固めのため、県内初の学校設定教科「カルティベートタイム」を設置。1年次は毎日1限目にカルティベートタイムがあり、読み・書き・計算を中心に、基礎から高校レベルへとステップアップする手作りのプリント教材で学習意欲を支え、基礎力を身につけている。
・1年次で少人数学級編制（3クラス募集の4クラス展開）。
・1年次の数学と英語は習熟度別・少人数授業を行っている。
・英語検定・漢字検定・情報処理検定・ビジネス実務検定など各種検定を実施している。

[部活動]

・運動部では、陸上競技部が県大会に出場しているほか、卓球部、バレーボール部、野球部、バスケットボール部、サッカー部なども活躍している。
・文化部では、書道部が埼玉県硬筆展や書きぞめ展などに出展している。ボランティア部は地域の小学校との交流事業を毎年行っている。家庭部、商業部なども活発に活動している。
★設置部
野球、陸上競技、サッカー、ソフトテニス、バレーボール、バスケットボール、卓球、総合運動、書道、科学、家庭、ボランティア、商業、美術、音楽、総合文化

[行　事]

5月　遠足
7月　球技大会
9月　体育祭
10月　轍（わだち）祭（文化祭）
11月　パークレース、修学旅行（2年）
12月　球技大会
1月　予餞会

[進　路]

・個性や適性に応じたきめ細かい指導をモットーとして、生徒の希望を100％実現できるように全職員が全力で取り組んでいる。
・進路講演会・進路見学会・分野別説明会など、進路意識を高める各種行事を実施している。
・推薦入試や就職試験に向けた小論文・作文・面接指導など、希望者を対象にした補習が充実している。
★卒業生の進路状況（令和5年3月）
　＜卒業生85名＞
　大学7名、短大2名、専門学校18名、就職46名、その他12名
★卒業生の主な合格実績
　埼玉工業大、城西大、聖学院大、関東学園大、大東文化大、高千穂大
♣指定校推薦枠のある大学・短大など♣
　埼玉工業大、城西大、大東文化大、聖学院大、ものつくり大、立正大他

[トピックス]

・昭和54年創立。母校を誇れる生徒を育てる学校をめざす。
・「礼儀、身だしなみ、時間厳守」を指導の基本として、思いやりの心と規範意識を醸成する。
・埼玉工業大と高大連携協定を結んでいる。
・小学校との交流事業、交通安全マナーアップキャンペーン、地元の祭りや行事への参加など、地域交流が盛んである。
・スクールバスが校内まで乗り入れている。

・スクールカウンセラー、日本語支援員、就職支援アドバイザー、特別支援巡回支援員、スクールソーシャルワーカーを配置している。
・令和4年度には子供の読書活動優秀実践校となった。

[学校見学]（令和5年度実施内容）

★学校説明会　8・11・1月各1回
★轍祭　10月　公開
★学校見学　11月（要連絡）

県立 深谷 高等学校

ふかや

https://fukaya-h.spec.ed.jp/

☎ 366-8515　深谷市宿根 315
☎ 048-572-1215
交通　ＪＲ高崎線深谷駅　徒歩 25 分または自転車 10 分

普通科

共　学	
制　服	あり※令和5年度リニューアル

[カリキュラム]　◇三学期制◇

・授業では基本的な学力の向上に努めるとともに、実力養成のために放課後や夏休みの**補習**を行っている。
・**特進クラス**を設置（1学年1クラス）。**進路希望実現**のための授業を展開している。
・1学年では、1学年に5クラスを6クラスに分ける**少人数学級編制**を実施している。また、1学年の英語と数学で2クラスを3つ（または1クラスを2つ）に分けた**習熟度別授業**を取り入れ、きめ細やかな指導を行う。
・2学年に文系・理系を選択。3学年には多くの選択科目を設け、各自の適性や進路希望に対応した学習を行う。

[部活動]

・1学年は全員参加制。
・地域交流やボランティアを積極的に行っている。**吹奏楽部**は、隣接する深谷西保育園でクリスマスコンサートや園児さんを招待しランチタイムコンサートを実施。**手話ボランティア部**は、「深谷手話サークルねぎの会」と「深谷市聴覚障害福祉協会」から講師の先生を招き、生きた手話を学びながら、隣接する深谷西保育園にて保育補助ボランティアを実施。行事の準備のお手伝いを行う。**家庭部**は、深谷西保育園を訪問し、交通安全の絵本の読み聞かせや手作りマスコットのプレゼントを行う。文化祭でのマスコット販売の売上を深谷市社会福祉協議会へ寄付した。
・令和3年度は、**ラグビー部**が7人制全国大会出場、**山岳部**が全国高校総体（インターハイ）に出場、**男子バレーボール部**が県第3位などの成績を収めた。

★設置部

バレーボール（男女）、サッカー、ラグビー、陸上、バスケットボール（男女）、山岳、テニス（男女）、野球、剣道、卓球、ソフトテニス（男）、吹奏楽、美術、漫画研究、軽音楽、ESS、科学、手話ボランティア、写真、家庭

[行　事]

生徒会メンバーによる企画・立案に始まり運営まで、すべて生徒の手により行われ、たいへん盛り上がる。本校の特色の一つとなっている。球技大会は毎学期実施される。

5月	遠足
7月	球技大会
9月	文化祭
10月	体育祭、持久走大会
11月	修学旅行（2年）
12月	芸術鑑賞会、球技大会
1月	予餞会
3月	球技大会

[進　路]（令和5年3月）

・1・2年生を対象として**夏休みに進学補習**を実施。土曜には本校教員による**補習**（特進クラス全員、一般クラス希望者対象・国・数・英）、平日放課後は**Web動画学習**受講を実施している。
・3学年は**進学補習**、**夏季進学補習**、**小論文個人指導**、**大学模試**等を実施。
・**進路資料室**は常時生徒の利用が可能。
＜卒業生187名＞
大学46名、短大6名、専門学校67名、就職64名、その他4名

★卒業生の主な合格実績

日本大、東洋大、亜細亜大、國學院大、国士舘大、埼玉工業大、城西大、大東文化大、拓殖大、東京経済大、東京国際大、東京電機大、武蔵大、立正大

♣指定校推薦枠のある大学・短大など♣

跡見学園女子大（9）、東京家政学院大（6）、国士舘大（1）、大東文化大（7）、拓殖大（4）、東京電機大（8）、東京理科大（1）、東洋大（5）、日本大（9）、武蔵大（1）、立正大（9）他

[トピックス]

・モットーは「**文武両道**」。昭和49年の創立以来、高い現役合格率と旺盛なクラブ活動の両面の実現に努めている。
・3学年の選択科目として本校独自の学校設定科目「**ふかや学**」を設置。深谷市の伝統、産業、地理歴史などを学ぶ。
・普通教室および特別教室のすべてに**クーラー**が設置されている。

[学校見学]（令和5年度実施内容）

★学校説明会　7・9・10・11・12・1月各1回
★文化祭　9月
★学校見学は随時可（要連絡）
★学校見学について、県内の方は学校説明会をご利用ください。県外の方は連絡をいただき調整します。

入試！インフォメーション

受検状況	年度	学科・コース名	男女共	募集人員	志願者数	受検者数	倍率	昨年同期倍率	入学許可候補者数	倍率
	R6	普通	共	200	195	195	0.98	1.05	194	1.00
	R5	普通	共	200	208	208	1.05	0.94	198	1.05
	R4	普通	共	200	187	187	0.94	1.03	187	1.00

県立 深谷商業 高等学校
ふかや しょうぎょう

https://fukasyo-ch.spec.ed.jp/

〒366-0035　深谷市原郷80
☎ 048-571-3321
交通　ＪＲ高崎線深谷駅　徒歩15分

商業科
会計科
情報処理科

共　学

制服	あり

[カリキュラム]◇三学期制◇
　教育課程中30%を占める専門教科では、様々な**資格取得**をめざした授業を行う。普通教科では、**大学進学**に対応できる授業を展開。

★商業科
・簿記、会計、情報処理、ビジネス基礎、ビジネス実践など、商業関連の専門科目を幅広く学習。
・起業家育成を目指した授業を展開。

★会計科
・簿記や会計を重点的に学習。
・コンピュータ会計を活用した実践的な授業を展開。

★情報処理科
・コンピュータやワープロなどに関することを中心に学び、情報処理の専門的な知識を習得。
・プログラマーやシステムエンジニアなど、コンピュータ社会の中心となる人材を育成。

[部活動]
・希望参加制。
・令和４年度には、**簿記部**が全国簿記コンクール出場（36年連続）、**コンピュータ部**が全国情報処理競技会出場（33年連続）。また、**山岳部**が関東大会に出場した。

★設置部
　バスケットボール、バレーボール、ソフトテニス、卓球、サッカー、ラグビー、剣道、弓道、山岳、陸上、野球、バドミントン、バトン、簿記、コンピュータ、ビジネス、吹奏楽、美術、写真、茶華道、家庭、演劇、軽音楽、園芸、英語研究、放送、文芸書道

[行　事]
・球技大会、文化祭、体育祭、修学旅行、芸術鑑賞会、予餞会などを実施。

[進　路]（令和５年３月）
・「キャリアノート」を活用しながら、１年次より指導。
・検定試験の前には**朝補習**を実施。全国商業高等学校協会主催検定において３種目以上１級合格者が179名（令和４年度全国７位）など、成果をあげている。
・専門知識に加え、コミュニケーション能力、マナーなど、**社会人基礎力**や基礎的な**生活習慣**を養うことを考えた指導を行っている。
・**進路指導室**、**資料室**の利用者も多い。
・**スペシャリスト養成教育**の一環として、**高度資格**の取得を重視。例えば令和４年度は、経済産業省の基本情報技術者試験に17名が合格、ITパスポート試験に32名合格した。資格を武器にして希望する就職や推薦入学を果たす生徒も少なくない。

★卒業生の進路状況
　＜卒業生271名＞
　大学68名、短大12名、専門学校105名、就職73名、その他13名

★卒業生の主な進学先
　中央大、武蔵大、日本大、東洋大、専修大、大東文化大、上武大、千葉商科大、拓殖大、東京経済大、城西大、高崎商科大、

♣指定校推薦枠のある大学・短大など♣
　駿河台大、城西大、上武大、専修大、大東文化大、高崎商科大、拓殖大、千葉商科大、中央大、東京経済大、東京電機大、東洋大、日本大、武蔵

大、ものつくり大、立正大　他

[トピックス]
・大正10年、埼玉県立第一商業学校として創立し、令和２年度に100周年を迎えた。**校訓**の「**至誠**」「**士魂商才**」「**質素剛健**」は、郷土の大実業家・渋沢栄一が残した言葉。
・**資格取得**、商業の**検定**に力を入れており、合格者数は県内トップである。

[学校見学]（令和６年度実施予定）
★学校説明会　10・11・12月各１回
★体験入学　８月１回
★個別相談　１月１回
★文化祭　９月　見学可
★学校見学は随時可（要連絡）

入試！インフォメーション

受検状況	年　度	学科・コース名	男女共	募集人員	志願者数	受検者数	倍率	昨年同期倍率	入学許可候補者数	倍率
	R6	商　業	共	160	187	187	1.18	0.99	158	1.18
		会　計	共	40	45	45	1.13	0.75	40	1.13
		情報処理	共	80	78	78	0.98	1.05	80	0.98
	R5	商　業	共	160	157	157	0.99	1.08	158	0.99
		会　計	共	40	30	30	0.75	1.13	33	0.91
		情報処理	共	80	84	84	1.05	1.13	80	1.05

県立 深谷第一 高等学校

ふかやだいいち

https://fukaya1-h.spec.ed.jp/

〒366-0034 深谷市常盤町 21-1
☎ 048-571-3381
交通　ＪＲ高崎線深谷駅　徒歩 20 分

普通科

共　学

制　服　あり

[カリキュラム] ◇三学期制◇

・1 年次は、芸術科目以外は全員同じ科目を履修し、基礎をしっかりと固める。
・2 年次には選択科目が設定され、看護学など幅広い進路に対応する。3 年次にて**文系・理系**に分かれて学習する。
・2、3 年次に**一般受験対応クラス**が設置される（1 クラス）。また、3 年次の理系は数学と理科が選択制となる。文系は合計 4 科目分の選択科目（社会選択、理科選択、文系選択）が用意されるので、希望する進路に対応した学習をすることができる。

[部活動]

・全員参加制（1 年次）。
・令和 5 年度は、10 の運動部が県大会出場。その中でも**弓道部**は東日本大会出場。**剣道部**は関東大会へ進出。その他、**放送部**は全国大会出場など、部活動が盛んである。
・過去にも、**放送部、弓道部、陸上競技部、剣道部**が全国大会へ出場し、**吹奏楽部**は西関東大会に出場した実績がある。

★設置部

硬式野球、弓道、剣道、空手道、陸上競技、サッカー、バレーボール（男女）、バスケットボール（男女）、卓球（男女）、バドミントン（男女）、硬式テニス（男女）、山岳、放送、科学、吹奏楽、軽音楽、美術・写真、演劇、茶道・華道、書道、家庭、文芸・漫画

[行　事]

5 月　遠足
6 月　体育祭
9 月　ときわ樹祭（文化祭）
11 月　持久走大会、修学旅行（2 年）
12 月　球技大会、芸術鑑賞会
3 月　3 年生を送る会

[進　路]（令和 5 年 3 月）

・進路関係の行事として、**勉強法ガイダンス、進路分野別説明会**（1・3 年）、**就職説明会**（3 年）、**卒業生進路体験発表会**（1・2 年）などを行う。
・学習習慣を確立し、基礎学力を充実させるため、1・2 年次に**スタディサポート**を実施している。
・進学補習を全学年で行っており、平日補習や小論文指導に加え、夏期休業中には希望者対象の集中講座が開かれる。

★卒業生の進路状況

＜卒業生 276 名＞
大学 169 名、短大 15 名、専門学校 77 名、就職 5 名、その他 10 名

★卒業生の主な進学先

群馬大、前橋工科大、高崎経済大、公立諏訪東京理科大、青山学院大、亜細亜大、大妻女子大、学習院大、国士舘大、駒澤大、城西大、尚美学園大、上武大、女子栄養大、聖学院大、西武文理大、大東文化大、拓殖大、帝京大、東京家政大、東京経済大、東京工科大、東京電機大、東京福祉大、東洋大、獨協大、日本大、文教大、法政大、武蔵野大、目白大、立正大

[トピックス]

・明治 41 年、深谷女子実業補習学校として創立された**伝統校**。平成 29 年に創立 110 周年を迎え、**記念事業**としてトレーニングルームを充実し、冷暖房完備の自習室を設置した。
・生徒が明るく元気よく部活動、行事に取り組む活発な普通科公立高校である。
・全教室、特別教室、体育館、格技場に冷房完備。

[学校見学]（令和 5 年度実施内容）

★**学校説明会**　8 月 2 回、10・11・12 月各 1 回
★**授業公開週間**　11 月
★**ときわ樹祭**　9 月

<table>
<tr><th colspan="11">入試！インフォメーション</th></tr>
<tr><td rowspan="2">受検状況</td><td>年　度</td><td>学科・コース名</td><td>男女共</td><td>募集人員</td><td>志願者数</td><td>受検者数</td><td>倍　率</td><td>昨年同期倍率</td><td>入学許可候補者数</td><td>倍　率</td></tr>
<tr><td>R6</td><td>普　通</td><td>共</td><td>280</td><td>278</td><td>278</td><td>1.00</td><td>1.10</td><td>278</td><td>1.00</td></tr>
<tr><td></td><td>R5</td><td>普　通</td><td>共</td><td>280</td><td>308</td><td>307</td><td>1.10</td><td>1.14</td><td>280</td><td>1.10</td></tr>
<tr><td></td><td>R4</td><td>普　通</td><td>共</td><td>280</td><td>319</td><td>318</td><td>1.14</td><td>1.13</td><td>282</td><td>1.13</td></tr>
</table>

県立 寄居城北 高等学校
よりい じょうほく

総合学科

単位制
共 学
制 服　あり

https://yjouhoku-h.spec.ed.jp/

☎ 369-1202　寄居町桜沢 2601
☎ 048-581-3111
交通　秩父鉄道桜沢駅　徒歩３分
　　　秩父鉄道・東武線・ＪＲ八高線寄居駅

[カリキュラム] ◇三学期制◇

・１年次は全員が共通科目を履修。２年次以降、多彩な選択科目が用意され、**文理総合、情報ビジネス、健康教養**の３系列を設定している。進路に合わせた選択が可能。
・２年次より、**文系**、**看護医療理系**、**保育、情報、ビジネス、ウェルネス、スポーツ**のプラン別に分かれて学習する。
・１年次に**特別編成進学クラス**を１クラス設置。
・全学年で**少人数クラス編成**（５クラスを６展開）、国数英の１・２年次は**習熟度別授業**を実施し、きめ細かな指導をしている。
・必修科目「産業社会と人間」でキャリア教育を学ぶ。
・各系列の目標は次のとおり。

<文理総合系列>
大学や短大、高等看護学校等への進学を目指す。

<情報ビジネス系列>
情報処理や簿記をはじめ、情報・商業系の資格を積極的に取得し、企業への就職や大学等への進学を目指す。

<健康教養系列>
福祉や生活、スポーツ等に関する内容を幅広く学習し、企業への就職や上級学校への進学を目指す。

[部活動]

・希望制。全生徒の約７割が参加。
・運動部・文化部ともに日々の活動に切磋琢磨し、それぞれ良い成績を収めている。
・令和５年度は、**弓道部**が関東大会に出場した。
・令和４年度は、**弓道部**が東日本大会に出場、**剣道部**が関東大会に出場したのをはじめ、多くの部が県大会レベルで活躍している。

★設置部
硬式野球、サッカー（男女）、ソフトテニス（男女）、弓道、卓球、バレーボール（女）、バスケットボール（男女）、陸上競技、剣道、ハンドボール（女）、茶道、華道、家庭科、写真、吹奏楽、コーラス、書道、美術、パソコン、JRC

[行　事]
遠足、修学旅行、体育祭、文化祭、マラソン大会、芸術鑑賞会、球技大会、３年生を送る会などを実施。

[進　路]

・大学進学から地域での就職まで、幅広い進路希望に応じた指導を推進。例年の進路決定率は100％。
・学年毎に計画的な進路ガイダンスを実施、進路意識を高め、各分野の情報を幅広く提供している。
・１年次に全員参加のインターンシップを行い、早い段階で職業観や就労意識を高める。
・地元企業や公的機関による説明会を行っている。
・公務員対策講座を定期的に開催している。

★卒業生の進路状況（令和５年３月）
<卒業生184名>
大学23名、短大10名、専門学校83名、就職61名、その他７名

★卒業生の主な進学先
共愛学園前橋国際大、駒沢女子大、埼玉工業大、淑徳大、十文字学園大、城西大、上武大、駿河台大、聖学院大、高崎健康福祉大、大東文化大、帝京大、東海大、東京国際大、東京電機大、武蔵野大、立正大

♣指定校推薦枠のある大学・短大など♣
埼玉工業大、城西大、淑徳大、上武大、駿河台大、ものつくり大、高崎健康福祉大、東京福祉大、山梨学院大、立正大　他

[トピックス]

・平成20年４月、全日制共学の**単位制総合学科高校**として開校。
・**総合学科実習棟**は250人収容の階段教室（産社室）のほか、陶芸室、器楽室、図書館、パソコン室、家庭科関連の実習室（介護実習室・保育実習室・被服室）を備えている。
・地域の小学校・中学校と「花いっぱい運動」や「笑顔であいさつ運動」を協力して行っている。
・**高大連携**として、埼玉工業大、武蔵丘短大と連携し、体験授業や部活動指導など幅広い交流で教育の幅を広げている。
・一部の地域に通学用の**スクールバス**を運用している。

[学校見学] (令和５年度実施内容)
★学校説明会　７・８・10月各１回
★個別相談会　11月１回、12月３回
★体験入部　７月１回

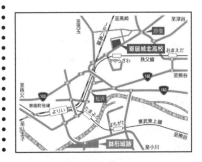

入試！インフォメーション

受検状況	年度	学科・コース名	男女共	募集人員	志願者数	受検者数	倍率	昨年同期倍率	入学許可候補者数	倍率
	R6	総合学科	共	200	194	193	0.97	0.99	193	1.00
	R5	総合学科	共	200	199	197	0.99	0.89	197	1.00
	R4	総合学科	共	200	180	177	0.89	0.98	178	0.99

埼玉県
公　立
高校

学校ガイド

＜全日制　旧第7学区＞

学校を紹介したページの探し方については、2ページ
「この本の使い方＜知りたい学校の探し方＞」を参照し
てください。

県立 不動岡 高等学校
ふどうおか

https://fudooka-h.spec.ed.jp

〒347-8513　加須市不動岡1-7-45
☎ 0480-61-0140
交通　東武線加須駅　徒歩20分または朝日バス（不動岡高校前下車徒歩2分）

普通科
外国語科

| 単位制 |
| 共　学 |
| 制　服　あり |

[カリキュラム]◇三学期制◇

・文部科学省スーパー・サイエンス・ハイスクール（ＳＳＨ）に指定。スーパー・グローバル・ハイスクール（SGH）は研究指定完了後も継続事業を実施。

・隔週土曜公開授業（年間15回）を実施。

・平成30年度より50分授業へ変更し、新たな教育システムのもと、効率的で効果的な授業を実践。

・進学重視型単位制高校として、進路希望や興味関心に応じた多様な選択科目の授業や、少人数制の授業を展開し、きめ細かな指導を行う。

・1年次までは全生徒が共通の科目を履修し、多くの必修科目を修了する。

・3年次2学期以降は、志望大学の受験に向けた授業を行う。

★普通科

・2年次から文系と理系に分かれ国公立大や難関私立大に向けた学力を養成する。

・TOEICを学校で実施し全員が受検。

[部活動]

ほぼ全員が参加。令和元年度は、陸上部が男子800mと男子三段跳でインターハイに出場、新聞部が全国高校総合文化祭で新聞部門最優秀賞を受賞、吹奏楽部が西関東吹奏楽コンクールで金賞を受賞、放送部がNHK杯全国高校放送コンテストに出場した。

★設置部（※は同好会）

陸上競技、野球、サッカー、ラグビー、バレーボール、バスケットボール、硬式テニス、ソフトテニス、バドミントン、剣道、卓球、応援（応援指導・チアダンス）、山岳、水泳、音楽、吹奏楽、新聞、放送、美術、書道、天文、写真、ESS、演劇、茶道、華道、図書、文芸、理科学、化学、箏曲、競技かるた、※JRC、※軽音楽、※クッキング、※漫画研究、※ダンス

[行　事]

・来校者8000人を超える文化祭。各学年1クラスずつで構成する9チーム対抗式の体育祭。こうした学校行事の大半を生徒会が中心となり生徒の手で企画・立案・進行を行い盛り上げている。

・長期休業中に希望者はオーストラリアやドイツ、アメリカなどの海外研修に参加。

4月　新入生歓迎公演
6月　学校祭（体育祭、文化祭）
9月　芸術鑑賞会
12月　修学旅行（2年）
3月　スポーツ大会

[進　路]（令和5年3月）

・年4回の個別面談で学習状況や、進路希望を基にした個別指導を実施。

・長期休業中、土曜日、平日の早朝・放課後に進学補習を実施。「国立二次長文英語」「共通テスト対策漢文・古文」などの講座が開かれている。

★卒業生の主な合格実績

一橋大、北海道大、東北大、名古屋大、茨城大、宇都宮大、お茶の水女子大、群馬大、埼玉大、千葉大、筑波大、東京医科歯科大、東京学芸大、東京外語大、群馬県立女子大、埼玉県立大、東京都立大、高崎経済大、早稲田大、慶應義塾大、東京理科大、上智大

♣指定校推薦枠のある大学・短大など♣

早稲田大（4）、青山学院大（4）、学習院大（12）、津田塾大（2）、中央大（4）、東京理科大（6）、明治大（3）、立教大（7）　他

[トピックス]

・明治19年、私立埼玉英和学校として開校。創立138年の歴史を持つ。長年にわたり地域のリーダーを輩出してきた、地元に根ざした伝統校。

・ＳＧＨ研究指定完了後の継続事業として、異文化理解、ディベート、課題研究を推進。ドイツ、オーストラリア、フランス、マレーシアなどへの海外研修も充実。

・ＳＳＨとして、1・2年次で課題研究、野外実習、サイエンスツアー等の他、海外研修としてアメリカの高校との研究交流を実施。ＳＳＨの活動において、日本学生科学賞入選1等といった成績も収めている。

・福島県の復興に関するフィールドワークや、ハーバード大生等のプロジェクトワーク「エンパワードプログラム」といわれるリーダー育成研修など、主体的・対話的で深い学びをすることができる。

・英語スピーチコンテストでは、全国高校生英語スピーチコンテスト優勝などの成績を収めている。

[学校見学]（令和5年度実施内容）

★学校説明会　7・8・9・10・11月　各1回
★文化祭　6月　見学可
★学校見学は随時可（要連絡）

入試！インフォメーション

受検状況	年　度	学科・コース名	男女共	募集人員	志願者数	受検者数	倍　率	昨年同期倍率	入学許可候補者数	倍　率
	R6	普通	共	360	477	475	1.33	1.30	358	1.33
	R5	普通	共	360	467	465	1.30	1.22	358	1.30
	R4	普通	共	360	441	438	1.22	1.32	358	1.22

県立 進修館 高等学校
しんしゅうかん

https://www.shinsyukan-h.spec.ed.jp/

☎ 361-0023　行田市大字長野 1320
☎ 048-556-6291
交通　秩父鉄道東行田駅　徒歩 8 分
　　　ＪＲ高崎線吹上駅　バス

総合学科
電気システム科
情報メディア科
ものづくり科

単位制	（総合学科）
共 学	
制 服	あり

[カリキュラム] ◇三学期制◇
・総合学科は幅広い選択科目を設置。
・工業の 3 学科では**ものづくり教育**を中心に実践的かつ高度な**技術者**を育成。**エコカー**や**ロボット**の全国大会では毎年上位の成績を収め、**旋盤**などの技術を競う大会でも県大会優勝を果たしている。
・総合学科の生徒も、工業 3 科の資格（一部）取得が可能。
・大学進学希望者を対象に放課後や長期休業中の補習、スタディサプリを活用したサポートを行う。（全学科の生徒希望者）

★総合学科
・2 年次から自分の進路に合わせて、**文科探究系列**、**理科探究系列**、**総合教養系列**、**美術探究系列**、**商業探究系列**の 5 系列に分かれる。少人数クラス編成、週 1 回 7 限授業を実施。**文科探究系列**、**理科探究系列**では 4 年制大学への進学を目標としたカリキュラムを編成。**総合教養系列**は基礎科目を中心に学び、大学や専門学校への進学、公務員、民間企業への就職を目標とする。**美術探究系列**はデザインコースと絵画コースが選択でき、美術系大学への進学や感性を活かす仕事に就くことが目標。**商業探究系列**は商業・経済系大学への進学や資格を活かした就職が目標となる。

★電気システム科
・**電気**に関する知識・技術を習得し、様々な資格を取得する。卒業後には第二種電気工事士試験の筆記試験免除などの特典がある。

★情報メディア科
・ハードウェアやソフトウェアなど、**コンピュータ**に関する技術を学ぶ。情報技術検定やITパスポート試験合格をめざす。

★ものづくり科
・**機械**に関する専門的知識・技術を学習する。自動車整備士専門学校と連携した授業も実施。

[部活動]
・1 年次は全員参加制。
・令和 5 年度は、**陸上競技部**がU18陸上競技大会で 4 位入賞（男子円盤投）、関東選抜新人大会で優勝（男子円盤投）・2 位（女子ハンマー投）、国体で 7 位入賞（少年男子Aハンマー投）。**バドミントン部**が県大会出場。**ダンス部**がTVアニメ『川越ボーイズ・シング』のEDの振付を担当。**電子機械研究部**が全国大会に出場。**写真部**が埼玉県高等学校写真連盟写真展で 7 名の生徒が入賞。
・令和 4 年度は、**陸上競技部**が国体で 4 位入賞（円盤投）、インターハイ出場（女子ハンマー投げ）。**バドミントン部**が県大会出場。**機械研究部**がHONDAエコラン全国大会で 3 位・4 位入賞。**電子機械研究部**が産業教育フェア 工業高校生アイデアロボットコンテストのライントレース競技で優勝・アイデア賞を受賞。**写真部**が全国高等学校総合文化祭で奨励賞を受賞。

★設置部（※は愛好会）
ラグビー、野球、陸上競技、サッカー、ソフトテニス（男女）、バレーボール（男女）、バスケットボール（男女）、バドミントン（男女）、柔道、空手道、剣道、弓道、山岳、卓球、硬式テニス、ダンス、チアダンス、水泳、美術、吹奏楽、合唱、書道、華道、家庭、科学、ビジネス、機械研究、電子機械研究、演劇、写真、文芸、マンガ・アニメ、※ゴルフ、※オーディオ

[行　事]
遠足、華蓮祭（文化祭）、体育祭、修学旅行、学年別スポーツ競技会などを実施。

[進　路]（令和 5 年 3 月）
・放課後、長期休業中には全学科・全学年対象の**進学補習**（希望者）を実施。
・定期考査前には土曜勉強会を実施。

★卒業生の進路状況
＜卒業生297名＞
大学67名、短大 8 名、専門学校128名、就職89名、その他 5 名

★卒業生の主な合格実績
筑波大、学習院女子大、東京電機大、武蔵大、駒澤大、大東文化大、獨協大、文教大、明治大、法政大、立正大、早稲田大

♣指定校推薦枠のある大学・短大など♣
駒澤大、大正大、大東文化大、拓殖大、東京家政大、東京電機大、東洋大、獨協大、日本工業大、日本女子大、ものつくり大、文教大、立正大　他

[トピックス]
・総合学科、工業 3 科を併置する全国的にも例の少ない学校。多くのメリットを持ち、行事、部活動等、学科の枠を越えて交流できる。
・全普通教室にエアコンを設置。
・HR教室にプロジェクタを設置。

[学校見学]（令和 5 年度実施内容）
★学校説明会　8 月 2 回、10・11・12月各 1 回
★部活動体験　7 月 2 回、8 月 4 回（要申込）
★文化祭　9 月下旬　見学可（個別相談）

入試！インフォメーション

受検状況	年 度	学科・コース名	男女共	募集人員	志願者数	受検者数	倍 率	昨年同期倍率	入学許可候補者数	倍 率
	R6	総合	共	200	193	193	0.97	0.96	193	1.00
		電気システム	共	40	25	25	0.64	0.46	25	1.00
		情報メディア	共	40	39	39	0.98	0.90	39	1.00
		ものづくり	共	40	40	40	1.00	0.85	40	1.00

県立 誠和福祉 高等学校
せいわふくし

http://www.fukushi-h.spec.ed.jp/

〒348-0024　羽生市大字神戸 706
☎ 048-561-6651
交通　東武線南羽生駅　徒歩 20 分

福祉科
総合学科

| 単位制 |
| 共　学 |
| 制　服　あり |

[カリキュラム] ◇三学期制◇
★福祉科
・専門教科「福祉」の全科目が開設され、履修が可能。
・専門科目には、「社会福祉基礎」「介護福祉基礎」「生活支援技術」「こころとからだの理解」「福祉情報」などがある。
・２年次から、福祉総合コースと介護福祉士コースに分かれる。
＜福祉総合コース＞
・将来、福祉のスペシャリストとなるべく、進学をめざすコース。
・介護職員初任者研修修了証が取得可能。
＜介護福祉士コース＞
・授業内容は専門学校や大学と同程度。
・卒業時に介護福祉士の国家試験受験資格が与えられる。過去10年間の合格率は96.0%であり、全国平均の72.3％（令和３年度）と比べても高い実績をあげている。
・特別養護老人ホームなどで計54日の現場実習を行う。
★総合学科
・福祉の基礎的科目と多様な選択科目が設置され、進学や福祉関連企業への就職、看護師・保育士等の専門職など幅広い進路希望に対応。
・「社会福祉基礎」は全員が必修。
・福祉系列、看護系列、保育系列、教養系列があり、興味・関心に応じた自分だけの時間割を作成することができる。選択科目には、「福祉と住環境」「母性看護」「保育実践」「フードデザイン」「数学理解」「器楽」などがある。

[部活動]
・１年次は全員参加制。

★設置部
バレーボール（男）、バドミントン、ハンドボール（女）、弓道、コーラス、美術、箏曲、ギター、写真、家庭、華道、書道、吹奏楽、JRC＆ユーリカ

[行　事]
5月	遠足
9月	文化祭
10月	体育祭
12月	修学旅行（2年）
2月	予餞会

[進　路]（令和５年３月）
・職業意識を向上させるべく、福祉施設や特別支援学校、保育園等と交流。
・大学進学や資格取得のための課外授業を実施。また、外部講師を招いてキャリアガイダンスを行う。
・「産業社会と人間」「総合的な探究の時間」などを活用して、進路ガイダンスや進路セミナー、その他各種講演会等を実施。
・大学や短大・専門学校への進学が大幅に増加。希望進路決定率も高い。
★卒業生の進路状況
＜卒業生115名＞
大学10名、短大24名、専門学校45名、就職33名、その他３名
★卒業生の主な進学先
浦和大、聖学院大、聖徳大、大東文化大、東京未来大、東京福祉大、東都医療大、東洋大、立教大、大正大
♣指定校推薦枠のある大学・短大など♣
江戸川大、城西大、聖学院大、東京福祉大、東都大、立教大、立正大、埼玉純真大　他

[トピックス]
・平成20年４月、埼玉県の公立高校唯一の福祉系専門高校（全日制単位制）として開校。同年10月には、地域交流、保育、器楽（ピアノ）、マルチメディア、介護予防・レクリエーション、情報処理などの実習室がある第２実習室が完成した。施設、スタッフなど、福祉を学ぶためのたいへん素晴らしい環境が用意されている。
・ボランティア活動が盛んで、活動の実績で単位を確認している。毎学期、全校で老人ホームや保育園でのボランティア、通学路の清掃等を実施。個人でボランティアに参加する生徒も多い。
・「あいさつ」「服装」「清掃」を生徒指導の柱として徹底している。

[学校見学]（令和５年度実施内容）
★学校説明会　７・10・12・１月各１回（７・10月は体験入学も実施）
★文化祭　９月　見学可
★学校見学は随時可（要連絡）

入試！インフォメーション										
受検状況	年　度	学科・コース名	男女共	募集人員	志願者数	受検者数	倍　率	昨年同期倍率	入学許可候補者数	倍　率
	R6	福　祉	共	80	34	33	0.41	0.53	33	1.00
		総　合	共	80	46	46	0.58	0.71	46	1.00
	R5	福　祉	共	80	42	42	0.53	0.49	42	1.00
		総　合	共	80	56	56	0.71	0.68	56	1.00

県立 羽生実業 高等学校
は にゅう じつ ぎょう

https://hajitsu-h.spec.ed.jp/

〒 348-8502　羽生市羽生 323
☎ 048-561-0341
交通　秩父鉄道西羽生駅　徒歩5分
　　　東武線羽生駅　徒歩15分

園芸科
農業経済科
商業科
情報処理科

共　学

制　服　あり

[カリキュラム] ◇三学期制◇

・どの科も**選択科目**や**実験実習**を大幅に導入。

★園芸科

・園芸作物の栽培方法と基礎知識を学んだ後、**果樹班・草花班・野菜班・造園班**に分かれ、温室棟や園場を利用してそれぞれの植物類の育て方を学ぶ一方で、農業機械やバイオテクノロジー、フラワーデザインなどについても学習。

★農業経済科

・2年次から、食品について製造から調理まで全般的に学ぶ**食品コース**と、淡水魚の飼育・養殖などを通じてより良い環境について考える**環境資源コース**とに分かれて学習。

★商業科

・簿記や情報処理だけにとどまらず、商業活動全般にわたる知識を幅広く学習する。
・商品の売買を通じ、取引の流れや帳簿の付け方、客へのマナーなどを体感的に学ぶ「**総合実践**」という授業がある。

★情報処理科

・商業科目のなかで「情報処理」を中心に学習。
・教材には、ワープロ、表計算、ホームページ作成、データベース、コンピュータグラフィック（CG）など各種ソフトウェアを活用。
・最新の設備でパソコン実習を実施。

[部活動]

・約2割が参加。
・**学校農業クラブ**関係では、フラワーアレンジメント競技で10年連続全国大会出場（平成31年度まで）。令和3年度には、全国大会で文部科学大臣賞を受賞した。
・令和4年度は、**ウエイトリフティング部**が関東大会県予選81kg級2位、87kg級1位となった。
・令和3年度には、陸上競技部がインターハイに出場、**ウエイトリフティング部**が関東大会に出場した。

★設置部

陸上競技、ウェイトリフティング、ソフトボール、野球、ソフトテニス、サッカー、バスケットボール、弓道、バドミントン、山岳、卓球、コンピュータ、科学、ブラスバンド、書道、簿記、茶華道、ワープロ、家庭科、漫画研究、写真、放送

[行　事]

4月	園芸即売会
5月	遠足
6月	体育祭
7月	球技大会
10月	羽実祭（文化祭）
11月	修学旅行（2年）
3月	球技大会

[進　路] (令和5年3月)

・1年次より進路ガイダンスや進路講話を実施。2年次にはレディネステスト、進路ガイダンス、進路体験発表、模擬試験を行い、3年次は職業適性検査、進路ガイダンス、クレペリン検査、模擬試験などを実施。
・全学年で三者面談を行うなど、きめ細かな進路指導を行っている。

★卒業生の進路状況

＜卒業生113名＞
大学6名、短大2名、専門学校17名、就職72名、その他16名

★卒業生の主な進学先

埼玉工業大、関東学園大、順天堂大、城西大、聖学院大、高碕健康福祉大、東京福祉大、東海大、平成国際大

♣指定校推薦枠のある大学・短大など♣

浦和大、共栄大、埼玉学園大、埼玉工業大、十文字学園女子大、城西大、尚美学園大、女子栄養大、駿河台大、聖学院大、東京農業大、平成国際大、ものつくり大　他

[トピックス]

・大正8年創立の伝統ある専門学科高校。校訓は、「誠実・創造・協調」。
・商業・農業の専門高校であり、**資格取得や専門的知識・技術**を習得することができる。
・エアコン完備。
・本校で採蜜した蜂蜜を、「羽実ハニー」の名前でふるさと納税の返礼品として商品化。瓶ラベルやPOPは本校情報処理科が担当している。その他にも、地元企業との商品開発などを実施している。
・商業に関する様々な資格取得を目指すことができる。

[学校見学] (令和5年度実施内容)

★学校説明会　8・1月各1回
★1日体験入学　11月1回
★羽実祭　10月　見学可(中学生限定、要申込)
★学校見学は随時可（要連絡）

入試！インフォメーション

受検状況	年　度	学科・コース名	男女共	募集人員	志願者数	受検者数	倍率	昨年同期倍率	入学許可候補者数	倍率
	R6	園　芸	共	40	23	23	0.58	0.35	23	1.00
		農業経済	共	40	33	33	0.85	0.97	33	1.00
		商　業	共	40	13	13	0.33	0.21	13	1.00
		情報処理	共	40	30	30	0.75	0.68	30	1.00

県立 羽生第一 高等学校
は にゅう だい いち

https://hanyu1-h.spec.ed.jp/

☎ 348-0045　羽生市大字下岩瀬153
☎ 048-561-6511
交通　東武線・秩父鉄道羽生駅　徒歩15分・自転車7分・バス3分

普通科

共　学
制　服　あり

[カリキュラム] ◇三学期制◇

・「自主・自律　求めて強き風に立つ」の精神のもと、**勉強・部活動・進路**において、高いレベルの自己実現ができる学校づくりを推進。**特別進学クラス**を各学年1クラス設置し、国公立、難関・中堅私立大学の合格を目指す。残りのクラスは、**総合進学クラス**として、中堅私立大、短期大、医療系専門学校の合格を目指す。

・1年生は全員共通、基礎固めと学習習慣の確立を目指す。国社数理英に保健体育、芸術、家庭を加えた8教科を学習し、受験に必要な基礎学力とともに、幅広い教養を身につける。そして、興味関心や適性などと照らし合わせながら2年次の類型選択を行う。

・2年生は進路希望に応じて、**文系・理系**の類型を選択。文系は、国語の授業時間が多く、世界史探究または日本史探究が必修となる。理系は、理数系の科目の授業時間が多く、物理基礎、化学、数学Bが必修となる。そして、進路に応じて3年次の科目選択を行う。

・3年生は**選択科目**を増やし、大学進学を目標に多様なカリキュラムを設けている。文系は、国語、地歴、英語を集中的に学習。理系は、理数系の科目の授業時間数が週に15時間ある。両類型とも基礎学力の定着を図ると共に発展的な学力を育成する。

[部活動]

部活動は11の運動部と8の文化部が意欲的に活動をしている。1年生は全員加入制。運動部では**陸上競技部**が関東大会に出場している。

★設置部

硬式野球、バスケットボール（男女）、サッカー、バレーボール（女）、剣道、ハンドボール（男女）、陸上競技、弓道、バドミントン（男女）、卓球、硬式テニス（男女）、家庭、写真、英語、吹奏楽、書道、美術・漫画研究、日本文化、科学

[行　事]

生徒会が中心となって、様々な行事を活発に行っている。冬と春に**スポーツ大会**が行われ、盛り上がる。2年生の秋に**修学旅行**を実施。生徒が大きく成長する機会となっている。今年度は沖縄に行く予定。

9月　一高祭（文化祭）
10月　体育祭
11月　ロードレース大会、弁論大会、修学旅行（2年）
12月　芸術鑑賞会、スポーツ大会
3月　スポーツ大会

[進　路]（令和5年3月）

・早朝と放課後に**補習**を実施。大学受験対策、各種検定試験対策など、生徒のニーズに応じた講座を開講している。長期休業中についても、**進学補習**を組織的に実施。

・生徒の自己実現のため、面倒見よく指導を行っている。手帳を活用し、スケジュール管理を生徒自身でできるように指導。

・冷暖房完備の自習室である**キャリアセンター**では、入試の過去問、問題集があり、勉強に集中できる環境、進路について調べられる環境が整っている。

★卒業生の進路状況

＜卒業生175名＞
大学・短大89名、専門学校72名、就職8名、その他6名

★卒業生の主な合格実績

秋田大、早稲田大、明治大、獨協大、中央大、法政大、麻布大、足利大、跡見学園女子大、浦和大、大妻女子大、共栄大、群馬パース大、国士舘大、城西大、聖学院大、専修大、大東文化大、拓殖大、帝京平成大、東海大、東京国際大、東京電機大、東洋大、日本工業大、人間総合科学大、白鷗大、文教大、明星大、目白大、立正大、流通経済大

♣指定校推薦枠のある大学・短大など♣

国士舘大、大東文化大、帝京大、東海大、東京電機大、東洋大、獨協大、日本大、法政大、立正大　他

[トピックス]

・豊かな緑と充実した施設・設備の中で、「地域の模範」「地域に密着」した教育活動を展開。

・教育課程の特色を生かし、生徒一人ひとりを大切にして、**よくわかる授業、力のつく授業**を展開。自学自習の習慣の確立を目指し、生徒の能力や適性に合わせた授業づくりをしている。

・校訓である「自主・自律　求めて強き風に立つ」のもと、大学進学に通用する基礎学力を身につけ、意欲的に部活動に励んでいる。**朝読書、NIE**（英字新聞を含む5紙の新聞を教材として活用する教育）の実施など、生徒が勉強と部活動に集中する環境を整えている。

・教室は**冷暖房**を完備しており、施設も充実。立地の利便性と校舎内外がきれいなことが魅力である。

[学校見学]（令和5年度実施内容）

★学校説明会　7・8・11・12月各1回
★入試直前相談会　1月2回
★一高祭　9月　見学可
★学校見学は随時可（要連絡）

入試！インフォメーション

受検状況	年　度	学科・コース名	男女共	募集人員	志願者数	受検者数	倍　率	昨年同期倍率	入学許可候補者数	倍　率
	R6	普　通	共	160	148	148	0.93	0.92	148	1.00
	R5	普　通	共	160	147	147	0.92	1.03	147	1.00
	R4	普　通	共	160	165	163	1.03	0.98	163	1.00

学校ガイド

＜全日制　旧第8学区・南部＞

学校を紹介したページの探し方については、2ページ
「この本の使い方＜知りたい学校の探し方＞」を参照し
てください。

県立 越ヶ谷 (こしがや) 高等学校

普通科

単位制

共 学

制 服 あり

https://koshigaya-h.spec.ed.jp/

〒343-0024 越谷市越ヶ谷2788-1
☎ 048-965-3421
交通 東武線越谷駅・北越谷駅 徒歩15分

[カリキュラム] ◇三学期制◇

・文武両道、自主自律を掲げた**進学重視型**の単位制高等学校である。
・**65分5時限授業**で、授業に集中でき、週5日で34単位分の学習を実現。
・1年次に**進路適性検査**や個人進路調査を行い、2年次に**文系・理系**に分かれる。国公立大学を意識して、2年次までは、国語・数学・英語を必修化した。また、難関私立大学にも対応できるバランスのよいカリキュラムにしている。3年次は半数以上が**選択科目**になる。
・「**進学型単位制**」の実施により、理系・文系の枠にとらわれず、多様化している大学入試に対応。国公立大理系から私立大文系まで一人ひとりの進路希望にあわせた学習ができる。

[部活動]

・約9割が参加
・令和5年度は、インターハイに**少林寺拳法部**が出場、関東大会に**アーチェリー部、ボート部、陸上競技部**が出場した。
・令和4年度には、インターハイに**ボート部、アーチェリー部、少林寺拳法部**が出場した。
★**設置部**
野球、陸上競技、弓道、バレーボール（男女）、テニス（男女）、剣道、少林寺拳法、ボート、サッカー（男女）、

バスケットボール（男女）、バドミントン（男女）、水泳、卓球、アーチェリー、ハンドボール、女子ダンス、美術、軽音楽、書道、漫画・文芸、茶道、演劇、家庭、吹奏楽、箏曲、英語、科学、ソフトウェア研究

[行 事]

学校行事が充実しており、下記の行事以外にも**ビブリオバトルへの参加**などを行っている。
4月 たんぽぽ広場（新入生歓迎会）
5月 遠足
6月 体育祭
9月 越高祭（文化祭）
12月 芸術鑑賞会、予餞会、修学旅行（2年）
2月 大競走大会
3月 球技大会（1・2年）

[進 路]（令和5年3月）

・進学対策として、早朝・放課後や土曜日、長期休業中には内容・講座数ともに充実した**進学実力講習**を実施している。
・ブース型の机で個別に学習できる自習室を設置。
・授業評価を行い、さらなる学力の向上をめざしている。
・ガイダンスとカウンセリングにより進路指導を徹底している。
・大学模擬講義、大学職員による出張授業、外部講師による講演会を実施。
・学習環境を整えるため、生活指導・美化指導に力を入れている。
★**卒業生の進路状況**
＜卒業生311名＞
大学296名、短大0名、専門学校3名、就職0名、その他12名
★**卒業生の主な進学先**
筑波大、千葉大、埼玉大、東京学芸大、

茨城大、宇都宮大、埼玉県立大、横浜国立大、早稲田大、慶應義塾大、上智大、東京理科大、学習院大、明治大、青山学院大、立教大、中央大、法政大
♣**指定校推薦枠のある大学・短大など**♣
東京理科大、明治大、青山学院大、立教大、中央大、日本大、法政大、学習院大、國學院大、芝浦工業大、女子栄養大、文教大、明治薬科大、東邦大他

[トピックス]

全県に先駆けて本年度入学生からiPadを導入するとともに、体育館をはじめとする校内Wi-Fi環境を拡充整備した。そのため校内のどこでも調べ学習や探求的な学習ができるようになった。

コロナ禍では陽性者等への充実した**オンライン授業**等を配信した。

1年生の多くの生徒は、iPadを活用して、電子化した授業プリント（PDF）をGood notes（電子ノート）に読み込み、その授業プリントに電子ペンシルで書き込むなどしている。

また、6年前より『**スタディサプリ**』『**スタディサプリ for English**』を導入し、多くの生徒が効果的な家庭学習を主体的に実践している。

[学校見学]（令和5年度実施内容）

★**学校説明会** 8・10・11月各1回（10月は授業見学会も実施）
★**越高祭** 9月

駅から越高まで

入試！インフォメーション

受検状況	年 度	学科・コース名	男女共	募集人員	志願者数	受検者数	倍 率	昨年同期倍率	入学許可候補者数	倍 率
	R6	普 通	共	320	442	441	1.39	1.42	322	1.37
	R5	普 通	共	320	456	451	1.42	1.36	322	1.40
	R4	普 通	共	360	490	486	1.36	1.35	361	1.34

県立 越谷北 高等学校
（こしがやきた）

https://koshigayakita-h.spec.ed.jp/

〒343-0044　越谷市大泊500-1
☎ 048-974-0793
交通　東武線せんげん台駅　徒歩15分

普通科
理数科

共　学
制　服　あり

[カリキュラム] ◇三学期制◇
・普通科・理数科共に「**50分×6時限授業**」「**隔週土曜授業**」（50分×4時限）を実施。また、週2日、**7限目**の授業がある。

★普通科
・3年次にarts・scienceに分かれ、進路希望に添った科目選択で学習。
・3年次はクラス数を一つ増やして、**少人数クラス編成**にしている。

★理数科
・県立高校では6校のみにしか設置されていない希少な専門学科である。
・普通科に比べて理科・数学に重点をおき、少人数展開の授業で内容も高度になる。

[部活動]
・約98％が参加。1年次は原則全員参加制。
・令和5年度は、**箏曲部**と**新聞部**、パワーリフティング部が全国大会に出場。**吹奏楽部**が西関東大会で金賞を受賞。
・令和4年度は、**箏曲部**が埼玉県高校邦楽祭・金賞1位となり、全国大会出場。**新聞部**が埼玉県学校新聞コンクールで優秀賞（高文連会長賞）を受賞。**吹奏楽部**が西関東大会で銀賞を受賞。
・令和元年度は、**書道部**が高野山競書大会で毎日新聞社賞、団体奨励賞を受賞、**女子テニス部**が関東大会に出場、**生物部**が全国大会に出場した。

★設置部（※は同好会）
野球、陸上競技、サッカー、剣道、バレーボール（男女）、卓球（男女）、硬式テニス（男女）、体操、バスケットボール（男女）、バドミントン（男女）、ソフトテニス（男女）、水泳、ソフトボール、応援、パワーリフティング、囲碁・将棋、天文気象、新聞、美術、吹奏楽、書道、箏曲、華道、茶道、文芸、ESS、生物、ギター、化学、パソコン、物理、家庭科、※演劇

[行　事]
・**理数科**は1年次の夏休みに伊豆大島で**野外実習**を実施（1泊2日）。海洋生物の採集や地層の観察、天体観測などを行う。2年次の冬休みには学校で2日間連続の**集中実験講座**を実施する。これらの他にも、講演会など**理数科独自の行事**が多数ある。

5月　生徒総会
6月　体育祭、SSH生徒研究発表会
7月　球技大会、海外大学等短期留学
9月　しらこばと祭（文化祭）
10月　修学旅行（2年）
11月　強歩大会
12月　球技大会、理数科集中実験講座
3月　球技大会、卒業生との懇親会

[進　路]（令和5年3月）
・「第一志望校への進学」をサポートする。
・早朝、放課後、長期休業中の**進学講習**が充実。多数の講座が開講され、進路に応じて選択できる。

★卒業生の進路状況
＜卒業生344名＞
大学305名、短大1名、専門学校2名、就職0名、その他36名

★卒業生の主な合格実績
北海道大、室蘭工大、弘前大、福島大、茨城大、宇都宮大、埼玉大、千葉大、横浜国立大、信州大、新潟大、筑波大、お茶の水女子大、電気通信大、東京医歯大、東京外大、東京学芸大、東京芸大、東京工業大、東京海洋大、東京都立大、高崎経済大、早稲田大、慶應大、上智大、東京理科大、学習院大、明治大、青山学院大、立教大、中央大、法政大　他

♣指定校推薦枠のある大学・短大など♣
早稲田大、慶應義塾大、青山学院大、上智大、中央大、東京理科大、法政大、明治大、立教大　他

[トピックス]
・埼玉県の「高校生海外短期派遣事業」としてカナダロイヤルローズ大学への短期留学を実施している。
・近隣の県立越谷特別支援学校との交流が盛んで、文化祭の相互訪問などを実施している。
・令和5年度より、文部科学省から**SSH（スーパーサイエンスハイスクール）**の2期目に認定され、科学系人材の育成に力を入れている。

[学校見学]（令和5年度実施内容）
★学校説明会　9・11・1月各1回
★理数科説明会　9月1回
★土曜公開授業　年間15回（要事前申込・学校HP参照）
★しらこばと祭　9月　見学可
★学校見学はできる限り土曜公開授業の利用を推奨

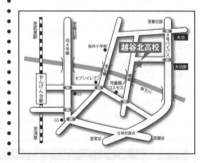

入試！インフォメーション

受検状況	年　度	学科・コース名	男女共	募集人員	志願者数	受検者数	倍率	昨年同期倍率	入学許可候補者数	倍率
	R6	普　通	共	320	368	366	1.15	1.17	320	1.14
		理　数	共	40	61	58	1.45	1.95	41	1.41
	R5	普　通	共	320	372	371	1.17	1.45	321	1.16
		理　数	共	40	79	78	1.95	1.60	40	1.95

県立 越谷総合技術 高等学校
こしがやそうごうぎじゅつ

https://ksg-h.spec.ed.jp/

電子機械科
情報技術科
流通経済科
情報処理科
服飾デザイン科
食物調理科

☎ 343-0856　越谷市谷中町 3-100-1
☎ 048-966-4155
交通　東武スカイツリー線越谷駅　徒歩 25 分　またはバス 10 分
　　　ＪＲ武蔵野線南越谷駅　徒歩 35 分　またはバス 8 分＋徒歩 10 分

共 学

制 服　あり

[カリキュラム] ◇二学期制◇

★電子機械科
・ハイテク時代の産業を支えている**各種ロボットおよびコンピュータ制御の工作機械**などを理解できるように、基礎から応用まで幅広い学習をする。

★情報技術科
・ハードウェアに関する基礎知識および原理を理解し、**プログラミング技術およびネットワーク技術**に優れた生徒を育成する。
・**基本情報技術者試験の午前試験免除の認定学科**となっている。

★流通経済科
・販売とオフィスワークのスペシャリストをめざす。簿記や販売知識、ワープロや表計算ソフトの操作など、商業に関する幅広い知識と技能を身につけることができる。

★情報処理科
・最新のコンピュータを活用し、ビジネスに必要な**コンピュータ**に関する様々な知識・技術や**簿記**の知識を身につけることができる。

★服飾デザイン科
・**ファッションデザイン、ファッション造形、服飾手芸**などについて学ぶ。
・服飾に関する専門の仕事ができるような技術を身につけた、人間性に富んだスペシャリストを育成をする。
・平成19〜令和4年度にファッションデザイン甲子園（全国大会）に出場した。

★食物調理科
・調理師の育成をめざし、食品学、栄養学、調理学、公衆衛生学、食品衛生学などを学習する。
・厚生労働大臣指定の養成校として、必要科目を履修・修得することで調理師免許を取得できる。

[部活動]
・令和4年度は、**IT部**が全国高校生プログラミングコンテストで優勝。
・令和3年度は**男子バレーボール部**が関東大会に出場。**女子テニス部、剣道部**が県大会に出場。**陸上競技部**が県大会出場、女子棒高跳び7位入賞。**メカトロニクス部**が全国高校ロボット競技大会出場、埼玉大会プレ大会2位。**IT部**が全国高校生プログラミングコンテスト5位、県工業高校プログラミングコンテスト競技部門最優秀賞などの成績を収めた。

★設置部
アウトドア、サッカー、ソフトボール、テニス（男女）、バスケットボール（男女）、バドミントン（男女）、卓球、バレーボール（男女）、剣道、野球、陸上競技、IT、放送映像技術、アート、メカトロニクス、演劇、音楽、家庭、華道、バトン、茶道、簿記計算

[行　事]
・新入生歓迎祭、体育祭、遠足、球技大会、修学旅行、文化祭、芸術鑑賞会、企業実習予餞会などを実施する。専門学科ならではの行事も数多い。
・文化祭は専門学科の特色が豊かで、本校の伝統行事となっている。
・12月には**クリスマスコンサート**を音楽部が主催して行う。

[進　路] (令和5年3月)
分野別進路講演会や卒業生による**進路説明会**、企業の人事担当者による面接指導、履歴書・小論文の書き方指導など、就職・進学の両方に対応したきめ細かな指導体制のもと、希望する進路を実現している。

★卒業生の主な進学先
亜細亜大、江戸川大、共立女子大、駒澤大、埼玉学園大、芝浦工業大、十文字学園女子大、女子栄養大、杉野服飾大、拓殖大、千葉工業大、千葉商科大、中央学院大、中部大、帝京平成大、東京家政学院大、東京工科大、東京造形大、東京電機大、東京未来大、東都大、獨協大、二松学舎大、日本工業大、日本大、人間総合科学大、文化学園大、文教大

♣指定校推薦枠のある大学・短大など♣
芝浦工業大、城西大、拓殖大、千葉工業大、千葉商科大、東京家政大、東京電機大、東洋大、獨協大、日本大、日本工業大、文教大、流通経済大、十文字学園女子大、淑徳大、東海大 他

[トピックス]
県内でも珍しい、工業系・商業系・家庭系各2学科の計6学科を設置する高校。各学科が特色のある活動を行っている。

[学校見学] (令和5年度実施内容)
★学校説明会　6・9・10・11・12月各1回
★体験入学　7・8月各1回
★個別相談会　1月1回
★越総祭（文化祭）　10月
★学校見学は随時可（要連絡）

入試！インフォメーション

受検状況	年度	学科・コース名	男女共	募集人員	志願者数	受検者数	倍率	昨年同期倍率	入学許可候補者数	倍率
	R6	電子機械	共	40	31	30	0.77	0.85	34	0.88
		情報技術	共	40	47	46	1.15	1.25	40	1.15
		流通経済	共	40	39	39	0.98	0.88	40	0.98
		情報処理	共	40	37	37	0.93	0.85	39	0.95
		服飾デザイン	共	40	32	32	0.82	0.79	36	0.89
		食物調理	共	40	48	48	1.20	0.98	40	1.20

県立 越谷西 高等学校 （こしがやにし）

https://koshigayanishi-h.spec.ed.jp/

〒343-0801　越谷市野島 460-1
☎ 048-977-4155
交通　東武線越谷駅・岩槻駅　バス

普通科

共　学

制　服　あり

[カリキュラム] ◇三学期制◇

・1年次は、全員が共通の科目をバランスよく学ぶ。英語・国語・数学については授業時数を十分にとり、基礎学力の養成をはかっている。

・希望する進路に対応した学習ができるよう、2年次から選択科目が用意される。進路実現に向けたカリキュラムとなっている。

・3年次は文系と理系に分かれ、理系はさらに看護医療系進学者中心のクラスと理工学系進学者中心のクラスに分かれる。どの類型にも類型内選択科目が用意され、自分の目指す進路に応じた学習が可能である。特に実技系の選択科目は10～20名の少人数で行われるものが多く、生徒が主体的に取り組む授業を目指している。

・国語、数学、英語を中心に少人数制指導を行っている。

・英語科のALTを交えた授業、実物教材を用いた社会科の授業、実験・観察を大切にした理科の授業等、「授業で勝負」を合言葉に、生徒一人一人の身につく分かりやすい授業に努めているスタディサポートも実施。

[部活動]

・1年次は全員参加制。本校の部活動の特色は、運動部だけでなく文化部も強いというところで、多くの生徒が3年次の引退まで所属し、力を発揮している。部活動加入率は91%で、朝、放課後、休日と活発に活動している。

・令和4年度は、陸上競技部が4×400mリレーで徳島インターハイ、400mと走高跳で関東大会出場、応援部が全国ダンスドリル選手権大会に出場。

・近年では、野球部・バスケットボール部・バレーボール部・バドミントン部・ソフトボール部・テニス部・卓球部等が県大会で活躍している。

★設置部
バスケットボール、ソフトボール、野球、バドミントン、陸上競技、卓球、バレーボール、テニス、柔道、ハンドボール、サッカー、剣道、応援、吹奏楽、囲碁・将棋、映画研究、写真、演劇、書道、自然科学、家庭、フラワーデザイン、新聞・放送、軽音楽、茶道、美術、漫画・文芸

[行　事]

5月	遠足、体育祭、芸術鑑賞会
9月	文化祭
10月	修学旅行（2年）
11月	ロードレース大会
12月	ダンス発表会、球技大会（1・3年）
2月	予餞会
3月	球技大会

[進　路] （令和5年3月）

・1年次から模擬試験やガイダンスなどを実施し、計画的な進路指導を進めている。3年次には個人面接・小論文指導等にも力を入れ、きめ細かい指導を行っている。

・英語検定や漢字検定などの資格取得に力を入れている。

★卒業生の進路状況
＜卒業生304名＞
大学201名、短大13名、専門学校65名、就職5名、その他20名

★卒業生の主な合格実績
青山学院大、亜細亜大、駒澤大、慶應義塾大、芝浦工業大、埼玉県立大、専修大、大東文化大、中央大、帝京大、東京理科大、東洋大、獨協大、日本大、文教大

♣指定校推薦枠のある大学・短大など♣
大妻女子大、芝浦工業大、昭和女子大、女子栄養大、東京理科大、東洋大、獨協大、日本大、法政大　他

[トピックス]

・「すべての授業、部活動、行事等を通してやり抜く力と協働する力を伸ばす学校」を目標に、日々の学習や行事、部活動などに真剣に取り組んでいる。クラスや部活動の友人や先輩後輩との関係も良好で、互いに切磋琢磨し、人としての成長も目指している。その成果は全国・関東・県上位で活躍する部活動の実績とともに、4年制大学を始めとする90%を超える進路決定率に表れている。

・毎朝10分間、全生徒が各教室で読書を行っている。

[学校見学] （令和5年度実施内容）

★学校説明会　8・9・11・12・1月　各1回
★部活動見学交流会　8月1回
★公開授業週間　5・11月
★文化祭　9月
★学校見学は随時可（要連絡）

入試！インフォメーション

受検状況	年　度	学科・コース名	男女共	募集人員	志願者数	受検者数	倍　率	昨年同期倍率	入学許可候補者数	倍　率
	R6	普　通	共	320	306	302	0.95	1.09	302	1.00
	R5	普　通	共	320	347	346	1.09	1.16	319	1.08
	R4	普　通	共	320	370	369	1.16	1.02	321	1.15

県立 越谷東 高等学校
こし がや ひがし

https://koshigayahigashi-h.spec.ed.jp/

☏ 343-0011　越谷市増林 5670-1
☎ 048-966-8566
交通　ＪＲ武蔵野線南越谷駅、東武線越谷駅
　　　バス約 15 分（東中学校前下車徒歩 3 分）

普通科

共 学

制 服　あり

［カリキュラム］◇三学期制◇
・1 年次は、全員が共通の科目を学び、基礎学力を育成する。また、全員が**漢字検定**を受検する。
・2 年次は、芸術・服飾手芸・古典探究を履修する**A類**と数学B・物理基礎を履修する**B類**に分かれる。
・3 年次は、**文系**と**理系**に分かれる。文系にはA（器楽、クラフトデザインなど）・B（数学理解、フードデザインなど）2 枠分の選択科目が、理系にはC（数学C、世界史探究、政治経済）の選択科目が設置され、各自の希望する進路に応じた学習が可能となっている。

［部活動］
・1 年次は全員参加。
・ＪＲＣインターアクト部は平成25年に越谷市竜巻被害者のための募金活動を実施し、その活動ぶりが新聞にも取り上げられた。
・カヌー部は毎年インターハイに出場している。
・令和 4 年度は、**カヌー部**がインターハイに出場、**陸上競技部、男子バスケットボール部、女子バスケットボール部、バドミントン部**などが県大会に出場した。
・令和 3 年度は、**カヌー部**が 3 種目でインターハイに出場、**陸上競技部、男子硬式テニス部、ソフトテニス部、バドミントン部、女子卓球部**などが県大会に出場した。また、**軽音楽部**が埼玉県高校軽音楽コンテストの決勝に進出した。
★設置部
陸上競技、硬式野球、サッカー、硬式テニス、ソフトテニス、弓道、バレーボール、バスケットボール、バドミントン、体操、卓球、剣道、カヌー、吹奏楽、美術、書道、家庭調理、理科、華道、茶道、放送、合唱、演劇、軽音楽、ＪＲＣインターアクト、ＥＳＳ、漫画研究

［行　事］
5 月　体育祭
6 月　遠足
7 月　芸術鑑賞会
9 月　若菜祭（文化祭）
10 月　修学旅行（2 年）
11 月　マラソン大会
12 月　球技大会
2 月　三年生を送る会

［進　路］（令和 5 年3月）
・総合的な探究の時間にはすべて進路指導のカリキュラムを組み、1 ～ 3 年生まで段階を追って、進路実現へのきめ細かい指導が行われている。
・1 年次には、**各種適性検査**や**職業インタビュー**が行われる。
・2 年次には、大学・短大・企業の**見学会**や多数の学校や講師を招き、学校・分野別に**進路50校説明会**が行われる。
・3 年次には、各種の補講が本格化し、受験や就職に向けた応用力の養成が行われる。
・大学進学希望者・公務員希望者や看護医療系専門学校進学希望者を対象とした**進路補講**を全学年で実施。
★卒業生の主な合格実績
亜細亜大、駒澤大、城西大、女子栄養大、大東文化大、千葉商科大、東京工芸大、東京電機大、東洋大、獨協大、日本大、日本体育大、武蔵野美術大、横浜美術大、流通経済大
♣指定校推薦枠のある大学・短大など♣
駒澤大（1）、城西大（13）、大東文化大（13）、東京電機大（3）、東洋大（5）、獨協大（3）、日本大（1）、文教大（8）　他

［トピックス］
・昭和57年創立。令和 3 年に創立40周年を迎えた。
・校訓は「健康・向学・協働」。
・平成23年度入学生から制服が新しくなった。また、校舎が大規模改修されるとともに、**エアコン・プロジェクター**も各教室に完備された。また、40周年記念事業として**マルチメディア室**を新設し、クロームブックや電子黒板、パーテーションホワイトボード等を配備し、学習環境が格段に向上した。

［学校見学］（令和 5 年度実施内容）
★学校説明会　7・9・11・1 月各 1 回

★若菜祭　9 月　見学可

★学校見学は随時可（要連絡）

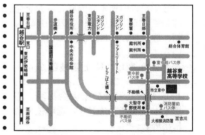

入試！インフォメーション

受検状況	年　度	学科・コース名	男女共	募集人員	志願者数	受検者数	倍　率	昨年同期倍率	入学許可候補者数	倍　率
	R6	普　通	共	320	345	344	1.08	1.10	318	1.08
	R5	普　通	共	280	306	306	1.10	0.99	278	1.10
	R4	普　通	共	280	278	277	0.99	1.13	277	1.00

県立 越谷南 高等学校
こしがやみなみ

https://koshigayaminami-h.spec.ed.jp/

☎ 343-0828　越谷市レイクタウン7-9
☎ 048-988-5161
交通　ＪＲ武蔵野線越谷レイクタウン駅　徒歩5分

普通科
外国語科

| 共 学 |

| 制 服 | あり |

[カリキュラム] ◇三学期制◇
・PISAタイムでPISA型読解力を育成している。
・生徒所有のChromebookやBYOD環境などICT環境が充実している。スタディサプリを授業・家庭学習に活用している。「自走」する生徒を育成。

★普通科
・1年次は全員が芸術を除き共通の科目を学び、基礎学力を向上させる。
・2年次から文系と理系に分かれて学習する。2年次の理系数学では少人数編制の習熟度別クラスできめ細かな指導が行われる。
・3年次は文系・理系、および選択科目により、個に応じた進学のために効果的な学習を行う。

★外国語科
・外国語の授業は普通科の約1.5倍の単位数で実施。
・「総合英語」「ディベートディスカッション」「エッセイライティング」等多彩な専門科目が用意されている。
・タブレットを活用した授業でコミュニケーションスキル、デジタルスキルも身につけられる。
・スピーチコンテスト、英作文コンテスト、外国語科オリエンテーション、外国語科講演会など外国語科独自の行事がある。
・第2外国語（ドイツ語・フランス語・韓国語・中国語）の学習も可能。
・サマーセミナー（外国語科1年全員）、海外研修（2年希望制選考）、校内スピーチコンテスト、第2外国語の履修など、国際交流のできる人材の育成に力を入れている。

[部活動]
・1年次は全員参加制。全生徒の9割が参加。
・令和5年度は、放送部が全国大会、陸上競技部・男女ハンドボール部・男子バレーボール部・チアダンス部・吹奏楽部が関東大会へ出場を果たした。
・令和4年度は、陸上競技部が男子棒高跳で関東選抜出場。女子ハンドボール部が関東大会出場（2年連続）、新人大会で関東選抜大会出場。バドミントン部が関東大会出場（男子38回目、女子28回目）。吹奏楽部が打楽器八重奏、金管八重奏で県大会出場を果たした。

★設置部（※は同好会）
バドミントン、バスケットボール、バレーボール、テニス、野球、卓球、剣道、陸上競技、ハンドボール、サッカー、ラグビー、ソフトボール、チアダンス、茶道、書道、写真、アニメーション研究、美術、科学、軽音楽、吹奏楽、インターアクト、新聞、調理、放送、演劇、JRC、※囲碁将棋、※文藝

[行　事]
5月	遠足、体育祭
9月	南高祭（文化祭）
11月	長距離大会
12月	球技大会、修学旅行
1月	予餞会

[進　路]（令和5年3月）
・進路指導室にはスタッフが常駐。
・1・2年次は、進路講演やガイダンス、本校卒業生との懇談会、オープンキャンパス等の数多くの進路行事を実施。
・3年次は、早朝・放課後に補習を実施。また、夏休みには弱点強化型の補習を行い、生徒全員が進路実現できるように取り組んでいる。

★卒業生の進路状況
＜卒業生347名＞
大学292名、短大6名、専門学校33名、就職6名、その他10名

★卒業生の主な合格実績
東京学芸大、東京医科歯科大、名古屋大、千葉大、筑波大、東京外国語大、東京海洋大、埼玉大、埼玉県立大、会津大、早稲田大、上智大、明治大、立教大、中央大、法政大、青山学院大、学習院大、津田塾大、東京理科大、東京農業大、北里大、成蹊大、成城大、明治学院大、武蔵大、國學院大、二松学舎大、獨協大、芝浦工業大、順天堂大、日本大、東洋大、駒澤大、専修大、東京電機大、文教大、明治薬科大、東京薬科大、東京家政大、女子栄養大、学習院女子大、日本女子大、昭和女子大

♣指定校推薦枠のある大学・短大など♣
青山学院大、学習院大、神田外語大、実践女子大、芝浦工業大、女子栄養大、成蹊大、中央大、東京理科大、東洋大、獨協大、日本大、法政大、明治薬科大、立教大　他

[トピックス]
全教室に冷暖房、電子黒板機能付プロジェクターホワイトボードが設置されている。

[学校見学]（令和5年度実施内容）
★学校説明会　7～12月小規模各7回、10・12月大規模各1回
★学校公開　9月1回
★南高祭　9月　見学（事前予約制）
★学校見学は随時可（要連絡）

入試！インフォメーション

受検状況	年　度	学科・コース名	男女共	募集人員	志願者数	受検者数	倍率	昨年同期倍率	入学許可候補者数	倍率
	R6	普　通	共	320	453	450	1.42	1.43	318	1.41
		外国語	共	40	57	56	1.40	1.15	40	1.40
	R5	普　通	共	320	460	456	1.43	1.39	318	1.43
		外国語	共	40	46	46	1.15	0.70	40	1.15

県立 草加 高等学校
（そうか）

https://soka-h.spec.ed.jp/

〒340-0002　草加市青柳 5-3-1
☎ 048-935-4521
交通　東武スカイツリーライン新田駅　徒歩 20 分

普通科

共　学	
制　服	あり

[カリキュラム] ◇三学期制◇
・それぞれの生徒を大切にした、きめの細かい指導をしており、基礎・基本重視のわかりやすい授業を展開。
・1年次は、国語、数学、英語を重点的にカリキュラムに導入。芸術科目以外は全員同じ科目を履修する。英語の授業は少人数展開で実施。
・2年次では、文系コースと理系コースに分かれ、3年次にさらに選択科目が増える。これにより、各々の生徒が自分の適性や進路希望にあった学習ができるようになっている。
・国際理解教育の充実を図るため、ALT（外国語指導助手）を常駐配置し英語の授業を展開。生徒にも人気がある。
・1年次に英語検定を全員が受検。

[部活動]
・1年次は全員参加。
・パワーリフティング部は毎年全国大会に出場している強豪。
・令和4年度は、陸上部が関東大会出場。他多くの部活動で県大会出場。
・令和3年度には、女子ソフトテニス部が関東大会に出場、パワーリフティング部が世界選手権大会への出場権を獲得した。また、卓球部、男女硬式テニス部が県大会に出場、JRC部の1名が全国高校生の手話によるスピーチコンテストで二次審査（全国30名）に進出した。

★設置部
テニス、サッカー、水泳、卓球、ソフトテニス、バスケットボール、バドミントン、バレーボール、剣道、野球、ラグビー、陸上、パワーリフティング、囲碁・将棋、演劇、書道、吹奏楽、手芸調理、英語、美術、文藝、写真、科学、漫画研究、茶道、JRC

[行　事]
・体育祭の応援合戦は4月から練習を始める。
5月　遠足
6月　体育祭
7月　芸術鑑賞会
9月　文化祭
11月　修学旅行（2年）、ロードレース大会
12月　球技大会
2月　如月会（3年生を送る会）

[進　路]（令和5年3月）
・一人ひとりが希望する進路に進めるよう、2、3年生向けに放課後や長期休業中に補習を行っている。
・希望分野別の説明会、大学教授による体験講義、卒業生との懇談会などを計画的に実施。
・面接指導、校内実力テスト、小論文などの個人指導も適宜実施。
・指定校推薦の大学・短大・専門学校は約280校にわたる。

★卒業生の進路状況
＜卒業生342名＞
大学266名、短大3名、専門学校52名、就職5名、その他16名

★卒業生の主な合格実績
筑波大、東京都立大、埼玉県立大、明治大、青山学院大、中央大、同志社大、立命館大、法政大、学習院大、成蹊大、明治学院大、武蔵大、日本大、東洋大、駒澤大、専修大、獨協大、文教大、大東文化大、東海大、亜細亜大、帝京大、国士舘大、東京経済大、武蔵野大、大正大、玉川大、立正大、拓殖大、城西大、神田外語大、文京学院大、昭和女子大、大妻女子大、東京家政大、共立女子大、芝浦工大、東邦大、東京電機大、東京工

科大

♣指定校推薦枠のある大学・短大など♣
亜細亜大、工学院大、国士舘大、駒澤大、芝浦工業大、淑徳大、城西大、女子栄養大、専修大、大東文化大、拓殖大、千葉工業大、帝京大、東京家政大、東京電機大、東京都市大、東京農業大、東洋大、獨協大、日本大、文教大、武蔵野大、立正大

[トピックス]
・昭和37年開校。文武両立を基本に、学力向上と豊かな人間性育成を柱とし、地域に根ざした進学校として愛され活力ある学校をめざしている。
・全ホームルーム教室および特別教室は冷暖房完備。ホームルーム教室は個人ロッカーを完備。最新のAV機器やインターネットに接続されたコンピュータと校内WiFi環境も整備。
・図書館には毎月100冊以上の本が入荷される。蔵書は、話題の新刊やコミック、参考書などジャンルは多岐にわたる。

[学校見学]（令和5年度実施内容）
★学校説明会　8・10・11・12・1月各1回
★公開授業　6・10月各1回
★部活動体験　7月3回
★文化祭　9月　一般公開（申込み制）
★学校見学は随時可（要連絡）

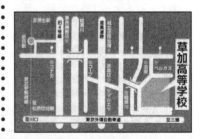

入試！インフォメーション

受検状況	年度	学科・コース名	男女共	募集人員	志願者数	受検者数	倍率	昨年同期倍率	入学許可候補者数	倍率
	R6	普通	共	360	374	373	1.04	1.03	358	1.04
	R5	普通	共	360	370	368	1.03	1.03	359	1.03
	R4	普通	共	360	374	369	1.03	1.04	359	1.03

県立 草加西 高等学校

そうかにし

https://sokanishi-h.spec.ed.jp/

普通科

〒340-8524 草加市原町2-7-1
☎ 048-942-6141
交通 東武スカイツリーライン新田駅 徒歩25分またはバス

| 共 学 | |
| 制 服 | あり |

[カリキュラム] ◇三学期制◇

・学校の特色として大幅な選択制を取り入れ、**選択制高校として伸びている。**
・2年次に**文系・教育系、医療系、福祉系、理系**に分かれ、3年次には、**文系、福祉系、教育系、医療系、理系**に分かれて学習する。文系は2年次に2科目4単位分、3年次に3科目6単位分の**選択科目**が設置され、普通科目以外にも希望する進路に合わせて「芸術III」「ソルフェージュ」「クラフトデザイン」「情報の表現と管理」「スポーツII」「フードデザイン」などの科目を学ぶことができる。
・特色的な科目として、2年次以降に「**数学理解**」「**理数探究基礎**」「**保育基礎**」「**社会福祉基礎**」を設置。基本的に医療・福祉・教育系のための科目だが、「理数探究基礎」に関しては、文系でも3年次に選択科目として学ぶことができる。
・令和4年度入学生より新カリキュラムとなり、今まで以上に個々の進路実現に対応できる体制となった。

[部活動]

・1年次は全員参加制。その後も7割が活動を継続。運動部、文化部とも活動はたいへん盛んである。特に**弓道部、野球部、男女バスケットボール部、バレーボール部、陸上部、放送部**の実績が顕著である。
・令和5年度には**弓道部**が女子団体で県大会優勝、インターハイ出場（2年連続）を決めている。また、**放送部**も全国大会に出場している。
・令和3年度は、**陸上競技部**が走り高跳びでインターハイに出場、**水泳部**が400m自由形で関東大会に出場した。
・平成30年度には、**弓道部**が女子団体で関東大会1位・インターハイ8位の成績を収めた。

★設置部

野球、バスケットボール、ソフトテニス、ダンス、バドミントン、サッカー、弓道、水泳、ラグビー、バレーボール、陸上、剣道、卓球、吹奏楽、アニメ・マンガ、華道、家庭、演劇、茶道、放送、美術、ボランティア、書道

[行 事]

5月	体育祭、遠足
7月	スポーツ大会
10月	西秋祭（文化祭）
11月	ロードレース大会、修学旅行（2年）
12月	スポーツ大会
2月	予餞会

[進 路] (令和5年3月)

・年々大学への進学希望者が増えているので、放課後や長期休業中の**進学補習を強化・充実**させている。
・**福祉・医療系**の進路に強い点に特色がある
・進路希望ごとに分かれた**模擬試験**や**説明会**、推薦入試や就職対策の**模擬面接**、一般入試や小論文対策の**補講**など一人ひとりの希望を大切に、きめの細かい進路指導をしている。

★卒業生の進路状況

＜卒業生227名＞
大学58名、短大14名、専門学校95名、就職49名、その他10名

★卒業生の主な進学先

亜細亜大、跡見学園女子大、浦和大、江戸川大、嘉悦大、共栄大、国士舘大、埼玉学園大、十文字学園女子大、淑徳大、駿河台大、聖学院大、大正大、千葉商科大、帝京大、東京工芸大、東京電機大、獨協大、二松學舍大、日本工業大、文教大、明海大、目白大、流通経済大、和洋女子大

♣指定校推薦枠のある大学・短大など♣

亜細亜大、跡見学園女子大、十文字学園大、駿河台大、拓殖大、千葉商科大、東京家政大、獨協大、日本大

[トピックス]

・併設されている草加かがやき特別支援学校草加分校とは、文化祭、体育祭、交流授業、清掃活動や緑化作業を通じて、交流が盛んである。これらの交流を通して、**思いやりのある人間の育成**に努めている。また、生徒の自主参加による地域清掃活動やボランティア部を中心とした活動など、**地域とのふれあいを推進**している。
・不定期に開催される分校パン販売は、毎回長蛇の列ができるほど大人気である。
・平成25年度の大規模改修により、**特別棟**が明るくきれいになった。ほぼ全館にクーラーが設置され、夏場でも集中して授業に取り組むことができる。また、グラウンドも整地され、「学力向上」を第一として教育活動を進めている本校の「学び」の環境がさらに整った。

[学校見学] (令和5年度実施内容)

★学校説明会 10・11・12・1月各1回
★部活動見学体験会 7月1回
★西秋祭 9月 チケット配布制
★学校見学（敷地内外観見学のみ）は随時可（要連絡）

入試！インフォメーション

受検状況	年 度	学科・コース名	男女共	募集人員	志願者数	受検者数	倍率	昨年同期倍率	入学許可候補者数	倍率
	R6	普 通	共	240	234	233	0.98	1.14	233	1.00
	R5	普 通	共	240	272	272	1.14	1.04	238	1.14
	R4	普 通	共	240	247	247	1.04	1.05	238	1.04

県立 草加東 高等学校

そう か ひがし

https://sokahigashi-h.spec.ed.jp/

☎ 340-0001　草加市柿木町 1110-1
☎ 048-936-3570
交通　ＪＲ武蔵野線越谷レイクタウン　徒歩20分
　　　東武線新越谷駅　バスまたは自転車20分
　　　ＪＲ武蔵野線南越谷駅　バスまたは自転車20分

[カリキュラム] ◇三学期制◇

・1年次は全員が共通科目を履修し基礎学力をつける。
・2年次から**文系・理系**に分かれ、さらに3年次には選択科目の幅を広げ、多様な進路希望に対応できるよう配慮している。
・2・3年次の**理系**の数学、3年次の文系選択科目では**少人数制授業**を実施するなど一人ひとりがわかる授業を展開している。

[部活動]

・1年次は全員加入制。その後も約9割の生徒が継続加入する。
・全国大会出場部活動あり。(過去3年間)…**陸上競技部**(令和3年度)、**弓道部**(令和2年度)、
・関東大会出場部活動あり。(過去3年間)…**水泳部**(令和3年度)
・その他多くの部活動が県大会に出場している。

★設置部

ラグビー、水泳、弓道、空手道、卓球(男女)、バスケットボール(男女)、剣道、サッカー、バドミントン(男女)、陸上競技、野球、テニス(男女)、バレーボール(男女)、ダンス、演劇、茶道、書道、吹奏楽、美術、漫画研究、科学、コンピュータ、家庭科、JRC、ESS、放送、フラワーデザイン、軽音楽

[行　事]

4月	対面式
5月	学年特別活動(遠足)
6月	体育祭
9月	東輝祭(文化祭)
10月	芸術鑑賞会
11月	マラソン大会、修学旅行(2年)
12月	スポーツ大会
2月	予餞会
3月	スポーツ大会

[進　路]

・早朝・放課後や長期休業中には、**実力補習**を実施している。

★卒業生の進路状況(令和5年3月)
＜卒業生308名＞
大学159名、短大16名、専門学校110名、就職18名、その他5名

★卒業生の主な進学先
亜細亜大、跡見学園女子大、大妻女子大、神田外語大、共栄大、共立女子大、国士館大、実践女子大、十文字学園女子大、淑徳大、専修大、大正大、大東文化大、拓殖大、千葉工業大、千葉商科大、帝京大、帝京科学大、帝京平成大、東海大、東京電機大、東京家政大、東京経済大、東京工科大、東京農業大、東洋大、獨協大、二松学舎大、日本女子体育大、日本大、日本体育大、文教大、武庫川女子大、武蔵野大、明治学院大、明星大、目白大、ものつくり大、立教大、麗澤大

♣指定校推薦枠のある大学・短大など♣
亜細亜大、跡見学園女子大、共栄大、工学院大、国士館大、淑徳大、城西大、十文字学園女子大、女子栄養大、聖徳大、大東文化大、千葉工業大、千葉商科大、帝京科学大、帝京平成大、東京家政大、東京工科大、東京国際大、東京成徳大、東京電機大、東京

農業大、東洋大、獨協大、二松学舎大、日本大、日本工業大、文教大、明海大、目白大、立正大、流通経済大、麗澤大、和洋女子大、女子栄養大短期大部、大妻女子大短大部、國學院大栃木短大、淑徳大短大部、実践女子大短大部、聖徳大短大部、貞静学園短大、戸板女子短大　他

[トピックス]

・令和4年度に「未来を拓く『学び』プロジェクト研究開発校」に指定。
・令和3年度「メンタルヘルス研究推進校」に指定。
・**漢字検定、日本語ワープロ検定、情報処理技能検定、文書デザイン検定**を実施。
・毎日15分間の**朝学習**に取り組む。
・近隣の福祉施設と交流をもつ。

[学校見学] (令和5年度実施内容)

★学校説明会(オープンキャンパス)
　12・1月各1回
★学校見学会　7月1回
★体験入学　11月1回
★学校見学は随時可(要連絡)

■入試！インフォメーション

受検状況	年度	学科・コース名	男女共	募集人員	志願者数	受検者数	倍率	昨年同期倍率	入学許可候補者数	倍率
	R6	普　通	共	320	361	358	1.13	1.15	320	1.12
	R5	普　通	共	320	368	367	1.15	1.08	318	1.15
	R4	普　通	共	320	345	342	1.08	1.13	320	1.07

県立 草加南 高等学校
（そうかみなみ）

普通科
外国語科

共　学

制　服　あり

https://sonanko-h.spec.ed.jp/

☎ 340-0033　草加市柳島町 66
☎ 048-927-7671
交通　東武スカイツリーライン谷塚駅　徒歩約 17 分

[カリキュラム] ◇三学期制◇
・本校では週31時間授業に加え、数学や英語で少人数制授業を導入し、確かな学力の獲得を図っている。

★普通科
・1年次では幅広い教養を身に付け、2年次から文理選択をし、3年次では理系選択をより細かく分ける。文系は国語・社会・英語が中心で、多彩な選択科目も用意。理系Ⅰは看護・栄養系など、理系Ⅱ理工学系への進路に対応し、数学・理科・英語に比重を置いて理解を深める。

★外国語科
・英語の授業時間数は普通科の約2倍、共通語としての「使える英語」を習得する。異文化理解の授業（英語スピーチ、人種差別、SDGsなど）、2年次から始まる第二外国語（中・仏・独）の授業、小学校での語学ボランティアを通して、「21世紀型スキル」の習得を目指す。

[部活動]
・1年次は全員加入制。運動系では陸上部がインターハイに出場（令和4年度）、女子バスケットボール部（令和5年度）が関東大会出場（Bブロック第3位）。男女ソフトテニス部、女子バレーボール部、卓球部など多くの部が県大会出場。文化系では県大会出場の吹奏楽部をはじめ、書道部・写真部・演劇部など多彩に活動中。

★設置部
バスケットボール、バレーボール、バドミントン、卓球、剣道、陸上、サッカー、野球、ソフトボール、ソフトテニス、硬式テニス、吹奏楽、演劇、軽音楽、生物科学、書道、華道、茶道、美術、英語、写真、料理

[行　事]
コロナ禍において、感染症対策を講じたうえで、すべての行事を実施した。生徒が中心となって企画・運営する蒼穹祭（文化祭）や体育祭、球技大会は毎年大きな盛り上がりを見せる。夏休みには希望者を対象とした海外＆国内語学研修（オーストラリア14日間・福島4日間）を実施している。

4月	遠足
6月	体育祭
7月	球技会
8月	海外語学研修、国内語学研修
9月	蒼穹祭（文化祭）
10月	長距離走大会
11月	修学旅行（2年）
2月	予餞会

[進　路] (令和5年3月)
・1年次より進路行事（進路ガイダンス、分野別進路見学会、小論文指導、面接指導等）や進学補習を行い、多様な進路選択（大学・短大・専門学校・就職）に対応している。
・大学受験対策のため、インターネットを利用した受講システム（スタディサプリ）を導入している。

★卒業生の進路状況
＜卒業生265名＞
大学168名、短大9名、専門学校78名、就職2名、その他8名

★卒業生の主な進学先
東京藝術大、埼玉県立大、法政大、学習院大、中央大、津田塾大、日本女子大、國學院大、芝浦工業大、東洋大、駒澤大、専修大、東京電機大、学習院女子大、神田外語大

♣指定校推薦枠のある大学・短大など♣
神田外語大、女子栄養大、大東文化大、東洋大、専修大、獨協大、文教大、東京家政大、共立女子大、実践女子大、白百合女子大、東京経済大、東京電機大　他

[トピックス]
・グローバル教育に力を入れている。ALTは常時2人勤務しており、授業を通して言語のみならず、海外の文化や歴史を英語で学んでいる。毎年、大使館の方を招いての講演や長期及び短期留学生の受け入れを行っており、外国人との交流をしている。
・学校全体でSDGs学習を行っている。ペットボトルキャップやコンタクトレンズケースを回収し、途上国へのワクチン送付やCO_2排出削減に貢献している。外国語科では、授業の中でワークショップや大学教授からの講義を設定し、①知識を蓄え、②解決策を考え、③英語でのプレゼンテーションを行っている。（令和5年度は、日本政策金融公庫主催のビジネスプラン・グランプリに参加）
・第23回獨協大学全国高校生ドイツ語スピーチコンテストで本校生徒が3位入賞（175名応募）。
・普通科と外国語科相互に第2志望を認めている。
・外国語科では、英語の傾斜配点を行わない。英語が好き、英語に興味がある、将来語学系や国際系大学への進学を希望している生徒たちを丁寧に指導し、学力向上を図っている。
・実用英語検定に力を入れている。3年次にはほぼ全員が準2級以上を取得している。
・女子用スラックスあり。夏服にポロシャツ導入。

[学校見学] (令和4年度実施内容)
★学校説明会　10・11・12・1月各1回
★草南ライフ体験会　8月5日間
★蒼穹祭　9月　見学可
★学校見学は随時可(要連絡)

入試！インフォメーション

受検状況	年　度	学科・コース名	男女共	募集人員	志願者数	受検者数	倍　率	昨年同期倍率	入学許可候補者数	倍　率
	R6	普　通	共	240	257	253	1.06	1.04	238	1.06
		外国語	共	40	42	42	1.05	1.08	41	1.02
	R5	普　通	共	240	248	248	1.04	1.08	238	1.04
		外国語	共	40	44	43	1.08	0.85	40	1.08

県立 三郷 <ruby>三郷<rt>みさと</rt></ruby> 高等学校

https://misato-h.spec.ed.jp/

〒341-0041　三郷市花和田 620-1
☎ 048-953-0021
交通　ＪＲ武蔵野線三郷駅　徒歩 25 分またはバス 10 分または自転車 12 分
　　　つくばエクスプレス三郷中央駅　徒歩 15 分またはバス 6 分

普通科

共 学	
制 服	あり

[カリキュラム] ◇三学期制◇

・1年次は基礎学力をつけることを重視し、**少人数編制**（30数名）で「**よくわかる授業**」を実施。国・数・英は「**学び直し**」ができる。

・2・3年次は情報選択・進学選択・総合選択に分かれ、多様な選択科目のなかから各自個性や進路にあわせて履修する。

・**進学選択**は**中堅大学への進学**や看護・医療系の進学、公務員試験の合格をめざす。

・**情報選択**は、「情報処理」「ビジネス実務」などの授業を行う。また、**資格取得**に直結した授業を実施し、日本語ワープロ検定試験、情報処理技能検定試験（表計算）、文書デザイン検定試験などの検定に合格する生徒が多い。

・**総合選択**は就職・進学の両方に対応し、普通科目を中心に学ぶ他、資格取得にも力を入れる。3年進級時に進学選択への変更も可能。

・無線LANとプロジェクタを全教室に配備している。授業の中でChromebookを使用するなど**ICTの活用**を取り入れている。授業の予習・復習は、**Classi**を活用している。課題や宿題などの配信もおこなわれ、オンライン学習にも対応させている。

[部活動]

・希望制。全生徒の約4割が参加。

・**陸上競技部**は毎年県大会に出場している。

・**アート部**は、埼玉県内水道局で巨大壁画を作成。すでに3ヶ所に描いている。（水道局見学の際にはぜひご覧ください）

・**放送部**は三郷市内のイベントなどにも積極的に参加。司会を担当している。

★設置部

野球、陸上競技、サッカー、テニス、バスケットボール、バレーボール、卓球、バドミントン、剣道、ハンドボール、茶道、書道、軽音楽、ボランティア、放送、吹奏楽、コンピュータ、家庭科、アート

[行　事]

5月　アドベンチャー学習（1年）、遠足（2・3年）
7月　球技大会、体育祭
9月　秋風祭（文化祭）
11月　修学旅行（2年）
12月　球技大会
2月　3年生を送る会

[進　路]

・進学・就職に向けて有利になるよう**資格取得**を推進している。

・夏期休業中や春期休業中に**進学補習**を実施する（大学進学希望者対象）。また、就職希望者に対しては**夏季セミナー**を実施する。

・1、2年次に、**進路別見学会**や模擬授業を利用した**分野別ガイダンス**などを行う。

★卒業生の進路状況（令和5年3月）

＜卒業生156名＞
大学30名、短大7名、専門学校65名、就職31名、その他23名

★卒業生の主な合格実績

亜細亜大、国士舘大、聖徳大、大東文化大、拓殖大、東京電機大、東洋大、日本保健医療大、文教大、流通経済大

♣指定校推薦枠のある大学・短大など♣

亜細亜大、江戸川大、国士舘大、城西大、大東文化大、拓殖大、千葉商科大、東洋大、文教大、麗澤大、和洋女子大　他

[トピックス]

・校内緑化や社会貢献活動による環境整備を行っている。

・「**未来を拓く『学び』推進事業**」研究協力校。協調学習の実践により学びの定番化を図っている。

・**アドベンチャー教育**やソーシャルスキルトレーニング、「**親になるための学習**」などを行い、**コミュニケーション能力の育成**に努めている。

・ＨＲ棟教室は**冷房**を完備。また、グラウンドには**夜間照明設備**がある。

[学校見学]（令和5年度実施内容）

★学校説明会　8・11・12・1月各1回

★秋風祭　9月　見学可（中学生は制服着用）

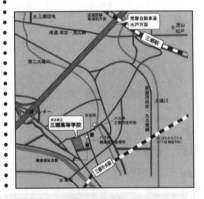

入試！インフォメーション

受検状況	年　度	学科・コース名	男女共	募集人員	志願者数	受検者数	倍　率	昨年同期倍率	入学許可候補者数	倍　率
	R6	普通	共	200	204	201	1.02	0.81	198	1.02
	R5	普通	共	200	162	161	0.81	0.61	161	1.00
	R4	普通	共	200	122	121	0.61	0.99	121	1.00

県立 三郷北 高等学校 （みさときた）

https://misatokita-h.spec.ed.jp/

〒341-0022　三郷市大広戸808
☎ 048-952-0151
交通　JR武蔵野線三郷駅　徒歩13分

普通科

共　学

制　服　あり

[カリキュラム] ◇三学期制◇
・1年次は、全員がほぼ共通の科目を履修する。基礎的な事項の理解から始まり、より高度な内容の理解へと深めていく。また、2年次より文系と理系の2類型に分かれ、希望する進路に必要な教科の学習を行う。
・少人数制、習熟度別の授業による、ていねいな指導に取り組んでいる。

[部活動]
・原則として全員参加制。全生徒の約9割以上が参加している。
・活躍している主な部活として平成27年度インターハイ出場（男子100m）の陸上競技部、令和元年度関東大会出場のハンドボール部、29年度東日本大会出場の弓道部、29年度日本合奏コンテスト全国大会最優秀賞受賞の吹奏楽部などがある。
・吹奏楽部は東京ディズニーシー ミュージックフェスティバルプログラムに出場するなど、外部での活動にも力を注いでいる。
・令和4年度は、陸上競技部、ハンドボール部、男子バスケットボール部、吹奏楽部、サッカー部などが県大会に出場した。

★設置部
陸上競技、野球、弓道、バレーボール（男女）、ハンドボール、卓球、硬式テニス、ソフトテニス（男女）、サッカー、バドミントン、バスケットボール（男女）、剣道、演劇、放送、漫画研究、書道、自然科学、吹奏楽、家庭科、商業、茶道、美術、軽音楽

[行　事]
4月　新入生オリエンテーション
5月　遠足
7月　球技大会、ニュージーランド海外研修（希望者）
9月　しひの実祭（文化祭）
10月　修学旅行（2年・沖縄）、体育祭
12月　球技大会
2月　感恩祭（予餞会）

[進　路] （令和5年3月）
・総合的な探究の時間を利用して、職業調べや進路希望別レポート作成・見学などを行う。
・全学年で進学補習、進路別説明会を実施。
・3年次には小論文指導や面接練習で実力を養う。

★卒業生の主な進路先
亜細亜大、江戸川大、十文字学園女子大、国士舘大、城西大、駿河台大、聖徳大、大東文化大、拓殖大、千葉工業大、千葉商科大、帝京大、東洋大、日本大、文教大、流通経済大、麗澤大

♣指定校推薦枠のある大学・短大など♣
亜細亜大、浦和大、共栄大、工学院大、国士舘大、十文字学園女子大、淑徳大、城西大、女子栄養大、駿河台大、聖学院大、専修大、大東文化大、千葉工業大、千葉商科大、東京電機大、東洋大、日本大、文教大、立正大　他

[トピックス]
・「青春の夢を実現しよう」というキャッチフレーズのもと、面倒見の良い学習指導やきめ細やかな生徒指導を行い、着実に進路実績を伸ばし、生徒一人ひとりの夢の実現を精一杯応援する。
・わかる授業を心がけ、補習などにも力を入れており、各種検定（漢字検定・英語検定・数学検定・書道検定・情報処理検定など）にも力を注いでいる。
・全職員一丸となって、根気強く生徒指導を実践している。素直で明るい生徒が多いことが本校の特徴。
・生徒会活動として「しひの実祭（文化祭）」「感恩祭（3年生を送る会）」などの楽しい行事が開催され、青春の良き思い出となっている。
・ニュージーランドのテ・プケ高校と国際交流を行い、訪問と受け入れを1年ごとに繰り返している。
・全室に冷房が完備され、夏でも涼しい環境で授業に取り組める。

[学校見学] （令和5年度実施内容）
★学校説明会　8・10・11・12・1月各1回
★しひの実祭　9月　見学可
★学校見学は随時可（要連絡）

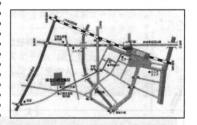

入試！インフォメーション

受検状況	年　度	学科・コース名	男女共	募集人員	志願者数	受検者数	倍　率	昨年同期倍率	入学許可候補者数	倍　率
	R6	普　通	共	240	253	250	1.05	1.00	238	1.05
	R5	普　通	共	240	240	238	1.00	1.01	238	1.00
	R4	普　通	共	240	246	241	1.01	1.11	238	1.01

県立 三郷工業技術 高等学校

みさとこうぎょうぎじゅつ

機械科
電子機械科
電気科
情報電子科
情報技術科

https://misato-th.spec.ed.jp/

〒341-0003　三郷市彦成 3-325
☎ 048-958-2331
交通　ＪＲ武蔵野線新三郷駅　徒歩15分またはバス
　　　ＪＲ武蔵野線三郷駅　バス

共　学

制　服　あり

[カリキュラム] ◇三学期制◇

・1年次は、学科によらない「ミックスホームルーム」で少人数（33名）授業を実施。
・全体のカリキュラムの約3分の1を専門科目とし、実験実習・製図や各科の基礎から応用まで学習する。
・基礎学力の充実にも力を入れ、1・2年次の数学は習熟度別授業、1年次の英語は少人数授業で行う。
・2年次より大学進学を希望する生徒で学科の枠を超えた大学コースを編成する。工業に関する知識や技能を学びながら大学進学にも対応する。
・最新設備による先端技術教育を中心にきめ細かな技術教育を実践。演習ではコンピュータ内蔵の工作機械やCAD・ロボット装置などを用いる。高性能コンピュータによる画像処理、プログラミングにも取り組む。これらの授業の大半は少人数の班編成で行い、学習効果を高めている。

★機械科
様々な分野で役に立っている機械について、基礎から学び、実際に設計・製作・実用というものづくりの過程を体験し、技術を身につける。

★電子機械科
ロボット製作のために必要な機械系統、動かすための電気（電子）系統、それを制御する制御（情報）系統について学習する。

★電気科

校舎

将来電気関係の技術者となるために必要な知識を基礎から学ぶ。

★情報電子科
CG、制御、通信を3つの柱としたコンピュータの応用力を身につける。特にCG教育に力を入れており、デザインや映像技術などを学び、次世代クリエイターを育成する。

★情報技術科
ネットワーク技術者として必要なコンピュータシステムやネットワーク環境を提供する能力を身につけるための知識や技術を学ぶ。

[部活動]
1年次は全員参加制。令和3年度は、ラグビー部とバレーボール部が県ベスト16、電子技術部と囲碁将棋部が全国大会に出場した。また、本校生徒が技能五輪出場権を獲得、ものづくりコンテストの関東大会で7位入賞などの成績を収めた。

★設置部
剣道、サッカー、ワンダーフォーゲル、柔道、卓球、バレーボール、硬式テニス、バスケットボール、バドミントン、ハンドボール、ラグビー、陸上競技、野球、無線、機械研究、書道、電子技術、ハンドメイド、映像技術、JRC、電子計算機、放送、模型、合唱、美術、写真、囲碁・将棋

[行　事]
校外学習、体育祭、文化祭、強歩大会、球技大会、芸術鑑賞教室、修学旅行、予餞会などを行う。

[進　路]（令和5年3月）
・就職に強い。最新の有効求人倍率は

埼玉県高校生専門資格等資格表彰者

約35倍にのぼる。

★卒業生の進路状況
＜卒業生204名＞
大学24名、短大0名、専門学校59名、就職107名、その他14名

★卒業生の主な進学先
千葉工業大、日本大、日本工業大、東京電機大、東洋大、国士舘大

[トピックス]
・社会に出て即戦力となるための技術や技能を身につけることができる。
・進学・就職の夢を実現できる学校、豊かな人間性を育むことができる学校、多くの国家資格が取得できる学校の「3つのできる」をかかげている。
・様々な資格の取得に力を入れており、資格取得優秀者に贈られる埼玉県高校生資格等表彰制度（県知事表彰）、全国ジュニアマイスター表彰の実績は全国トップクラスである。

[学校見学]（令和5年度実施内容）
★学校説明会　7・10・11月各1回
★体験入学　11月1回
★学科説明会　7・12月各1回
★たくみ祭　11月

入試！インフォメーション

受検状況	年度	学科・コース名	男女共	募集人員	志願者数	受検者数	倍率	昨年同期倍率	入学許可候補者数	倍率
	R6	機械	共	40	25	25	0.64	0.85	27	0.93
		電子機械	共	40	23	23	0.58	0.65	24	0.96
		電気	共	40	34	34	0.87	0.69	35	0.97
		情報技術	共	40	27	27	0.68	1.33	27	1.00
		情報電子	共	40	44	44	1.10	0.93	40	1.10

県立 八潮南（やしおみなみ）高等学校

普通科
商業科
情報処理科

https://yashiominami-h.spec.ed.jp/

〒340-0814　八潮市南川崎字根通 519-1
☎ 048-995-5700
交通　東武スカイツリーライン草加駅　バス
　　　つくばエクスプレス八潮駅　徒歩 20 分

共　学

制　服　あり

[カリキュラム]　◇三学期制◇

★普通科
・**少人数制授業**中心のきめ細かな指導が行われる。
・3 年次から開設される選択科目により実力を伸ばし、多様な進路に対応。
・専門学科の授業を選択することで、資格の取得も可能。

★商業科
・普通科目の他に「ビジネス基礎」や「簿記」など商業の専門科目を学ぶ。
・徹底した補習システムがあり**資格取得**を推進している。

★情報処理科
・就職のみならず進学にも対応したカリキュラムを実施している。
・最新かつ県内有数（同時に 200 名が実習可能）の**コンピュータ設備**により、高度な学習を展開。

[部活動]
・全員参加制。
・**野球部**は過去に県ベスト 8 の実績がある（平成21・25年度）。
・令和 3 年度は、**陸上競技部**が男子やり投で関東大会に出場した。また、**女子バレーボール部**が県大会に出場した。

★設置部（※は同好会）
野球、バスケットボール（男女）、バレーボール（男女）、ソフトテニス（女）、バドミントン、卓球、ラグビー、陸上競技、サッカー、硬式テニス、水泳、吹奏楽、パソコン、漫画研究、華道、茶道、家庭科、美術、簿記・珠算、演劇、商業研究、ボランティア、※剣道

[行　事]
5 月　遠足（1 年）、体育祭
10 月　翔鷗祭（文化祭）
11 月　ロードレース大会
12 月　スポーツ大会、修学旅行（2 年）
2 月　予餞会

[進　路]
・外部講師を招いた**進路講演会**を実施。また、**卒業生懇談会**では生きた体験談を聴くことができる。
・商業科・情報処理科を中心に、各種の実践的な**検定資格**の取得を奨励、援助している。簿記検定、情報処理検定、ビジネス文書実務検定、電卓検定、英語検定、数学検定、漢字検定などが取得可能。

★卒業生の進路状況（令和 5 年 3 月）
＜卒業生216名＞
大学31名、短大11名、専門学校74名、就職90名、その他10名

★卒業生の主な進学先
文教大、獨協大、専修大、神田外語大、国士舘大、拓殖大、千葉商科大、中央学院大、流通経済大、帝京短大

♣指定校推薦枠のある大学・短大など♣
国士舘大、埼玉学園大、十文字学園女子大、城西国際大、千葉商科大、中央学院大、帝京科学大、明海大、流通経済大、川口短大、淑徳大学短期大学部　他

[トピックス]
・昭和59年創立。**校訓**は「**勉学・誠実・実行**」。
・八潮南高校の**ポジティ部**は学校行事の運営サポートをする有志団体で活躍している。

・課題研究の授業で「ハッピーパン」を校内販売業者と共同開発し、商品化された。地元カレー屋さんとカレーパンとラッシーを共同開発。
・全普通教室に**エアコン**が導入されている。平成29年度に特別教室棟の大規模改修が実施された。
・商業科と情報処理科を併置するため、普通科でも多くの資格が取得できる。
・**資格を活かした進路指導**を行っている。
・令和 4 年度は、全国商業高等学校協会賞を受賞した。
・八潮高校と統合し令和 8 年度に新校として開校予定。

[学校見学]（令和 5 年度実施内容）
★学校説明会　9・11・12月各 1 回
★体験入学　7 月
★翔鷗祭　10 月　一般公開
★学校見学は随時可（要連絡）

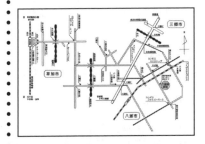

入試！インフォメーション

受検状況	年度	学科・コース名	男女共	募集人員	志願者数	受検者数	倍率	昨年同期倍率	入学許可候補者数	倍率
	R6	普通	共	80	82	82	1.04	1.05	79	1.04
		商業	共	80	88	87	1.10	0.71	79	1.10
		情報処理	共	80	83	83	1.04	1.08	80	1.04
	R5	普通	共	80	83	83	1.05	0.99	79	1.05
		商業	共	80	56	56	0.71	0.85	64	0.88
		情報処理	共	80	86	86	1.08	1.14	80	1.08

県立 吉川美南 高等学校
よしかわみなみ

https://yoshikawaminami-h.spec.ed.jp/

〒342-0035　吉川市高久600
☎ 048-982-3308
交通　JR武蔵野線吉川美南駅　東口徒歩12分

総合学科

| 単位制 |
| 共　学 |
| 制　服　あり |

[カリキュラム] ◇三学期制◇
- 1年次は「ビジネス基礎」を必修とし、就職を意識したカリキュラムとなっている。
- 2年次の「簿記」「情報処理」や、3年次の「マーケティング」「ビジネスコミュニケーション」など、商業系選択科目が充実している。
- 商業科系関連の検定をはじめ、実用英語検定、漢字検定などの合格を目指し、指導が行われる。
- 少人数・習熟度別学習を取り入れたステップアップ授業の実践で、基礎・基本の充実を図る。

[部活動]
- 部活動は全日制とⅠ部定時制が合同で実施。全生徒の4割が参加。1年次は全員参加。
- ビジネスライセンス部では、簿記、情報処理、ビジネス基礎など、就職に有利な資格取得を目指している。

★設置部
サッカー、ソフトテニス、ハンドボール、陸上、卓球、バスケットボール、バドミントン、バレーボール、空手道、剣道、柔道、ウエイトリフティング、野球、書道、吹奏楽、美術、茶道、家庭科、軽音楽、放送、JRC、創作研究、科学、ビジネスライセンス

[行　事]
学校行事は全日制とⅠ部定時制が合同で行う。
4月　遠足
6月　体育祭
9月　あかね祭（文化祭）
10月　修学旅行（2年次）
11月　長距離走大会

12月　全校球技大会

[進　路] (令和5年3月)
- 学校見学や、社会人講師による進路講演会を実施。
- 社会の一員として、就業体験やボランティア活動を行う。
- 進学補習を学期中や長期休業中に行っている。3年次には共通テスト対策補習を実施。
- 公務員ガイダンスを1年次から行っている。

★卒業生の進路状況
＜卒業生106名＞
大学6名、短大3名、専門学校42名、就職44名、その他11名

★卒業生の主な進学先
江戸川大学、共栄大学、日本工業大学、文京学院大学、流通経済大学、川口短期大学、自由が丘産能短期大学、聖徳大学短期大学部、埼玉県立川口高等技術専門校、青山製図専門学校、日本電子専門学校、華調理製菓専門学校、国際理容美容専門学校、埼玉県理容美容専門学校、日本美容専門学校、越谷保育専門学校、道灌山学園保育福祉専門学校、華服飾専門学校ほか

[トピックス]
- 平成25年4月、県立吉川高校と県立草加高校定時制を統合し、単位制総合学科の高校として吉川高校の校地において新たに開校した。昼間部に全日制課程とⅠ部定時制の課程、夜間部にⅡ部定時制の課程を設置している。全日制課程を「ビジネスクラス」、Ⅰ部定時制の課程を「進学クラス」にそれぞれ位置づけ、2つの課程は「制服も時間も学校行事も一緒」となっている。
- 商業科の科目を選択でき、簿記、情報処理、電卓などの検定合格が目指せる。
- 少人数クラス編制により1学級30名ほどの人数で、きめ細やかな生活指導が行われる。挨拶や時間の厳守など基本的な生活習慣やマナーを身に付ける指導に力を入れている。
- 「吉川市民まつり」への参加、小学校夏季ボランティア、「吉川なまずの里マラソン」への役員参加など、地域との強い結びつきのもとに、生徒の体験活動を積極的に行っている。

[学校見学] (令和5年度実施内容)
- ★学校説明会　8・10・11・12・1月（5回）
- ★授業体験　1月（1回）
- ★部活動体験　7月
- ★あかね祭　9月（個別相談会）
- ★学校見学は随時可（要連絡）

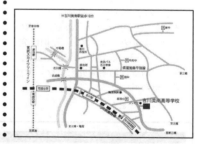

■入試！インフォメーション■

受検状況	年　度	学科・コース名	男女共	募集人員	志願者数	受検者数	倍　率	昨年同期倍率	入学許可候補者数	倍　率
	R6	総合学科	共	120	142	142	1.19	0.96	119	1.19
	R5	総合学科	共	120	115	114	0.96	1.11	114	1.00
	R4	総合学科	共	120	133	132	1.11	1.04	120	1.09

※定時制Ⅰ部の受検状況は定時制のページを参照。

普通科　＜情報ビジネスコース＞
音楽科

県立 松伏 高等学校
（まつぶし）

https://matsubushi-h.spec.ed.jp/

☎ 343-0114　北葛飾郡松伏町ゆめみ野東 2-7-1
☎ 048-992-0121
交通　東武線北越谷駅　バス
　　　ＪＲ武蔵野線　南越谷駅・吉川駅　バス

共　学

制　服	あり

[カリキュラム] ◇三学期制◇
・令和４年度入学生より、新学習指導要領に基づくカリキュラムを導入。2学科1コースを生かし、進路希望に応じた科目選択が可能。
・学校設定科目（本校独自の科目）として、「ピアノ基礎」を設置。この科目は、保育系進学希望者にマン・ツー・マンでピアノのレッスンを実施。

★普通科＜一般コース＞
・多様な進路希望に応じた科目選択を行えるよう、2年次から文系（進学）・文系（就職）・理系の3つの類型に分かれて学習する。
・少人数授業や習熟度別学習を取り入れ、一人ひとりにきめ細やかな指導を実践。

★普通科＜情報ビジネスコース＞
・コンピュータを利用した情報教育や充実したビジネス教育を展開。
・全科目の約3割が商業専門科目で構成され、商業高校と遜色ないカリキュラムが組まれている。
・在学中に多数の資格を取得可能。多数の生徒が毎年、県知事から「専門資格等取得表彰」を受ける。
・日曜日には、商業科目の検定試験を実施。
・商業経済検定、ビジネス文書検定、簿記検定、情報処理検定、ビジネス計算検定などの資格が取得可能。

★音楽科
・マン・ツー・マン方式で一流の講師陣による実技指導を実施。音楽系大学、教員・保育士養成系大学進学のための学習も行う。
・器楽専攻（ピアノ、管弦打楽器）と声楽専攻（声楽、ミュージカル）に分かれ、年1回の音楽科定期演奏会では合唱・吹奏楽・ダンスミュージカルを披露。

[部活動]
・1年次は全員参加。
・吹奏楽部は過去2回、全国大会に出場、西関東大会に14年連続出場（うち金賞11回）。令和3年度も西関東大会に出場し、銀賞を受賞。
・合唱部は過去7回、全国大会に出場、関東大会に12年連続出場。
・演劇部も関東大会の出場経験がある。
・バドミントン部、バレーボール部、テニス部、サッカー部、陸上部、弓道部など多くの部活動が県大会の常連。

★設置部（※は同好会）
剣道、卓球、バドミントン、バレーボール（女）、バスケットボール、テニス、サッカー、陸上、ソフトボール、弓道、野球、合唱、自然科学、情報ビジネス、美術、食生活研究、茶道、演劇、書道、写真、吹奏楽、漫画研究、※軽音楽

[行　事]
・吹奏楽部と合唱部の演奏会は数多く行われ、毎回好評を博している。
・3年に1度の芸術鑑賞会では、音楽や演劇など一流のプロによるパフォーマンスを見ることができる。
・新入生歓迎会、体育祭、球技大会、松華祭、予餞会、MSP（松伏高校スーパープレゼンテーション）は生徒会・専門委員会・有志が主に企画する。
・この他、遠足、定期演奏会（音楽科）、修学旅行を行っている。

[進　路]
・進路別ガイダンスは1年次から。

・3年次には、進学ガイダンスを年2回、就職ガイダンスを年7回実施。
・面接指導や模擬面接は希望者全員に3回以上実施。外部講師の活用多数。
・補習や小論文指導も随時行う。
・全生徒がビジネスマナー講習を受講。
・就職希望者の学校斡旋内定率は13年連続100％を維持。

★卒業生の進路状況
＜卒業生177名＞
大学29名、短大12名、専門学校59名、就職68名、その他9名

★卒業生の主な進学先
国立音楽大、洗足学園音楽大、千葉商科大、東京音楽大、東洋大、日本大、文教大、武蔵野音楽大、江戸川大、共栄大、共立大

♣指定校推薦枠のある大学・短大など♣
跡見学園女子大、城西大、聖徳大、東京成徳大、東洋大、日本大、文教大、目白大　他、有名音大多数

[トピックス]
・「シンフォニア」という音楽棟には18の個人レッスン室と30台のグランドピアノがあり、全室完全防音で、空調設備も完備。県の公立高校としては随一の音楽環境を誇る。
・普通教室にエアコンが設置されている。
・あいさつ、身だしなみ、交通ルールの遵守など、生活指導にも力を入れている。

[学校見学]（令和5年度実施内容）
★学校説明会　8・10・12・1月各1回
★公開授業　5月
★松華祭　（限定公開）
★学校見学は随時可（要連絡）

入試！インフォメーション

受検状況	年　度	学科・コース名	男女共	募集人員	志願者数	受検者数	倍率	昨年同期倍率	入学許可候補者数	倍率
	R6	普通〈一般〉	共	120	125	125	1.06	0.94	118	1.06
		普通〈情報ビジネス〉	共	40	39	39	0.98	1.10	40	0.98
		音　楽	共	40	32	32	0.80	0.33	32	1.00
	R5	普通〈一般〉	共	120	111	111	0.94	0.98	115	0.97
		普通〈情報ビジネス〉	共	40	44	44	1.10	0.60	40	1.10
		音　楽	共	40	13	13	0.33	0.58	13	1.00

埼玉県
公　立
高校

学校ガイド

＜全日制　旧第8学区・北部＞

　学校を紹介したページの探し方については、2ページ
「この本の使い方＜知りたい学校の探し方＞」を参照し
てください。

県立 春日部 高等学校
かすかべ

https://kasukabe1899.spec.ed.jp/

〒344-0061　春日部市粕壁5539
☎ 048-752-3141
交通　東武アーバンパークライン八木崎駅　徒歩1分

普通科

男

制服 あり

[カリキュラム] ◇三学期制◇

・50分授業×6時限が基本。ほぼ隔週の土曜日（年間16回）に全学年で50分授業を4時限実施する。難関国公立大学・難関私立大学の受験に対応したカリキュラムとなっている。
・1、2年生は英数国を中心に幅広く学習し、基礎の定着を図る。
・3年生では難関大学受験に向けて文系・理系に分かれ、地歴公民や理科の科目、また、選択科目を充実させ、受検科目の入試対策演習を中心に展開する。
・数学は2年生から、英語は3年生から習熟度別授業を実施している。
・充実した新入生オリエンテーション合宿を通して、効果的な学習方法を早期に身につける。
・大学体験授業、大学模擬講義など進路意識を高める行事も多い。

[部活動]

・希望制。全生徒の約9割が参加。
・令和4年度には、陸上競技部が全国大会に出場、物理部が全国高校アマチュア無線コンテストの144MHz部門で準優勝、英語部がウィンターカップ全国高校生英語ディベート大会に出場。また、書道部が書の甲子園で秀作賞を受賞、生物部が日本生態学会大会高校生ポスター出展をした。
・令和3年度は、陸上競技部が関東大会、全国大会に出場、文学部が関東大会に出場、生物部がSSH生徒研究発表会（全国大会）に参加した。また、ハンドボール部、バドミントン部、体操部などが県大会に出場した。
★設置部（※は同好会）
陸上競技、野球、サッカー、ソフトテニス、テニス、ハンドボール、ラグビー、バレーボール、バドミントン、バスケットボール、体操競技、卓球、柔道、剣道、弓道、水泳、応援指導、新聞、英語、文学、JRC、吹奏楽、音楽、美術、書道、写真、物理、化学、生物、天象、放送、数学研究、軽音楽、演劇、茶道、囲碁、将棋、※メディア研究

[行事]

4月	新入生オリエンテーション
5月	バレーボール大会
6月	春高祭（文化祭）
7月	水泳・卓球大会
9月	サイエンス教室
10月	大運動会
11月	1万m走大会、修学旅行（2年）
12月	体育大会
2月	進路トーク（1年）

[進路] （令和5年3月）

・夏季・冬季休業中、また授業のある平常時の早朝・放課後にも進学講習を行う。主に3年生を対象に共通テスト対策や国公立大個別入試対策や難関私立大入試対策を通して、大学合格への実力向上を図る。
・総合的な探究の時間として1、2年次にエゴグラムや朝読書、小論文学習を行い、学問分野を知り、主体的な調査・研究を行っている。また日々の学習を確実にする道標としてシラバスを用意している。
★卒業生の進路状況
　＜卒業生358名＞
　大学223名、短大0名、専門学校1名、就職0名、その他134名
★卒業生の主な進学先
　東京大、京都大、名古屋大、大阪大、東京外国語大、北海道大、東北大、九州大、宇都宮大、群馬大、埼玉大、千葉大、筑波大、東京学芸大、東京農工大、一橋大、横浜国立大、高崎経済大、東京都立大、早稲田大、慶應義塾大、上智大
♣指定校推薦枠のある大学・短大など♣
　早稲田大、慶應義塾大、青山学院大、中央大、明治大、立教大　他

[トピックス]

・明治32年、埼玉県第四中学校として開校。平成31年には創立120周年を迎えた。
・校訓「質実剛健」、教育方針「文武両道」を実践し、広く社会で活躍できるリーダーを育てる進学校である。
・校舎は全館冷暖房完備。土日休日も開館している図書館、午後8時まで使える学習室、プロの演奏家も目を見張る本格的な音楽ホールなど、施設がたいへん充実している。
・オーストラリアのヴィクトリア州立メルボルン・ハイスクールとは兄弟校であり、交流事業として相互に訪問するほか、3ヶ月の交換留学も実施している。（令和4年度はオンライン交流会を実施）
・平成22年度より文部科学省のスーパーサイエンスハイスクールの指定を受け、科学技術の中核を担う人材の育成を推進している。令和2年度に、3期目の指定を受けた。

[学校見学] （令和5年度実施内容）

★学校説明会　6・9・11・12月各1回、7月2回
★個別相談会　1月1回
★春高祭　6月　見学可（要連絡）
★学校見学は随時可（要連絡）

入試！インフォメーション

受検状況	年度	学科・コース名	男女共	募集人員	志願者数	受検者数	倍率	昨年同期倍率	入学許可候補者数	倍率
	R6	普通	男	360	537	528	1.47	1.30	358	1.47
	R5	普通	男	360	468	464	1.30	1.24	360	1.29
	R4	普通	男	360	451	445	1.24	1.27	358	1.24

県立 春日部工業 高等学校（かすかべこうぎょう）

機械科
建築科
電気科

https://kasukabe-th.spec.ed.jp/

☒ 344-0053　春日部市梅田本町1-1-1
☎ 048-761-5235
交通　東武線北春日部駅　徒歩3分

共学
制服　あり

[カリキュラム]　◇三学期制◇

・いずれの科も、将来技術者として産業界で通用しうる工業関係の基礎学力を身につけられるよう、**専門科目**の単位数を多く設定（3年次に6単位の選択科目）。
・理論の学習だけでなく、**実習**の授業も充実。
・近年増加しつつある、**大学進学希望者**のための選択科目も多数用意。
・危険物取扱者・第3種主任技術者や第1種・第2種電気工事士など、在学中に各種の**資格**を取ることを積極的に支援。
・早朝・放課後や土曜日に**講習**を開催。
・こうした努力が実り、全国ジュニアマイスター顕彰制度で表彰される生徒も多数いる。

★機械科
機械の仕組みや作り方、そのための技術・知識を習得する。主な専門科目は、機械実習、機械製図、機械設計、工業情報処理、自動車工学、電気回路など。

★建築科
建築物に関する「企画」「設計」「施工」の課程を学ぶ。主な専門科目は、建築実習、建築製図、建築構造、建築施工、建築構造設計など。

★電気科
電気の作り方や利用の仕方、家電製品等に使用される電気の基礎知識について学習する。主な専門科目は、電気実習、電気回路、電子回路、工業技術基礎、電気機器など。

[部活動]
・約8割が参加。
・令和3・4年度には、**写真部**が全国大会に出場し、**柔道部**が関東大会に出場。**野球部**、**ハンドボール部**、**ソフトテニス部**、**陸上競技部**、**バレーボール部**、**卓球部**、**剣道部**、**電気研究部**、**建築研究部**が県大会に出場。

★設置部（※は同好会）
野球、陸上競技、サッカー、ハンドボール、ソフトテニス、バレーボール、バドミントン、卓球、バスケットボール、剣道、柔道、ワンダーフォーゲル、スキー、空手道、機械研究、科学、写真、美術、軽音楽、電気研究、囲碁将棋、建築研究、マンガ・アニメ研究、家庭、模型

[行事]
・遠足、体育祭、球技大会、修学旅行（沖縄方面）、春工祭（文化祭）、予餞会などを実施。
・春日部市や東武鉄道・地元商工会との地域連携が特徴。それぞれの科ごとに、熟練した各界の技術者に特別講師を依頼。また、実践的な体験授業も実施。
・近隣の小学校、幼稚園との交流事業など、**校外活動**も活発である。

[進路]（令和5年3月）
・本校はこの不景気にあっても**就職に強い学校**であり、令和元年度の求人数は3000件を超えている。また指定校推薦枠も50校以上と数多くもっており、**進学にも強い**。
・総合型選抜、学校推薦型選抜を活用して国公立大学の合格を目指すプロジェクトを実施。

★卒業生の進路状況
＜卒業生227名＞
大学45名、短大1名、専門学校57名、就職123名、その他1名

★卒業生の主な進学先
ものつくり大、千葉工業大、東京電機大、日本大、日本工業大、東洋大

♣指定校推薦枠のある大学・短大など♣
工学院大、埼玉工業大、芝浦工業大、城西大、拓殖大、千葉工業大、東京電機大、東洋大、日本大　他

[トピックス]
・開校は昭和39年。令和5年には創立60周年記念式典を実施した。
・「技を磨き心を育む」がキャッチフレーズ。在校生の出身中学校は県内112校、県外15校と屈指の通学範囲を誇る。その理由として①徒歩3分の駅近、②落ち着いた校風、③手厚くきめ細かい資格指導と進路指導、④弟妹のリピート率が高いことなどが挙げられる。
・**ふるとね会館**という、学食と合宿所を兼ね備えた施設がある。
・放課後の部活動と重ならないように、早朝から補習授業を行うことで、**各種資格取得**に力を入れている。（取得者数は県内トップクラス。）
・校歌の詞は、文化勲章受章者で歌会始召人も務めた詩人の大岡信氏が、校歌用に初めてつくったもの。

[学校見学]（令和5年度実施内容）
★春工見学会　7・9・12月各1回
★トワイライト見学会　6月3回
★体験入学　8月1回
★部活動体験入部　7月1回、8月2回
★春工祭　11月　見学可
★学校見学は随時可（要連絡）

入試！インフォメーション

受検状況	年度	学科・コース名	男女共	募集人員	志願者数	受検者数	倍率	昨年同期倍率	入学許可候補者数	倍率
	R6	機械	共	80	72	70	0.89	0.87	71	0.99
		建築	共	80	87	87	1.09	0.83	80	1.09
		電気	共	80	52	52	0.66	0.70	57	0.91
	R5	機械	共	80	70	69	0.87	1.03	69	1.00
		建築	共	80	68	66	0.83	1.03	66	1.00
		電気	共	80	56	55	0.70	0.80	55	1.00

県立 春日部女子 高等学校
かすかべじょし

https://kasujo-h.spec.ed.jp/

〒344-8521　春日部市粕壁東6-1-1
☎ 048-752-3591
交通　東武線春日部駅　徒歩17分またはバス

| 女 |

制服　あり

[カリキュラム] ◇三学期制◇
・土曜授業に替え、令和4年度より平日6時間の**55分授業**を実施している。
・外国人講師とマンツーマンで英語を話すオンライン英会話を実施。

★普通科
・1年次は、芸術科目以外は全員同じ科目を履修。
・2年次より、**文系・理系**に分かれる。
・3年次では国公立文系・私立文系・理系の3つに分かれ、選択科目が増える。
・2、3年次の授業は、**少人数制**で展開し、きめの細かい指導をしている。

★外国語科
・全体の3分の1が英語関係の授業で、ALTとの授業や少人数での授業など、英語力を身につけるための環境が整っている。
・**第2外国語**(仏・独・中・韓)を2・3年次に選択。

[部活動]
・約9割が参加。
・令和5年度は、**陸上競技部、競技かるた部**が全国大会に出場。**水泳部**が関東大会に出場した。

★設置部
ソフトテニス、ソフトボール、陸上競技、新体操、バスケットボール、バレーボール、バドミントン、水泳、テニス、剣道、卓球、ハンドボール、ワンダーフォーゲル、弓道、競技かるた、音楽、放送、吹奏楽、マンドリン・ギター、箏曲、書道、演劇、華道、茶道、JRC、写真、生物、地球科学、美術、文学、漫画研究、理化、インターアクト、ホームメイキング

[行事]
4月　新入生歓迎会
5月　校外学習
6月　体育祭
7月　芸術鑑賞会
8月　夏期講習
9月　春女祭(文化祭)
11月　修学旅行、校外学習
3月　予餞会、スプリングセミナー(外国語科1年)

[進路](令和5年3月)
・大学の現役進学率は80%を超える。
・進学資料「進路のしおり」を発行。
・早朝・放課後・長期休業中には補習を開講。
・各学年で4月に**学習方法講習会**を実施。
・8月に**看護・医療・医師・薬剤師体験**や福祉の仕事見学会を実施。

★卒業生の進路状況
＜卒業生310名＞
大学271名、短大3名、専門学校23名、就職3名、その他10名

★卒業生の主な合格実績
横浜国立大、東京都立大、奈良女子大、弘前大、群馬大、宇都宮大、茨城大、埼玉大、鳥取大、高崎経済大、群馬県立女子大、埼玉県立大、川崎市立看護大、都留文科大、長野大、早稲田大、慶応大、上智大、東京理科大、立教大、明治大、法政大、学習院大、立命館大、成蹊大、明治学院大、津田塾大　他

♣指定校推薦枠のある大学・短大など♣
明治大(3)、法政大(4)、学習院大(4)、中央大(3)、津田塾大(1)、成城大(3)、日本女子大(9)、明治学院大(3)、東京理科大(3)　他

[トピックス]
・行事がとても盛んな学校で、体育祭、球技会は1～3年の縦割りのチーム(団)をつくり、団対抗で盛り上がる。9月上旬の文化祭は、女子校ならではの美しい装飾や充実した企画が多い。文化的行事として、芸術鑑賞会、文化講演会も行っている。
・**国際教育**を重視し、2年次に希望者を対象として2週間のオーストラリア語学研修を行う。これ以外にも、世界各国の高校から毎年数名の生徒が本校で留学体験をしている。
・**外国語科**の施設が充実しており、その環境は普通科にも活かされている。校内スピーチ大会や全校統一単語テスト、ディベート、英語劇等、学科を問わず英語4技能を育成するプログラムが充実している。ALTが常駐している。
・SDGsを軸に企業等と連携した総合的な探究の時間の実施。
・ユネスコスクール・キャンディデート校に認定(埼玉県立高校初)。

[学校見学](令和5年度実施内容)
★学校説明会　7・9・10・11月各1回
★夏の部活動体験　7・8月各1回
★入試相談会　1月3回
★春女祭　9月　見学可
★学校見学は随時可(要連絡)

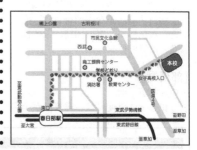

入試!インフォメーション

受検状況	年度	学科・コース名	男女共	募集人員	志願者数	受検者数	倍率	昨年同期倍率	入学許可候補者数	倍率
	R6	普通	女	240	288	286	1.20	1.11	238	1.20
		外国語	女	40	58	58	1.45	1.28	40	1.45
	R5	普通	女	240	269	265	1.11	1.00	238	1.11
		外国語	女	40	51	51	1.28	1.33	40	1.28

県立 春日部東 高等学校

かすかべひがし

https://kasukabehigashi-h.spec.ed.jp/

☎ 344-0002　春日部市樋籠 363
☎ 048-761-0011
交通　春日部駅（東部スカイツリーライン・東部アーバンパークライン）
　　　自転車 15 分・バス 10 分
　　　藤の牛島駅（東部アーバンパークライン）　自転車 10 分・徒歩 20 分

普通科
人文科

| 共　学 | |
| 制　服 | あり |

［カリキュラム］◇三学期制◇

「文武両道」の校訓のもと、55分×6時間の授業により、土曜日授業を行わずに他の進学校と同等の学習時間を確保する。

★普通科

・2年次より**文系**と**理系**に分かれて学習する。どちらの類型も主要5教科を満遍なく学ぶので、私立難関大学はもちろん国公立大学にも対応したカリキュラムとなっている。

・3年次に、文系は3科目7単位、理系は2科目4単位の**選択科目**が用意されているので、各自の希望する進路のための学習をより深く行うことができる。

★人文科

・難関私立文系大学合格を目指すカリキュラム。文系科目に重点を置いた教育課程を履修しながら、自ら学ぶ力を育成し、個性と創造性を伸長させる。将来、文学・歴史・政治・外国語などの分野で活躍し、国際社会に貢献できる人材を育成。

・**専門科目**と「**人文科探究**」を教育の柱とする。

・1・2年次で学ぶ学校設定科目「人文科探究」では「**課題研究トレーニング**」「**課題研究**」などを行い、課題解決能力や表現力の養成をめざす。

［部活動］

・1年次は全員参加制。**陸上競技部**は全国大会の常連である。

・令和5年度は、**陸上競技部**が関東大会（46年連続）とインターハイに出場した。また、**野球部**が選手権大会埼玉県大会において公立高校唯一のベスト8入りを果たした。

・令和4年度は、**全ての運動部**と吹奏楽部が県大会に出場した。

★設置部

陸上競技、野球、ハンドボール（男女）、ソフトテニス（男女）、バレーボール（男女）、バスケットボール（男女）、卓球（男女）、剣道、柔道、バドミントン（男女）、体操、サッカー、ソフトボール、弓道、文学、茶道、音楽、ギター、吹奏楽、写真、放送、ＥＳＳ、物理、化学、生物、地学、社会、新聞、美術、囲碁将棋、華道、漫画アニメ、書道、演劇、生徒会本部

［行　事］（令和5年度実施内容）

6月	体育祭
7月	球技会
8月	海外研修（人文科2年）、サマースクール（人文科1年）
9月	文化祭
10月	修学旅行（2年）、芸術鑑賞会（1年）、学年行事（3年）
2月	耐久レース（1・2年）
3月	球技会（1・2年）、予餞会

［進　路］（令和5年3月）

・進学補習を計画的に実施。夏休みは大規模な進学補習を実施する。

・**進路資料室**には、大学入試問題や合格体験記が揃っており、いつでも閲覧可能。

・大学受験対策として、「**スタディサプリ**」を導入。視聴用にChromebookの貸出がある。

★卒業生の進路状況

＜卒業生345名＞
大学307名、短大2名、専門学校20名、就職1名、その他15名

★卒業生の主な合格実績

弘前大、岩手大、茨城大、筑波大、宇都宮大、群馬大、埼玉大、千葉大、東京学芸大、新潟大、静岡大、高知大、長崎大、青森県立保健大、会津大、高崎経済大、前橋工科大、埼玉県立大、長野県立大、高知県立大、早稲田大、東京理科大、学習院大、明治大、青山学院大、立教大、中央大、法政大、関西学院大、立命館大、成蹊大、成城大、武蔵大、明治学院大、國學院大、芝浦工業大　他

♣指定校推薦枠のある大学・短大など♣

青山学院大、学習院大、中央大、法政大、明治大、成城大、成蹊大、武蔵大、明治学院大、國學院大、東京理科大、獨協大、明治薬科大、芝浦工業大、津田塾大、東京女子大、日本女子大、文教大　他

［トピックス］

・勉強と部活とを両立させて、文武両道をめざす学校。両立のために、本校オリジナルの「**生活と学習の記録**」を活用。

・部活動で鍛えた心身を土台に、5教科をしっかり学ぶ雰囲気・環境があり、3年間を見通した進路指導が行われている。

・Wi-FiなどのICT環境が充実。一人1台タブレットの導入により、個別最適で協働的な学びが実現。

［学校見学］（令和5年度実施内容）

★学校説明会　8・9・11・12・1月　各1回

★文化祭　9月　見学可

★塾対象説明会　6月

★学校見学は随時可（要連絡）

入試！インフォメーション

受検状況	年　度	学科・コース名	男女共	募集人員	志願者数	受検者数	倍率	昨年同期倍率	入学許可候補者数	倍率
	R6	普通	共	320	347	343	1.08	1.04	319	1.08
		人文	共	40	47	47	1.18	0.75	40	1.18
	R5	普通	共	320	337	330	1.04	1.04	319	1.03
		人文	共	40	30	30	0.75	0.50	35	0.86

県立 庄和 高等学校

しょうわ

普通科

https://showa-h.spec.ed.jp/

共 学

制 服　あり

☎ 344-0117　春日部市金崎 583
☎ 048-746-7111
交通　東武線南桜井駅　徒歩 20 分
　　　東武線春日部駅　バス

[カリキュラム] ◇三学期制◇

・1、2年次は、全員がほぼ共通の科目を履修する。「英語コミュニケーション1」「数学Ⅰ・Ⅱ・A」で**少人数・習熟度別授業**を行う。
・1、2年次は、1クラス30名程度の**少人数クラス編成**。
・3年次に、**文**（4年制文系大学、就職等）、**理**（4年制理系大学、医療看護系等）の2コースに分かれて学習する。進路を実現するために、多くの選択科目の中から選ぶことができる。選択科目には、「フードデザイン」「保育基礎」「世界史探究」などの講座もある。

[部活動]

・約85％が参加（1年次は全員参加制）。
・令和5年度には**陸上部**が関東大会に出場した。
★設置部
陸上競技、バレーボール（女）、野球、バスケットボール（男女）、ソフトボール、サッカー（男女）、ソフトテニス（男女）、バドミントン（女）、卓球、吹奏楽、合唱、美術、日本文化、家庭福祉、コミックアート

[行　事]

・文化祭、体育祭、学年行事など学校行事は大変盛んであり、楽しい学校生活を実現する大事な要素となっている。地域の評価も得て盛大に実施している。
・**文化祭**は、夏休みから事前準備を行い、入場門（アーチ）の作成、ダンスの練習等に励む。
4月　校外遠足
6月　体育祭
9月　文化祭
12月　修学旅行（2年）、ダンス発表会
1月　百人一首大会
2月　予餞会、ロードレース大会

[進　路]

・1年次より**実力養成補習**を行う。看護・医療・公務員希望者に対しては、2年次から勉強会やガイダンスを実施。3年次には**進路相談**や**面接指導**を実施。
・各学年とも年間数回の、進路アドバイザーや卒業生による**進路講演会**が行われる。
・本校においてビジネス文書・英語・食物調理・情報処理の各**検定試験**を実施しており、対策のための補習を適宜行う。漢検、英検は**全員が受検**。
★卒業生の進路状況（令和5年3月）
＜卒業生195名＞
大学33％、短大9％、専門学校36％、就職18％、その他4％
★卒業生の主な合格実績
駒澤大、共栄大、十文字学園女子大、城西大、聖学院大、玉川大、東京電機大、東洋大、獨協大、日本大、日本工業大、流通経済大、大東文化大、立正大、拓殖大

[トピックス]

・昭和55年創立。
(1)校訓
「夢 飛揚」
(2)教育目標
1　社会の変化に適応して、力強くたくましく生き抜くことができる人間を育成する。
2　地域社会に貢献し、社会性と向上心を養い、創造性豊かな人間を育成する。
3　国際理解教育を推進し、国際社会に貢献できる人間を育成する。
(3)目指す学校像
生徒の個性を伸ばし、質の高い多様な進路を実現させる学校
(4)重点目標
1　自らの将来に対して主体的に考える力を養い、きめ細かい進路指導を通して、質の高い進路目標を設定させ、個々の希望進路の実現に向け粘り強く取り組ませる。
2　学習環境を整備し、工夫された授業を通して、生徒の学習意欲を喚起し、主体的に学習する態度と、進路実現のための真の学力を身につけさせる。
3　学校行事や部活動、探究活動、国際交流などを通して成功体験を積み、社会性や協調性を身につけ、世界的視野を持たせ、より高い目標にチャレンジできるたくましい精神を育む。

・**幅広い選択科目**が用意され、多様な進路希望に応えるカリキュラムとなっている。
・全教室に**冷房**、グラウンドに**夜間照明**が完備されるなど、設備は充実。
・キッチンカーが来校し、毎週水・木曜日の昼休みに販売する。水・金曜日にはパン販売、月・火はローソンにより弁当などの販売がある。
・小中高授業公開や小学生への学習ボランティア、地元児童センター・福祉施設・お祭りへの協力など、**地域との連携**を大切にしている。
・修学旅行を中心に**国際交流**重視。
・令和6年度、新制服となる。

[学校見学] (令和5年度実施内容)
★学校説明会　7・9・11月各1回
★個別説明会　12・1月各1回
★文化祭　9月　見学可
★学校見学は随時可（要連絡）

入試！インフォメーション

受検状況	年度	学科・コース名	男女共	募集人員	志願者数	受検者数	倍率	昨年同期倍率	入学許可候補者数	倍率
	R6	普通	共	160	184	182	1.15	1.11	158	1.15
	R5	普通	共	160	178	177	1.11	0.89	162	1.09
	R4	普通	共	200	178	176	0.89	0.96	176	1.00

県立 久喜（くき）高等学校

https://kuki-h.spec.ed.jp/comm2/

〒346-0005　久喜市本町 3-12-1
☎ 0480-21-0038
交通　ＪＲ宇都宮線・東武線久喜駅　徒歩 12 分

普通科

| 女 |

制服 あり

[カリキュラム] ◇三学期制◇

- 週32時間授業に加え、課外講座により十分な学習量を確保している。1年生は共通履修で基礎をしっかり固め、2年生でA（文系）・B（文理系）に分かれる。3年生では、A（私立文系）・B（国公立文系、看護・医療・栄養系）・C（理系）の3類型を編成し、進路に即した指導を行う。
- 3年生は7クラスを8クラス展開する少人数学級編成で、きめ細やかな進路指導を行う。また、3年生には選択科目を豊富に設けている。

[部活動]

- 約9割が参加。
- 令和5年度は、**吹奏楽部**が西関東吹奏楽コンクールBの部金賞、**陸上競技部**が北関東大会7位入賞（棒高跳び）、**バスケットボール部**が関東大会に出場、**登山部**が関東大会に出場。
- 令和4年度には、**バスケットボール部**が3×3 U18日本選手権優勝、**陸上競技部**が全国大会出場（棒高跳び）**バスケットボール部、剣道部、登山部、陸上競技部（ハンマー投げ）**が関東大会に出場した。
- 令和3年度は、**文学部**が関東地区高校生文芸大会短歌部門に参加、**登山部**が関東大会に出場、また、**バスケットボール部**が国体県代表選手を3名輩出し、国体出場権を獲得した。

★設置部

陸上競技、ソフトテニス、バレーボール、バスケットボール、新体操、ソフトボール、卓球、バドミントン、剣道、弓道、サッカー、水泳、登山、吹奏楽、音楽、ギター、書道、放送、箏曲、美術、写真、演劇、華道、茶道、園芸、ESS、文学、JRC、家庭、天文、漫画研究、競技かるた、社会

[行　事]

- **体育祭**は本校の名物と言われる大きなイベント。タテ割りによる団対抗で優勝を目指す。応援合戦や伝統の旗体操など、見どころが満載である。
- 2月に行われる**百人一首大会**は1年生だけが参加する恒例行事。クラス対抗で競い合い、たいへんな盛り上がりを見せる。

4月	遠足
5月	体育祭
7月	バレーボール大会、オーストラリア語学研修
9月	文化祭
12月	修学旅行（2年）、ダンス発表会
2月	百人一首大会、予餞会
3月	球技大会、観桜会（休止中）

[進　路]

- 新大学入試に向けた授業展開を実施。
- 志望校現役合格をバックアップする補習体制が整っている。
- 長期休業中の**補習**は組織的に行われる（全学年統一日程。1・2年は午前中部活動、午後補習）。
- 親身な**個別指導**ときめ細やかな**小論文・面接指導**を実施。
- 模試データ分析による**受験学習指導**を実施。

★卒業生の進路状況（令和5年3月）
＜卒業生265名＞
大学160名、短大35名、専門学校59名、就職6名、その他5名

★卒業生の主な合格実績
群馬県立女子大、大妻女子大、学習院女子大、共立女子大、國学院大、駒沢女子大、産業能率大、実践女子大、順天堂大、昭和女子大、女子栄養大、白百合女子大、清泉女子大、専修大、大正大、東京医療保健大、東京家政大、東京女子大、東京農業大、東洋大、獨協大、二松学舎大、日本獣医生命科学大、日本女子体育大、日本女子大、日本大、武蔵大、早稲田大

♣指定校推薦枠のある大学・短大など♣
日本女子大、大妻女子大、学習院女子大、東京家政大、東洋大、日本大、獨協大、文教大、女子栄養大、東京電機大、國學院大、武蔵大　他

[トピックス]

- 大正8年創立。長い歴史を誇る**伝統校**で、平成30年に創立100周年を迎えた。
- 各ホームルーム教室、特別教室には**冷暖房、プロジェクター、電子黒板が完備**。
- 夏休みを利用して、希望者には11日間**オーストラリア語学研修**を行う。令和5年度は、4年ぶりに実施した。

[学校見学]（令和5年度実施内容）

★学校説明会　7・9・11・12・1月各1回
★部活動体験　8月1回
★文化祭　9月
★学校見学は随時可（要連絡・個別相談に対応）

入試！インフォメーション

受検状況	年度	学科・コース名	男女共	募集人員	志願者数	受検者数	倍率	昨年同期倍率	入学許可候補者数	倍率
	R6	普通	女	280	289	286	1.03	1.13	278	1.03
	R5	普通	女	280	314	314	1.13	1.08	278	1.13
	R4	普通	女	280	303	301	1.08	1.08	278	1.08

県立 久喜工業 高等学校
くきこうぎょう

工業化学科
環境科学科
情報技術科
電気科
機械科

https://kuki-th.spec.ed.jp/

☎ 346-0002　久喜市野久喜 474
☎ 0480-21-0761
交通　ＪＲ宇都宮線・東武線久喜駅　徒歩 14 分

共　学	
制　服	あり

[カリキュラム] ◇三学期制◇
・普通科目を 6 割、専門科目（実習、製図、課題研究、情報基礎、工業基礎など）を 4 割の割合で学習する。
・各科共、実習による基礎技術や先端技術の修得に力を入れ、各種の指導および難関資格指導にも力を入れている。また、2 年生全員を対象にインターンシップを実施。

★工業化学科
・工業化学や化学工学、セラミック化学などを学び、将来、研究・検査・製造などに関する職業に就いた際に必要となる基礎事項を幅広く身につける。化学系大学進学にも対応。
・危険物取扱、毒物劇物取扱者（卒業後、申請により認定）、化学分析技能士（国家検定）など、多数の資格を取得することが可能。

★環境科学科
・地球環境化学や環境生物学などを学び、環境系・化学系の大学への進学や技術者をめざす人のための学科。
・危険物取扱者（乙種四類）技能検定（化学分析）などの資格が取得可能。

★情報技術科
・Ｃ言語やVisual Basic等のプログラミング技術や、コンピュータの仕組みやマイコンを使ったロボット制作等のハードウェア技術を学び、コンピュータのスペシャリストをめざす。
・基本情報技術者試験やＩＴパスポート試験などの資格が取得可能。

★電気科
・電子回路、電気基礎、電力技術、コンピュータなどを遍く学び、様々な分野の技術者を育てる。
・認定資格として、第三種電気主任技術者（実務経験必要）や第二種電気工事士（筆記免除）などがある。
・工事担任者や家電製品エンジニアなどの資格が取得可能。

★機械科
・豊富な実習を通してものづくりに必要な設計→製図→加工→検査→保全（メンテナンス）の一連の知識と技術を身につけて、それぞれの分野のエキスパートをめざす。
・ＣＡＤ検定、機械検査技能士（国家検定）、機械保全技能士（国家検定）の資格に大多数の生徒が合格。

[部活動]
　1 年次全員参加制。令和 3 年度は放送部が全国高校総合文化祭出場。
★設置部（※は同好会）
　野球、サッカー、ソフトテニス、バスケットボール、バレーボール、卓球、剣道、空手道、陸上競技、バドミントン、登山、硬式テニス、柔道、放送、電気研究、科学、模型、機械研究、美術、写真、吹奏楽、情報電子、軽音楽、※家庭科、※アニメーション、※将棋・囲碁、※ダンス

[行　事]
　遠足、体育祭、球技大会、久工祭（文化祭）、長距離走大会、修学旅行（2 年）、芸術鑑賞会、インターンシップ（2 年）、予餞会などを行っている。

[進　路]（令和 5 年 3 月）
・四年制大学、短大への進学はほとんどが推薦入学で、毎年30名ほどの生徒が進学している。
・令和 4 年度の求人は2,823件。就職希望者は全員が希望企業に入社している。本校で習得した技術や資格を十分に生か

せるよう、進路指導には力を入れている。

★卒業生の進路状況
　＜卒業生221名＞
　大学38名、短大 0 名、専門学校54名、就職126名、その他 3 名
★卒業生の主な進学先
　埼玉工業大、拓殖大、東京電機大、東洋大、日本大、日本工業大
♣指定校推薦枠のある大学・短大など♣
　埼玉工業大、城西大、千葉工業大、東京電機大、東洋大、日本大、日本工業大、流通経済大　他

[トピックス]
・工業 5 学科のそれぞれの特徴を生かした授業内容と実習設備を誇る。
・会社や工場などで実際に使われているか、それに近い実習設備や実習装置を備えた実習棟がある。
・検定・資格取得に力を入れ、埼玉県高校生専門資格等取得表彰制度による埼玉県知事表彰数と全国工業高等学校長協会ジュニアマイスター制度認定者数で関東甲信越地区中 1 位。

[学校見学]（令和 5 年度実施内容）
★学校説明会　7・8・10・12月各 1 回、1 月 2 回
★体験入学　8・11月各 1 回
★高校進学相談会　10月 2 回
★文化祭　10月　見学可
★学校見学は随時可（要連絡）

入試！インフォメーション

受検状況	年　度	学科・コース名	男女共	募集人員	志願者数	受検者数	倍　率	昨年同期倍率	入学許可候補者数	倍　率
		電　気	共	40	29	29	0.74	0.67	29	1.00
		工業化学	共	40	25	25	0.63	0.63	25	1.00
	R6	機　械	共	80	73	73	0.91	0.84	73	1.00
		環境科学	共	40	15	14	0.35	0.60	14	1.00
		情報技術	共	40	37	36	0.90	1.25	35	1.00

県立 久喜北陽 高等学校

くきほくよう

https://kukihokuyo-h.spec.ed.jp/

☎ 346-0031　久喜市久喜本 837-1
☎ 0480-21-3334
交通　ＪＲ宇都宮線・東武線久喜駅　徒歩 25 分またはバス

単位制
共　学
制　服　あり

[カリキュラム] ◇三学期制◇

・単位制の**進学型総合学科**で、全員が共通に学ぶ必修科目・原則履修科目と、生徒各自が選ぶ総合選択科目・自由履修科目から、カリキュラムは構成されており、100を超える講座が設定されている。

・1年次は共通の科目を学び、2年次から、原則として選択科目の中から進路にあわせて科目を選択し、**自分の時間割を作る**。

・科目選択に際して**パターン制（文系・理系・総合）**を導入することで、進路実現に向けて効果的な学習が可能となっている。普通科に較べて自由度が高く、また進路実現にも有益な科目選択が可能である。

・大学入試共通テスト等の新しい入試にも対応できる学力を養成し、第一志望への進路実現を支援するため、週2日の「**7時間授業**」で学力の充実を図る。

・ITパスポート検定・ビジネス文書検定・簿記検定・電卓検定・秘書検定・ニュース検定など、さまざまな資格取得が可能。

[部活動]

・約9割が参加（入学時全員加入）。

・令和5年度は、**山岳部**が特別国民大会（かごしま）に出場、**チア部**が全国高等学校ダンスドリル選手権大会に出場し、世界大会(in USA)出場権を獲得した。

★設置部

陸上競技、野球、サッカー、ソフトボール、硬式テニス(男女)、バレーボール(男女)、バスケットボール(男女)、バドミントン(男女)、卓球(男女)、ハンドボール(男)、剣道、山岳、弓道、ESS、吹奏楽、写真、情報処理、ワープロ、簿記、新聞、文芸、社会、書道、美術、理科、茶道、家庭、コーラス、インターアクト、華道、チア

[行　事]

・5月に体育祭、7・12月に球技大会、9月に光陽祭（文化祭）、6月に遠足、11月に修学旅行、2月に予餞会などを実施。

・**国際理解教育**に力を入れており、オーストラリア短期留学（12日間）とブリティッシュヒルズ語学研修（2泊3日）を隔年で夏休みに行う。

[進　路]

・ガイダンスや講演会、コース別説明会など、進路行事が充実している。

・普通科とは違い、多数の商業系講座の学習が可能で、ＡＯ入試や推薦入試に備えて、数多くの資格を取得することができる。**簿記検定、情報処理検定、電卓検定、秘書検定、実用英語技能検定、数学検定、商業経済検定**などのほか、**ＩＴパスポート試験**といった国家資格の取得も可能である。

★卒業生の進路状況（令和5年3月）

＜卒業生310名＞
大学189名、短大21名、専門学校83名、就職12名、その他5名

★卒業生の主な合格実績

東京理科大、法政大、芝浦工業大、東洋大、獨協大、日本大、東京電機大

♣指定校推薦枠のある大学・短大など♣

東京理科大、法政大、東洋大、獨協大、日本大、文教大、専修大、亜細亜大、大妻女子大、実践女子大、芝浦工業大、女子栄養大、大東文化大、東京家政大、東京経済大、東京電機大、立正大　他

[トピックス]

・**学業と部活動の両立**により、**心豊かな「人間力」**を育成する。「**真剣勝負**」を合言葉に、勉強と部活動を両立して頑張る生徒がたいへん多い。

・**小・高交流事業**として、久喜市内の小学校2校と交流。希望する生徒は小学校へ訪問し、先生の補助や夏休みの補習を手伝う。本校ではボランティアとして希望する生徒が多く、地域からも信頼を得ている。

・令和4年度には「県立高校グローバルリーダー育成プロジェクト」による高校生シンガポール派遣事業に、本校生徒1名が選出された。

[学校見学]（令和5年度実施内容）

★部活動体験会　7月1回
★学校説明会　7・9・12月各1回
★オープンスクール　11月（見学可）
★文化祭　9月（見学可）

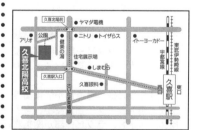

▶入試！インフォメーション◀

受検状況	年　度	学科・コース名	男女共	募集人員	志願者数	受検者数	倍　率	昨年同期倍率	入学許可候補者数	倍　率
	R6	総合学科	共	320	342	340	1.07	0.99	319	1.07
	R5	総合学科	共	320	315	315	0.99	1.08	315	1.00
	R4	総合学科	共	320	348	345	1.08	1.00	318	1.08

県立 栗橋北彩 高等学校

くりはしほくさい

https://kurihashihokusai-h.spec.ed.jp/

〒349-1121　久喜市伊坂1
☎ 0480-52-5120
交通　JR宇都宮線・東武線栗橋駅　徒歩10分

単位制	
共　学	
制　服	あり

[カリキュラム] ◇三学期制◇

・単位制だが、1年次は基礎力を養うため全員が芸術を除いて共通の科目を学ぶ。
・2年次から選択科目による学習が始まり、希望する進路に応じたプランから選択して学んでいく。
・科目選択において生徒の進路実現・興味に応えるため、大学進学をめざす**プログレスプラン**、保育・衣食を実践的に学ぶ**ホームエコノミクスプラン**、商業の専門家をめざす**ビジネスプラン**、基礎から自分を磨き上げる**ステップアッププラン**の4つの学習プランが用意される。ホームエコノミクスプランでは、体験学習や現場実習も重視する。またビジネスプランでは、実社会における即戦力となる人材の育成をめざす。
・全学年で**少人数制クラス編成**を実施。
・1年次の国語、数学、英語の科目は「少人数＋習熟度別」で授業を実施。それにより、きめ細やかで、懇切丁寧な指導となっている。
・家庭科の選択科目「保育基礎」「保育実践」の授業で、隣接する幼稚園と連携しての保育実習を予定している。

[部活動]

・1年次は全員参加制。その後、約8割が参加。多くの部が活発に活動している。
・令和5年度は、**バドミントン部**が県大会に出場。**ラグビー部**が関東高校ラグビー大会埼玉予選でベスト32の成績を収めた。
・令和4年度には、**弓道部**が関東高等学校弓道大会で女子個人優勝、女子団体ベスト8、**ラグビー部**が関東高校ラグビー大会埼玉予選でベスト32の成績を収めた。

★設置部

陸上競技、野球、サッカー、バスケットボール、バレーボール、弓道、バドミントン、剣道、卓球、硬式テニス、ラグビー、書道、美術、華道、茶道、家庭、音楽、漫画研究、演劇、情報ビジネス

[行　事]

「**クリーン栗橋**」と称して、全校生徒で学校から栗橋駅までの通学路の清掃活動を行っている。

4月	新入生歓迎会
5月	体育祭
6月	遠足
10月	文化祭、修学旅行
11月	長距離走大会
12月	球技大会
2月	予餞会

[進　路] (令和5年3月)

インターンシップや講演会など地域における様々な活動を通して、勤労観・職業観を育てる教育を推進し、生徒の進路意識の高揚を図っている。

★卒業生の進路状況

＜卒業生170名＞
大学22名、短大9名、専門学校62名、就職70名、その他7名

★卒業生の主な進路先

浦和大、共栄大、駒沢女子大、埼玉学園大、十文字学園女子大、淑徳大、城西大、城西国際大、駿河台大、聖学院大、東洋大、日本工業大、日本保健医療大、人間総合科学大、目白大、流通経済大、川口短大、埼玉純真短大、城西短大

♣指定校推薦枠のある大学・短大など♣

浦和大、共栄大、駒沢女子大、埼玉学園大、十文字学園女子大、淑徳大、城西大、城西国際大、駿河台大、聖学院大、東洋大、日本工業大、日本保健医療大、流通経済大

[トピックス]

・県立栗橋高校と県立北川辺高校を再編統合し、**単位制**の**普通科高校**として平成22年度に開校した。
・校舎は栗橋高校のものを改修して使用（平成21～23年にかけて改修工事を実施）。ホームエコノミクスプランで使用する**保育室**や、少人数・習熟度別授業に対応した複数の**小講義室**を新たに設置した。
・平成25年度に**エアコン**が導入された。

[学校見学] (令和5年度実施内容)

★1日体験入学　7月1回
★学校説明会　9・10・11・12・1月各1回
★個別相談会　12・1月各1回
★学校見学は随時可（要連絡）

埼玉県立栗橋北彩高等学校

入試！インフォメーション

受検状況	年　度	学科・コース名	男女共	募集人員	志願者数	受検者数	倍率	昨年同期倍率	入学許可候補者数	倍率
	R6	普通	共	200	159	158	0.80	0.90	158	1.00
	R5	普通	共	200	180	179	0.90	0.96	179	1.00
	R4	普通	共	200	193	191	0.96	0.8	191	1.00

県立 鷲宮（わしのみや） 高等学校

普通科

共 学

制 服　あり

https://washinomiya-h.spec.ed.jp/

☎ 340-0213　久喜市中妻1020
☎ 0480-58-1200
交通　東武伊勢崎線鷲宮駅　徒歩15分

[カリキュラム] ◇三学期制◇

・1年次は、基礎的な共通科目を学ぶ。国・数・英の単位数が多く設定されている。
・2年次、3年次は、**理・文の2コース**に分かれ、その中でさらに多様な選択パターンを設定。進路希望や興味・関心に応じたきめ細かな科目選択が可能となっている。
・1年英語は**習熟度別少人数授業**を実施。
・1年生は全員が**漢字検定**を受検する。また、**英語・情報処理・簿記・調理技術・ビジネス文書・数学・書写技能**の各検定について、在学中に取得が可能で、検定・資格取得者は全体の8割程度。

[部活動]

・1年次は全員参加制。2・3年次は7割以上が参加。
・**野球部**は専用の野球場をもち、甲子園出場（平成7年春）の経験があるほか、春季（平成16・17・18・25年度）や秋季（平成10・22年度）の関東大会にも出場の実績を誇る。令和2年の夏季県大会ではベスト8（東部地区準優勝）の実績を残した。
・令和元年度以降では、**男女卓球部、男子バレーボール部、陸上競技部、女子ソフトテニス部、男子ソフトテニス部**が関東大会出場を果たし、**柔道部、剣道部**が県でベスト8入りを果たしている。
・令和3年度では、**女子ソフトテニス部**が全国高校総合体育大会埼玉県予選会にて個人でベスト8入りし、インターハイ出場の快挙を成し遂げた。
・文化部では令和5年度、**調理部**が牛乳を使った料理コンテストで関東大会出場、**書道部**は令和5年度書の甲子園入選三点の実績を残した。

★設置部（※は同好会）

野球、卓球、ラグビー、サッカー、バスケットボール、バレーボール、バドミントン（女）、陸上競技、ソフトボール、ソフトテニス、剣道、柔道、吹奏楽、書道、美術、写真、茶道、華道、JRC、軽音楽、情報処理、調理、※漫画研究、※演劇

[行　事]

5月の**体育祭**では縦割りで点数を競い合い、9月の**文化祭**では多彩な企画で盛り上がる。**修学旅行**は関西方面や沖縄などに赴いている。

4月	新入生歓迎会
5月	体育祭
6月	遠足
7月	球技大会
9月	鷲高祭（文化祭）
10月	修学旅行（2年）
11月	強歩大会
12月	芸術鑑賞会、球技大会
1月	予餞会
2月	スキー集団宿泊研修（1年）
3月	球技大会

[進　路]

・主に英語・国語・数学を中心に、年間を通じて進学補習を行う。
・小論文や面接の指導を全教員が分担して実施している。

★卒業生の進路状況（令和5年3月）
　＜卒業生269名＞
　大学98名、短大23名、専門学校106名、就職32名、その他10名

★卒業生の主な合格実績
　亜細亜大、跡見学園女子大、江戸川大、共栄大、杏林大、十文字学園女子大、城西大、駿河台大、清泉女子大、大東文化大、千葉商科大、帝京大、東京家政大、東京理科大、東京

電機大、東洋大、獨協大、日本大、日本工業大、白鷗大、文教大、文京学院大、目白大、立正大、流通経済大

♣指定校推薦枠のある大学・短大など♣

亜細亜大、実践女子大、女子栄養大、大東文化大、東京家政大、東京電機大、東洋大、獨協大、二松学舎大、立正大、大妻女子短大、共立女子短大 他

[トピックス]

・昭和53年創立。野球部をはじめ、**部活動**が盛んなことで知られる。
・野球専用グラウンド・ソフトボール部専用グラウンド・トレーニングルームなど、体育関係の施設が充実。
・**部活動**と**生徒指導**を2本柱として、礼儀・マナー・思いやり・向上心をもって自主的に取り組める生徒を育成している。
・コスモスの種まき（6月）、交通安全街頭キャンペーン、町民運動会、チャリティコンサート（以上10月）など、久喜市の各種ボランティア活動に参加している。

[学校見学]（令和5年度実施内容）

★学校説明会　9・11・12・1月 各1回
★部活動体験会　6月2回
★鷲高見学・体験会　8月2回
★学校説明・授業見学会　9月1回
★入試個別相談会　1月2回
★文化祭　9月　見学可
★学校見学は随時可（要連絡）

入試！インフォメーション

受検状況	年度	学科・コース名	男女共	募集人員	志願者数	受検者数	倍率	昨年同期倍率	入学許可候補者数	倍率
	R6	普通	共	280	293	291	1.05	1.06	281	1.04
	R5	普通	共	280	294	294	1.06	0.97	288	1.02
	R4	普通	共	280	272	271	0.97	0.99	271	1.00

県立 岩槻 高等学校

いわつき

普通科
国際文化科

https://iwatsuki-h.spec.ed.jp/

〒339-0043　さいたま市岩槻区城南 1-3-38
☎ 048-798-7171
交通　東武アーバンパークライン岩槻駅　徒歩 20 分またはバス 6 分
　　　東武スカイツリーライン越谷駅　バス 30 分
　　　JR 武蔵野線東川口駅　バス 40 分

共　学

制　服　あり

[カリキュラム] ◇三学期制◇

★普通科
　3 年生から文系・理系に分かれ、広く深く基礎基本を充実させたカリキュラムとなっている。

★国際文化科
　英語・地歴・公民・国語を重点的に学ぶ。また、第 2 外国語として中国語・スペイン語・韓国語の講座を開講。異文化セミナーや留学生の受け入れなどを通して豊かな国際感覚を養う。

[部活動]

・約 8 割が参加。1 年生は全員参加制。
・書道部、吹奏楽部が全国大会への、男子・女子テニス部、陸上競技部が関東大会への出場実績を持つ。
・令和 4 年度は、吹奏楽部が西関東大会で吹奏楽コンクール銀賞、マーチングコンテスト金賞。男子テニス部が関東公立高校テニス大会に出場。
・令和 3 年度は、吹奏楽部が西関東マーチングコンテストで金賞を受賞、書道部が全国高校総合文化祭に参加した。

★設置部（※は同好会）
　野球、陸上競技、サッカー、ソフトテニス、硬式テニス（男女）、バスケットボール（男女）、バレーボール（女）、バドミントン（女）、卓球、柔道、剣道、山岳、美術、社会、放送、吹奏楽、茶道、軽音楽、漫画、コン

ピュータ、生活研究、インターアクト、音楽、書道、華道、国際文化交流、競技かるた、※写真

[行　事]

　文化祭では書道部、音楽部、吹奏楽部が協力したパフォーマンスがたいへん好評である。

5 月　遠足
6 月　体育祭
7 月　イングリッシュサマーキャンプ
　　　（国際文化科 1 年）
9 月　岩高祭（文化祭）
10 月　修学旅行（2 年）
11 月　芸術鑑賞会、マラソン大会
12 月　球技大会

[進　路]（令和 5 年 3 月）

　個別指導を重視。3 年次には個人面談を徹底し、面接対策や小論文対策を行うなど、細やかな指導を通して、年々、大学進学実績が伸びている。

　　＜卒業生 300 名＞
　大学 179 名、短大 24 名、専門学校 75 名、就職 12 名、その他 10 名

★卒業生の主な合格実績
　亜細亜大、跡見学園女子大、杏林大、工学院大、国士舘大、実践女子大、十文字学園女子大、上智大、城西大、女子栄養大、専修大、大正大、大東文化大、拓殖大、千葉工業大、帝京大、東京家政大、東京経済大、東京工科大、東京電機大、東京理科大、東洋大、獨協大、二松學舎大、法政大、日本大、文教大、武蔵野大、立正大　他

♣指定校推薦枠のある大学・短大など♣
　工学院大、専修大、大東文化大、東京電機大、東洋大、獨協大、二松學舎大、日本大、文教大、立正大　他

[トピックス]

・全教室に冷暖房を設置。また、コンピュータ・LL・視聴覚などの機能を備えた語学修得のための CAI 教室もある。全教室ホワイトボードで明るい。プロジェクター完備、ICT を活用。
・独立卓球場、照明付テニスコート、照明付グラウンドなどの部活動施設も充実。
・服装・頭髪指導をしっかりと行っており、学習に集中できる環境作りが行われている。
・国際社会で活躍できる人材の育成を目標として掲げ、国際理解教育を推進している。日常的な国際交流も豊富であり、多様な価値観を学ぶ。8 月には海外授業体験としてオーストラリアの高校へと赴く（希望者）。
・英検では 1 級の合格者が出ている。
・平成 30 年度から獨協大学との高大連携事業を行っている。希望者は、特別聴講生として「異文化コミュニケーション」「法社会学」などの大学の講義を毎週受講し、単位を取得できる。また、大学の各施設を大学生と同じように利用可能である。
・地域自治会との交流があり、地元の夏祭りに本校生徒が多く参加している他、地域の清掃活動や小高交流事業に取り組んでいる。
・毎朝の 10 分間学習で基礎力向上を図っている。

[学校見学]（令和 5 年度実施内容）

★学校説明会　7・10・11 月各 1 回
★入試個別面談会　1 月
★部活動体験　7 月 1 回、8 月 4 回
★岩高祭　9 月　見学不可
★学校見学は要電話相談

入試！インフォメーション

受検状況	年　度	学科・コース名	男女共	募集人員	志願者数	受検者数	倍率	昨年同期倍率	入学許可候補者数	倍率
	R6	普　通	共	280	331	330	1.19	1.21	279	1.18
		国際文化	共	40	60	59	1.48	1.13	40	1.48
	R5	普　通	共	280	337	336	1.21	0.95	282	1.19
		国際文化	共	40	46	45	1.13	0.75	40	1.13

県立 岩槻商業 高等学校
いわつき しょうぎょう

商業科
情報処理科

https://iwatsuki-ch.spec.ed.jp/

☎ 339-0052　さいたま市岩槻区太田 1-4-1
☎ 048-756-0100
交通　東武アーバンパークライン岩槻駅　徒歩 15 分

共 学

制 服	あり

[カリキュラム] ◇三学期制◇

・**商業科**では「ビジネス基礎」「簿記」「マーケティング」などを学び、3年生にまとめとして「**総合実践**」で会社の実務について学習する。

・**情報処理科**では「情報処理」「ソフトウェア活用」「プログラミング」などで基礎を固め、3年生の「総合実践」では、Excel（表計算）とAccess（データベース）を連携させたシステム製作を行う。

・3年生の「**課題研究**」（令和4年度は8つの分野）では、岩商ブランドのお菓子制作、オリジナルの組紐制作など地域と連携した授業を行っている。また、Pythonというプログラミング言語を利用したドローンの自動操縦についての授業も行っている。

[部活動]

・1年生全員参加。

・令和4年度は、運動部は**陸上競技部**が県大会男子円盤投げで1位、3位となり2度の関東大会出場を果たしている。2度目の関東大会では、7位入賞を果たすことができた。また、**ソフトテニス部**が市大会で3位入賞、新人南部地区大会女子団体戦では優勝を果たすことができた。文化部は、**書道部**が県硬筆中央展覧会で特選賞、優良賞を受賞した。

★設置部

ソフトテニス(女)、バスケットボール(男女)、バレーボール(女)、バドミントン(男女)、弓道(男女)、卓球(男女)、陸上競技(男女)、ソフトボール(女)、サッカー(男)、野球(男)、剣道(男女)、コンピュータ(男女)、軽音楽(男女)、美術・文芸(男女)、書道(男女)、放送(男女)、華道(男女)、科学(男女)、家庭科(男女)

[行 事]

・5月遠足、6月体育祭、10月岩商祭（文化祭）、11月芸術鑑賞会、12月修学旅行・球技大会、2月インターンシップ、3月送別会を実施。

・**岩商祭（文化祭）**では地元企業の協力を得て、商品の開発・販売を行う。また、地場産業の一つである組紐工芸の技術を事前実習し、生徒が制作した作品の展示・販売を行う。

[進 路]（令和5年3月）

・**100%の就職内定率や多数の大学進学**など、希望の進路を実現できる進路指導が行われている。

・卒業生に対する企業の評価が高い。2年生全員を対象とした「**インターンシップ**」を実施している。

・外部講師を招いた**進路ガイダンス**や卒業生による**進路説明会**を実施。

・国家資格である**ITパスポート**、全商**1級3種目以上取得**など、多くの生徒が検定取得に意欲的である。

★卒業生の進路状況

＜卒業生143名＞
大学18名、短大3名、専門学校44名、就職75名、その他3名

★卒業生の主な進学先

獨協大、高千穂大、千葉商科大、中央学院大、文教大、川口短大、国際学院埼玉短大、埼玉東萌短大、上尾看護専門、神田外語学院、国際理容美容専門、埼玉県理美容専門、道灌山学園保育福祉専門、東京製菓学校、日本電子専門

♣指定校推薦枠のある大学・短大など♣

大妻女子大、女子栄養大、千葉商科大、中央学院大、獨協大、文教大、流通経済大　他

[トピックス]

・平成29年に**創立100周年式典**を挙行した。令和4年度で**創立105年**となった。

・朝のSHRの前に10分間、生徒も教員も全員が本を読む「**朝読書**」とスタディサプリ（基礎力向上）を実施している。

・企業とのコラボレーションを通じた**ビジネス教育**に取り組んでいる。

・令和2年度全国商業高等学校英語スピーチコンテスト、レシテーションの部で**全商協会理事長賞優秀賞（全国第2位）**を受賞した。

・令和元年度全国高等学校珠算・電卓競技大会埼玉県大会で優良賞を受賞し、**全国大会**に出場した。

・令和4年度埼玉県高等学校英語スピーチコンテストにおいて、第3位となり優良賞を受賞した。

[学校見学]（令和5年度実施内容）

★**一日体験入学**（部活動体験を含む）6・7月各1回

★**模擬授業体験会**　9・10・11月各1回

★**入試説明会**　12月1回、1月2回

★**岩商祭**　10月（校内・一般開催の2日間実施）

★**学校見学**は随時可（要連絡）

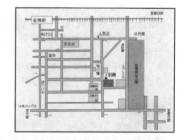

入試！インフォメーション

受検状況	年 度	学科・コース名	男女共	募集人員	志願者数	受検者数	倍率	昨年同期倍率	入学許可候補者数	倍率
	R6	商 業	共	80	53	53	0.67	0.47	53	1.00
		情報処理	共	80	69	68	0.85	0.81	68	1.00
	R5	商 業	共	80	37	37	0.47	0.94	37	1.00
		情報処理	共	80	65	65	0.81	0.95	65	1.00

県立 幸手桜 高等学校

さって さくら

https://sattesakura-h.spec.ed.jp/

☎ 340-0111　幸手市北 1-17-59
☎ 0480-42-1303
交通　東武日光線幸手駅　徒歩15分

単位制	
共　学	
制　服	あり

[カリキュラム] ◇三学期制◇

- 令和5年度より教育課程を改定し、系列やプランを再構築。新教育課程では、1年次共通履修、2年次より「**総合進学**」「**教養基礎**」「**情報マネジメント**」「**総合ビジネス**」の4つの系列に分かれて学習する。各系列を多様な進路に対応できるように、「**総合進学系列**」をさらに「**理数**」「**看護系**」「**人文**」「**保育系**」の4系統、「**情報マネジメント**」「**総合ビジネス**」は、高度な資格取得を目指す「**Aプラン**」、基礎基本をじっくり学ぶ「**Bプラン**」といった多様な進路に応じたパターンを用意し、より専門性の高い授業内容を展開する。また、約90の多彩な科目の中から、自分の進路希望に合わせて必要な科目を選択する。
- 「**総合進学系列**」は、普通教科を中心に学習し、四年制大学や短期大学、高等看護学校等への進学を目指す。
- 「**教養基礎系列**」は、社会人として必要な基礎基本の教養を身につけ、普通教科だけでなく、商業の専門教科も学習し、就職や上級学校への進学を目指す。
- 「**情報マネジメント系列**」は、コンピューターの仕組みやソフトウェア活用方法について学習し、情報処理やITパスポートなど数多くの検定を取得することができ、就職や商学部、経営学部等の大学進学を目指す。
- 「**総合ビジネス系列**」は、簿記や会計を学習し、日商・全商簿記検定など数多くの検定を取得することができ、金融事務などの就職や商学部、経営学部等への大学進学を目指す。

[部活動]

- 全員参加制（1年次）。
- 演劇部がボランティア公演などで活躍している。
- 令和3年度は、**ワープロ部**が全国大会に出場、**女子バレーボール部**が県ベスト16などの成績を収めた。

★設置部

野球、卓球、バドミントン、ソフトテニス、硬式テニス、陸上、バレーボール（女）、バスケットボール（男女）、柔道、サッカー（男）、ソフトボール（女）、剣道、簿記、珠算、文芸、CAV、演劇、吹奏楽、PMC、新聞、写真、書道、ワープロ、茶道、華道、英語、JRC、美術

[行　事]

5月　遠足
6月　体育祭
10月　修学旅行（2年）、文化祭
12月　球技大会
2月　インターンシップ（2年）

[進　路]

- 基礎診断テスト、職業適性検査、進路説明会、卒業生との懇談会などを実施し、きめの細かい指導を行う。
- インターンシップを2年次で実施し、全員が体験する。

★卒業生の進路状況（令和5年3月）

＜卒業生147名＞
大学22名、短大3名、専門学校40名、就職71名、その他11名

★卒業生の主な進学先

聖学院大、千葉商科大、東洋大、中央学院大、跡見学園女子大、江戸川大、共栄大、国士舘大、獨協大、明海大、流通経済大、日本工業大、目白大

[トピックス]

- 県立幸手商業高校と県立幸手高校とが統合され、平成25年4月、全日制の**総合学科**高校として新たに開校した。総合学科の特色として、①進路希望に応じて**多数の選択科目**があり、②少人数の下、**きめ細かな授業**が徹底され、③体験的学習や個別指導に基づく**充実した進路学習**が用意されている点が挙げられる。
- 簿記、情報処理、ワープロ、電卓など検定合格・**資格取得**を支援するほか、インターンシップの実施など、**キャリア教育**にも力を入れ、望ましい勤労観・職業観を育成している。
- ICT（情報通信技術）環境整備対象校となり、タブレット端末60台設置、プロジェクター20台設置、Wi-Fi環境が整備され、生徒1人1台タブレット端末の環境のもと新しい授業実践に取り組む。
- タブレットを活用した毎朝10分の**朝学習**を開始。基礎学力の定着とともに、規則正しい生活リズムの育成にも役立っている。
- 令和3年度、幸手市と「**包括的連携の協定**」を締結。

[学校見学] （令和5年度実施内容）

- ★オープンキャンパス　7・9月各1回
- ★学校説明会　10・11月各1回
- ★入試説明会　12月1回、1月2回
- ★文化祭　10月　見学可
- ★学校見学は随時可（要連絡）

入試！インフォメーション

受検状況	年度	学科・コース名	男女共	募集人員	志願者数	受検者数	倍率	昨年同期倍率	入学許可候補者数	倍率
	R6	総合学科	共	200	184	183	0.92	1.05	183	1.00
	R5	総合学科	共	200	208	208	1.05	0.75	201	1.03
	R4	総合学科	共	200	150	149	0.75	0.81	149	1.00

県立 蓮田松韻 高等学校
（はすだしょういん）

https://hasudashouin-h.spec.ed.jp/

普通科

単位制
共　学
制　服　あり

☎ 349-0101　蓮田市大字黒浜 4088
☎ 048-768-7820
交通　JR宇都宮線白岡駅　自転車10分または徒歩22分
　　　JR宇都宮線蓮田駅　バス

[カリキュラム] ◇三学期制◇

・全年次で少人数学級編制、数学と英語の習熟度別授業により、きめ細やかな教育指導が行われる。
・単位制を活用し、大学進学を視野に入れた教育を実施。
・2、3年次には多彩な選択科目が設置され、将来の進路を見据え、科目を選択する。より良い選択ができるように、進学（文系）、進学（理系）、進学（文理系）、一般教養という4つのプランが用意されている。
・進学（文系）は人文科学、社会科学等の進学を目指すプラン。進学（理系）は理学・工学部等の進学を目指すプラン。進学（文理系）は医療・看護系、保健衛生系、生活科学系等の進学を目指すプラン。一般教養は高卒新卒で就職を目指すプラン。

[部活動]

・1年次は全員参加制。
・令和4年度は、陸上競技部が北関東大会に出場し、美術部が全日本学生美術展で特選賞を受賞した。

★設置部

野球、サッカー、バスケットボール、硬式テニス、ハンドボール、卓球、弓道、陸上競技、バドミントン、バレーボール（女）、吹奏楽、合唱、華道、茶道、演劇、写真、家庭、軽音楽、漫画研究、パソコン、琴、美術、書道、インターアクト

[行　事]

4月　入学式
5月　遠足（1・2年）
6月　体育祭
9月　文化祭
11月　マラソン大会、就業体験（1年）、修学旅行（2年）、遠足（3年）
12月　球技大会
3月　卒業式

[進　路]

　1年次の段階から将来を見据えた科目選択を行い、進路講演会や進路別見学会、高専連携授業、近隣大学との連携事業など、多様な体験を通して進路実現100%をめざしている。

★卒業生の進路状況（令和5年3月）

＜卒業生153名＞
大学29名、短大14名、専門学校53名、就職55名、その他2名

★卒業生の主な進学先

亜細亜大、跡見学園女子大、大妻女子大、国士舘大、尚美学園大、城西大、女子栄養大、大東文化大、千葉商科大、東京電機大、東洋大、日本工業大、日本女子体育大、文教大、目白大、立正大、麗澤大　他

♣指定校推薦枠のある大学・短大など♣

跡見学園女子大、共栄大、城西大、駿河台大、西武文理大、大東文化大、高千穂大、拓殖大、東京家政大、東洋学園大、日本工業大、麗澤大、立正大　他

★卒業生の主な就職先

自衛隊、蓮田市役所、蓮田市消防、伊藤製パン、関東運輸、社会福祉法人聖蹟会、大成ラミック、でんきち、東光高岳、東武ステーションサービス、南彩農業協同組合、ヤオコー、YKKAP　他

[トピックス]

・授業を通して将来役立つ資格取得が可能。（例：実用英語検定、漢字検定、情報処理検定、ビジネス計算実務検定、文書デザイン検定、文書入力スピード検定、社会人常識マナー検定、被服製作技術検定、食物調理技術検定、保育技術検定　他）
・地域連携として、交通安全運動（無事カエル）、はすだ市民まつり、音楽フェスティバル、雅楽谷（うたや）の森フェスティバル、蓮田マラソンなどへ積極的に参加。
・少人数・習熟度別授業に対応した小講義室が2室、200人が受講できる大講義室が1室、プロジェクターが常設された講義室が5室、パソコン教室が2室、映像教材にも対応した図書館など、充実した施設・設備で授業に取り組む。全教室にエアコンを完備。
・全HR教室にホワイトボードとプロジェクタを完備。
・総合グラウンド、テニスコート5面、ハンドボールコート、野球専用グラウンド、格技場、弓道場があり、運動施設も充実。また、食堂や合宿所もあり、食堂は昼休みに営業。
・夏服にポロシャツ導入（希望者）。
・より良い学校生活が送れるよう、教育支援体制が充実している。
・ホームページや公式X（旧Twitter）、Instagramで学校生活の様子を情報発信している。

[学校見学]（令和5年度実施内容）

★学校説明会　7・10・12・1月各1回
★部活動体験　8月
★イブニング説明会　7・9・10・11月各1回

入試！インフォメーション

受検状況	年度	学科・コース名	男女共	募集人員	志願者数	受検者数	倍率	昨年同期倍率	入学許可候補者数	倍率
	R6	普通	共	200	152	149	0.75	0.60	149	1.00
	R5	普通	共	200	122	118	0.60	0.68	118	1.00
	R4	普通	共	200	135	134	0.68	0.6	134	1.00

県立 杉戸 (すぎと) 高等学校

https://sugito-h.spec.ed.jp/

〒345-0025　北葛飾郡杉戸町清地 1-1-36
☎ 0480-34-6074
交通　東武線東武動物公園駅　徒歩8分

普通科

共　学

制　服　あり

[カリキュラム]　◇三学期制◇

・各授業時間を55分とすることで週5日33単位の授業時数を実現。ICTを活用した授業や、対話を取り入れた授業が活発に行われている。
・1年生は全員が共通の科目を履修する。
・2年生から文系と理系に分かれる。国公立受験対策のため、文理ともに一部選択科目を学習する。
・3年生には選択科目が大幅に増えるので、各自のめざす大学の受験に必要な科目の学習を行うことが可能となっている。

[部活動]

・1年次は全員参加制。陸上競技部、空手道部、ソフトテニス部、吹奏楽部、将棋部、理科部、書道部、ダンス部などが、関東大会、全国大会への出場実績を持つ。
・令和5年度は、陸上競技部と空手道部が関東大会に出場。ダンス部は全国大会へ2回出場。
・令和4年度は、ダンス部、書道部が全国大会に進出。空手道部が関東大会に出場。

★設置部

陸上競技、バレーボール（男女）、バスケットボール（男女）、卓球（男女）、テニス（男女）、ソフトテニス（男）、バドミントン（男女）、サッカー、剣道、硬式野球、空手道、写真、文芸、吹奏楽、華道、書道、茶道、美術、理科、家庭、英語、軽音楽、漫画イラスト研究、将棋、ダンス

[行　事]

下記の諸行事に加え、英語コンテストが年に3回開かれ、優秀者は年度末に表彰される。
5月　遠足

6月　体育祭
7月　球技大会
9月　文化祭
11月　長距離大会、修学旅行（2年）、芸術鑑賞会（1年）
3月　球技大会

[進　路]

・1年生の4月に「Start - Up Program」を実施。イングリッシュワークショップで、コミュニケーション力と自走する力を育成する。
・授業内小テストや宿題テスト、進路ガイダンスや補習を実施。
・土曜日に1・2年で「8時間勉強マラソン」を実施。
・早朝・放課後の補講、土曜日の学校開放、各種資料に基づく進路学習会などを実施。
・スタディサプリを導入。

★卒業生の進路状況（令和5年3月）

＜卒業生274名＞
大学228名、短大6名、専門学校36名、就職5名（公務員4、民間1）、その他12名

★卒業生の主な合格実績

茨城大、宇都宮大、埼玉大、東京海洋大、静岡大、会津大、埼玉県立大、高崎経済大、学習院大、國學院大、駒澤大、芝浦工業大、成蹊大、成城大、専修大、中央大、津田塾大、東京女子大、東京理科大、東洋大、獨協大、日本大、法政大、武蔵大、明治大、立教大、早稲田大

♣指定校推薦枠のある大学・短大など♣

共立女子大、工学院大、駒澤大、芝浦工業大、成蹊大、成城大、専修大、拓殖大、千葉工業大、東京電機大、東京経済大、東京工科大、東京家政大、東京農業大、東京理科大、東洋大、獨協大、日本大、法政大、武蔵

大　他

[トピックス]

・英検、漢検などの受験を推進し（校内実施）、英検を1年、論理言語力検定を2年全員が受験する。基礎学力の強化を図っている。
・土曜日に学校を開放し、勉強する環境と機会を提供している。
・地域の美化のため、ボランティア清掃を実施している。
・令和7年度より制服が新しくなる予定。
・専門家、大学教授などによる講演会を多数実施。

[学校見学]（令和5年度実施内容）

★学校説明会　8・10・11・1月各1回
★イブニング個別相談会　2月1回
★文化祭　9月
★学校見学は随時可（要連絡）

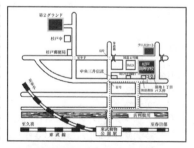

入試！インフォメーション

受検状況	年　度	学科・コース名	男女共	募集人員	志願者数	受検者数	倍　率	昨年同月倍率	入学許可候補者数	倍　率
	R6	普　通	共	280	333	331	1.19	1.01	278	1.19
	R5	普　通	共	280	284	282	1.01	1.03	279	1.01
	R4	普　通	共	280	289	286	1.03	0.91	278	1.03

県立 杉戸農業 高等学校

<ruby>杉<rt>すぎ</rt></ruby><ruby>戸<rt>と</rt></ruby><ruby>農<rt>のう</rt></ruby><ruby>業<rt>ぎょう</rt></ruby>

生物生産技術科
園芸科
造園科
食品流通科
生物生産工学科
生活技術科

| 共 学 |

| 制 服 | あり |

https://sugito-ah.spec.ed.jp/

☏ 345-0024　北葛飾郡杉戸町大字堤根 1684-1
☎ 0480-32-0029
交通　東武線東武動物公園駅　徒歩 30 分またはバス

[カリキュラム] ◇三学期制◇

★生物生産技術科
　作物の栽培、家畜の飼育、農業機械の操作などについて学ぶ。

★園芸科
　果樹・野菜・草花の栽培や特性について学ぶ。

★造園科
　庭園や公園のデザイン・施工・管理、庭木の手入れなどについて学ぶ。

★食品流通科
　食品の製造や流通、農業情報処理、簿記などについて学ぶ。

★生物生産工学科
　バイオテクノロジーの基礎や、キノコ類などの栽培技術について学ぶ。

★生活技術科
　食物、被服、保育などの家庭科目に加え、農業の基礎について学ぶ。

[部活動]

・約７割が参加。令和５年度は、**自転車部**が全国大会に、**陸上競技部**が県大会に出場した。令和２年度には、**食品研究同好会**が全国高校生そば打ち大会の個人戦で優勝した。令和元年度には**弓道部**で彩の国ジュニアアスリートアカデミー選手（国体教科選手）に１名指定された。

★設置部（※は同好会）
　バスケットボール、弓道、卓球、テニス、野球、山岳、自転車、陸上競技、柔道、バレーボール、ソフトテニス、サッカー（女）、科学、茶道、家庭、フラワーアート、書道、吹奏楽、音楽、写真、JRC、映画放送、マンガ研究、将棋、模型、※文芸、※食品研究、※パソコン

[行　事]

・本校で最も盛り上がる行事は**杉農祭**である。日頃の授業の成果の発表や展示、農産物の販売などが行われ、地域から多くのお客様が来校する。

・遠足、農業鑑定競技会、意見発表会、体育祭、文化部発表会、修学旅行（２年）、杉農祭（文化祭）、長距離走大会、球技大会、予餞会を実施。

[進　路]（令和５年３月）

・大学との高大連携、総合教育センターでの**宿泊実習**、**卒業生体験発表会**、埼玉県農業大学校の「**ふれあい講座**」参加、**先進農家見学会**といった様々な行事を通じ、早い時期から計画的な進路指導を行っている。

・４年制大学や短大については、指定校推薦やＡＯなどの制度も利用して希望者は100％合格している。就職については、厳しい社会状況の中でも丁寧な指導と生徒の努力によりほぼ100％が卒業までに希望をかなえている。

★卒業生の進路状況
　＜卒業生228名＞
　大学35名、短大６名、専門学校90名、就職90名、その他７名

★卒業生の主な進学先
　茨城大、東京農業大、東洋大、文教大、淑徳大、高碕健康福祉大、和洋女子大、城西大、聖学院大、日本大、日本獣医生命科学大

♣指定校推薦枠のある大学・短大など♣
　城西大、女子栄養大、東京農業大、東洋大、日本大、酪農学園大　他

[トピックス]

・「いのちとみどりを育む学校」をキャッチフレーズに、人間性豊かな心身ともにたくましい、社会に貢献できる人材を育てている。

・資格取得はレベルの高い資格にチャレンジし、合格する生徒がいるほか、放課後は、部活動以外の活動も盛んで実習や資格、生徒会委員会、農業クラブに積極的に取り組む生徒が多い学校である。さらに、各学科の特色を生かして地域との様々な連携を進めている。

・令和５年度はオーストラリアでの国際交流を実施した。

・**即売会**で、生徒が生産した野菜・草花・パン等を販売。

・日頃の学習の成果を競い合う**農業クラブ活動**では、令和元年度も各種発表・競技で本校の生徒が活躍した。農業鑑定競技会、平板測量競技会で全国大会出場を決めた。また、意見発表会、プロジェクト発表会では関東大会に出場し優秀賞を受賞した。そのほかの各種競技会においても好成績を収めるなど、農業クラブ活動に積極的に参加している。

[学校見学]（令和５年度実施内容）

★学校説明会　６・８・９・11月各１回
★体験入学　８・10月各１回
★杉農祭　10月　見学可
★進学相談会　１月１回
★学校見学　不可

入試！インフォメーション

受検状況	年　度	学科・コース名	男女共	募集人員	志願者数	受検者数	倍率	昨年同期倍率	入学許可候補者数	倍率
	R6	生物生産技術	共	40	47	47	1.18	1.03	40	1.18
		園　芸	共	40	41	41	1.03	1.00	40	1.03
		造　園	共	40	36	34	0.87	0.69	36	0.94
		食品流通	共	40	46	46	1.15	0.98	40	1.15
		生活技術	共	40	43	43	1.08	1.00	40	1.08
		生物生産工学	共	40	37	37	0.93	0.55	40	0.93

県立 白岡 高等学校
しらおか

https://shiraoka-h.spec.ed.jp/

〒349-0213　白岡市高岩 275-1
☎ 0480-92-1505
交通　ＪＲ宇都宮線新白岡駅　徒歩15分
　　　東武伊勢崎線和戸駅　自転車10分

普通科

共　学

制　服　あり

[カリキュラム] ◇三学期制◇

・全教科をバランスよく学習し、基礎基本を重視。総合的な力をつける。
・１年次は、全員ほぼ同じ科目を履修する。
・２年次以降は、数学と理科を中心に学習する**理系**、国語・英語・地歴公民を中心に学習する**文系**に分かれる。
・多様な選択科目を設置し、進学や就職など多岐にわたる進路希望に対応。
・**英検・漢検・ビジネス文書実務・簿記**の各検定の資格取得が可能。

[部活動]

・１年生は全員参加制。その後も95%が参加。
・陸上競技部が近隣の小学校で陸上競技教室を開催している。
・令和５年度は、**男子ソフトテニス部**が関東大会に出場、**女子バスケットボール部と女子バレーボール部**が県大会に出場した。
・令和４年度は、**男子バスケットボール部**が関東大会出場、**陸上競技部**が関東大会で第６位（棒高跳）、**書道部**が全国書道展で特選賞を受賞した。
・令和３年度は、**陸上競技部**が男子棒高跳で全国大会に出場、**男子ソフトテニス部**が個人戦団体戦ともに県ベスト８進出、**女子バレーボール部**がビーチバレー国体予選で県ベスト８

進出、**放送・写真部**が県高校写真連盟写真展で奨励賞を受賞した。

★設置部

サッカー、硬式野球、卓球（男女）、ソフトテニス（男女）、バスケットボール（男女）、バドミントン（男女）、バレーボール（男女）、陸上競技、日本文化、放送写真、書道、美術、調理・被服、吹奏楽

[行　事]

地域の人達と一緒に年２回の清掃活動を実施している（レッツクリーン白岡）。

5月	遠足
6月	体育祭
9月	ありの実祭（文化祭）
10月	修学旅行（2年）
11月	強歩大会
12月	スポーツ大会、芸術鑑賞会
2月	3年生を送る会

[進　路] (令和5年3月)

・平日と夏季・春季休業中に**進学補習**を実施。
・２年次より、就職希望者に対して対策講座を実施。**就職試験対策、礼法指導、面接指導**などが行われる。
・大学受験希望者に、少人数で早朝や放課後に補習を行っている。

★卒業生の進路状況

＜卒業生148名＞
大学54名、短大３名、専門学校67名、就職20名、その他４名

★卒業生の主な合格実績

埼玉県立大、中央大、国士舘大、城西大、聖学院大、大東文化大、玉川大、東京電機大、東洋大、日本大、日本工業大、文教大、立正大

♣指定校推薦枠のある大学・短大など♣

国士舘大、大東文化大、東京電機大、

東洋大、文教大、立正大　他

[トピックス]

・部活動での活躍と欠席や遅刻の少なさは、就職や推薦での進学など、進路決定につながる。このことを踏まえ、**1年次の部活動全員加入と生徒指導**によって、しっかりとした**生活習慣**が身につくようにしている。
・普通教室は冷房完備。
・国際交流として**オーストラリア交流事業**を実施。姉妹校Helensvale State High Schoolと相互に訪問・交流している。

[学校見学] (令和5年度実施内容)

★学校説明会　10・11・12・1・2月各1回
★部活動体験　8月2回（要連絡）
★ありの実祭　9月　一般公開
★学校見学は随時可（要連絡）

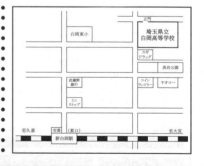

入試！インフォメーション

受検状況	年　度	学科・コース名	男女共	募集人員	志願者数	受検者数	倍率	昨年同期倍率	入学許可候補者数	倍率
	R6	普　通	共	160	165	165	1.04	0.92	158	1.04
	R5	普　通	共	160	146	146	0.92	0.81	146	1.00
	R4	普　通	共	160	131	129	0.81	0.81	129	1.00

県立 宮代 高等学校
みやしろ

https://miyashiro-h.spec.ed.jp/

☎ 345-0814　南埼玉郡宮代町字東611
☎ 0480-32-4388
交通　東武スカイツリーライン姫宮駅　徒歩8分

普通科

| 共　学 |

| 制　服 | あり |

[カリキュラム] ◇三学期制◇

・基礎学力をつけるため、1・2年次は共通科目を履修する。また、英語・数学は2クラスを3展開する**習熟度別・少人数**で「**よくわかる授業**」を展開している。
・3年次には**文系・理系**の2類型に分かれ、多くの教科・科目を選択して進路希望の実現を図っている。
・毎朝10分間の**朝学習**を実施している。

[部活動]

・1年生は全員参加制。全国大会常連の**放送部**をはじめとして、**部活動**にはたいへん力を入れている。
・令和5年度は、**放送部**が高校放送コンクールビデオメッセージ部門で全国大会に出場し、審査員特別賞を受賞した。
・令和4年度は、**野球部**が県大会出場。**陸上競技部**が東部学総で走高跳第2位、八種競技で第8位。

★設置部（※は同好会）
バスケットボール（男女）、硬式テニス（男女）、バドミントン（男女）、ハンドボール（男女）、野球、サッカー（男女）、卓球（男女）、バレーボール（女）、陸上競技、アーチェリー、科学、演劇、美術、吹奏楽、漫画研究、料理研究、放送、茶道、箏曲、書道、文芸、華道

[行　事]

5月　遠足、体育祭
7月　球技大会
9月　光輝祭（文化祭）
11月　修学旅行（2年）
12月　芸術鑑賞会
1月　百人一首大会、予餞会
2月　球技大会

[進　路]

・希望者には**実力増進講座**を放課後や長期休業中に開講。
・各学年、毎学期外部テストを全員に実施、その後には面談を行い、学力向上を目指す。
・就職支援講座として、専門講師による個別面接指導がある。
・3年生を対象に**進路ガイダンス**を実施。進路別説明会では毎年多くの大学・短期大学・企業から講師を迎えている。

★卒業生の進路状況（令和5年3月）
　＜卒業生180名＞
　大学39名、短大9名、専門学校73名、就職50名、その他9名
★卒業生の主な合格実績
亜細亜大、共栄大、国士舘大、実践女子大、大東文化大、帝京科学大、東京家政大、東京電機大、東洋大、日本工業大、文教大、武蔵野大、立正大、流通経済大、国際学院埼玉短期大
♣指定校推薦枠のある大学・短大など♣
跡見学園女子大、浦和大、工学院大、国士舘大、城西大、駿河台大、聖学院大、大東文化大、拓殖大、東京工芸大、東京電機大、東洋大、日本工業大、文教大、目白大、ものつくり大、立正大、流通経済大　他

[トピックス]

・「とことん生徒の面倒をみる宮高」のスローガンのもと、教職員が全力で生徒の高校生活、進路実現をサポートしている。
・すべての普通教室に**冷暖房**が完備されている。
・定期考査の直前に**土曜勉強マラソン**を行っている。また、部活動ごとに勉強会も実施している。**実力増進講座**なども含め、学力向上への取り組みにたいへん熱心である。
・社会人として自律させるため、生徒指導では「**ルール・礼儀・あいさつ**」が徹底される。
・宮代特別支援学校との交流会や、町内清掃の「クリーン宮代」、宮代町商工会の「竹あかりプロジェクト」への参加など、**地域との連携**に積極的に取り組んでいる。

[学校見学] （令和5年度実施内容）

★学校説明会　8・9・10・11・12月各1回
★入試直前相談会　1月2回
★光輝祭　9月　見学可
★学校見学は随時可（要連絡）

入試！インフォメーション

受検状況		年　度	学科・コース名	男女共	募集人員	志願者数	受検者数	倍　率	昨年同期倍率	入学許可候補者数	倍　率
		R6	普　通	共	200	192	192	0.97	1.04	191	1.00
		R5	普　通	共	200	205	205	1.04	0.93	200	1.03
		R4	普　通	共	200	188	184	0.93	1.04	184	1.00

埼玉県
公　立
高校

学校ガイド

＜定時制・通信制＞

学校を紹介したページの探し方については、2ページ
「この本の使い方＜知りたい学校の探し方＞」を参照し
てください。

県立 **戸田翔陽** 高等学校
（とだしょうよう）

https://shoyo-h.spec.ed.jp/

〒335-0021　戸田市新曽1093-1
☎ 048-442-4963
交通　JR埼京線戸田駅　徒歩5分

総合学科

単位制
共　学
定時制（三部制）
制　服　校服あり

[カリキュラム] ◇三学期制◇

- ・総合学科なので、自分の興味関心や進路希望に合わせた普通科目と専門科目を選択することができる。
- ・自分の所属する部の標準的な時間割と他の部の時間割の一部を履修・修得することにより、3年間での卒業が可能となっている。
- ・1年次の国・数・英の必修科目における**習熟度別学習**（基礎、標準及び発展クラス）。
- ・1年次から履修できる**自由選択科目**を豊富に設け、他校では2年次以降に学べる科目でも、入学年度から先取学習できるものがある。
- ・進路実現、自己実現を見据えた科目選択におけるガイダンスの充実。
- ・**学校外学修の単位認定**を実施。
- ・スクールカウンセラー等を招聘し、教育相談部を中心とした全教職員による**カウンセリング体制の充実**。
- ・ホームルームは1クラス20～27人の**少人数学級編成**。クラス担任の目が届きやすいよう工夫しており、安心して学べる学校。
- ・アクティブラーニングやICTなどを活用した、新しい学習方法を取り入れた授業を多数展開。
- ・学校独自の設定科目として、「**韓国朝鮮語**」「**中国語**」「**陶芸**」等がある。

[部活動]

- ・令和5年度は、全国定時制通信制大会に**柔道部、剣道部、男子バレーボール部、バドミントン部、卓球部**が出場した。また、**写真部**が全国高等学校総合文化祭に出場。
- ★設置部（※は同好会）

剣道、フットサル、硬式テニス、バドミントン、卓球、バスケットボール、バレーボール（男女）、軟式野球、陸上競技、柔道、和太鼓、演劇、茶道、料理、美術、放送、被服、軽音楽、写真、漫画・文芸、※奉仕活動

[行　事]

4月	新入生オリエンテーション
5月	遠足
10月	翔陽祭（文化祭）、体育祭
12月	修学旅行（2年次）、芸術鑑賞会

[進　路]

- ・「産業社会と人間」の授業で選択科目のガイダンスや進路指導を実施。
- ・放課後や長期休業中の補習を実施。
- ・学習サポーター・ボランティアとして、大学生による学習支援が行われている。
- ・希望者は**スタディサプリ**を利用可。

★卒業生の進路状況（令和5年3月）
　　＜卒業生160人＞
大学33名、短大3名、専門学校62名、就職36名、その他26名

★卒業生の主な進学先
早稲田大、東京電機大、学習院大、東京農業大、日本大、浦和大、埼玉学園大、十文字学園女子大、城西大、駿河台大、聖学院大、帝京大、東京国際大、東京福祉大、文教大

♣指定校推薦枠のある大学・短大など♣
浦和大、桜美林大、杏林大、埼玉工業大、実践女子大、十文字学園女子大、淑徳大、城西大、尚美学園大、杉野服飾大、駿河台大、聖学院大、大正大、大東文化大、高千穂大、拓殖大、千葉工業大、東京家政大（部

等制限付）、東京国際大、東京福祉大、東洋大（部等制限付）、日本大、文京学院大、立正大　他

[トピックス]

- ・平成17年4月に開校した新しいタイプの定時制高校。普通科と専門学科の良いところをあわせもつ総合学科の高校で、**午前（Ⅰ部）・午後（Ⅱ部）・夜間（Ⅲ部）の三部制**という形をとり、修業年限は3年または4年で、所定の単位数（74）以上を取得すれば卒業できる。生徒はⅠ部・Ⅱ部・Ⅲ部のいずれかに在籍する。
- ・長期休業中などの**ボランティア活動**や**インターンシップ**など、実社会との交流や体験を重視している。
- ・校服があり、自分に合った色やスタイルを選択可能。

[学校見学]（令和5年度実施内容）

★学校説明会　9・12・1月各1回
★学校公開　11月3回（ミニ説明会実施）
★文化祭　10月

入試！インフォメーション

受検状況	年　度	学科・コース名	男女共	募集人員	志願者数	受検者数	倍率	昨年同期倍率	入学許可候補者数	倍率
	R6	総合Ⅰ部	共	80	122	116	1.49	1.12	79	1.47
		総合Ⅱ部	共	80	121	118	1.51	1.44	78	1.51
		総合Ⅲ部	共	80	52	52	0.67	0.19	78	0.67
	R5	総合Ⅰ部	共	80	89	87	1.12	1.13	78	1.12
		総合Ⅱ部	共	80	113	112	1.44	1.35	78	1.44
		総合Ⅲ部	共	80	15	15	0.19	0.22	49	0.31

県立 **吹上秋桜**（ふきあげしゅうおう）高等学校

https://shuo-h.spec.ed.jp/

☎ 369-0132　鴻巣市前砂 907-1
☎ 048-548-5811
交通　JR高崎線北鴻巣駅　徒歩15分

総合学科

単位制
共　学
定時制（二部制）
制　服　標準服あり

[カリキュラム] ◇二学期制◇

・3年以上の在籍と、74単位以上の取得で、卒業が可能となる。
・1年を前期と後期に分け、単位は半期ごとに認定される。
・1日4限または6限授業。Ⅰ部とⅡ部の共通選択科目や、協定を結んだ大学や専門学校における学習、資格取得・検定合格などが単位として認定される。この結果、**3年間で必要**な単位を修得し卒業することも可能。
・国語・数学・英語は**少人数**で授業が行われ、柔軟な学びのシステムを生かした、きめ細かな指導を受けることができる。
・多数の選択科目が開講され、**自分だけの時間割**を作り学習が行える。選択する科目はガイダンスを通じて決定する。
・科目選択の目安として、ビジネスに関する「**商業・情報**」、調理・保育・福祉に関する「**生活・福祉**」、文化・歴史・社会・芸術に関する「**文化・社会**」、理科・ものつくりに関する「**科学・技術**」という4つの系列に属する科目群を用意。
・商業・情報系列では、経済・経営系、ビジネス系、情報系の進学や、経営者をめざしたり事務・営業・販売系への就職をめざす人のための科目を用意。「ビジネス基礎」「マーケティング」「簿記」などの科目がある。
・生活・福祉系列では、調理・栄養系、保育・幼児教育系、福祉系の進学や、福祉・介護関係や保育・調理関係の仕事に就きたい人のための科目を用意。「フードデザイン」「介護総合演習」などの科目がある。
・文化・社会系列では、文系、芸術系、語学系の進学や、公務員や一般企業への就職を希望者のための科目を用意。国語・地歴・英語などの科目を重点的に学ぶ他、「合唱」「絵画」「実用の書」「硬筆」などの科目がある。
・科学・技術系列では、理工系、医療・看護系の進学や、技術・技能系の就職をめざす人のための科目を用意。理数科目を中心に学び、「自動車工学」「自動車整備」「ビジュアルデザイン」などの科目もある。
・地域社会と連携し、**ボランティア活動やインターンシップ**を実施し、単位を決定している。

[部活動]

全生徒の約3割が参加。たいへん盛んであり、令和5年度は、**陸上競技部、サッカー部、卓球部、バレーボール部**が定通全国大会に出場した。

★設置部

弓道、サッカー、テニス、ダンス、卓球、陸上競技、ソフトボール（男女）、柔道、バスケットボール（男女）、バレーボール、ウエイトトレーニング、パソコン、美術、科学、合唱、太鼓、英語、書道、料理研究、古典文芸、放送、手芸、演劇

[行　事]

6月　遠足
9月　体育祭、芸術鑑賞会
11月　文化祭
1月　修学旅行（2年）
3月　球技大会

[進　路]

・1年次は**進路ガイダンス**が演劇形式の講演で行われる。
・2年次の**進路バス見学**では大学、専門学校、職場などを訪れる。
・3年次には**進路に応じた様々な説明会**が行われる。

・ワープロ検定・情報処理検定・簿記検定などの取得に力を入れている。

★卒業生の進路状況（令和5年3月）

＜卒業生122人＞
大学12名、短大5名、専門学校28名、就職49名、その他28名

★卒業生の主な進学先

埼玉工業大、十文字学園女子大、城西大、聖学院大、大東文化大、東京電機大、東洋大、日本大、立正大

♣指定校推薦枠のある大学・短大など♣

埼玉学園大、埼玉工業大、十文字学園女子大、城西大、尚美学園大、上武大、聖学院大、西武文理大、東京工芸大、ものつくり大　他

[トピックス]

・昼夜開講の定時制独立校として平成22年4月に開校した**総合学科高校**。
・午前中から開講されるⅠ部、夕方から開講されるⅡ部、さらに両部の間には共通選択時間があるので、様々なライフスタイルに合わせた学習が可能となっている。
・単位制の学校だが、少人数（24名）から成る**ホームルーム**を編制し、きめ細かな生活指導も行う。
・二つの相談室があり、**教育相談**が充実している。
・入学機会を複数提供するため、**春と秋の2回にわたり入学試験を実施**する。これは県下初の試みである。
・バリアフリー設備が整備されている。
・令和4年度より福祉の資格である介護職員初任者研修の取得が可能となった。

[学校見学]（令和5年度実施内容）

★学校説明会　7・12・1月各1回
★体験入学　10月1回
★授業公開・説明会　11月1回
★学校見学は随時可（要連絡）

入試！インフォメーション

受検状況	年　度	学科・コース名	男女共	募集人員	志願者数	受検者数	倍　率	昨年同期倍率	入学許可候補者数	倍　率
	R6	総合Ⅰ部	共	144	151	149	1.03	0.94	145	1.02
		総合Ⅱ部	共	72	12	12	0.17	0.18	12	1.00
	R5	総合Ⅰ部	共	144	137	136	0.94	1.07	136	1.00
		総合Ⅱ部	共	72	13	13	0.18	0.36	13	1.00

県立 狭山緑陽 高等学校

（さやまりょくよう）

https://sr-h.spec.ed.jp/

☎ 350-1320　狭山市広瀬東 4-3-1
☎ 04-2952-5295
交通　西武新宿線狭山市駅　徒歩20分またはバス10分

単位制
共　学
定時制（二部制）
制　服　あり

[カリキュラム] ◇三学期制◇

・卒業は3年以上在籍し、74単位以上修得することで可能。高卒認定試験の合格・指定検定試験の合格・提携大学の授業受講も卒業単位に認定される。

・45分授業。**共通選択科目**を履修することでⅠ部・Ⅱ部ともに3年間で卒業することができる。

・**少人数学級編制、英語・数学の習熟度別授業**で学力を着実に伸ばす。

・**単位制総合学科**なので、仕事や習い事など、多様なライフスタイルに合わせた学習が可能。

・情報ビジネス、健康福祉、国際教養、総合サイエンスという4つの系列の選択科目群を設置することで、一人ひとりの進学・就職希望に応じる。**本校独自の選択科目**が多数開講されており、系列に関係なく興味のある科目を選んで学習できる。

・**情報ビジネス系列**では、インターネット・CGとワープロ・簿記などのビジネスの基礎について学ぶ。

・**健康福祉系列**では、スポーツとフード・ファッション・リビングや介護福祉の基礎について学ぶ。

・**国際教養系列**では、国際社会で活躍できる "人財" となるための英会話や文系の一般教養について学び、文系大学等への進学をめざす。

・**総合サイエンス系列**では、ビジュアル映像や体験学習を通して自然や科学の先端技術について学び、理工系大学・医療看護系専門学校への進学やエンジニアなどをめざす。

[部活動]

・希望制。全生徒の約41%が参加。
・陸上部、バスケットボール部（男女）、ソフトテニス部、卓球部、バドミントン部、ダンス部が全国大会に出場している。

★**設置部**（※は同好会）
卓球、バドミントン、バスケットボール、バレーボール、陸上、サッカー、ソフトテニス、軟式野球、弓道、柔道、吹奏楽、茶道、家庭、軽音楽、コンピュータ、漫画アニメ、園芸、美術、映画、ダンス、※合唱、※ラグビー、※書道、※声優

[行　事]

5月　遠足
9・10月　緑陽祭（文化祭、体育祭）
11月　修学旅行
12月　球技大会（3月も実施）

[進　路] （令和5年3月）

・**進路体験学習**として、1年次から体験授業や実地見学が行われる。

・**進路講演会**などの行事を1年次より実施。

・**進路ガイダンス**の授業と企業や連携施設での**インターンシップ**を実施。

★**卒業生の進路状況**
＜卒業生155名＞
大学19名、短大8名、専門学校42名、就職56名、その他30名

★**卒業生の主な進学先**
東京理科大、十文字学園女子大、駿河台大、東京工芸大、東京福祉大、文京学院大、目白大

♣**指定校推薦枠のある大学・短大など**♣
亜細亜大、嘉悦大、駿河台大、聖徳大、東洋大、文化学園大、文京学院大

[トピックス]

・平成20年度開校。昼夜開講の二部制（Ⅰ・Ⅱ部）単位制総合高校。定時制課程を採用しているが、従来のものとは全く異なる新しいタイプ。

・全館新築またはリニューアル。緑の中のキャンパスは**全館冷暖房完備**。

・1クラス30名程度の少人数学級編制できめ細かく指導するため、不得意科目も安心して学び直しができる。

・総合学科のため、商業科目を設置しており、簿記の1級合格者もいる。福祉科目の設置により、実習設備が整備されているという特色もある。

・**教育相談員**が常駐。他にも、スクールカウンセラー、スクールソーシャルワーカーがいるなど、**相談体制を充実**させている。

・**総合学科実習棟**は介護福祉実習室や3つの最新のコンピュータ実習室、2つの映像メディア教室など、最新の設備・施設を備えている。

・制服は複数のバリエーションを楽しむことができる。

[学校見学] （令和5年度実施内容）

★**学校説明会**　8・9・11・12・1月各1回
★**体験入学**　10月1回
★**文化祭**　9月　見学可
★**学校見学は随時可**（要連絡）

入試！インフォメーション										
受検状況	年　度	学科・コース名	男女共	募集人員	志願者数	受検者数	倍　率	昨年同期倍率	入学許可候補者数	倍　率
	R6	総合Ⅰ部	共	160	160	157	1.01	1.22	156	1.01
		総合Ⅱ部	共	80	16	16	0.21	0.28	17	0.94
	R5	総合Ⅰ部	共	160	193	190	1.22	0.95	157	1.22
		総合Ⅱ部	共	80	22	22	0.28	0.22	53	0.42

県立 羽生 高等学校

https://hanyu-h.spec.ed.jp/

☏ 348-0031　羽生市加羽ヶ崎 303-1
☎ 048-561-0718
交通　東武線・秩父鉄道羽生駅　徒歩15分

普通科

| 単位制 |
| 共　学 |
| 定時制（二部制） |

制　服　標準服あり

[カリキュラム] ◇二学期制◇

・基本的に、昼間部は1限目から6もしくは8限目までを、夜間部は9限目から12限目までを受講。

・夜間部の生徒は、昼間部の午後の授業を年間8単位まで受講可能。

・1年間で29単位まで履修できるので、昼間部でも夜間部でも、所定の単位数（74）に達すれば**3年間での卒業**が可能。

・単位制なので、3年あるいは4年での卒業を目標として、興味・関心を抱いた科目や自分の進路に必要な科目を選び、**自分だけの時間割**を組むことができる。

・ほとんどの講座が**少人数編成**となっているほか、数学や英語では学力に応じた**習熟度別授業**が行われているので、きめ細かい指導を受けることができる。

・1年次には、どの曜日も1～2時限と3～4時限の多くの授業が必履修科目（卒業するために必ず履修しなければならない科目）となる。

・数ある選択科目に関しては、入学時や各学年末に受講指導を実施。

・高卒認定試験での合格科目、また転編入試生の場合には以前に在籍した高校での履修科目も、一定の基準を満たせば単位として認定される。

[部活動]

・活動は午後、昼間部と夜間部の生徒が合同で行っているクラブが多い。

・令和5年度は、**テニス部**が全国大会に出場した。また、**書道部**が各種展覧会に出展し、入賞した。

★設置部（※は同好会）
バレーボール、バスケットボール、卓球、野球、テニス、サッカー、バドミントン、ハイキング、柔道、剣道、陸上競技、弓道、文芸、家庭、音楽、写真、美術、パソコン、書道、軽音楽、※演劇、※ボランティア、※ダンス、※進学

[行　事]

修学旅行の時期は年ごとに違う。

4月	新入生歓迎式
6月	遠足、修学旅行、球技大会
10月	勾玉祭（文化祭）
11月	翔羽祭（体育祭）
2月	予餞会

[進　路]（令和5年3月）

・進路指導部の立てた計画のもと、生徒一人ひとりの進路希望の実現に向け、ていねいな指導が行われている。

・夏季休業中には**基礎学力向上補習**が行われる。

★卒業生の進路状況
＜卒業生59名＞
大学5名、短大1名、専門学校13名、就職22名、その他18名

★卒業生の主な合格実績
浦和大、流通経済大、尚美学園大、東洋学園大、埼玉県調理師専門学校、関東工業自動車大学校

[トピックス]

・昭和23年に県立不動岡高校羽生分校として創立。

・平成10年度から、**単位制**による**昼夜二部制**の定時制課程高校に改編。

・不登校などの課題を抱えた生徒の受け入れに力を入れている。学び直しのための学校として、転編入学枠も他校より大きく取っている。

・校訓は「友愛・自立・飛翔」。

・服装については、私服可。

・**夜間部**に限り全員に**給食**を用意。

・**ホームルーム制**を導入。昼間部は2限終了後、夜間部は9限（1時限目）の前に、毎日各クラスでSHR（ショートホームルーム）を実施する。

・卒業のための重要な条件として、ホームルームや生徒会、行事などの特別活動において一定以上の成果をあげたかどうかが含まれる。

・**一人一人が主役の学校**。

・①自分のリズムで、②ゆとりをもって、③基礎から発展まで学ぶことができる。

・スクールカウンセラー（臨床心理士）、スクールソーシャルワーカーやさわやか相談員の来校、学習サポーターの配置など、**充実した教育相談及び支援体制**が特徴。不登校などの課題を抱えた生徒にも親身に対応。

[学校見学]（令和5年度実施内容）

★学校説明会・個別相談会　9・12月各1回、1月2回
★学校見学は随時可（要連絡）

入試！インフォメーション

受検状況	年度	学科・コース名	男女共	募集人員	志願者数	受検者数	倍率	昨年同期倍率	入学許可候補者数	倍率
	R6	普通〈昼間〉	共	120	60	58	0.73	0.70	58	1.00
		普通〈夜間〉	共	40	9	9	0.23	0.28	9	1.00
	R5	普通〈昼間〉	共	120 (40)	56	56	0.70	0.73	56	1.00
		普通〈夜間〉	共	40	11	11	0.28	0.35	11	1.00

※募集人員の (40) は転入・編入・転籍生（内数）。

県立 **吉川美南** 高等学校
よしかわみなみ

総合学科

単位制
共　学
定時制（二部制）
制　服　あり（Ⅰ部）

https://yoshikawaminami-h.spec.ed.jp/

〒342-0035　吉川市高久600
☎ 048-982-3308
交通　ＪＲ武蔵野線吉川美南駅　徒歩12分

[カリキュラム] ◇三学期制◇

Ⅰ部（昼間部）とⅡ部（夜間部）がある。定時制で４年間での授業を基本としつつも、**自由選択科目**を修得すれば、３年間で卒業することも可能。

＜Ⅰ部（昼間部）＞

・Ⅰ部は**進学型定時制（進学クラス）**として国数英理社の時間数が多く、受験をめざすカリキュラム編成となっている。朝8:30に登校。２年次以降、多彩な選択科目があり、文系・理系いずれにも対応できる。
・自由選択群として、放課後授業を履修することができる。
・１クラス20人程度の**少人数編制**なので、きめ細かな**進学指導**が行われる。

＜Ⅱ部（夜間部）＞

・Ⅱ部は**社会・生活系列**が中心となったカリキュラムとなっている。
・自由選択科目を通常の始業前に開講。
・１時間ごとに授業内容が身につくよう工夫した**オリジナルのプリント教材**を使用。国語、数学、英語では**少人数授業**を実施。わかる授業を推進している。
・日課表は次のとおり。
　給食　17:25〜17:50
　１限　17:55〜18:40
　２限　18:45〜19:30
　３限　19:35〜20:20
　４限　20:25〜21:10

[部活動]

・Ⅰ部（昼間部）は全日制と合同で部活動を行う。原則全員参加（１年次）。Ⅱ部（夜間部）は希望制で全生徒の約５割が参加している。
・令和元年度は、**女子ソフトテニス部**が全国定時制通信制大会に出場し、団体・個人戦ともに優勝し二連覇を果たした。

★**設置部**（※は同好会）
（Ⅰ部）ウェイトリフティング、空手道、剣道、サッカー、卓球、ハンドボール、バドミントン、バレーボール、ソフトテニス、陸上競技、バスケットボール、野球、科学、家庭科、軽音楽、茶道、書道、ＪＲＣ、吹奏楽、創作研究、美術、放送、ビジネスライセンス
（Ⅱ部）バドミントン、硬式野球、卓球、バスケットボール、バレーボール、※フットサル

[行　事]

・Ⅰ部（昼間部）は全日制と合同で学校行事を行う。（全日制のページを参照。）
・Ⅱ部（夜間部）では、**スポーツ大会**を各学期末に実施。
※下記はⅡ部の実施例
　６月　校内生活体験発表会
　７月　スポーツ大会
　９月　あかね祭（文化祭）、文化講演会
　12月　スポーツ大会
　２月　予餞会
　３月　スポーツ大会

[進　路]

・放課後には「自由選択科目」として**受験対策講座**が開講され、受験に必要な科目を選んで学習することができる。
・外部講師による礼儀・マナーの講座、専門学校の体験といった**進路体験学習**を実施。
・Ⅱ部（夜間部）では、**ビジネス文書検定**や**漢字検定**に力を入れている。
★**卒業生の進路状況（令和５年３月・Ⅱ部）**
※Ⅱ部のデータ
　＜卒業生31名＞
大学０名、短大０名、専門学校５名、就職13名、その他13名
★**卒業生の主な合格実績（Ⅱ部）**
平成国際大、東京通信大、東京福祉大、日本工業大

[トピックス]

・平成25年４月、県立吉川高校と草加高校定時制を統合し、新たに開校。従来の夜間部（Ⅱ部）に加え、昼間部（Ⅰ部）が新たに設けられた。
・Ⅱ部（夜間部）には**給食**がある。
・「吉川市民まつり」「吉川なまずの里マラソン（役員）」に参加するなど、地域と強い結び付きを持っている。

[学校見学]（令和５年度実施内容）

★**あかね祭　９月　見学不可**
★**学校見学は随時可（要予約）**
＜Ⅰ部（昼間部）＞
★**学校説明会　８・10・11・12・１・２月各１回**
＜Ⅱ部（夜間部）＞
★**学校説明会　11・12・１月各１回**

入試！インフォメーション

受検状況	年　度	学科・コース名	男女共	募集人員	志願者数	受検者数	倍　率	昨年同期倍率	入学許可候補者数	倍　率
	R6	総合Ⅰ部	共	80	88	84	1.08	0.96	78	1.09
		総合Ⅱ部	共	80	26	26	0.33	0.27	26	1.00
	R5	総合Ⅰ部	共	80	76	75	0.96	0.73	75	1.00
		総合Ⅱ部	共	80	21	21	0.27	0.28	21	1.00

＜その他の定時制・通信制＞

※募集人員はすべて令和6年度入試のものです。

※所在地等は、全日制・他課程掲載ページをご参照ください。

①定時制普通科

学校名	募集人員	全日制掲載ページ	学校名	募集人員	全日制掲載ページ
浦和（さいたま市浦和区）	40	49	小川（比企郡小川町）	40	124
浦和第一女子（さいたま市浦和区）	40	52	秩父農工科学（秩父市）	40	129
大宮商業（さいたま市見沼区）	40	58	本庄（本庄市）	40	133
上尾（上尾市）	40	72	熊谷（熊谷市）	40	136
朝霞（朝霞市）	40	84	越ヶ谷（越谷市）	80	154
所沢（所沢市）	40	105	春日部（春日部市）	80	172
飯能（飯能市）	40	120	久喜（久喜市）	40	177

②定時制単位制普通科

学校名	募集人員	全日制掲載ページ	学校名	募集人員	全日制掲載ページ
大宮中央（さいたま市北区）	80	＊	川越工業（川越市）	40	93

・＊所在地、電話番号、最寄り駅は次のとおりです。

☎ 331-0825　さいたま市北区櫛引町 2-499-1　　☎ 048-653-1010

交通　ニューシャトル鉄道博物館（大成）駅　徒歩10分

③定時制専門学科

学校名	科名	募集人員	全日制掲載ページ
＜商業に関する学科＞			
大宮商業（さいたま市見沼区）	商業	40	58

④定時制総合学科

学校名	科名	募集人員	全日制掲載ページ
＜総合学科＞			
川口市立（川口市）	総合	80	66

⑤定時制単位制専門学科

学校名	科名	募集人員	全日制掲載ページ	学校名	科名	募集人員	全日制掲載ページ
＜工業に関する学科＞							
川口工業（川口市）	工業技術	80	44	川越工業（川越市）	工業技術	80	93
大宮工業（さいたま市北区）	工業技術	80	56				

⑥通信制普通科

学校名	募集人員	他課程掲載ページ
大宮中央（さいたま市北区）	特に定めていない	定時制参照

⑦通信制単位制普通科

学校名	他課程掲載ページ	備考
大宮中央（さいたま市北区）	定時制参照	10月入学

総索引

※校名は「県立」「市立」を除いた部分で配列されています。県立と市立で同一校名の高校、および市立高校については、校名のあとに「県立」「○○市立」と記載しております。
※校名のあとの「全」は全日制、「定」は定時制、「通」は通信制の略です。特に記載のない高校は全日制のみの設置校です。

東京学参の 高校別入試過去問題シリーズ

*出版校は一部変更することがあります。一覧にない学校はお問い合わせください。

東京ラインナップ

あ 愛国高校(A59)
青山学院高等部(A16)★
桜美林高校(A37)
お茶の水女子大附属高校(A04)
か 開成高校(A05)★
共立女子第二高校(A40)★
慶應義塾女子高校(A13)
啓明学園高校(A68)★
国学院高校(A30)
国学院大久我山高校(A31)
国際基督教大高校(A06)
小平錦城高校(A61)★
駒澤大高校(A32)
さ 芝浦工業大附属高校(A35)
修徳高校(A52)
城北高校(A21)
専修大附属高校(A28)
創価高校(A66)★
た 拓殖大第一高校(A53)
立川女子高校(A41)
玉川学園高等部(A56)
中央大高校(A19)
中央大杉並高校(A18)★
中央大附属高校(A17)
筑波大附属高校(A01)
筑波大附属駒場高校(A02)
帝京大高校(A60)
東海大菅生高校(A42)
東京学芸大附属高校(A03)
東京農業大第一高校(A39)
桐朋高校(A15)
都立青山高校(A73)★
都立国立高校(A76)★
都立国際高校(A80)★
都立国分寺高校(A78)★
都立新宿高校(A77)★
都立墨田川高校(A81)★
都立立川高校(A75)★
都立戸山高校(A72)★
都立西高校(A71)★
都立八王子東高校(A74)★
都立日比谷高校(A70)★
な 日本大櫻丘高校(A25)
日本大第一高校(A50)
日本大第三高校(A48)
日本大第二高校(A27)
日本大鶴ヶ丘高校(A26)
日本大豊山高校(A23)
は 八王子学園八王子高校(A64)
法政大高校(A29)
ま 明治学院高校(A38)
明治学院東村山高校(A49)
明治大付属中野高校(A33)
明治大付属八王子高校(A67)
明治大付属明治高校(A34)★
明法高校(A63)
わ 早稲田実業学校高等部(A09)
早稲田大高等学院(A07)

神奈川ラインナップ

あ 麻布大附属高校(B04)
アレセイア湘南高校(B24)
か 慶應義塾高校(A11)
神奈川県公立高校特色検査(B00)
さ 相洋高校(B18)
た 立花学園高校(B23)
桐蔭学園高校(B01)
東海大付属相模高校(B03)★
桐光学園高校(B11)
な 日本大高校(B06)
日本大藤沢高校(B07)
は 平塚学園高校(B22)
藤沢翔陵高校(B08)
法政大国際高校(B17)
法政大第二高校(B02)★
や 山手学院高校(B09)
横須賀学院高校(B20)
横浜商科大高校(B05)
横浜市立横浜サイエンスフロンティア高校(B70)
横浜翠陵高校(B14)
横浜清風高校(B10)
横浜創英高校(B21)
横浜隼人高校(B16)
横浜富士見丘学園高校(B25)

千葉ラインナップ

あ 愛国学園大附属四街道高校(C26)
我孫子二階堂高校(C17)
市川高校(C01)★
か 敬愛学園高校(C15)
さ 芝浦工業大柏高校(C09)
渋谷教育学園幕張高校(C16)★
翔凜高校(C34)
昭和学院秀英高校(C23)
専修大松戸高校(C02)
た 千葉英和高校(C18)
千葉敬愛高校(C05)
千葉経済大附属高校(C27)
千葉日本大第一高校(C06)★
千葉明徳高校(C20)
千葉黎明高校(C24)
東海大付属浦安高校(C03)
東京学館高校(C14)
東京学館浦安高校(C31)
な 日本体育大柏高校(C30)
日本大習志野高校(C07)
は 日出学園高校(C08)
や 八千代松陰高校(C12)
ら 流通経済大付属柏高校(C19)★

埼玉ラインナップ

あ 浦和学院高校(D21)
大妻嵐山高校(D04)★
か 開智高校(D08)
開智未来高校(D13)★
春日部共栄高校(D07)
川越東高校(D12)
慶應義塾志木高校(A12)
さ 埼玉栄高校(D09)
栄東高校(D14)
狭山ヶ丘高校(D24)
昌平高校(D23)
西武学園文理高校(D10)
西武台高校(D06)

都道府県別 公立高校入試過去問 シリーズ

●全国47都道府県別に出版
●最近数年間の検査問題収録
●リスニングテスト音声対応

た 東京農業大第三高校(D18)
は 武南高校(D05)
本庄東高校(D20)
や 山村国際高校(D19)
ら 立教新座高校(A14)
わ 早稲田大本庄高等学院(A10)

北関東・甲信越ラインナップ

あ 愛国学園大附属龍ヶ崎高校(E07)
宇都宮短大附属高校(E24)
か 鹿島学園高校(E08)
霞ヶ浦高校(E03)
共愛学園高校(E31)
甲陵高校(E43)
国立高等専門学校(A00)
さ 作新学院高校
（トップ英進・英進部）(E21)
（情報科学・総合進学部）(E22)
常総学院高校(E04)
た 中越高校(R03)＊
土浦日本大高校(E01)
東洋大附属牛久高校(E02)
な 新潟青陵高校(R02)
新潟明訓高校(R04)
日本文理高校(R01)
は 白鷗大足利高校(E25)
前橋育英高校(E32)
や 山梨学院高校(E41)

中京圏ラインナップ

あ 愛知高校(F02)
愛知啓成高校(F09)
愛知工業大名電高校(F06)
愛知みずほ大瑞穂高校(F25)
暁高校（3年制）(F50)
鶯谷高校(F60)
栄徳高校(F29)
桜花学園高校(F14)
岡崎城西高校(F34)
か 岐阜聖徳学園高校(F62)
岐阜東高校(F61)
享栄高校(F18)
さ 桜丘高校(F36)
至学館高校(F19)
椙山女学園高校(F10)
鈴鹿高校(F53)
星城高校(F27)★
誠信高校(F33)
清林館高校(F16)★
大成高校(F28)
た 大同大大同高校(F30)
高田高校(F51)
滝高校(F03)★
中京高校(F63)
中京大附属中京高校(F11)★

公立高校入試対策 問題集シリーズ

●目標得点別・公立入試の数学（基礎編）
●実戦問題演習・公立入試の数学（実力錬成編）
●実戦問題演習・公立入試の英語（基礎編・実力錬成編）
●形式別演習・公立入試の国語
●実戦問題演習・公立入試の理科
●実戦問題演習・公立入試の社会

中部大春日丘高校(F26)★
中部大第一高校(F32)
津田学園高校(F54)
東海高校(F04)★
東海学園高校(F20)
東邦高校(F12)
同朋高校(F22)
豊田大谷高校(F35)
な 名古屋高校(F13)
名古屋大谷高校(F23)
名古屋経済大市邨高校(F08)
名古屋経済大高蔵高校(F05)
名古屋女子大高校(F24)
名古屋たちばな高校(F21)
日本福祉大付属高校(F17)
人間環境大附属岡崎高校(F37)
は 光ヶ丘女子高校(F38)
誉高校(F31)
ま 三重高校(F52)
名城大附属高校(F15)

宮城ラインナップ

さ 尚絅学院高校(G02)
聖ウルスラ学院英智高校(G01)★
聖和学園高校(G05)
仙台育英学園高校(G04)
仙台城南高校(G06)
仙台白百合学園高校(G12)
た 東北学院高校(G03)★
東北学院榴ヶ岡高校(G08)
東北高校(G11)
東北生活文化大高校(G10)
常盤木学園高校(G07)
は 古川学園高校(G13)
ま 宮城学院高校(G09)★

北海道ラインナップ

さ 札幌光星高校(H06)
札幌静修高校(H09)
札幌第一高校(H01)
札幌北斗高校(H04)
札幌龍谷学園高校(H08)
は 北海高校(H03)
北海学園札幌高校(H07)
北海道科学大高校(H05)
ら 立命館慶祥高校(H02)

★はリスニング音声データのダウンロード付き。

高校入試特訓問題集 シリーズ

●英語長文難関攻略33選（改訂版）
●英語長文テーマ別難関攻略30選
●英文法難関攻略20選
●英語難関徹底攻略33選
●古文完全攻略63選（改訂版）
●国語融合問題完全攻略30選
●国語長文難関徹底攻略30選
●国語知識問題完全攻略13選
●数学の図形と関数・グラフの融合問題完全攻略272選
●数学難関徹底攻略700選
●数学の難問80選
●数学 思考力―規則性とデータの分析と活用―

2404A

― 参 考 資 料 ―

令和6年度埼玉県公立高等学校入学者選抜
「実施要項」
(埼玉県教育局高校教育指導課)
埼玉県教育委員会　公式ホームページ
埼玉県公立高等学校　各校学校案内等資料・公式ホームページ

●この本の内容についてのお問い合わせは、

03-3794-3002

(東京学参)
までお願いいたします。

公立高校入試完全ガイド　2025年

埼玉県

ISBN978-4-8141-3300-0

2024年7月29日　第1版

発行所：東京学参株式会社
東京都目黒区東山2-6-4　〒153-0043
編集部　ＴＥＬ．03(3794)3002
　　　　ＦＡＸ．03(3794)3062
営業部　ＴＥＬ．03(3794)3154
　　　　ＦＡＸ．03(3794)3164
　　　　ＵＲＬ．https://www.gakusan.co.jp/
　　　　Ｅ-mail　shoten@gakusan.co.jp
印刷所　株式会社シナノ

Printed in Japan ⓒ　　東京学参　2024

Link to the Future

誰もがセルフリーダーシップを発揮し、
自分らしい物語を紡げる学校

学校説明会・イベント日程

高等学校

8月22日（木）	キャンパス見学会
8月24日（土）	オープンキャンパス
9月14日（土）	白亜祭　※ミニ説明会あり
9月15日（日）	白亜祭　※ミニ説明会あり
10月12日（土）	英語コース説明会
10月19日（土）	説明会
11月16日（土）	説明会
11月30日（土）	説明会
12月 1日（日）	説明会

中学校

8月 9日（金）	理科体験授業
8月22日（木）	キャンパス見学会
9月14日（土）	白亜祭　※ミニ説明会あり
9月15日（日）	白亜祭　※ミニ説明会あり
10月12日（土）	学校説明会・入試問題研究会①（国算）
11月16日（土）	学校説明会・入試問題研究会②（国算）
12月 7日（土）	入試説明会・適性検査型入試体験（小6対象）
12月15日（日）	入試説明会・国算2科型入試体験（小6対象）
1月11日（土）	入試説明会（小6対象）
1月11日（土）	理科体験授業（小5以下対象）
3月22日（土）	新小6以下対象学校説明会

※最新の情報は公式サイトでご確認ください。

ALL ABOUT KYORITSU2

■母体の共立女子学園は138年の歴史の女子教育の伝統校
■抜群の自然環境、大学レベルの充実した施設群
■多様な学びに対応する高校4コース制
　〔特別進学・総合進学・共立進学・英語の4コース〕
■英語は4技能統合型授業を導入、研修プログラムも多数
■現役進学率約99%、大学付属ならではの安心の進学制度
■入学金や授業料等相当額を給付する充実の奨学金制度

〒193-8666　東京都八王子市元八王子町1-710
代表TEL：042-661-9952

無料スクールバス運行　八王子駅・高尾駅・みなみ野ルート

トップページ

✿ 共立女子第二中学校高等学校

行ってみよう立川女子。

2024年度 学校説明会

7月27日（土）・8月17日（土）・24日（土）10:00～
10月19日（土）10:00～/14:00～
11月9日（土）10:00～
11月23日（土・祝）10:00～/14:00～
12月7日（土）10:00～
12月25日（水）14:00～

学校体験会

8月31日（土）10:00～
立川女子の1日を体験しよう！

文化祭

✦ 9月21日（土）・22日（日）✦
個別の相談が可能です。

個別相談会

11月30日（土）10:00～
《平日夕方》
12月2日（月）・3日（火）
5日（木）・6日（金）

百花を育てる、
立川女子。

〒190-0011　東京都立川市高松町3－12－1
アクセス：JR「立川駅」多摩都市モノレール「立川北駅」徒歩7分
お問い合わせ：入試広報部（042-524-5188）

学校説明会・体験会・文化祭・個別相談会は要予約となっております。
詳細は本校HP（https://www.tachikawa-joshi.ac.jp/）へ。

グローバルコース
世界に目を向け挑戦する

進学コース
自分の未来を創造する

芸術コース
創作で自分を表現する

学校法人　鹿島学園

鹿島学園高等学校

〒314-0042　茨城県鹿嶋市田野辺141番地9
TEL：0299-83-3211（代表）
TEL：0299-83-3215（入試広報部直通）
FAX：0299-83-3219
URL：https://kgh.ed.jp/
e-mail：info@kgh.ed.jp

生徒・保護者対象入試説明会
10/19（土）・10/26（土）・11/2（土）・11/9（土）
時間/10：00 ～　学校説明・入試説明・個別相談

2025年度　入学試験日程

推薦入試 1/9（木）	課題作文 面接	一般入試 1/18（土）	単願：国・数・英、面接 併願：国・数・英・理・社 （グローバルコースは面接あり）

ほぼ毎日学校見学を行っております。
ご予約は下記QRコードまたはホームページから。

三代目キャラクター「日和かっぱ」生徒作

中学・高校ホームページ

2024年度学校説明会　要予約（ホームページから）

		日出学園中学校	日出学園高等学校
入試説明会	推薦	**10月26日** ㊏ 14:00〜	**11月16日** ㊏ 14:00〜
	一般	**12月14日** ㊏ 14:00〜	
学校見学 学校説明		平日　17:00〜 ほぼ毎日実施。要予約。	

※上履きをご持参ください。

体 育 祭 　**6月11日** ㊋ 9:00〜

学園祭（日出祭） 　**10月5日** ㊏、**6日** ㊐ 9:00〜

※左記2つの行事は、中学高校合同です。
※「体育祭」・「学園祭」のみ予約は不要です。
　入試相談コーナーもございます。

日出学園
中学校・高等学校

併設校：日出学園幼稚園、日出学園小学校

high.hinode.ed.jp

京成本線「菅野駅」から徒歩5分。
東京に隣接した中・高一貫校。

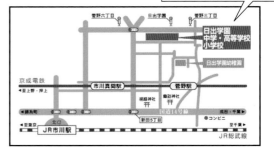

【現住所】〒272-0824 千葉県市川市菅野3-23-1

お問い合わせ　**TEL.047-324-0071**

JR総武線市川駅（快速停車）より徒歩15分
JR総武線市川駅（快速停車）より市川学園行きバス5分日出学園下車
京成電鉄菅野駅（各停のみ停車）より徒歩5分
JR常磐線松戸駅より国分経由市川行き バス20分菅野6丁目下車徒歩5分